Die rechtliche Stellung der Indianerstämme
innerhalb der Vereinigten Staaten von Amerika
Ein Modell für den Schutz der *indigenous peoples*

SCHRIFTEN ZUM STAATS- UND VÖLKERRECHT

Herausgegeben von Prof. Dr. Dieter Blumenwitz

Band 60

Peter Lang
Frankfurt am Main · Berlin · Bern · New York · Paris · Wien

Wolfram Schneeweiß

Die rechtliche Stellung der Indianerstämme innerhalb der Vereinigten Staaten von Amerika

Ein Modell für den Schutz der *indigenous peoples*

Peter Lang
Europäischer Verlag der Wissenschaften

Die Deutsche Bibliothek - CIP-Einheitsaufnahme

Schneeweiß, Wolfram:

Die rechtliche Stellung der Indianerstämme innerhalb der Vereinigten Staaten von Amerika : ein Modell für den Schutz der indigenous peoples / Wolfram Schneeweiß. - Frankfurt am Main ; Berlin ; Bern ; New York ; Paris ; Wien : Lang, 1995
(Schriften zum Staats- und Völkerrecht ; Bd. 60)
Zugl.: Würzburg, Univ., Diss., 1995
ISBN 3-631-48899-8

NE: GT

D 20
ISSN 0172-7796
ISBN 3-631-48899-8

Meiner Frau Vera

und

meinen Eltern

Vorwort

Die vorliegende Arbeit ist im Wintersemester 1994/95 von der Juristischen Fakultät der Bayer. Julius-Maximilians-Universität als Dissertation angenommen worden.

Prof. Dr. Blumenwitz bin ich sowohl für die freundliche Überlassung des Themas als auch für die wertvollen Anregungen bei der Ausarbeitung zu besonderem Dank verpflichtet. Mein Dank gilt auch den Mitarbeitern des Instituts für Völkerrecht, Europarecht und internationalem Wirtschaftsrecht für deren stete Hilfsbereitschaft und den Mitarbeitern des Max-Planck-Instituts für ausländisches öffentliches Recht und Völkerrecht in Heidelberg für die problemlose Beschaffung der Dokumente der Vereinten Nationen. Daneben gilt mein Dank Prof. D. Wippman (Cornell University/USA), der mir insbesondere während meiner Studien an der Cornell University stets ein aufgeschlossener und hilfsbereiter Gesprächspartner gewesen ist.

Würzburg, im Februar 1995 *Wolfram Schneeweiß*

INHALTSVERZEICHNIS

ABKÜRZUNGSVERZEICHNIS

aaO.	am angegebenen Ort
Abs.	Absatz
add.	addendum
AIRFA	American Indian Religious Freedom Act
Anm. d. Verf.	Anmerkung des Verfassers
Art.	Artikel
Bd.	Band
BIA	Bureau of Indian Affairs
CERCLA	Comprehensive Environmental Response, Compensation and Liability Act
ca.	circa
cl.	clause
Doc.	Document
ECOSOC	Economic and Social Council
EPA	Environmental Protection Agency
F.2d	Federal Reporter. Second Series
Fn.	Fußnote
GA	General Assembly
GAA	General Allotment Act
gem.	gemäß
IACHR	Inter-American Commission on Human Rights
ICCA	Indian Claims Commission Act
ICJ	International Court of Justice
IHS	Indian Health Service
ILO	International Labour Organisation
IPBPR	Internationaler Pakt über bürgerlichen und politischen Rechte
IPWSKR	Internationaler Pakt über wirtschaftliche, soziale und kulturelle Rechte
IRA	Indian Reorganization Act
ISDA	Indian Self-Determination Act
lit.	littera
LNTS	League of Nations Treaty Series
MBTA	Migratory Bird Treaty Act
NAGPRA	Native American Graves Protection and Repatriation Act
NEPA	National Environmental Policy Act
NGO	Non-governmental organization
No.	number
OAS	Organization of American States
OSG	Office of Self-Governance
OSM	Office of Surface Mining

para.	paragraph
PIA	practicably irrigable acreage
R.	Reporter
Res.	Resolution
S.	Seite
sec.	section
SMCRA	Surface Mining Control and Reclamation Act
TTPI	Trust Territory of the Pacific Islands
u.a.	unter anderem
U.N.	United Nations
U.N. Charta	Charta der Vereinten Nationen
UNHCR	United Nations High Commissioner on Refugees
UNTS	United Nations Treaty Series
USA	United States of America
v.	versus
vgl.	vergleiche
vol.	volume
z.B.	zum Beispiel
z.Zt.	zur Zeit

EINLEITUNG

Die atemberaubende Schnelligkeit, mit der sich die politische Weltordnung in den letzten Jahren verändert hat, stellt die Völkergemeinschaft vielerorts vor ungeahnte Probleme und Herausforderungen. Das Auseinanderbrechen des Vielvölkerstaates Jugoslawien ist nur eines von vielen Beispielen für die Hilflosigkeit der Weltöffentlichkeit, die ethnischen Konflikte innerhalb eines Staates einer angemessenen und friedlichen Lösung zuzuführen. In jeder Situation, in welcher die unternommenen Versuche zur Einbindung verschiedener ethnischer Gruppen innerhalb eines geschlossenen Gemeinwesens nicht greifen, muß man sich jedoch fragen, ob die bisherige Erfolglosigkeit nicht in der Dürftigkeit der zur Verfügung stehenden Lösungsmodelle begründet ist. Bisher stehen einer Volksgruppe innerhalb eines Staates grundsätzlich zwei Optionen offen: Integration, verbunden mit einem speziellen Minderheiten-, bzw. Volksgruppenschutz, oder aber Sezession vom bisherigen Beherbergungsstaat. Die erste Option wird selten dem Bedürfnis der Volksgruppe nach Selbstbestimmung genügen. Die zweite stößt wegen ihrer territorialen Auswirkungen regelmäßig auf den energischen Widerstand der Beherbergungsstaaten. Insoweit bergen beide Möglichkeiten ihre je eigene Schwäche in sich. Dies fordert zur Suche nach alternativen Lösungsmodellen heraus.

Berber zufolge gründet das Völkerrecht "im Gegensatz zu anderen Rechtsgebieten vorzüglich nicht in typischen und abstrakten, sondern in konkreten und individuellen Regelungen."[1] Diese "Konkretheit des Völkerrechts" bedingt, daß die Fortentwicklung völkerrechtlicher Normen stets anhand konkreter Situationen mit den diesen eigenen Lösungsansätzen stattfindet. Einen derart konkreten Anwendungsfall des Schutzes ethnischer Untergruppierungen innerhalb eines Staates stellt der Schutz der sog. "indigenous peoples" ("eingeborene Völker", "Ureinwohner") dar.[2] Deren prominentesten Repräsentanten bilden zweifellos die Aborigines in Australien und die Indianerstämme Nordamerikas. Jedoch zählen auch weniger bekannte Gruppen wie die Karen und Hmong in Asien oder die Ainu in Japan zur Gruppe der indigenous peoples.

Die Situation der indigenous peoples ist auf internationaler Ebene - nachdem sich die Rechtslehre des 16. Jahrhunderts im Zusammenhang mit der Entdeckung der Neuen

---

[1] BERBER, LEHRBUCH DES VÖLKERRECHTS, I. BAND: ALLGEMEINES FRIEDENSRECHT (1975²), S. 22.

[2] Zur Definition der "indigenous peoples" vgl. unten, S. 13ff.

Welt bereits mit ihren Rechten auseinandergesetzt hatte - erst in den letzten Jahren wieder in das Bewußtsein der Weltöffentlichkeit zurückgekehrt. Dazu trug das 1992 gefeierte 500jährige Jubiläum der Ankunft von Christopher Columbus in der Neuen Welt bei, welches vor allem die Indianerstämme Amerikas nutzten, um auf ihre Entrechtung und Unterdrückung in der heutigen Welt hinzuweisen. Das Jahr 1993 wurde von den Vereinten Nationen offiziell zum "Jahr der indigenous peoples" erklärt. Im Jahr 1994 befindet sich die "Deklaration über die Rechte der indigenous peoples" kurz vor ihrer Verabschiedung durch die Vereinten Nationen. Trotz dieser wiedergewonnenen Aktualität ist das Problem der indigenous peoples in der deutschsprachigen völkerrechtlichen Literatur bislang unerörtert geblieben.

Die indigenous peoples stellen einen besonderen Anwendungsfall einer Volksgruppe dar, die sich durch ihre Lebensart, Kultur und inneren politischen Strukturen erheblich von der Bevölkerung ihrer Beherbergungsstaaten unterscheidet. Nach Jahrzehnten der Passivität sind die indigenous peoples in den letzten Jahren zu einem neu erstarktem Selbstbewußtsein gelangt und fordern heute für sich als eigenständige Völker ihr Selbstbestimmungsrecht ein. Die Vereinbarkeit ihres Rechtes auf Selbstbestimmung mit den territorialen Interessen ihrer Beherbergungsstaaten stellt das vornehmste Problem ihres Schutzes in der modernen Welt dar. Die Dringlichkeit ihres Schutzes wird durch ihren moralischen Anspruch als ehemals selbständige, später unterworfene und unterdrückte eigenständige Völker unterstrichen, deren Geschichte häufig eine Geschichte des Völkermordes an ihnen war.[3] Gleichzeitig haben auch die indigenous peoples erkannt, daß die Beschränkung auf den nationalen Rahmen zur Durchsetzung ihrer Interessen und Anerkennung als eigenständige Gemeinwesen nicht ausreicht. Seit den 70er Jahren sind sie daher zunehmend auch auf internationaler Ebene präsent, um mithilfe des Völkerrechts ihre Sache voranzubringen. Dabei ist deutlich geworden, daß sich der Schutz dieser besonderen Volksgruppen nicht in der Anerkennung ihrer ökonomischen, sozialen und kulturellen Rechte erschöpfen kann, sondern daß ihrem Recht auf Selbstbestimmung besonders Rechnung getragen werden muß, wenn ihr Überleben als eigenständige kulturelle Gruppen auch in Zukunft gewährleistet sein soll.

---

[3] Vgl. Rennard Strickland, *Genocide at Law: An Historic and Contemporary View of the Native American Experience*, 34 UNIVERSITY OF KANSAS LAW REVIEW, S. 713, 714 (1986).

Die Geschichte der Beziehung der Vereinigten Staaten zu den auf ihrem Gebiet befindlichen Indianerstämmen ist in besonderem Maße beispielhaft für die verschiedenen Versuche, eine eigenständige Volksgruppe wie die indigenous peoples in ihren Beherbergungsstaat zu integrieren. Da die offizielle Politik der Vereinigten Staaten auf eine militärische Eroberung der bereits ansässigen Indianerstämme verzichtete, war sie von Beginn an darauf angewiesen, das Zusammenleben unterschiedlicher Volksgruppen auf demselben Gebiet mithilfe rechtlicher Modelle einer harmonischen Lösung zuzuführen. Dabei durchlief die Indianerpolitik der Vereinigten Staaten die verschiedensten denkbaren Phasen: Diese reichten von der völligen Anerkennung ihrer Eigenständigkeit als souveräne Gemeinwesen bis zu ihrer zwangsweisen Assimilation. Nach verschiedenen erfolglosen Versuchen, welche den Niedergang und die Verelendung der Indianerstämme nur vorangetrieben hatten, ist die Indianerpolitik der Vereinigten Staaten heute an einem Punkt angelangt, in welchem sie der Eigenständigkeit der Indianerstämme und ihrem Selbstbestimmungsrecht vorrangige Bedeutung im Rahmen ihrer Beziehung zu den Indianerstämmen einzuräumen bereit ist. Insbesondere dieser neueste Ansatz kann nicht nur ein Modell für den internationalen Schutz der indigenous peoples, sondern in vergleichbaren Situationen für den Volksgruppenschutz im allgemeinen bieten.

All dies bietet reichlich Grund, sich eingehender mit der Situation der indigenous peoples auf internationaler Ebene und innerhalb der Vereinigten Staaten zu beschäftigen.[4]

---

[4] Die Indianer Nordamerikas waren bereits im ausgehenden 19. Jahrhundert Gegenstand der deutschen staatsrechtlichen Forschung. Vgl. dazu STOERCK, ÜBER DIE RECHTSVERHÄLTNISSE DER INDIANER IN DEN VEREINIGTEN STAATEN VON AMERIKA (Greifswald 1891); GEORG JELLINEK, DIE LEHRE VON DEN STAATENVERBINDUNGEN (Berlin 1882), S. 152 ff..

TEIL 1: RECHTE DER INDIGENOUS PEOPLES NACH INTERNATIONALEM RECHT

A. Entwicklung des Schutzes eingeborener Bevölkerungen

I. Ursprünge

Die Rechte der eingeborenen Völker waren bereits zu Zeiten des klassischen Völkerrechts Gegenstand internationaler Rechtsgelehrsamkeit: Der spanische Dominikanermönch *Franciscus de Victoria* (1480 - 1546) ging damals in seiner Abhandlung "De Indis Recenter Inventis et de Jure Belli Hispanorum in Barbaros" aus dem Jahre 1539 als erster der Frage nach, ob und inwieweit die europäischen Mächte gegenüber den bei ihrer Ankunft in der Neuen Welt vorgefundenen indianischen Ureinwohnern Rechte an den dortigen Gebieten erworben haben. Ein Rechtserwerb kam dabei sowohl infolge von Entdeckung, als auch Eroberung in Betracht.[5] Da *de Victoria* die Fähigkeit der indianischen Ureinwohner zur tatsächlichen und rechtlichen Herrschaft über ihre Gebiete bejahte, kam für ihn ein gültiger Rechtserwerb an den fraglichen Territorien aufgrund Entdeckung oder Schenkung des Papstes nicht in Frage.[6] Sofern jedoch die indianischen Ureinwohner ihrer völkerrechtlichen Verpflichtung nicht nachkämen, Fremden den Aufenthalt in ihren Gebieten und das Durchqueren derselben zu gestatten, käme dies als Anlaß für einen gerechten Krieg gegen diese in Betracht, infolge dessen es zu einem Landerwerb im Wege rechtsgültiger Eroberung der indianischen Gebiete kommen könnte.[7] Folglich konnten die europäischen Mächte auf friedlichem Wege nur mit Einverständnis der indianischen Bewohner Rechte an den betroffenen Gebieten erlangen. Die Notwendigkeit einer entsprechenden vertraglichen Vereinbarung implizierte, daß es sich bei beiden Vertragsparteien um souveräne Körperschaften handelt, daß den Indianern an den Gebieten übertragbare Rechte zustehen, und daß der Erwerb von Rechten an indianischen Gebieten als völkerrechtlicher Akt Privatpersonen nicht möglich ist.[8] Insoweit war die Unabhängigkeit und Eigenständigkeit der in

---

5 Vgl. R. L. Barsh, *Indigenous Peoples: An Emerging Object of International Law*, 80 AMERICAN JOURNAL OF INTERNATIONAL LAW, S. 369, 370 (1986).

6 FRANCISCUS DE VICTORIA, DE INDIS RECENTER INVENTIS ET DE IURE BELLI HISPANORUM IN BARBAROS, (Klassiker des Völkerrechts, 1917), S. 45ff.. Vgl. auch FELIX S. COHEN, HANDBOOK OF FEDERAL INDIAN LAW (1942), S. 46; S. James Anaya, *The Rights of Indigenous Peoples and International Law in Historical and Contemporary Perspective*, HARVARD 1989 INDIAN LAW SYMPOSIUM, S. 191, 193 (1989).

7 FRANCISCUS DE VICTORIA, aaO., S. 93ff..

8 Vgl. auch COHEN, HANDBOOK (2. Aufl. 1982), S. 50ff..

Nordamerika vorgefundenen Indianerstämme als souveräne Nationen von der europäischen Rechtslehre vorausgesetzt.[9]

Mit *Hugo Grotius* (1583 - 1635) wurden *de Victoria's* Ansichten über die Rechte der indianischen Ureinwohner auf eine säkulare Grundlage gestellt[10] und fortgeführt: *Grotius* ging ebenfalls von der Gleichheit aller Menschen aus und stellte fest, daß ein Rechtserwerb an Gebieten aufgrund Entdeckung nur im Fall der Herrenlosigkeit möglich sei, was jedoch im Fall der von den Indianerstämmen besiedelten Gebiete nicht der Fall sei.[11] Darüberhinaus bejahte Grotius die Fähigkeit aller Völker - unter Einschluß der sog. "Ungläubigen" - untereinander in Vertragsbeziehungen zu treten, da das Recht dazu ein von jeder Religionszugehörigkeit unabhängiges, der gesamten Menschheit zukommendes Recht sei.[12]

Eine für die eingeborenen Völker einschneidende Neuerung in der internationalen Rechtslehre erfolgte mit *Emmerich de Vattel* (1714 - 1796): *Vattel* definierte nunmehr das Völkerrecht als die Wissenschaft von den Rechten und Pflichten der Staaten im Rahmen ihrer wechselseitigen Beziehungen.[13] Von diesem Recht der Staaten sind die Rechte des Individuums nach dem Naturrecht klar zu unterscheiden. Somit war mit *Vattel* die Universalität des bisher geltenden einheitlichen Naturrechts von der Dichotomie zwischen dem Recht der Staaten (oder Völkerrecht i.e.S.) und der aufkommenden Lehre von den natürlichen Rechten des Individuums abgelöst worden.

Das Völkerrecht kannte folglich nur noch Staaten als Akteure, und die Frage stellte sich nun, inwieweit den eingeborenen Völkern gleichfalls Staatenqualität zukommt. Dafür war die nach Ansicht *Vattel's* allen Nationen auferlegte Verpflichtung zur Kultivierung des ihnen zugefallenen Landes von zentraler Bedeutung.[14] Entsprechend

---

[9] So fortschrittlich diese Ansicht auch heute in unseren Ohren klingt, so sehr wurde sie dennoch aufgrund ihrer eurozentrischen und theokratischen Fundierung kritisiert, da sie in der Folgezeit oft Vorschub für die gewaltvolle Eroberung indianischer Gebiete infolge sog. "gerechter Kriege" leistete, s. zum Beispiel Robert Williams, *The Medieval and Renaissance Origin of the Status of the American Indians in Western Legal Thought,* S. CT. LAW REV. 1, 76-85 (1983).

[10] Vgl. A. NUSSBAUM, A CONCISE HISTORY OF THE LAW OF NATIONS, 108-109 (1954).

[11] H. GROTIUS, ON THE LAW OF WAR AND PEACE S. 40 (Classics of International Law, ed. 1925, 2d ed. 1946).

[12] A.a.O., S. 397.

[13] EMMERICH DE VATTEL, THE LAW OF NATIONS OR THE PRINCIPLES OF NATURAL LAW (Classics of International Law, 1916), S. 3.

[14] Ebd., S. 37.

unterschied er auch zwischen den "zivilisierten Reichen" in Peru und Mexiko (d.h. den Inkas und Azteken) und den Völkern Nordamerikas, welche seiner Ansicht zufolge innerhalb ihrer weiten Steppen lediglich herumstreunten, ohne dieses Gebiet zu kultivieren.[15] Entsprechend dieser Unterscheidung sah Vattel die Errichtung von Kolonien in Nordamerika - innerhalb bestimmter Grenzen - als durchaus rechtmäßig an.[16]

Vattel's Lehre kann unter heutiger Sichtweise zugleich als Segen und Fluch für die indigenous peoples angesehen werden: Zum einen erkannte er deren prinzipielle Gleichheit mit sämtlichen anderen Völkern an und bejahte grundsätzlich auch deren Fähigkeit zu souveräner Eigenständigkeit als Staaten. Zum anderen unterwarf er auch die indigenous peoples einem westlich geprägten Zivilisationsdogma, was in der Folgezeit häufig zur völligen Mißachtung ihres souveränen Status führte, wenn es um deren Zivilisierung und Eingliederung in die moderne Gesellschaft ging.

Die Idee von der Staatlichkeit der indigenous peoples spiegelte sich auch in frühen Entscheidungen des *U.S.-Supreme Court* wider: Dort vertrat Chief Justice *Marshall* die Ansicht, daß die eingeborenen Stämme als Staaten im Sinne des Völkerrechts zu qualifizieren seien.[17] Ungeachtet der Tatsache, daß sich die Indianer-Stämme innerhalb des Gebietes der Vereinigten Staaten befanden, seien sie als eigenständige Staaten anzusehen, weil *Vattel* zufolge auch abhängige und tributpflichtige Staaten ebenfalls als souveräne Staaten i.S. des Völkerrechtes angesehen werden können.[18]

Mit dieser Qualifikation als eigenständige Staaten hatten die eingeborenen Völker Nordamerika's den vorläufigen Höhepunkt ihrer völkerrechtlichen Bedeutung erreicht. Allerdings war schon bald wieder ein Abstieg davon festzustellen: Wie auch innerhalb der Jurisprudenz in den Vereinigten Staaten von *Marshall's* Entscheidungen wieder deutlich abgerückt wurde,[19] machte sich im Hinblick auf die völkerrechtliche Stellung

[15] Ebd., S. 38.

[16] Ebd..

[17] S. *Cherokee Nation v. Georgia*, 30 U.S. (5 Pet.) 1, 16 (1831). Zu dieser Entscheidung vgl. auch weiter unten, S. 137ff.

[18] *Worcester v. Georgia*, 31 U.S. (6 Pet.) 515, 559 (1832): "[It is a] settled doctrine of the law of nations ..., that a weaker state does not surrender its independence, its right to self-government, by associating with a stronger, and taking its protection. A weaker state ... may place itself under the protection of one more powerful, without stripping itself of the right of government, and ceasing to be a state." Vgl. dazu auch unten, S. 139ff.

[19] Z.B. *U.S. v. Rogers*, 45 U.S. (4 How.) 567, 571 (1846): "The native tribes who were found on this continent at the time of its discovery have never been acknowledged or treated as independent nations by European governments, nor regarded as the owners of the territories they respectively occupied."

der indigenous people die normative Kraft des Faktischen bemerkbar: Mittlerweile waren fast sämtliche Gebiete der indigenous people von den Kolonialmächten des 19. Jahrhunderts vereinnahmt worden, und die *positivistische Schule* des 19. und frühen 20. Jahrhunderts war mehr darum bemüht, die Kolonisierung der eingeborenen Völker zu rechtfertigen, als die Rechte der indigenous people gegenüber den Kolonialherren zu stärken.[20]

In gleicher Weise wie für *Vattel* bestand für die Positivisten das Völkerrecht in der Lehre von den Rechten und Pflichten der Staaten, welche als gleichberechtigte und unabhängige Teile der Völkergemeinschaft ausschließliche Souveränität genießen. Allerdings wurde nunmehr das Völkerrecht nicht mehr als ein den Staaten übergeordnetes System verstanden. Vielmehr resultierte das völkerrechtliche Regelwerk aus der Interaktion der einzelnen Staaten in Form von Verträgen und Völkergewohnheitsrecht. Dabei war die Anzahl der an dieser Interaktion Beteiligten auf die Gemeinschaft zivilisierter Staaten begrenzt, zu welcher die eingeborenen Völker als "unzivilisierte Stämme" nicht gezählt wurden. Der Status der indigenous peoples war damit nur noch eine Frage des internen Rechtes der jeweiligen Beherbergungsstaaten. Folglich konnten die betroffenen Staaten unter Hinweis auf ihre eigene Souveränität jede externe Kontrolle ihrer Politik in Bezug auf die in ihrem Gebiet ansässigen Urbevölkerungen als "Einmischung in interne Angelegenheiten" ablehnen, so daß die Gewährung von Rechten an die indigenous people allein in ihrem Ermessen stand.[21]

Der Ausschluß von der Völkergemeinschaft war jedoch nicht der einzige Rückschlag für die Rechtsstellung der indigenous peoples. Infolge der mangelnden Anerkennung ihrer Rechte nach internationalem Recht wurde nun auch die Lehre von der "terra nullius" auf die von ihnen bewohnten Gebiete für anwendbar gehalten: Somit galten ihre Siedlungsgebiete als im rechtlichen Sinne unbewohnt, so daß ein Rechtserwerb durch die Kolonialmächte aufgrund bloßer "Entdeckung" möglich war. Nach der damaligen Lehre wurde den indigenous people nicht einmal ein bloßes Besitzrecht an ihren Gebieten zuerkannt.[22] Zusätzlich zu dieser "Landnahme" waren die früher in Verträgen mit Eingeborenen eingegangenen Verpflichtungen auf die Stufe bloßer moralischer Verbindlichkeiten der Vertragsstaaten gestellt.[23]

---

20 Vgl. Anaya, *Indigenous Peoples*, aaO., S. 204 ff..

21 Vgl. Westlake, Chapters on the Principles of International Law, S. 136ff. (1894).

22 Leo Oppenheim, International Law, vol. I, S. 383f (3. Aufl., 1920).

Im Ergebnis hatte somit die positivistische Schule die souveränen Rechte der Kolonialstaaten über die angeeigneten Gebiete zu Lasten der kolonisierten indigenous people erheblich gestärkt. In völliger Abkehr von der Anerkennung ihrer souveränen Eigenständigkeit wurde nun den indigenous people jegliche völkerrechtliche Relevanz abgesprochen: Sie waren fortan "not a legal unit of international law"[24], der völkerrechtlich bindende Charakter der mit ihnen getroffenen Vereinbarungen wurde verneint[25], und die von den indigenous people bewohnten Gebieten wurden - sogar ungeachtet eines tatsächlich geleisteten Widerstandes gegen die Inbesitznahme durch die Kolonialmächte - rechtlich als "terra nullius" qualifiziert.[26]

II. Entwicklung nach dem Zweiten Weltkrieg

Mit der wachsenden Anerkennung allgemeiner Menschenrechte nach dem Zweiten Weltkrieg ereignete sich ein entscheidender Wandel in der Bedeutung und Tragweite des Völkerrechts: Nun erschöpfte sich das Völkerrecht nicht mehr in einer rein deskriptiven Festlegung der Regeln staatlicher Interaktion, wie dies unter dem Einfluß der positivistischen Schule noch der Fall war. Vielmehr fügte die Anerkennung allgemeingültiger Menschenrechte dem Völkerrecht ein normatives Element hinzu: Als ein dem Einfluß der einzelnen Staaten entzogener und übergeordneter Maßstab ermöglichten die Menschenrechte nun auch eine Kontrolle des Verhaltens der einzelnen Staatenregierungen hinsichtlich ihrer eigenen Bevölkerung, wovon auch die Behandlung der eingeborenen Völker mitumfaßt war. Konnten sich die Staaten bisher unter Berufung auf ihre eigene Souveränität gegen jede Einmischung in ihre Angelegenheiten verwahren, wurde dieses Bannschild nun zunehmend durchlässiger. Die Mißachtung fundamentaler Menschenrechte war nun unabhängig von dem Fehlen einer interstaatlichen Dimension eine Angelegenheit der internationalen Völkergemeinschaft.

Die Entkolonialisierungsdebatte nach dem Zweiten Weltkrieg und die damit verbundene Betonung des Selbstbestimmungsrechtes der Völker war ein weiterer Faktor dafür, daß die indigenous peoples als kolonisierte Gemeinschaften erneut zum Gegenstand internationaler Diskussion wurden. Der 1949 begonnene Versuch der Vereinten

---

23 WESTLAKE, aaO., S. 145, 149ff., KUNZ, DIE STAATENVERBINDUNGEN (1929), S. 187.

24 *Cayuga Indian Case*, VI R. Intern. Arb. Awards, S. 173, 176 (1926).

25 *Island of Palma Case*, 2 R. Intern. Arb. Awards, S. 831 (1928):"...are not, in the international law sense, treaties or conventions capable of creating rights and obligations."

26 *Eastern Greenland Case*, 1933 P.C.I.J. (ser. A/B) No. 53.

Nationen, im Rahmen einer speziell eingerichteten Subkommission die Situation der nordamerikanischen Ureinwohner genauer zu untersuchen und dadurch nähere Aufschlüsse über die wirtschaftlichen und kulturellen Bedürfnisse der indigenous peoples auf der gesamten Welt zu erlangen,[27] scheiterte an dem nachhaltigen Widerstand der Vereinigten Staaten. Die Subkommission wurde ohne Erzielung eines konkreten Ergebnisses wieder aufgelöst.[28]

Trotzdem blieben die indigenous people als Problem des Völkerrechtes präsent, wobei der Schwerpunkt der internationalen Aktivitäten zunächst bei der International Labour Organization (ILO) lag. Diese war bereits seit ihrer Gründung im Jahre 1919 mit Problemen indigener Bevölkerungen befaßt.[29] 1926 wurde innerhalb der ILO ein Expertenkommittee eingerichtet, und mit Beginn der 30er Jahre folgte die Verabschiedung zahlreicher Konventionen, welche sich mit verschiedenen Problemen eingeborener Arbeiter befaßten.[30]

Erster Höhepunkt des Schutzes indigener Völker auf internationaler Ebene war die Verabschiedung der ILO Konvention No. 107 im Jahre 1957[31]: Konvention No. 107 war das erste allgemeine internationale Instrument, welches sich speziell mit der Situation und dem Schutz der indigenous peoples befaßte. Neben der Verbesserung der allgemeinen Lebens- und Arbeitsbedingungen der indigenous people zielte diese Konvention sowohl auf deren Schutz, als auch ihre Integration in die Gesellschaft der jeweiligen Beherbergungsstaaten ab.[32]

Trotz ihres großen Verdienstes, den Bedürfnissen der eingeborenen Völker innerhalb eines internationalen Gremiums erstmals Geltung verschafft zu haben, wurde ILO

---

[27] G.A. Res. 275 (III) (11. 05. 1949).

[28] Barsh, *Indigenous Peoples*, aaO., S. 370.

[29] Brölmann / Zieck, *Indigenous Peoples*, in: BRÖLMAN u.a (Hrsg.), .PEOPLES AND MINORITIES IN INTERNATIONAL LAW (1993), S. 187, 197.

[30] Convention No. 29 (1930), on forced labour; No. 50 (1936), on recruitment of indigenous workers; No. 64 (1939), on regulation of written contracts of employment of indigenous workers; No. 65 (1939), on penal sanctions for breaches of contracts of employment by indigenous workers; No. 86 (1947), on maximum length of contracts of employment of indigenous workers; No. 97 (1949) on migration for employment; No. 104 (1955) on abolition of penal sanctions for breaches of contract of employment by indigenous workers.

[31] Für den (englischen) Originaltext von Konvention No. 107 und der dazugehörigen fakultativen Empfehlung No. 104, welche am gleichen Tag verabschiedet worden war, s. ILO INTERNATIONAL LABOUR CONVENTIONS AND RECOMMENDATIONS 1919 - 1991 (1992), S. 627 und 636.

[32] Vgl. Präambel und Art. 2 ILO Konvention No. 107; im einzelnen vgl. unten, S. 36ff.

Konvention No. 107 primär wegen der starken Betonung von Integration und Assimilation als Ziel der Eingeborenenpolitik vor allem von Seiten der Eingeborenen-Organisationen stark kritisiert. Schließlich entschloß sich die ILO im Jahre 1986 zu einer grundlegenden Revision der Konvention No. 107, was am 27. Juni 1989 zur Verabschiedung von Konvention No. 169 führte.[33] Die neue Konvention distanziert sich nun deutlich von der assimilationistischen Ausrichtung ihrer Vorgängerin. Sie betont die Bedeutung der dauerhaften Bewahrung der Existenz der indigenous peoples und ihr Recht auf Beteiligung an den diese unmittelbar betreffenden politischen Entscheidungen.[34]

III. Internationaler Schutz der "indigenous people" heute

Obwohl die Vereinten Nationen an der Ausarbeitung der ILO Konvention No. 107 beteiligt waren, beschäftigten sie sich bis zum Jahr 1971 selbst nicht mehr mit dem Problem der eingeborenen Völker. In diesem Jahr wurde der mexikanische Botschafter *Jose R. Martinez Cobo* mit der Ausarbeitung einer Studie über die Probleme eingeborener Völker beauftrag. Die *"Study of the Problems of Discrimination Against Indigenous Populations"* (nach ihrem Verfasser auch *"Cobo-Report"* genannt)[35] wurde 1983 abgeschlossen und stellt nicht nur aufgrund ihres Umfanges von über 1000 Seiten eine der umfassendsten Untersuchungen der Situation indigener Gemeinschaften in allen Regionen der Welt dar.[36]

Zahlreiche internationale Konferenzen der indigenous people (z.B. die "Inuit Circumpolar Conferences", Alaska 1977 und Grönland 1980; Generalversammlungen des "World Council of Indigenous Peoples" in Schweden 1977, Australien 1981 und Panama 1984; die "International NGO Conference on Discrimination Against Indigenous Peoples in the Americas" in Genf 1977; der "First Congress of Indian Movements of South America" in Peru 1980; die "International NGO Conference on Indigenous

---

[33] Für den (englischen) Original-Text s. ILO INTERNATIONAL LABOUR CONVENTIONS, aaO., S. 1436.

[34] Vgl. Präambel Konvention No. 169; im einzelnen vgl. unten, S. 46ff.

[35] U.N.-Doc. E/CN.4/Sub.2/1986/7 &. Adds. 1-4 (1986).

[36] Die Studie basiert hauptsächlich auf den Berichten 37 verschiedener Staaten: Argentinien, Australien, Bangladesch, Bolivien, Brasilien, Burma, Chile, Costa Rica, Dänemark (einschließlich Grönland), Equador, El Slavador, Finnland, Frankreich (einschließlich frz. Guyana), Guatemala, Guyana, Honduras, Indien, Indonesien, Japan, Kanada, Kolumbien, Laos, Malaysia, Mexiko, Neuseeland, Nicaragua, Norwegen, Pakistan, Panama, Paraguay, Peru, Philippinen, Schweden, Sri Lanka, Surinam, Venezuela und der Vereinigten Staaten; s. HURST HANNUM, AUTONOMY, SOVEREIGNTY, AND SELF-DETERMINATION: THE ACCOMMODATION OF CONFLICTING RIGHTS (1990), Fn. 276.

Peoples and the Land" in Genf 1981) lenkten ebenfalls die Aufmerksamkeit der Weltöffentlichkeit auf das Schicksal der indigenous peoples in unserer heutigen Welt.[37] Die 1981 in Genf abgehaltene Konferenz forderte die Einrichtung einer Arbeitsgruppe im Rahmen der Vereinten Nationen, welche sich speziell mit den Problemen der indigenous peoples befassen sollte, um auf diese Weise den eingeborenen Völkern ein Forum für die Diskussion ihrer Belange und Rechte auf internationaler Ebene zu bieten.[38]

Teilweise als Reaktion auf dieses Verlangen, teilweise im Vorgriff auf eine entsprechende Empfehlung des ein Jahr später erscheinenden "Cobo-Report" errichtete das "Economic and Social Council" (ECOSOC) der U.N. im Jahre 1982 die sog. "Working Group on Indigenous Populations"[39], welche der "Sub-Commission on Prevention of Discrimination and Protection of Minorities" untergeordnet ist.[40] Ein Grund für die breite Akzeptanz der Working Group speziell auf Seiten der Organisationen eingeborener Völker liegt in der Entscheidung, auf den Sitzungen der Working Group mündliche und schriftliche Eingaben von Eingeborenen-Organisationen unabhängig von einem etwaigen Beisitzer-Status innerhalb des ECOSOC zuzulassen.[41]

Das ursprüngliche Mandat der Working Group bestand sowohl in der Darstellung der Entwicklungen im Bereich der Rechte eingeborener Völker, als auch in der Ausarbeitung normativer Standards im Hinblick auf die Rechte der indigenous peoples. 1985 verlagerte sich jedoch der Schwerpunkt auf den zweiten Teil des Mandats. Der erste Entwurf einer "Deklaration über die Rechte der eingeborenen Völker" wurde 1988 präsentiert[42] und war bis zur neuesten Fassung aus dem Jahre 1993[43] Gegenstand zahlreicher Umformulierungen und Ausarbeitungen. Die Verabschiedung dieser Deklaration durch die Generalversammlung steht jedoch noch aus.[44]

Schließlich befaßte sich auch die U.N. World Conference on Human Rights, welche vom 14. - 26. Juni 1993 in Wien stattfand und an der sich mehr als 180 Regierungen

---

[37] Auflistung nach HANNUM, AUTONOMY, aaO., S. 83.

[38] Barsh, *Indigenous Peoples*, aaO., S. 372.

[39] Im folgenden: Working Group.

[40] Vgl. G. Alfredsson, *Fourth Session of the Working Group on Indigenous Populations*, 55 NORDIC JOURNAL OF INTERNATIONAL LAW, S. 22 (1986).

[41] HANNUM, AUTONOMY, aaO., S. 84.

[42] U.N.-Doc. E/CN.4/Sub.2/1988/25.

[43] U.N.-Doc. E/CN.4/Sub.2/1993/26.

[44] Zum gegenwärtigen Inhalt des Deklarationsentwurfes vgl. unten, S. 98ff.

und über 1500 nichtstaatliche internationale Organisationen (NGOs) beteiligten, mit dem Problem der indigenous peoples. Die abschließende "Vienna Declaration" vom 25. Juni 1993 mahnte die einzelnen Regierungen zur Achtung der allgemeinen Menschenrechte der indigenous peoples und zum Respekt vor dem Wert und der Vielfalt indigener Kulturen, vermied es jedoch, sich explizit zum Selbstbestimmungsrecht der indigenous people zu äußern. In diesem Zusammenhang appellierte die Weltkonferenz an die Working Group, die Arbeiten am Deklarationsentwurf auf ihrer nächsten Sitzung abzuschließen.[45]

B. Begriffliche Grundlagen

Heute wird im modernen Völkerrecht regelmäßig der Begriff "indigenous people" gebraucht, um die Gruppe der eingeborenen Völker zu umschreiben.[46] Trotz seiner Modernität birgt dieser Begriff eine zweifache Unklarheit: Zum einen ist die genaue Bedeutung des Begriffes "people" unklar, zum anderen findet sich auch keine allgemeingültige Definition von "Indigenität". Einige Staaten äußerten ihre grundsätzliche Ablehnung, den Begriff "people" in Verbindung mit der Bezeichnung eingeborener Gruppen zu verwenden, da dieser Begriff in engem Zusammenhang mit dem Selbstbestimmungsrecht der Völker stünde, und bevorzugten daher die Bezeichnung "indigenous populations" oder "eingeborene Bevölkerungen".[47] Andere Staaten wie z.B. die frühere UdSSR, Indien, Bangladesch oder China verneinten generell die Existenz von "indigenous peoples" auf ihrem Gebiet, indem sie für die Anerkennung als "indigenous" forderten, die betroffenen Gruppen müßten sich auf eine der Invasion durch eine andere ethnische Gruppe vorangehende Existenz in ihrem Gebiet und auf eine Schicksal der Kolonialisierung berufen können ("pre-invasion existence and colonial experience"). Folglich behaupteten diese Staaten, es gäbe in Asien keine "indigenous" peoples, es sei denn man wolle die gesamte Bevölkerung als "indigenous" qualifizieren. Ihrer Ansicht zufolge kann man daher die verschiedenen Gruppen innerhalb der asiatischen Staaten allenfalls als ethnische Minderheiten ansehen.[48]

---

45 NEWMAN/WEISSBRODT, INTERNATIONAL HUMAN RIGHTS (SUPPLEMENT 1993), Kap. 1, S. 6ff.

46 Insoweit handelt es sich um eine direkte Übersetzung, vgl. PONS, GROßWÖRTERBUCH DEUTSCH-ENGLISCH/ ENGLISCH-DEUTSCH, Stichwort "indigenous".

47 NATAN LERNER, GROUP RIGHTS AND DISCRIMINATION (1991), S. 102.

48 Barsh, *Indigenous Peoples*, aaO., S. 375; Brownlie, *Indigenous Peoples: A Relevant Concept?* in IAN BROWNLIE, TREATIES AND INDIGENOUS PEOPLES - THE ROBB LECTURES 1991 (1992), S. 55, 61.

Angesichts dieser Kontroverse, wann eine Gruppe als "indigenous people" einzuordnen ist, und wann als bloße Minderheit, wird deutlich, daß eine brauchbare Definition der "indigenous people" an zwei Punkten ansetzen muß: Zum einen sollte sie eine Antwort auf die Frage geben, unter welchen Voraussetzungen Indigenität bejaht werden kann. Zum anderen muß sie sich mit dem Problem auseinandersetzen, ob diese eingeborenen Gruppen eher als "Volk" (people) oder als "Minderheit" (minority) oder gar als eine Gruppe sui generis einzustufen sind.

I. "Indigenous"

Die Schwierigkeit eines Definitionsversuches von "Indigenität" beginnt bereits damit, daß es ca. 300 Millionen eingeborene Völker verschiedenster Rassen gibt, welche über nahezu die gesamte Erde verstreut sind und eine außergewöhnliche Bandbreite unterschiedlichster Traditionen, Lebensauffassungen und gesellschaftlicher Strukturen aufweisen.[49]

Auch wenn die gegenwärtigen Bemühungen zum Schutze der indigenous peoples ihren Anfang mit den Indianern Nordamerikas, den Aborigines Australiens und eingeborenen Gruppen aus dem Norden wie den Inuit oder Samen nahmen,[50] darf sich eine Definition dennoch nicht auf diese Gruppen beschränken, sondern muß auch auf weniger bekannte Gruppen wie die Ainu in Japan, die Mapuches in Chile, die Chakmas in Bangladesch oder die Karen und Hmong in Asien anwendbar sein.

1. Definitionsversuche der Rechtslehre

Innerhalb der völkerrechtlichen Lehre gibt es etliche erwähnenswerte Ansätze eine Definition von "indigenous people".

Alfredsson definiert "indigenous people" als

"the original inhabitants of a territory who have been overcome, often outnumbered, but not assimilated by later settlers of different cultures and ethnic backgrounds who control the national government."[51]

---

[49] Vgl. INTERNATIONAL LABOUR CONFERENCE, PROVISIONAL RECORD, 76th Session, Genf 1989, Doc. 25/2 [im folgenden: ILO RECORD 1989]; HANNUM, AUTONOMY, aaO., S. 90.

[50] HANNUM, AUTONOMY, aaO., S. 89.

[51] G. Alfredsson, *Indigenous Populations, Protection* in: R. BERNHARD (Hrsg.), ENCYCLOPEDIA OF PUBLIC INTERNATIONAL LAW, vol. 8 (1985), S. 311.

Insoweit als *Alfredsson* auf die zahlenmäßige und politische Unterlegenheit und kulturelle und ethnische Eigenart der indigenous people abstellt, besteht keinerlei signifikanter Unterschied zu der Definition einer ethnischen Minderheit.[52] Als charakteristisches Abgrenzungskriterium dient dieser Definition zufolge jedoch die ursprüngliche Ansässigkeit der indigenous people in dem auch heute noch von ihnen besiedelten Raum, was für eine ethnische Minderheit nicht kennzeichnend ist.

In ähnlicher Weise bezieht sich *Stavenhagen* in seiner Definition auf das Kriterium ursprünglicher Ansässigkeit. Seiner Definition zufolge bezeichnet man als indigenous people

"original inhabitants of a territory who, because of historical circumstances (generally conquest and/or colonization by another people), have lost their sovereignty and have become subordinated to the wider society and the state over which they do not exercise any control."[53]

Im Unterschied zu *Alfredsson* bezieht sich *Stavenhagen* jedoch nicht nur auf den rein tatsächlichen Umstand der vorherigen Ansiedlung in den heutigen Gebieten, sondern sieht als Kennzeichen der indigenous people deren ursprüngliche Souveränität an, welche sie im Zuge von Eroberung oder Kolonisierung durch die auch heute noch dominante Gesellschaft verloren haben. Insoweit kennzeichnet die indigenous peoples ihre historisch gegebene, eigenständige politische Souveränität innerhalb ihrer damaligen Siedlungsgebiete, welche sie allein aufgrund äußerer Einflüsse heute nicht mehr ausüben können. Jedoch erscheint auch diese Definition als zu breit gefaßt: Durch das bloße statische Abstellen auf den Prozeß der Unterwerfung eines ursprünglich eigenständigen Gemeinwesens durch eine fremde Übermacht, können unter diese Definition auch Fälle der Eroberung durch Angehörige der gleichen Rasse oder des gleichen Kulturkreises subsumiert werden, ohne daß die unterworfene Gruppe dadurch als indigenous people anzusehen wäre.[54] Daneben unterschlägt *Stavenhagens* Definition den gesamten Bereich der kulturellen Besonderheit der indigenous people.

Dieses Manko behebt *Heinz* mit seiner Definition, indem er primär auf die Eigenart des kulturellen Erscheinungsbildes der indigenous people abstellt: Für ihn ist prägendes Kennzeichen der indigenous people deren

---

52 Zum Begriff der ethnischen Minderheit und zur Abgrenzung des Begriffs der indigenous peoples s. unten, S. 23ff.

53 Rodolfo Stavenhagen, *The Indigenous Problematique*, 50 IFDA DOSSIER, zitiert nach: R. Falk, *The Rights of Peoples*, in: J. CRAWFORD (Hrsg.), THE RIGHTS OF PEOPLES (1988).

54 Vgl. zum Beispiel den Fall der mexikanischen Minderheit in Texas, USA.

"distinct cultural appearance, different from that of the majority population which settled later in the country. This distinct culture is visible in terms of a different way of life, a different religion, different language and often a different ethnic origin."[55]

Der kulturellen Eigenart der indigenous people voll Rechnung tragend, kommt bei dieser Definition jedoch wiederum die politische Dimension indigener Existenz zu kurz. *Heinz* erwähnt lediglich die frühere Ansiedlung der indigenous people in ihren heutigen Gebieten, ohne jedoch eine gewisse souveräne Eigenständigkeit als organisiertes Gemeinwesen zu fordern. Dadurch erscheinen die indigenous people lediglich als ein Sonderfall einer kulturellen Minderheit, was weder ihrer historischen Stellung, noch ihren heutigen Forderungen gerecht wird.

Andere Autoren versuchten mithilfe zusätzlicher qualifizierender Kriterien die Definition zu verengen und zu konkretisieren. *Hannum* zum Beispiel sieht als überragendes Unterscheidungskriterium den prämodernen und vorindustriellen Lebensstil der indigenous peoples, einschließlich ihres gemeinschaftlich orientierten ökonomischen Systems.[56]

Brölmann/Zieck betonen dagegen die besondere Beziehung, welche indigenous peoples zu dem von ihnen bewohnten Land hegen. Dieses Kriterium der "territorialen Basis" habe zwei Aspekte: Einen geographischen und einen spirituellen.[57]
Dies wird auch von anderen Autoren erkannnt. *Weissbrodt* beschreibt diese besondere Beziehung folgendermaßen:

"[They have] a unique, spiritual relationship to their land (...). They do not view their land as a commodity, but as an intimate part of their life, culture, personality, religion, self-determination, and governmental structure."[58]

---

[55] Wolfgang Heinz, Indigenous Populations, Ethnic Minorities and Human Rights (1991), S. 7.

[56] Hannum, Autonomy, aaO., S. 90.

[57] Brölmann/Zieck, aaO., S. 193.

[58] David Weissbrodt, *The Third Session of the UN Working Group on Indigenous Populations, 29 July - 3 August, 1984,* 13 ALB 12, 13 (1985); s. auch UN-Study, UN-Doc. E/CN.4 /Sub. 2/1986/7/Add.4 para. 196 f.

Swepston drückt diese Besonderheit mit folgenden Worten aus:

"When these groups lose the land upon which they live, their cultures disintegrate and they are dispersed among the general rural population or they simply die."[59]

Die Verbundenheit der indigenous peoples mit ihrem Land stellt letztlich das entscheidende Differenzierungskriterium zu anderen Minoritäten dar und bildet daher einen zentralen Aspekt bei den Bemühungen um eine exakte Definition. Insoweit hat die frühere Ansiedlung der indigenous people in ihren heutigen Gebieten nicht nur die Bedeutung einer historischen Zufälligkeit. Als spiritueller und geographischer Integrationsfaktor förderte das Land unter den Einwohnern das Entstehen einer konkreten politischen Organisation, so daß sich historisch ein durch die spirituelle Verbundenheit der Einwohner mit ihrem Siedlungsraum gekennzeichnetes souveränes Gemeinwesen etabliert hat. Diese bei allen indigenous people vorzufindende innere Stammesstruktur und das Gefühl der Verbundenheit sowohl mit dem Siedlungsraum als auch untereinander unterscheidet die Ansiedlung der indigenous people von bloß zufälligen Menschenakkumulationen innerhalb eines bestimmten Gebietes.

2. Definitionen im Rahmen internationaler Organisationen

Wenn es um den internationalen Schutz der indigenous people geht, ist es zumindest unter praktischen Gesichtspunkten von größerer Bedeutung, wie innerhalb der zuständigen internationalen Organisationen das Kriterium der Indigenität bestimmt wird. Daher sollen im folgenden die jeweiligen Definitionsansätze sowohl der ILO, als auch der U.N.-Studie über die Rechte der indigenous people und schließlich der U.N. Working Group on Indigenous Populations erörtert werden.

a) International Labour Organization

Auch wenn das Problem einer Definition von "indigenous or tribal people" in der Ausarbeitung von ILO Konvention No. 107 eine untergeordnete Rolle gespielt hatte, läßt der Anwendungsbereich dieser Konvention[60] doch Rückschlüsse auf einige wichtige Kriterien zu: Kennzeichnend für indigenous people ist danach zum einen eine stark

---

[59] Lee Swepston, *The Indian in Latin America: Approaches to Administration, Integration, and Protection*, 27 BUFFALO LAW REVIEW, S. 715, 729 (1978).

[60] Vgl. ILO Konvention No. 107 Art. 1(1).

ausgeprägte Stammesstruktur.[61] Die eigentliche Besonderheit indigener Völker liegt jedoch darin, daß sie auch heute noch mehr im Einklang mit den sozialen, wirtschaftlichen und kulturellen Einrichtungen ihrer Vorfahren leben, welche das fragliche Gebiet bereits vor ihrer Kolonisierung oder Eroberung durch die heute dominante Gesellschaft bewohnt haben.[62] Somit basiert die Definition von indigenous people in Konvention No. 107 auf drei Kriterien: Politische Organisation im Sinne einer Stammesstruktur, ursprüngliche Ansiedlung in den heutigen Gebieten und klare Abgrenzbarkeit von der dominaten Gesellschaft in Bezug auf soziale, wirtschaftliche und kulturelle Identität.

Nachdem ILO Konvention No. 107 das allgemeine Verständnis der 40er und 50er Jahre reflektierte,[63] brachte deren Überarbeitung in Konvention No. 169 unter anderem auch eine Modifikation der Bestimmung von Indigenität mit sich: Konvention No. 169 unterscheidet jetzt klar zwischen indigenen und Stammes-Bevölkerungen, so daß nunmehr die automatische Verknüpfung von Stammesstrukturen mit indigenen Völkern aufgegeben ist.[64] Weiter ist das Schicksal der Eroberung oder Kolonisierung nicht mehr essentiell für die Bejahung von Indigenität: Vielmehr soll es ausreichen, daß die Vorfahren der betroffenen Gruppe bereits das betroffenen Gebiet bewohnt hatten, als die Grenzen des sich heute dort befindenden Staates errichtet wurden. Von essentieller Bedeutung ist jedoch, daß die fragliche Gruppe immernoch einige oder alle der sozialen, wirtschaftlichen, kulturellen und politischen Institutionen ihrer Vorfahren beibehalten hat.[65]

Wichtigste Neuerung in ILO Konvention No. 169 ist, daß sie die Charakterisierung als "indigenous" nun weitgehend in das Ermessen der betroffenen Gruppe selber stellt: Gem. Art. 1(2) soll der Selbstidentifikation als "indigenous" für eine entsprechende Einordnung von grundlegender Bedeutung sein. Somit ist die bisher ausschließlich auf objektive Kriterien abstellende Bestimmung von Indigenität in Konvention No. 169

[61] Vgl. nur den Titel der Konvention "Indigenous and *other* tribal and semi-tribal Populations" (Hervorhebung vom Verfasser).

[62] Vgl. ILO Konvention No. 107 Art. 1(1)(b).

[63] Hannum, Autonomy, aaO., S. 77.

[64] Brölmann/Zieck, aaO., S. 193 Fn. 22.

[65] Art. 1(b). Folglich würden nach dieser Definition Gruppen wie die *Karen* in Thailand und die *Chittagong Hill* Stämme in Bangladesch, welche niemals erobert oder kolonisiert wurden, allein aufgrund ihrer historischen Anwensenheit in dem noch heute von ihnen bewohnten Gebiet ebenfalls unter die Definition von Indigenität fallen.

aufgegeben worden. Diese Aufwertung des Kriteriums der Selbstidentifikation geschah in Reaktion auf die wiederholt von Vertretern eingeborener Völker erhobene Forderung, die Fragen der Mitgliedschaft zu ihrer Gruppe ausschließlich selbst festlegen zu können.[66]

b) U.N.-Studie über die Rechte eingeborener Bevölkerungen

Die bislang umfassendste Definition findet sich in der von *Jose Martinez Cobo* angefertigten U.N.-Studie, welche ebenfalls der Selbstidentifikation als "indigenous" zentrale Bedeutung beimaß, weil das Recht einer souveränen Gemeinschaft, selbst und ohne Einmischung Dritter über ihre Mitgliedschaft bestimmen zu können, unverbrüchlich sei.[67] Die U.N.-Studie schlägt für künftige internationale Aktion in Bezug auf indigenous peoples folgende Definition vor:

"Indigenous communities, peoples and nations are those which, having a historical continuity with pre-invasion and pre-colonial societies that developed on their territories, consider themselves distinct from other sectors of the society now prevailing in those territories, or parts of them. They form at present non-dominant sectors of society and are determined to preserve, develop and transmit to future generations their ancestral territories, and their ethnic identity, as the basis of their continued existence as peoples, in accordance with their own cultural patterns, social institutions and legal systems."[68]

Dieser Definition zufolge sind vier Elemente konstitutiv für die Bestimmung, wann eine Gruppe sich als "indigenous people" qualifiziert: Historische Kontinuität (bzw. Präexistenz), kulturelle Eigenart, Nichtdominanz in der Gesellschaft und Selbstidentifikation als "indigenous". Um das Kriterium historischer Kontinuität zu erfüllen, muß die fragliche Gruppe mindestens eine der folgenden Bedingungen erfüllen: Das von ihnen bewohnte Land ist das ihrer Vorfahren (zumindest zum Teil), ihre Vorfahren müssen die ursprünglichen Bewohner des Gebietes gewesen sein, in ihrer kulturellen Eigenart (Religion, Stammesorganisation, Kleidung, Lebensbedingungen, Lebenseinstellung usw.) müssen sie klar unterscheidbar von anderen Gruppen sein, sie müssen sich einer eigenen Sprache befleißigen (sei es ausschließlich oder nur auf den Gebrauch innerhalb der eigenen Gemeinschaft beschränkt), ferner muß ihr Siedlungsgebiet bestimmte oder zumindest bestimmbare Grenzen aufweisen.[69]

[66] International Labour Conference, 76th Session (1989), Report IV, v. 2A, S. 13; vgl. auch Un-Study, E/CN.4/Sub.2/1986/7/Add.1, ch. V para. 9ff..

[67] Un-Study, E/CN.4/Sub.2/1986/7/Add.4, ch. XXI para. 382

[68] Ebd., Paragraph 379.

Bemerkenswert an dieser Definition ist, daß sie den Nachweis historischer Kontinuität erlaubt, ohne daß die betroffene Gruppe der indigenous people auch heute noch tatsächlich in dem Land ihrer Vorfahren lebt, da dieses Kriterium nur eines unter mehreren möglichen darstellt.[70] Dennoch wird in den allermeisten Fällen die Verbundenheit mit dem Land ihrer Vorfahren das herausragendste Kriterium der Indigenität darstellen. Im Unterschied zu ILO Konvention No. 169 stellt die Definition der U.N.-Studie jedoch ebenfalls auf das Merkmal der Kolonisierung oder Eroberung ab und grenzt dadurch fast sämtliche eingeborenen Gruppen Asiens, welche mit ca. 150 Mio. Angehörigen die überragende Mehrheit der Ureinwohner auf der Welt darstellen und für sich ebenfalls den Status als indigenous people beanspruchen, von der Definition aus.[71]

Über das Kriterium der Nichtdominanz können auch Gruppen als indigenous qualifiziert werden, die sich in ihrem Heimatland zahlenmäßig in der Mehrheit befinden, aber faktisch nicht in der Lage sind, die Regierungsentscheidungen zu beeinflussen, wie dies z.B. bei den Indianern in Bolivien oder den Ureinwohnern Papua Neuguinea's der Fall ist.[72]

Das Erfordernis der Selbstidentifikation befähigt auf der individuellen Ebene jedes einzelne Mitglied einer indigenen Gruppe, sich selbst als "indigenous" einzuordnen, und fördert innerhalb dieser Gruppe ein Bewußtsein der Zusammengehörigkeit. Dieser individuellen Selbstidentifikation steht jedoch der kollektive Aspekt der Gruppenakzeptanz gegenüber, wonach die Anerkennung durch die entsprechende Gruppe als eines ihrer Mitglieder für die Statusbestimmung als "indigenous" erforderlich ist.[73]

---

69 Vgl. ebd., para. 380.

70 Vgl. Brölmann/Zieck, aaO., S. 191 Fn. 16.

71 Für eine Darstellung der indigenous people Asiens und eine Theorie ihrer Kolonisierung vgl. JULIAN BURGER, REPORT FROM THE FRONTIER, S. 117ff. (1987). Vgl. auch schon oben. S. 13.

72 Ihr Anteil beträgt in Bolivien 70 % und in Papua Neuguinea sogar 77 % der Bevölkerung. In Guatemala wird der Anteil der indianischen Ureinwohner auf 47 % geschätzt. Vgl. ALAN T. DURNING, GUARDIANS OF THE LAND: INDIGENOUS PEOPLES AND THE HEALTH OF THE EARTH (World Watch Paper 112, 1992), S. 12.

73 UN-STUDY, aaO., ch. XXI, para. 381.

c) U.N. Working Group on Indigenous Populations

Obwohl die Working Group einem generellen Trend hin zur "Subjektivierung" der Definition von Indigenität folgend das Recht der indigenous peoples, ihre Mitgliedschaft selber zu bestimmen, vollauf bekräftigt und unterstützt, hat sie - nach anfänglich kontroverser Diskussion - davon Abstand genommen, eine verbindliche Definition auszuarbeiten. Damit wollte sie einer ähnlich lähmenden Erfahrung entgehen, welche innerhalb der Arbeitsgruppe zur Ausarbeitung der Deklaration zum Schutze nationaler, ethnischer, religiöser oder sprachlicher Minderheiten gemacht wurde, als man versuchte eine allgemeine Definition der "Minderheit" aufzustellen.[74]

d) Zwischenergebnis

Während eine ausschließlich auf der Selbstidentifikation basierende Definition von "indigenous people" auf individueller Ebene durchaus brauchbar zu sein erscheint, ist sie jedoch nicht in der Lage zu entscheiden, ob eine gesamte Gruppe als solche "indigenous" ist oder nicht. Die Definition einer gesamten Gruppe bedarf daher stets zumindest auch objektiver Kriterien als Abgrenzungsmerkmal. Daher erscheint eine Kombination von objektiven (wie z.B. Abkunft, Kultur, Sprache) und subjektiven (Selbstidentifikation und Gruppenakzeptanz) Kriterien, wie dies in der UN-Studie vorgeschlagen ist, als der vielversprechendste Ansatz.[75] Allerdings würde die Definition der UN-Studie wiederum zu dem unerwünschten Ergebnis führen, daß aufgrund des Erfordernisses der Eroberung oder Kolonisierung sich eine beachtliche Anzahl von eingeborenen Völkern außerhalb der Definition befände, obwohl diese in gleicher Weise schutzbedürftig wären wie vergleichbare Gruppen in ehemals kolonisierten Gebieten.

II. "People"

Die Brisanz des Begriffes "indigenous people" liegt jedoch weniger in der Bestimmung, wann man von sog. Indigenität der Gruppe sprechen kann, sondern welche Bedeutung dem Begriff "people" für deren Situation zukommt. Stellen "indigenous people" nach internationalem Recht Völker im engeren Sinne dar, sind sie lediglich ein

---

[74] Hannum, Autonomy, aaO., S. 91.

[75] Vgl. H.J. Heintze, *Völkerrecht und Indigenous Peoples*, 50 ZaöR 39,43 (1990).

spezieller Unterfall einer ethnischen, sprachlichen oder religiösen Minderheit, oder müssen sie vielmehr als eine eigenständige Kategorie, eine Gruppe sui generis klassifiziert werden?

1. Bedeutung des Begriffes "People"

Durch die Befürchtung motiviert, daß der Begriff "people" oder "Volk" automatisch ein Recht der eingeborenen Gruppen auf eine separate politische Existenz impliziere, bevorzugen einige Staaten, ihre eingeborenen Gemeinschaften als "populations" oder "Bevölkerungen" zu bezeichnen.[76] Daher bezogen sich anfangs auch Berichte und Resolutionen innerhalb der U.N. stets auf "indigenous populations", um auf diesem Wege eine optimale Akzeptanz unter den Staaten zu erreichen.[77]

Neuerdings ist jedoch eine Änderung in der Terminologie festzustellen: In Reaktion auf zunehmendem Druck von Seiten eingeborener Gruppen und aufgrund eines allgemeinen Umschwungs in der Einstellung zu diesen Gruppen werden sowohl in ILO Konvention No. 169, als auch in dem Deklarationsentwurf der Working Group die eingeborenen Gruppen durchweg als "people" addressiert.[78] Allerdings war dieser Umschwung in der Terminologie bislang lediglich mehr symbolischer Natur, um ein Zeichen in Richtung auf die Anerkennung der Existenzberechtigung der eingeborenen Völker und ihrer Bedürfnisse zu setzen.

Mit dieser Änderung in der Diktion ist jedoch die Frage nach dem gewöhnlich mit dem Begriff "people" oder "Volk" verbundenen Recht auf Selbstbestimmung noch nicht beantwortet, wie sich aus der expliziten Regelung in Art. 1(3) ILO Konvention No. 169 ersehen läßt:

> "The use of the term 'peoples' in this Convention shall not be construed as having any implications as regards the rights which may attach to the term under international law."

Somit ist ausdrücklich festgestellt, daß die Änderung in der Terminologie nicht automatisch eine Änderung der völkerrechtlichen Stellung der indigenous peoples nach

---

76 International Labour Conference, Provisional Record, 76th Session (1989), No. 25, S. 25/1.

77 Barsh, *Indigenous Peoples*, aaO., S. 376; s. auch ILO Konvention No. 107, ECOSOC Res. 1982/34 (07.Mai 1982), mit welcher die Working Group on Indigenous *Populations* errichtet wurde, oder die UN-Studie (aaO.), welche fast ausschließlich von "indigenous *populations*" spricht.

78 Brölmann/Zieck, aaO., S. 194.

sich zieht. Daß den indigenous people das, was ihnen mit der linken Hand gegeben worden zu sein schien, gleich wieder mit der rechten genommen wurde, war ein Tribut an die internationale Akzeptanz von ILO Konvention No. 169. Könnte Konvention No. 169 als Argument für ein Selbstbestimmungsrecht der indigenous people angeführt werden, wäre die Bereitwilligkeit der Staaten zur Unterstützung der von der ILO formulierten Schutzbestimmungen erheblich vermindert. Ob den indigenous people ein Selbstbestimmungsrecht zusteht oder nicht, ist daher nach allgemeinen völkerrechtlichen Prinzipien zu entscheiden und kann nicht durch eine schlichte Änderung in der Terminologie beantwortet werden.[79]

Jedenfalls ist es nun unbestritten offizielle Diktion, die Gruppen der Eingeborenen auch als "people" zu bezeichnen. Inwieweit ihnen jedoch auch Rechtsqualität als "people" im völkerrechtlichen Sinne zukommt, bleibt weiterhin unklar und ist eng verwoben mit der Frage, inwieweit ihnen ein Selbstbestimmungsrecht zusteht. Teilweise wird vor diesem Hintergrund der Standpunkt vertreten, daß es sich bei ihnen lediglich um einen Fall ethnischer Minoritäten handele, welche folglich nach dem für Minderheiten geltenden Recht zu behandeln seien.[80]

2. "Indigenous People" als Minderheit

Die innerhalb der U.N. am meisten etablierte Definition einer "Minderheit" ist die von *Francesco Capotorti* eingeführte. Entsprechend definiert sich eine Minderheit als eine

> "group numerically inferior to the rest of the population of a State, in a non-dominant position, whose members - being nationals of the State - possess ethnic, religious or linguistic characteristics differing from those of the rest of the population and show, if only implicitly, a sense of solidarity, directed towards preserving their culture, traditions or language."[81]

All diese von *Capotorti* gefundenen Kennzeichen einer Minderheit passen auch auf nahezu sämtliche indigenous peoples. Daher könnte es sich bei den indigenous peoples auch schlicht um einen konkreten Anwendungsfall einer ethnischen Minorität handeln.

---

79 Für eine eingehende Diskussion dieses Problemkreises s. unten, S. 32f., 67ff.., 95ff..

80 Heinz, aaO., S. 1; P. Thornberry, International Law and the Rights of Minorities, S. 395; vgl. auch schon oben, Fn. 52.

81 F. Capotorti, Study on the Rights of Persons Belonging to Ethnic, Religious and Linguistic Minorities (1977), UNP Sales No. E 91.XIV.2, para. 568.

Der Begriff der ethnischen Minderheit leitet sich vom griechischen Wort "ethnos" ab, was soviel wie "Volk", "Volksstamm"[82] bedeutet. Daher erklärt es sich auch, daß sich die Definition der ethnischen Minderheit an die konstitutiven Eigenschaften eines Volkes wie eine gemeinsame Sprache, gemeinsame Kultur, gemeinsames historisches Schicksal und gemeinsames Streben anlehnt.[83] Als solches ist die ethnische Minderheit wie auch jedes Volk durch gemeinsame Kriterien der Selbstidentifikation, Abstammung, diverser kultureller Merkmale wie z.B. die Sprache und der inneren Struktur und Organisation ihrer Gemeinschaft gekennzeichnet.[84] Entscheidend muß jedoch zu all dem das Bewußtsein der ethnischen Gruppe von ihrer Eigenart und der Wille, diese Eigenart auch in Zukunft zu bewahren, hinzukommen.[85]

All diese Kriterien sind bei den indigenous people regelmäßig erfüllt, was angesichts der semantischen Affinität des Begriffs "ethnische Minderheit" zum Begriff "Volk" auch schwerlich anders denkbar wäre. Vor diesem Hintergrund werden bisweilen die indigenous people schlicht als Sonderfall einer ethnischen Minderheit bezeichnet.[86]

Auch wenn sich die Subsumierbarkeit der indigenous peoples unter den Begriff der "ethnischen Minderheit" nicht in Abrede stellen läßt, weisen sie doch Kriterien auf, welche sie signifikant vom "Normalfall" der ethnischen Minorität unterscheiden. In erster Linie dient dabei ihre ursprüngliche Ansässigkeit als ehemals eigenständige Gemeinwesen in ihren heutigen Siedlungsgebieten und ihre enge spirituelle Verbundenheit mit der sie umgebenden Natur, was in Folge auch zu einer größeren Abhängigkeit ihrer Existenz als eigenständige Kulturen von einer intakten Umwelt führt.[87] Während

---

[82] Der Begriff "ethnos" bezieht sich dabei auf die durch Geburt vermittelte Gemeinsamkeit der natürlichen Herkunft der einzelnen Mitglieder einer Gemeinschaft. Dadurch unterscheidet sich das "ethnos" vom "demos", welches die Bedeutung "Staatsvolk" hat und die Gemeinschaft der griechischen "polis", also innerhalb einer künstlich geschaffenen politischen Organisationsform meint. Im Lateinischen entspricht dem "ethnos" der Begriff des "gens", bzw. der "natio", während das Staatsvolk als "populus" bezeichnet wurde. Von diesen Begriffen abgeleitet sind das englische "nation" zur Bezeichnung einer auf natürlicher Verbundenheit beruhenden Gemeinschaft und "people", was sich auf eine durch einen staatsorganisatorischen Akt von Menschenhand geschaffene Gemeinschaft bezieht. Während also ein "ethnos", bzw. eine "nation" grundsätzlich auch ohne interne politische Strukturen existiert, setzt das "demos", bzw. "people" eine gewisse politische Organisation des Gemeinwesens voraus.

[83] OXENKNECHT, DER SCHUTZ ETHNISCHER, RELIGIÖSER UND SPRACHLICHER MINDERHEITEN IN ART. 27 DES INTERNATIONALEN PAKTES ÜBER BÜRGERLICHE UND POLITISCHE RECHTE VOM 16. DEZEMBER 1966 (1988), S. 110.

[84] Erik Allard, *Implications of the Ethnic Revival in Modern Industialized Society*, in COMMENTATIONS SCIENTIARUM SOCIALUM 12 (1979), S. 30ff..

[85] DIETER BLUMENWITZ, MINDERHEITEN UND VOLKSGRUPPENRECHT - AKTUELLE ENTWICKLUNG (1992), S. 30 .

[86] Ebd., S. 123.

[87] Vgl. dazu schon oben, S. 16f..

die ethnische Minderheit keinerlei territorialen Bezug aufzuweisen braucht, ist dieser ein essentielles Merkmal der indigenous peoples. Im Unterschied zu der einfachen ethnischen Minderheit weisen die indigenous peoples daneben in der Regel eine gefestigte Stammesstruktur auf, welche der inneren Organisation ihres Gemeinwesens diente. Insofern bildeten sie bereits vor der Entstehung ihrer heutigen Beherbergungsstaaten eigenständige politische Gemeinwesen.

Daher stieß die Qualifizierung als (ethnische) Minderheit zum Teil auf heftige Kritik - nicht zuletzt von Seiten der indigenous peoples selber, welche ihre besondere und einzigartige Identität betonen und auf einer Qualifizierung als "people" bestehen.[88] Insoweit wirkt sich die territoriale Berechtigung der indigenous peoples im Sinne von "Staatsgebiet" - "Staatsvolk" aus, so daß sich sagen ließe, eine ethnische Minderheit mit einem anerkannten Anspruch auf ein eigenes Siedlungsgebiet, über welches sie gewisse historisch begründete Hoheitsrechte ausüben, sei stets als eigenständiges Volk, bzw. Volksgruppe[89] zu qualifizieren. Hintergrund dieses Einordnungskonfliktes ist das von den indigenous people beanspruchte Recht auf Selbstbestimmung als eigenständiges Volk, welches bei einer Klassifizierung als gewöhnliche Minderheit nicht in Betracht kommt, da diese nur unter dem Schutz spezieller Minderheitenrechte stehen.[90]

3. "Indigenous People" als Volk

Sucht man nach einer verbindlichen völkerrechtlichen Definition von "people" oder "Volk", wird man schwerlich fündig werden. Dennoch wurden zahlreiche Versuche einer Definition unternommen.

Der *Ständige Internationale Gerichtshof*, Vorgänger des heutigen IGH, definierte den Begriff "people" im *Greco-Bulgarian Case* als

> "a group of persons living in a given country or locality, having a race, religion, language and traditions of their own and united by the identity of race, religion, language and tradition in a sentiment of solidarity, with a view to preserving their traditions, maintaining their form of worship, insuring the instruction and upbringing of their children in accordance with the spirit and traditions of their race and rendering mutual assistance to each other."[91]

[88] P. THORNBERRY, aaO., S. 391; Brölmann/Zieck, aaO., S. 195; Barsh, *Indigenous Peoples*, aaO. S. 376.

[89] Vgl. auch Peter Pernthaler, *Volksgruppe und Minderheit als Rechtsbegriffe*, in WITTMANN/GRAF BETHLEN (Hrsg.), VOLKSGRUPPENRECHT (1980), S. 9, 10.

[90] R. L. Barsh, *Indigenous North America and Contemporary International Law*, 62 OREGON LAW REVIEW, S. 73, 91 (1983).

Die Qualifizierung einer Gruppe als "people" unterscheidet sich nach dieser Definition von der bloßen Minderheit durch folgende Kriterien: Den festen geographischen Bezug, die gemeinsame Geschichte an diesem Ort und die auf Dauerhaftigkeit angelegte kulturelle Identität dieser Gruppe.

Die *International Commission of Jurists* stellte folgende, mit Mitteln empirischer Forschung gefundene Merkmale des Volksbegriffes fest: (1) Eine gemeinsame Geschichte, (2) rassische oder ethnische Verbundenheit, (3) gemeinsame Kultur und Sprache, (4) religiöse oder ideologische Verbundenheit, (5) ein gemeinsames Gebiet oder einen gemeinsamen geographischen Bezugspunkt, (6) eine gemeinsame wirtschaftliche Lebensgrundlage und (7) eine ausreichende Anzahl an Mitgliedern.[92] Dieser Aufzählung soll jedoch mehr indikative Wirkung zukommen, als daß sie als zwingende und erschöpfende Auflistung der Erfordernisse für eine Qualifizierung als "Volk" verstanden werden könnte. Von zentraler Bedeutung war für die *International Commission of Jurists* folgende Erkenntnis: "A people begins to exist only when it becomes conscious of its own identity and asserts its will to exist."[93] Somit ist die Existenz als Volk letztlich in dem von bestimmten äußeren Faktoren begleiteten Bewußtsein der Gruppe von ihrer besonderen Identität und dem Willen zur künftigen Aufrechterhaltung dieser Besonderheit begründet.

Diesem Erfordernis von sowohl objektiven, als auch subjektiven Kriterien des Begriffes "people" trägt auch *Dinstein* in seiner Definition Rechnung:

"The objective element [of peoplehood] is that there has to exist an ethnic group linked by common history. [The link might consist in] a common history, religion or language. (...) Side by side with the objective element, there is also a subjective basis to peoplehood. It is not enough to have an ethnic link in the sense of past genealogy and history. It is essential to have a present ethos or state of mind. A people is both entitled and required to identify itself as such."[94]

Die bis zum heutigen Tage gebräuchlichste Definition ist jedoch die von *Aureliu Cristescu* aufgestellte:

"(a) The term "people" denotes a social entity possessing a clear identity and its own characteristics;

---

[91] 1930 PCIJ, ser. B. No. 17, S. 21.

[92] SECRETARIAT OF THE INTERNATIONAL COMMISSION OF JURISTS (Hrsg.), THE EVENTS IN EAST PAKISTAN, 1972), S. 70.

[93] Ebd..

[94] Yoram Dinstein, *Collective Human Rights of Peoples and Minorities*, 25 ICLQ, S. 102 (1976).

(b) It implies a relationship with a territory, even if the people in question has been wrongfully expelled from it and artificially replaced by another population.
(c) A people should not be confused with ethnic, religious or linguistic minorities, whose existence and rights are recognized in article 27 of the Covenant on Civil and Political Rights."[95]

Entsprechend dieser Definiton handelt es sich um eine "entweder-oder-Klassifizierung": Indigenous people sind entweder als Minorität oder als Volk zu qualifizieren, auch wenn sie sich grundsätzlich unter beide Begriffe subsumieren lassen. In diesem Zusammenhang kann dann in Anlehnung an die Definition von *Cristescu* die enge geographische und spirituelle Verbundenheit zu dem von ihnen bewohnten Land als Abgrenzungskriterium dienen, welches den Rahmen sämtlicher Minderheiten-Definitionen überschreitet. Folglich sind bei den indigenous people auch die strengeren Kriterien des Volksbegriffes im engeren Sinne erfüllt.

4. Indigenous people als Gruppe sui generis

Der Grad der Verbundenheit mit dem von ihnen bewohnten Land unterscheidet die indigenous people jedoch nicht nur von "gewöhnlichen" Minderheiten, sondern auch von den allermeisten Völkern. Daher bietet sich eine atypische Qualifizierung als Gruppe sui generis an, welche weder eindeutig als bloße Minderheit noch als Volk im herkömmlichen Sinn anzusehen ist. Um ihrer Situation und ihrem besonders gearteten Schutzbedürfnissen Rechnung tragen zu können, ist es erforderlich, die diesen zustehenden Rechte aus ihrer speziellen Situation heraus und nicht aus dem Schutz vergleichbarer, aber nicht identischer Gruppen zu entwickeln.[96]

Dieser Status als Gruppe sui generis darf jedoch nicht dazu führen, daß deren Schutz völlig von dem für Minderheiten oder Völker entwickelten Schutzsystem abgekoppelt wird. Die Tatsache, daß diese beiden Begriffe nicht in der Lage sind, die Dimension indigener Existenz zufriedenstellend zu erfassen, schließt jedoch nicht aus, daß dennoch bei den für die Minderheiten und Völker entwickelten Schutznormen zugunsten der indigenous people "Anleihen" genommen werden. Dies ist insbesondere vor dem Hintergrund erforderlich, daß es bis dato noch kein stringentes, speziell auf die

---

[95] AURELIU CRISTESCU, THE RIGHT TO SELF-DETERMINATION, UN-Doc. E/CN.4/Sub.2/404/Rev.1, para. 279.

[96] Vgl. HANNUM, AUTONOMY, aaO. S. 90, wo er den Nutzen von bloßen Wortgefechten über Definitionen ohne konkrete rechtliche Auswirkungen grundsätzlich in Frage stellt. Solange übe das Ziel des Schutzes der indigenous peoples Übereinkunft besteht, sei die Etikettierung dieser Gruppen als "Volk" oder als "Minderheit" lediglich von sekundärer Bedeutung.

Bedürfnisse der indigenous people abgestimmtes System internationalen Schutzes gibt. Somit können Bestimmungen des Minderheitenschutzes, wie zum Beispiel Art. 27 IPBPR, zumindest einen gewissen Mindestbestand an Schutz auch für die indigenous people gewähren, was einer Situation völliger Schutzlosigkeit vorzugswürdig ist. Aber auch ein Rekurrieren auf Normen zum Schutz der Völker, wie zum Beispiel Art. 1 IPBPR ist möglich, wenn man die indigenous people als einen speziellen Unterfall des Volksbegriffes versteht.

Somit erscheinen die indigenous peoples in einer Mittelposition zwischen dem Begriff der Minorität und dem des Volkes, in welcher sie sich entsprechend ihren Bedürfnissen auf die Rechte beider Gruppen berufen können, zumindest solange das Völkerrecht noch nicht auf ihre spezielle Situation mit einem speziellen Schutzinstrumentarium reagiert hat.[97] Bis zu welchem Ausmaß eine Berufung auf diesen "analogen" Schutz möglich ist, wird weiter unten erörtert werden.

C. Gegenstand und Zielrichtung des internationalen Schutzes

Ein System umfassenden Schutzes muß sich stets an den eigentlichen Bedürfnissen und Forderungen der schutzbedürftigen Gruppe orientieren. Daher muß sich auch der Schutz der indigenous people zuerst mit der Analyse ihrer Situation auf der gesamten Welt befassen und auf die aus dieser Situation erwachsenen Forderungen entsprechend reagieren.

I. Situation der "indigenous people"

Trotz großer Mannigfaltigkeit aller indigenous people teilen diese in nahezu sämtlichen Staaten ein ähnliches Schicksal von Diskriminierung und struktureller Benachteiligung im ökonomischen, sozialen und gesundheitlichen Sektor, was im Ergebnis zu deren gesellschaftlicher Marginalisierung führt.[98] Als Erklärung dafür wird in einem Bericht für die *Independent Commission on Humanitarian Issues* sowohl auf deren traditionelle ökonomische Betätigung, als auch auf deren physische Isolierung hingewiesen:

---

[97] Als derartiges spezielles Schutzinstrument wird die sich z.Zt. noch im Entwurfsstadium befindende "Declaration on the Rights of Indigenous Peoples" fungieren.

[98] JULIAN BURGER, REPORT, aaO., S. 17.

"They are often nomadic or semi-nomadic, and shifting cultivators like the forest dwelling peoples of Central America or South East Asia. They are herders like the pastoralist of Sahelian Africa or hunters and gatherers like the San (bushmen) of Southern Africa, the Innu of Labrador or the Indians of the Brazilian Amazon. Many live in remote areas: in the forests, deserts, mountains or tundra. There they have adapted to their environment and are highly dependent upon it."[99]

Die gegenwärtige Situation der meisten indigenous peoples hat ihren Ursprung in der kolonialen Vergangenheit, in welcher das Schicksal der Eroberung diese ohne Land, unterprivilegiert und als Opfer permanenter Diskriminierung durch die dominante Gesellschaft zurückließ. Daher ist unter ihnen grundsätzlich eine höhere Arbeitslosenquote als unter der Restbevölkerung anzutreffen. Die indigenous people, welche eine Arbeitsstelle haben, üben in der Regel schlecht bezahlte Hilfstätigkeiten aus.[100] Sie leiden unter schlechteren Gesundheitsbedingungen als der Durchschnitt der Bevölkerung, insbesondere ist unter ihnen eine signifikant höhere Sterblichkeitsrate von Säuglingen, mehr tödlich verlaufende Infektionskrankheiten und eine insgesamt geringer Lebenserwartung festzustellen.[101] Das Bildungsniveau der indigenous peoples ist fast überall das niedrigste in der gesamten Bevölkerung, d.h. die Analphabetenrate und Zahl der frühzeitigen Schulabbrüche ist unter ihnen am höchsten.[102] Ihre Möglichkeiten politischer Einflußnahme über Wahlen oder Lobbyisten sind in vielen Ländern minimal.[103] Die Marginalisierung ihrer Kultur als Folge forcierter

---

[99] AGA KHAN (Hrsg.), INDIGENOUS PEOPLES: A GLOBAL QUEST FOR JUSTICE, A REPORT FOR THE INDEPENDENT COMMISSION ON INTERNATIONAL HUMANITARIAN ISSUES (1987), S. 9.

[100] Für einen kurzen Überblick über die Entwicklung der Arbeitssituation von indigenous peoples, welche diese in sklavereiähnliche Abhängigkeit über ein System der Verschuldung und Leibeigenschaft geführt hat s. BURGER, REPORT, aaO., S. 17ff..

[101] So ist z.B. die Lebenserwartung der Indianer in Guatemala, Bolivien und Peru ungefähr 11 Jahre niedriger als unter der Restbevölkerung, s. UN-STUDY, E/CN.4/Sub.2/1983/21/Add.5, ch. XI para. 48; die Säuglingssterblichkeit in Paraguay ist fünfmal höher als unter der Restbevölkerung, s. ebd., para. 51; in den Vereinigten Staaten sind unter den Indianern signifikant häufiger Fälle von Unterernährung festzustellen, und das Risiko, sich mit Tuberkulose zu infizieren ist unter ihnen achtmal wahrscheinlicher als unter anderen Bevölkerungsteilen, und ein Auftreten von Ruhr ist 42 mal wahrscheinlicher unter Indianern als unter der weißen Bevölkerung, s. JAMES WILSON, THE ORIGINAL AMERICANS: U.S. INDIANS, MINORITY RIGHTS GROUP REPORT, S. 31.

[102] In den Vereinigten Staaten beschränkt sich der Schulbesuch von Kindern der indigenous people im Durchschnitt auf fünf Jahre, wobei die Zahl vorzeitiger Schulabbrüche doppelt so hoch wie beim Durchschnitt der Bevölkerung liegt, s. UN-STUDY,E/CN.4/Sub.2/1983/21/Add.2, ch. XIII para. 45; die Analphabetenrate unter den Indianern Guatemalas wird auf 82% geschätzt, s. BURGER, REPORT, aaO., S. 25. Ein Grund für diese schlechte Grundausbildung liegt oft in dem Fehlen einer einheitlichen Sprache der indigenous people selbst innerhalb eines einzigen Staates: Unter den Indianern des Amazonas werden ungefähr 120 verschiedene Sprachen gesprochen, die Indianer Guatemalas sprechen 23 unterschiedliche Dialekte, in Indien gibt es mehr als 400 Gruppen von indigenous people, von denen jede ihre eigene Sprache besitzt usw.. In einer derartigen Situation "babylonischer Sprachverwirrung" konnte ein Schulsystem für die indigenous people nur unter genereller Nichtbeachtung ihrer ursprünglichen Sprachen zugunsten der vorherrschenden Sprache ihrer ehemaligen Kolonialherren oder einer ähnlich fremden Sprache aufgebaut werden (i.d.R. Spanisch, Portugiesisch oder Englisch). Dazu kommt noch der Umstand, daß bisher die meisten Lehrer selber keine Angehörigen der indigenous peoples waren. S. UN-STUDY, E/CN.4/Sub.2/1983/21/Add.2, para. 136.

Assimilation und der oft zwangsweise erfolgten Umsiedlung vom Land ihrer Vorfahren führte zu dem Phänomen des völligen Verlustes ihrer kulturellen Identität und Entwurzeltsein, was mit dem Begriff "kultureller Genozid" oder "Ethnozid" umschrieben wird.[104]

Folglich kann die Situation der indigenous peoples allgemein beschrieben werden als "well and truly at the bottom of the pile."[105] In näherer Zukunft ist auch nur geringe Aussicht für eine Verbesserung ihrer Situation ersichtlich. Im Gegenteil: Vielerorts werden indigenous people auch in Zukunft gegen den Verlust ihrer kulturellen Identität und ihres Landes, ihre Einverleibung in die moderne Massengesellschaft und gegen den sozialen Abstieg in die Arbeitslosigkeit am Rande der modernen Industriegesellschaft ankämpfen müssen.[106]

Die geschilderte Situation spiegelt allgemeine Probleme wider, auf welche die indigenous people mit entsprechenden Forderungen reagieren, von denen sie sich eine Besserung versprechen - oft auch ein Anknüpfen an die einstigen Blütejahre ihrer Kulturen. Diese Forderungen beziehen sich auf die Gewährung bestimmter Bodenrechte an ihren Siedlungsgebieten, die Anerkennung ihres Selbstbestimmungsrechtes als indigenous people, Schutz ihrer kulturellen Identität und den Genuß individueller Wohlfahrtsrechte für ihre Mitglieder.

II. Forderungen der "indigenous people"

1. Bodenrechte

Wie weiter oben bereits festgestellt[107] hegen die indigenous people zu dem von ihnen besiedelten Gebiet eine einzigartige und unvergleichliche Beziehung. Daher erscheint

---

[103] Eine bemerkenswerte Ausnahme diesbezüglich stellt die gleichberechtigte Beteiligung der indigenous people im Verfassungsreformprozeß Kanadas dar, s. Mary E. Turpel, *Indigenous Peoples' Rights of Political Participation and Self-Determination: Recent International Legal Developments and the Continuing Struggle for Recognition*, 25 CORNELL INTERNATIONAL LAW JOURNAL, S. 579, 598 (1992).

[104] UN-STUDY, E/CN.4/Sub.2/1983/21/Add.3, para. 38. Obwohl die meisten Staaten mit indigenous people auf ihrem Gebiet spezielle Behörden zum Schutze von deren Kultur und Wohlfahrt eingerichtet haben, dienten diese Behörden in vielen Fällen nur als Mittel zur Kontrolle der indigenous people und verstärkten oftmals zusätzlich die ohnehin bereits gegebene Diskriminierung der indigenous people, BURGER, REPORT, aaO., S. 29.

[105] BURGER, REPORT, aaO., S. 31.

[106] Ebd..

[107] S. oben, S.16f..

der Schutz und die Erhaltung ihrer territorialen Basis von essentieller Bedeutung für ihr Überleben in unserer heutigen Welt.

Eine allgemeine Erfahrung der meisten indigenous people ist die zwangsweise Vertreibung aus ihren ursprünglichen Gebieten - oft im Zuge voranschreitender Kolonisation und anschließender Schaffung neuer nationaler Bevölkerungen und neuer Staaten (wie z.B. auf dem amerikanischen Kontinent), oder aufgrund der Expansion benachbarter Staaten in ihr Gebiet (wie z.B. im nördlichen Japan oder Skandinavien).[108] Häufig lag der Grund für diese Vertreibung in dem Begehren nach den auf dem Gebiet der indigenous people befindlichen Rohstoffen.[109] Den indigenous peoples wurden dann in der Regel neue Gebiete zugewiesen (sog. Reservate), innerhalb welcher sie sich neu zu organisieren hatten.

Aber selbst innerhalb dieser speziell zugewiesenen Gebiete sind die Rechte der indigenous people an ihrem Territorium immernoch grundlegend bedroht: Neben der allgemeinen ökonomischen Entwicklung sind es vor allem die Errichtung von Dämmen und Wasserkraftwerken und intensive Bergbautätigkeit auf dem Gebiet der indigenous people, welche zur Zerstörung ihrer engen Verbundenheit mit dem Land führen, sofern eine solche in den neuen Gebieten überhaupt entstehen konnte.[110]

Auch wenn bisherige Versuche, die Gebiete ihrer Vorfahren mithilfe von Legislative und Judikative zurückzuerhalten, bisher von begrenztem Erfolg gekrönt waren,[111] sind diese Ansprüche auf ihr ehemaliges Land immernoch von zentraler Bedeutung für die indigenous people auf der ganzen Welt: Den Besitz über ihr eigenes ursprüngliches Land zu erhalten, ist Voraussetzung für andere wichtige Forderungen der indigenous people, wie z.B. die Bewahrung ihrer eigenständigen Kultur und Religion, welche oft in untrennbarem Zusammenhang mit der sie umgebenden Natur stehen. Weiter ist der Besitz eines eigenen Territoriums Grundvoraussetzung für jede Forderung nach Selbstbestimmung innerhalb ihres eigenen Gebietes. Schließlich dient auch die Kontrolle über ein eigenes Territorium als Unterscheidungsmerkmal zu "gewöhnlichen"

---

[108] D. Sanders, *Background Paper, UN Seminar on the Effects of Racism and Racial Discrimination on the Social and Economic Relations between Indigenous Peoples and States*, UN-Doc. HR/GENEVA/1989/Sem.1 /BP.1,1.

[109] Global Quest, aaO., S. 25.

[110] Ebd., S. 53

[111] Vgl. zu den Versuchen der Indianerstämme Nordamerikas, ihre angestammten Gebiete zurückzuerlangen, weiter unten, Fn. 906.

ethnischen oder religiösen Minderheiten.[112] Die Anerkennung der Bodenrechte der indigenous peoples muß sich aber auch auf die Ausbeutungsrechte an den auf diesen Gebieten befindlichen Rohstoffen erstrecken, so daß die indigenous peoples einerseits ihren Lebensraum effektiv schützen, andererseits aber auch an den aus der Ausbeutung erwirtschafteten Gewinnen teilhaben können.

2. Selbstbestimmungsrecht

"Indigenous Peoples have highly developed political, legal and social systems which have worked successfully for centuries, but which are not recognised or respected by those of the dominant societies."[113] Vor diesem Hintergrund erscheint es als Selbstverständlichkeit, daß die indigenous peoples heute ebenfalls das Recht einfordern, im Rahmen ihrer internen Angelegenheiten frei von jeglicher Einmischung durch Dritte zu sein. Daher beanspruchen sie für sich das Recht auf Selbstbestimmung (*Self-Determination*).

Die Tragweite und Bedeutung des Selbstbestimmungsrechtes ist jedoch auch unter der verschiedenen indigenous people nicht gerade eindeutig. Mit Selbstbestimmung kann eine Vielzahl verschiedenster politischer Organisationsformen gemeint sein: Während einige indigenous people lediglich Kontrolle über ihre alltäglichen Angelegenheiten oder eine auf einzelne Bereiche (kulturelle Belange, Kontrolle über ihr Gebiet und die darin befindlichen Rohstoffe) beschränkte Autonomie einfordern, verlangen andere für sich selbst - gemäß der Regelung in Art. 1 IPBPR - das Recht, frei über ihren politischen Status zu entscheiden und frei ihre ökonomische, soziale, religiöse und kulturelle Entwicklung zu bestimmen.[114] Letztere Forderung würde im Extremfall auf einen Status völliger Unabhängigkeit und eigener Staatlichkeit der indigenous people hinauslaufen, während im Rahmen der abgeschwächteren Forderungen nach Selbstbestimmung die Integrität der Grenzen des Beherbungslandes bestehen bleiben könnte.

Die eigentliche Bedeutung des eingeforderten Rechtes auf Selbstbestimmung variiert auch mit der jeweiligen Situation, in welcher sich die indigenous peoples gerade

[112] Raidza Torres, *The Rights of Indigenous Populations: The Emergent International Norm*, 16 Yale Journal of International Law (1991), S. 127, 138.

[113] Global Quest, aaO., S. 37.

[114] S. *Declaration of Principles adopted at the Fourth General Assembly of the World Council of Indigenous Peoples in Panama*, Principle 1 (Sept. 1984), wiedergegeben in: *Report of the Working Group on its Fourth Session*, UN-Doc. E/CN.4/Sub.2/1985/22, Annex III.

befinden, und mit der unterschiedlich stark ausgeprägten politischen Struktur der indigenous peoples selbst.[115] Es ist jedoch hauptsächlich der implizierte Anspruch auf eine eigene unabhängige staatliche Existenz der indigenous people, welcher die Staaten in kompromißlose Opposition zu jeder Gewährung eines Selbstbestimmungsrechtes für die in ihren Gebieten befindlichen indigenous people treten läßt, auch wenn im Einzelfall die eigentlichen Forderungen dieser Gruppen völlig mit der territorialen Integrität des Beherbergungsstaates vereinbar wären.

Aus diesem Grund muß zwischen der Forderung nach interner Selbstbestimmung (internal self-determination), welche auf eine Art Selbstverwaltung und Unabhängigkeit in der Entscheidung bezüglich eigener Angelgenheiten, und externer Selbstbestimmung (external self-determination) unterschieden werden, welche die Beziehung der indigenous people zu der dominanten Gesellschaft betrifft, innerhalb derer die indigene Gemeinschaft eine gesonderte und für sich selbst stehende Einheit formt, welche unabhängig vom Beherbungsstaat existiert.[116] Nur in Ausnahmefällen streben indigenous people wirklich völlige Unabhängigkeit in Form einer eigenständigen Staatlichkeit an.[117] In den meisten Fällen fordern sie eine Form von Selbstbestimmung innerhalb der bereits existierenden Staatsorganisation ein. Da diese Lösung die äußere Integrität der Staaten unangetastet läßt, müßte sie für diese leichter zu akzeptieren und ihre Verwirklichung daher wahrscheinlicher sein.[118]

3. Kulturelle Rechte

Die Forderung der indigenous people nach einem besonderen Schutz ihrer kulturellen Identität ist die Reaktion auf eine für Minderheiten typische Erfahrung: Umgeben von einer zahlenmäßig größeren und dominanteren Gesellschaft, wird ihre Kultur von dieser als grundsätzlich primitiv und minderwertig betrachtet.[119] Abgesehen von diesem rassistisch motivierten Vorurteil werden Gruppen mit einer unterschiedlichen kulturellen Identität innerhalb eines Staates regelmäßig auch als potentielle Bedrohung der

---

[115] Hannum, Autonomy, aaO., S. 95.

[116] Hannum, Autonomy, aaO., S. 97f..

[117] In jüngerer Vergangenheit ist diesbezüglich die Forderung der James Bay Crees im Zuge der Separationsbewegung Quebec's in Canada bekannt geworden, s. *Submission to the Commisssion on Human Rights, 48th Session, Status and Rights of the James Bay Crees in the Context of Quebec's Secession from Canada* (February 1992).

[118] R. Torres, aaO., S. 142.

[119] Ebd., S. 134.

Geschlossenheit und Existenz des Staates gesehen. Ein Autor hat dies folgendermaßen ausgedrückt: "[B]elief systems of cultural minorities often tend to undermine political and social stability by creating an orthodoxy in competition with that of the dominant culture."[120]

Dieses Gefühl der Bedrohung, hervorgerufen durch die kulturelle Andersartigkeit von Minderheiten, führt auf Seiten der dominanten Gesellschaft zum einen zu einem pathologischen Unverständnis und mangelnder Aufgeschlossenheit hinsichtlich des den indigenen Kulturen immanenten Wertes und deren Schutzbedürftigkeit. Zum anderen treten zu diesem Unverständnis verstärkt Bemühungen, diese Kulturen an die eigene Kultur zu assimilieren und dadurch deren disintegratives Potential zu neutralisieren.

Genauso vielfältig wie die konkreten Manifestationen indigener Kulturen sind deren Forderungen: Der Schutz ihrer kulturellen Identität soll daher unter anderem die Erhaltung ihrer eigenen Sprachen, religiöser Riten, Erziehungseinrichtungen, ihrer Kleidung, Ernährung, Kenntnisse und Praktiken der Heilkunde, den Schutz ihrer wirtschaftlichen und handwerklichen Betätigungen und die Bewahrung ihrer Eigentumsstrukturen umfassen.

Viel vom kulturellen Erbe der indigenous peoples ist bereits als Ergebnis von Eroberung, Kolonisierung oder Interaktion mit nichtindigenen Bevölkerungen verlorengegangen. Konsequenz dieses Verlustes ist die Einsicht der indigenous people, daß der Schutz ihrer kulturellen Besonderheit nicht notwendig eine Restauration vorkolonialer Lebensweisen erfordert, sondern sich primär auf die Erhaltung noch vorhandener Bräuche und Traditionen konzentrieren muß, um so den eingeborenen Gruppen eine Wiederentdeckung des kulturellen Erbes ihrer Vorfahren zu ermöglichen.[121]

4. Individuelle Wohlfahrtsrechte

Schließlich wird auch der individuelle Schutz der einzelnen Mitglieder eingeborener Völker gefordert. Dies beinhaltet zum einen die Garantie bestimmter sozialer und ökonomischer Mindestrechte, um den Lebensunterhalt jedes einzelnen Mitgliedes zu sichern, was mit dem freien Zugangs zu Einrichtungen des Bildungswesens und der

[120] Richard Herz, *Legal Protection for Indigenous Cultures: Sacred Sites and Communal Rights*, 79 VIRGINIA LAW REVIEW, S. 691f. (1993).

[121] R. Torres, aaO., Fn. 31.

Gesundheitsfürsorge einhergehen muß. Auf der anderen Seite müssen Angehörige von indigenous peoples vor diskriminierender Behandlung geschützt werden. Eine derartige Diskriminierung besteht zum Beispiel im völligen Ausschluß von allgemein zugänglichen Einrichtungen der Wohlfahrts- und Gesundheitspflege oder aber im Aufstellen besonderer Zulassungsvoraussetzung für Angehörige der indigenous people.[122] Weitere Punkte individuellen Schutzes ist die Verhinderung willkürlicher Festnahmen, Folter, des plötzlichen Verschwindens und außergerichtlicher Exekutionen, wie dies z.B. bei den Indianern Guatemalas berichtet wurde.[123] Insoweit handelt es sich jedoch um eine Frage des allgemeinen Menschenrechtsschutzes, welche keine spezielle Problematik der indigenous peoples aufwirft.

Im folgenden soll nun untersucht werden, welche Normen des internationalen Rechts von den indigenous peoples in ihrer konkreten Situation zu ihrem Schutz angeführt werden können.

D. Maßstäbe internationalen Schutzes

Bei der Beantwortung der Frage, inwieweit der internationale Schutz der indigenous peoples eine angemessene Antwort auf die von ihnen erhobenen Forderungen darstellt, muß sich die Aufmerksamkeit neben speziell mit dem Schutz der indigenous people befaßten internationalen Übereinkünften auch auf allgemeine Normen des Menschenrechtsschutzes und schließlich auch auf das Völkergewohnheitsrecht richten.[124]

I. Internationale Konventionen zum Schutz der indigenous peoples

Als einzige internationale Normen, welche sich speziell mit dem Schutz der indigenous people befassen, kommen allein die bereits erwähnten Konventionen der ILO in Betracht.[125] Der grundsätzliche Vorteil derartiger internationaler Spezialregelungen

---

[122] Für die Situation in Kanada s. z.B. UN-STUDY, E/CN.4/Sub.2/1983/21/Add.5, para. 77.

[123] AMNESTY INTERNATIONAL, GUATEMALA: THE HUMAN RIGHTS RECORD, S. 27 (1987); vgl. allgemein zu den Menschenrechtsverletzungen an Angehörigen der indigenous people auf dem gesamten amerikanischen Kontinent, AMNESTY INTERNATIONAL, THE AMERICAS: HUMAN RIGHTS VIOLATIONS AGAINST THE INDIGENOUS PEOPLES OF THE AMERICAS, S. 10ff. (1992).

[124] Vgl. R. Torres, aaO., S. 150; P. THORNBERRY, aaO., S. 332.

[125] Dies trifft allerdings bisher nur auf ILO Konvention No. 107 (1957) und No. 169 (1989) zu. Im Rahmen der UNO befinden sich die Bemühungen, eine Deklaration zum Schutze der indigenous people zu verfassen, noch im Entwurfsstadium, und die Verabschiedung dieser Deklaration durch die Vollversammlung, durch welche sie erst Gültigkeit und Relevanz auf internationaler Ebene erlangt, ist in naher

liegt in deren größeren Klarheit und Bestimmtheit der Formulierung, so daß der von diesen gewährte Schutz generell verläßlicher ist. Daher werden sich die indigenous people im gegebenen Fall primär auf derartige spezielle Bestimmungen berufen. Allerdings gilt es auch hier, wie bei allen internationalen Verträgen, zu beachten, daß diese nur bei entsprechender Ratifikation durch die Staaten für diese verbindliche Wirkung entfalten.

1. ILO Konvention No. 107

Das erste internationale Abkommen, welches sich speziell mit dem Schutz der indigenous people befaßt hat, war ILO Konvention No. 107 "Concerning the Protection and Integration of Indigenous and Other Tribal and Semi-Tribal Populations in Independent Countries". Diese wurde von der ILO in ihrer 40. Sitzungsperiode im Jahre 1957 zusammen mit der fakultativen Empfehlung No. 104 verabschiedet und ist am 2. Juni 1959 in Kraft getreten.[126] Gemäß einem Beschluß der Generalversammlung[127] stellte die Verabschiedung eines derartigen umfassenden Schutzinstrumentes keine Überschreitung der in der Satzung der ILO geregelten Befugnisse[128], auch wenn sich die ILO bisher ausschließlich mit speziellen Problemen des Arbeitsbereiches befaßt hatte.[129] Seit ihrer Verabschiedung wurde Konvention No. 107 von insgesamt 27 Staaten ratifiziert.[130]

Obwohl von der ILO im Jahre 1989 Konvention No. 169 verabschiedet wurde, welche Konvention No. 107 revidiert, und somit diese seit ihrem Inkrafttreten im September

---

Zukunft noch nicht abzusehen.

[126] Die Verteilung bei der Abstimmung über Konvention No. 107 war 107:8 Stimmen bei 45 Enthaltungen, bei Empfehlung No. 104 war die Stimmenverteilung 177:0 bei 53 Enthaltungen; s. ILO CONFERENCE, RECORD OF PROCEEDINGS, 40th Session (1957), S. 493.

[127] In der Generalversammlung ist jeder Mitgliedsstaat von zwei Regierungs- und je einem Arbeitgeber- und Arbeitnehmerdelegierten repräsentiert.

[128] Gemäß der ILO Satzung von 1919 besteht deren Mandat in der Erreichung sozialer Gerechtigkeit mit Bezug auf das Streben, den Frieden in der Welt dauerhaft zu sichern.

[129] Brölmann/Zieck, aaO., S. 198.

[130] Ägypten (14. Januar 1959), Angola (4. Juni 1976), Argentinien (18. Januar 1960), Bangladesch (22. Juni 1972), Belgien (19. November 1958), Bolivien (12. Januar 1965), Brasilien (18. Juni 1965), China (11. Oktober 1962), Costa Rica (4. Mai 1959), Cuba (2. Juni 1958), Domminikanische Republik (23. Juni 1958), El Salvador (18. November 1958), Equador (3. Oktober 1969), Ghana (15. Dezember 1958), Guinea-Bissau (21. Februar 1977), Haiti (4. März 1958), Indien (29. September 1958), Kolumbien (4. März 1969), Malawi (22. März 1965), Mexiko (1. Juni 1959), Pakistan (15. Februar 1960), Panama (4. Juni 1971), Paraguay (20. Februar 1969), Peru (6. Dezember 1960), Portugal (22. November 1960), Syrien (14. Januar 1959), Tunesien (17. Dezember 1962).

1991 ein Beitritt weiterer Staaten nicht mehr möglich ist,[131] bleibt Konvention No. 107 weiterhin für all die Unterzeichnerstaaten bindendes Recht, welche bisher noch nicht der Konvention No. 169 beigetreten sind.[132] Da jedoch ILO Konvention No. 107 aufgrund ihres betagten Alters mit dem modernen Verständnis des Schutzes der indigenous people kaum noch zu vereinbaren ist, soll sich die Darstellung ihrer Regelung allein auf die Grundzüge beschränken.

Gemäß der Präambel enthält Konvention No. 107 eine dreifache Zielrichtung: "(...) the *protection* of the populations concerned [d.h. indigenous and (semi-)tribal people; Anm. d. Verf.], their *progressive integration* into their respective national communities, and the *improvement of their living and working conditions*."[133]

Im folgenden soll sich die Darstellung auf die Hauptaspekte der Integration und des Schutzes der indigenous people konzentrieren. Dies erleichtert auch die Abgrenzung zum gewandelten heutigen Verständnis.

a) Zielrichtung Integration

Bennett zufolge liegt der Schwerpunkt von Konvention No. 107 eindeutig auf dem Aspekt der Integration der indigenous people, so daß auch sämtliche Schutzbestimmungen diesem Ziel untergeordnet sind.[134] Unter Integration versteht Konvention No. 107 die dauerhafte Anpassung des Lebensstiles indigener Gemeinschaften an den Lebensstil der dominanten Gesellschaft im Zuge fortschreitender Surrogation eigener Wertsysteme der indigenous people mit denen westlicher Prägung.[135]

Ziel einer Politik der Integration muß sein, die eingeborenen Völker in die Lage zu versetzen, in gleicher Weise wie die Restbevölkerung dieselben Rechte und

[131] Lee Swepston, *A New Step in International Law on Indigenous and Tribal Peoples: ILO Convention No. 169 of 1989*, 15 OKLAHOMA CITY UNIVERSITY LAW REVIEW, S. 677, Fn. 23 (1990).

[132] Dies trifft bis heute, mit Ausnahme von Bolivien, Kolumbien, Costa Rica, Mexiko und Paraguay auf alle Unterzeichnerstaaten von Konvention No. 107 zu. Daher haben die Vorschriften in Konvention No. 107 immernoch Aktualität als bindendes Recht für 24 Staaten.

[133] Präambel, § 8 (Hervorhebungen vom Verfasser).

[134] G. BENNETT, ABORIGINAL RIGHTS IN INTERNATIONAL LAW, S. 18; s. auch F. Capotorti, *The Protection of Minorities under Multilateral Agreements on Human Rights*, 2 ITALIAN YEARBOOK OF INTERNATIONAL LAW S., 3, 7 (1976).

[135] S. Stellungnahmen von Mexiko und Columbien *in:* INTERNATIONAL LABOUR CONFERENCE, 39th Session (1956, Report VIII(2), *Living and Working Conditions of Indigenous Populations in Independent Countries*, S. 15, 24.

Möglichkeiten im Staate wahrzunehmen,[136] wobei das Endziel in der völligen Gleichheit von eingeborenen und nichteingeborenen Bevölkerungsteilen innerhalb desselben Staates gesehen wird.[137]

Zu diesem Zweck sollen Maßnahmen zur sozialen, wirtschaftlichen und kulturellen Entwicklung der indigenous peoples ergriffen werden, ohne daß dies jedoch zu einer künstlichen Assimilation führte.[138] Art. 2 Abs. 3 fordert, daß das vordringliche Ziel der Integrationsbemühungen der Schutz der individuellen Würde der indigenous people und die Förderung ihrer individuellen Nützlichkeit und Eigeninitiative sein müsse. Schon aus dieser Vorschrift heraus ist ersichtlich, daß es in Konvention No. 107 nicht um die Integration der indigenous people als geschlossene Gruppe in das staatliche Gemeinwesen geht, sondern der Integrationsprozeß gleichzeitig zu einer Individualisierung der indigenous people und einem Aufbrechen ihrer Stammesverbände führen sollte.

Große Bedeutung kommt Art. 2 Absatz 4 zu, welcher die Anwendung von Gewalt (*force*) oder Zwang (*coercion*) zur Förderung der Integration untersagt. Während der Begriff "force" die Anwendung physischen Zwanges meint, umfaßt "coercion" auch das Ausnutzen psychischer Zwangslagen. Ein Fall von "coercion" läge zum Beispiel vor, wenn eine bestehende Abhängigkeit der indigenous people von der dominanten Gesellschaft, welche - mehr oder weniger absichtlich - vorher von dieser erst geschaffen wurde, zur Aufgabe indigener Traditionen und Lebensarten und Anpassung an die modernen Lebensformen ausgenutzt würde.[139]

Hintergrund des in Konvention No. 107 enthaltenen "Integrationsdogmas" war die in den 50er und 60er Jahren vorherrschende, rassistische Einstellung von der generellen Minderwertigkeit indigener Kulturen, welche durch die überlegene Werte- und Kulturordnung der modernen, nicht-indigenen Gesellschaft abzulösen sei. Somit wurde das kulturelle Erbe der indigenous peoples lediglich als ein im Verschwinden begriffenes

---

[136] Art. 2 Abs. 2 (a).

[137] Vgl. THORNBERRY, aaO., S. 350.

[138] Art. 2 Abs. 2 (b) u. (c). Zu beachten ist, daß Art. 2 Abs. 2 (c) nicht die Assimilierung an sich untersagt, sondern lediglich eine *künstliche* Assimilation verbietet, was auf ein Verständnis rückschließen läßt, daß die Integration von indigenous peoples Folge einer natürlichen Entwicklung sein müsse.

[139] BENNETT, aaO., S. 19. Allerdings hält Bennett Art. 2 Abs. 4 für begrenzt durch Art. 7 Abs. 2, so daß jedenfalls die Bräuche der indigenous peoples, welche mit den Rechtsgrundsätzen des Beherbergungslandes oder den Zielsetzungen der Integration grundlegend unvereinbar sind (z.B. "head hunting" (Aussetzen von Kopfprämien) oder Kannibalismus), auch gewaltsam unterdrückt werden dürfen.

Phänomen verstanden, ohne daß diesem ein inhärenter und zu schützender Wert beikäme.[140]

b) Zielrichtung Schutz

Trotz ihrer integrationistischen Zielrichtung erkennt Konvention No. 107 auch die Notwendigkeit von Maßnahmen zum Schutz der indigenous people an. Dabei unterscheidet sie zwischen Maßnahmen des vorübergehenden und des dauerhaften Schutzes.[141]

Der dauerhafte Schutz hängt eng mit dem Grundsatz der Nichtdiskriminierung zusammen.[142] Seine Verankerung findet er in Artt. 7 Abs. 3, 10 Abs. 1, 15 Abs. 2 und 16. Grundsätzlich soll er die gleiche Behandlung von indigenous people und der nichtindigenen Bevölkerung gewährleisten.

Die Reichweite des vorübergehenden Schutzes ist in Art. 3 umschrieben: Danach sollen Einrichtungen, Personen, Eigentum und Arbeitsbedingungen der indigenous people solange unter einem besonderen Schutz stehen, bis dieser nicht mehr erforderlich ist. Dies sei dann der Fall, wenn die indigenous peoples als sozial, wirtschaftlich und kulturell gleichberechtigte Mitglieder in die Gesellschaft integriert sind und somit der Schutz der allgemeinen Gesetze ausreichend ist.[143]

(1) Einrichtungen der indigenous peoples

Zentrale Bestimmung für den Schutz der kulturellen Eigenart der indigenous people ist Art. 7. Danach ist es ihnen es ihnen erlaubt, ihre eigenen Gewohnheiten und Gebräuche beizubehalten, solange dies nicht mit dem nationalen Rechtssystem oder dem Ziel der Integration unvereinbar ist.[144]

---

[140] THORNBERRY, aaO., S. 350.

[141] Brölmann/Zieck, aaO., S. 200.

[142] Ebd., S. 201.

[143] Vgl. Artt. 3 Abs. 1, 15 Abs. 1, 17 Abs. 3.

[144] Art. 7(2): "These populations shall be allowed to retain their own customs and institutions where these are not incompatible with the national legal system or the objectives of integration programmes." An der Formulierung "shall be allowed" wird bereits deutlich, daß das Recht der indigenous peoples auf ihre eigene Kultur und Tradition nicht als diesen inhärent anerkannt wird, sondern daß dieses Recht von einer Gewährung durch den Beherbergungsstaat abhängt.

Art. 7 Abs. 1 verpflichtet die Staaten, bei der Bestimmung der Rechte und Pflichten der indigenous people deren Gewohnheitsrecht mit in Betracht zu ziehen. Dies betrifft zum einen die Anwendung zivil- oder strafrechtlicher Vorschriften auf Angehörige der indigenous people, so daß stets die bei diesen üblichen Formen der Sanktion und Konfliktlösung zu berücksichtigen sind.[145] Zum anderen gewährt diese Bestimmung auch einen gewissen Schutz für das unter den indigenous people gebräuchliche System der Bodenrechte:

"States cannot simply ignore traditional forms of land-holding because they are unknown to the national law. (...) If necessary, new concepts must be developed to ensure a form of land tenure which is both meaningful to the aboriginal community and capable of enforcement through the conventional machinery of the law."[146]

Allerdings ist zu beachten, daß Art. 7 Abs. 1 als bloße Sollvorschrift den Staaten keine zwingende Verpflichtung auferlegt und ohnehin unter der einschränkenden Kompatibilitätsbestimmung in Art. 7 Abs. 2 steht.[147] Die dort geforderte Vereinbarkeit mit dem Rechtssystem des Beherbergungsstaates und den Zielen der Integration kann leicht jede krasse Mißachtung indigener Eigenart rechtfertigen, da die auf Angleichung fixierte Integration jede kulturelle Besonderheit als integrationshemmend erscheinen lassen muß.

Art. 8(a) gewährt den indigenous people ein beschränktes Recht der Strafgerichtsbarkeit über ihre eigenen Mitglieder. Da jedoch diese Ausübung nicht im Widerspruch zu den Überzeugungen der Mehrheitsbevölkerung und dem nationalen Rechtssystem treten darf, beschränkt sich die Strafgerichtsbarkeit auf die Sanktionierung von Vergehen, welche innerhalb der indigenous people begangen wurden. Wenn ein Angehöriger der indigenous people vor einem Gericht des Staates steht, muß dieses Gericht gem. Art. 8(b) jedoch sowohl hinsichtlich der Frage nach Schuld und Unschuld, als auch hinsichtlich des Strafmaßes den gewohnheitsrechtlichen Umgang der indigenous people mit Verstößen wie dem angeklagten berücksichtigen.[148]

In Konvention No. 107 fehlt es jedoch an einer positiven Verpflichtung der Staaten, die ungestörte Beibehaltung indigener Traditionen und Lebensformen durch

---

[145] Vgl. ILO Conference Report VIII(2), aaO., S. 107.

[146] Bennet, aaO., S. 20.

[147] Vgl. oben, Fn. 146.

[148] S. Art. 8(b).

entsprechende schützende Maßnahmen vor Beeinträchtigungen zu bewahren. So stellt es keine Verletzung von Art. 7 dar, wenn die Lebensart und Traditionen der indigenous people allein aufgrund des zunehmenden Kontaktes mit der nichtindigenen Gesellschaft verloren geht. Vielmehr war bei der Abfassung von Konvention No. 107 genau dieser Prozeß der schleichenden Angleichung als eine für die Eingliederung in die dominante Gesellschaft unerläßliche Vorstufe geradezu erwünscht.

(2) Persönliche Freiheitsrechte

Der Schutz individueller Freiheitsrechte der indigenous peoples ist in den Artt. 9 und 10 gewährleistet. Art. 9 verbietet jede Form der Zwangsarbeit von Angehörigen der indigenous people, es sei denn, deren Ableistung beruht auf allgemeinen Gesetzen.

Art. 10 Abs. 1 schützt die Angehörigen der indigenous people gegen willkürliche Festnahmen.[149] Ferner sollen diese in den Stand versetzt werden, ihre grundlegenden Rechte durch Ergreifung entsprechender Rechtsbehelfe zu waren. Art. 36(d) der fakultativen Empfehlung No. 104 sieht in diesem Zusammenhang freie Rechtsberatung und -vertretung vor, wo diese aus finanziellen Gründen nicht verfügbar ist. Dies bedeutet eine Ausweitung rechtstaatlicher Garantien auch auf die indigenous people.

(3) Bodenrechte

Das Problem der Rechte an dem von den indigenous people beanspruchten Land behandelt Konvention No. 107 in einem gesonderten Abschnitt (Artt. 11-14). Das Recht der indigenous people auf kollektives und individuelles Eigentum[150] an den traditionell von ihnen bewohnten Gebieten ist in Art. 11 garantiert: "The right of ownership, collective or individual, of the members of the populations concerned over the lands which these populations traditionally occupy shall be recognised." Art. 3 Abs. 1 der fakultativen Empfehlung No. 104 konkretisiert dabei den Umfang der den indigenous people zu belassenden Gebiete: "The populations concerned [i.e. indigenous peoples] should be assured of a land reserve adequate for the needs of shifting cultivation so long as no better system of cultivation can be introduced." Damit werden

[149] Vgl. auch International Labour Conference, 75th Session, *Partial Revision of the Indigenous and Tribal Populations Convention, 1957 (No. 107)*, Report VI(1), S. 20 (1988).

[150] Konvention No. 107 räumt keiner der beiden Eigentumsordnungen (kollektiv/individuell) den Vorrang, s. ILO Report VI(2), aaO., S. 20.

grundsätzlich auch nomadischen Stämmen Bodenrechte eingeräumt.[151] Bis zu dem Zeitpunkt ihrer Seßhaftmachung sieht Art. 3 Abs. 2 Empfehlung No. 104 die Schaffung spezieller Regionen vor, innerhalb welcher die (halb-nomadischen) Stämme ungehindert von einer Weidefläche zur nächsten ziehen können.

Art. 12 Konvention No. 107 normiert für die indigenous people das Recht auf Aufenthalt ("right to remain"), indem er grundsätzlich jede zwangsweise Vertreibung von ihren Gebieten untersagt.[152] Ausnahmen davon sollen nur aus Gründen der nationalen Sicherheit oder im Interesse der volkswirtschaftlichen Entwicklung oder zum Schutze der Gesundheit der indigenous peoples selber möglich sein. Die breite Formulierung der Ausnahmetatbestände nimmt diesen jedoch jeglichen Ausnahmecharakter, da letztlich jede Entfernung mit nationalem Sicherheits- oder Wirtschaftsinteressen oder - z.B. im Fall überirdischer Atomversuche - mit dem Schutz der Gesundheit der betroffenen indigenous peoples gerechtfertigt werden kann. Dadurch verkommt der markant formulierte Schutz der Bodenrechte letztlich zu einer bloßen vorbehaltlichen Einräumung eines jederzeit beschränkbaren Aufenthaltsrechtes.

Gem. Art. 12 Abs. 2 ist den indigenous people mit der Entfernung aus ihren Gebieten grundsätzlich ein mindestens gleichwertiges Ersatzgebiet als Entschädigung zu gewähren. Sollte jedoch für die indigenous people die Möglichkeit einer Arbeitsaufnahme in der nicht-indigenen Gesellschaft bestehen (zum Beispiel in angrenzenden oder auf dem ehemaligen Stammesgebiet entstehenden Industrieanlagen), können diese sich auch für eine Kompensation in Geld oder Naturalien entscheiden.

Vergegenwärtigt man sich das Integrationsziel von Konvention No. 107, so verbleibt vom Schutz der Landrechte nicht viel mehr, als daß die indigenous people im Austausch für ihr Land einen Arbeitsplatz als ungelernte Kraft in einem auf ihrem ehemaligen Territorium entstandenen Industrie- oder Bergwerksbetrieb und zusätzlich eine nominelle Entschädigung in Geld oder Naturalien (z.B. durch Bereit- stellung von Wohnungen) erhalten. Die in Art. 12 Abs. 3 angeordnete individuelle Kompensation aller von ihrem ursprünglichen Aufenthaltsort entfernten Personen für etwaige entstandene Schäden und Verluste ändert an der Schwäche des eigentlichen Schutzes der Bodenrechte nichts.

---

[151] Vgl. THORNBERRY, aaO., S. 359.

[152] Ebd., S. 360.

Die unter den indigenous people entwickelten traditionellen Arten der Berechtigung an Grund und Boden und deren Übertragung sollen gem. Art. 13 Abs. 1 im Rahmen der allgemeinen Gesetze anerkannt werden, soweit sie für die Belange der indigenous people ausreichen und nicht deren ökonomischen und sozialen Fortschritt hemmen. Um zu verhindern, daß nicht-indigene Personen die traditionelle Eigentumsordnung oder mangelnde Rechtskenntnis auf Seiten der indigenous people zu ihrem eigenen Vorteil ausnützen, sieht Art. 13 Abs. 2 die Schaffung entsprechender Bestimmungen zum Schutz der Bodenrechte der indigenous people vor.

Art. 14 regelt die Anwendung nationaler landwirtschaftlicher Programme auf die indigenous people: Um das Ziel der Selbstversorgung im Rahmen einer bäuerlichen Existenz zu erreichen, soll ihnen ausreichend Land und die für eine agrarische Nutzung erforderlichen Mittel zur Verfügung gestellt werden.

(4) Arbeit

Der Schutz der Arbeitsbedingungen von Angehörigen der indigenous peoples gehört zum traditionellen Aufgabenbereich der ILO[153]. Im Bewußtsein der besonderen Gefährdung eingeborener Arbeiter durch ausbeuterische Arbeitsbedingungen sieht Art. 15 Abs. 1 vor, durch spezielle Maßnahmen einen effektiven Schutz dieser Gruppe in Bezug sowohl auf ihre Anwerbung, als auch auf deren Arbeitsbedingungen zu gewährleisten.[154] Diese Maßnahmen positiver Diskriminierung im Arbeitsbereich sollen jedoch nur so lange unternommen werden, wie der Schutz der allgemeinen Gesetze nicht ausreichend ist.[155]

Art. 15 Abs. 2 verbietet jede Form der Diskriminierung zwischen indigenen und nichtindigenen Arbeitern. Dies betrifft unter anderem den Zugang zu Arbeitsplätzen, Fragen der Entlohnung,[156] medizinische und soziale Belange und die Freiheit zum Zusammenschluß in Gewerkschaften.

[153] Vor Verabschiedung von Konvention No. 107 hat sich die ILO bereits in sieben anderen Konventionen speziell mit Problemen von indigenous peoples im Arbeitsbereich befaßt, s. oben Fn. 30.

[154] In diesem Zusammenhang empfiehlt Art. 9 der Empfehlung No. 104 u.a. die Errichtung eines Genehmigungsverfahrens für private Arbeitsvermittler von indigenous people, welches auch deren staatliche Überwachung ermöglichen soll.

[155] Art. 15 Abs. 1.

[156] Art. 10 Recommendation No. 104 enthält Bestimmungen speziell für die Bezahlung indigener Arbeiter: Diese soll z.B. nur mit gesetzlichen Zahlungsmitteln erfolgen, keine Bezahlung in Form von Alkohol oder in Schankstätten, es sollen bestimmte Höchstbeträge für die Rückerstattung zuviel geleisteter

(5) Erziehungswesen und Sprache

Schließlich sei noch auf die Regelungen von Konvention No. 107 hinsichtlich der Fragen des Bildungswesens und der Förderung der indigenen Sprache eingegangen. Gem. Art. 21 soll den Angehörigen der indigenous people in gleicher Weise wie der übrigen Bevölkerung der freie Zugang zu Bildungseinrichtungen auf allen Ebenen gewährt werden. Art. 22 bestimmt, daß bei speziellen Förder- und Bildungsprogrammen für indigenous people die didaktischen Methoden an deren jeweiligen Entwicklungsstand anzupassen sind.

Nicht geklärt ist in Konvention No. 107 die Frage der Bildungsinhalte bei der Unterrichtung von indigenous people. Gem. Art. 32 der Fakultativempfehlung No. 104 sollen die Bildungsbemühungen bezüglich der indigenous peoples folgende Zielrichtung haben: "These campaigns should be designed to help children and adults to understand the problems of their environment and their rights and duties as citizens and individuals, thereby enabling them to participate more effectively in the economic and social progress of their community." Die Unterrichtung in Fragen indigener Kultur und Geschichte kommt in dieser Zielsetzung nicht vor. Schwerpunkt soll vielmehr die Vermittlung des in der nicht-indigenen Gesellschaft erforderlichen Wissens sein, um auf diese Weise die Integration der indigenous people in die dominante Gesellschaftsordnung zu ermöglichen. Dies spiegelt erneut das Verständnis von der indigenen Kultur als lediglich vorübergehendes Phänomen wider.[157]

Dagegen ist gem. Art. 23 Abs. 3 die Erhaltung der Sprachen und Dialekte der indigenous people durch geeignete Maßnahmen im Rahmen des Möglichen sicherzustellen. Zu diesem Zweck bestimmt Art. 23 Abs. 1, daß die Kinder in ihrer Muttersprache unterrichtet werden. Allerdings sieht Art. 23 Abs. 2 den zunehmenden Übergang von der indigenen Muttersprache zur nationalen oder offiziellen Sprache des Beherbergungsstaates vor.[158]

Vorauszahlungen festgelegt sein usw..

[157] S. oben, S. 38f.

[158] Ungeachtet der in Konvention No. 107 enthaltenen Schutzbestimmungen finden sich in zahlreichen Staaten Beweise für eine Diskriminierung der indigenen Sprachen; THORNBERRY, aaO., S. 364. Dies mag eine Folge der Schwerpunktlegung auf Integration in Konvention No. 107 sein, was zu einer grundsätzlichen Mißachtung des Wertes indigener Sprachen geführt hat. Die in neuerer Zeit feststellbare fortschrittliche Politik einiger Staaten in Bezug auf indigene Sprachen (So hat z.B. Peru die indigene Sprache Quecha als offizielle Sprache anerkannt, s. Decree-Law No. 21, 156; als weitere positive Beispiele werden Dänemark und Neuseeland angeführt, s. THORNBERRY, aaO., S. 365) kann jedenfalls nicht

c) Zwischenergebnis

Es ist vor allem der Mangel an zwingenden Schutzvorschriften, welcher Konvention No. 107 die von ihr als erstem internationalem Vertrag zum Schutze der indigenous peoples erhoffte Stoßkraft nimmt. Auch wenn die sprachlichen Formulierungen - im Unterschied zu manch anderen Normen des Menschenrechtsschutzes - auffällig präzise und detailliert gehalten sind, wird diese Präzision wieder durch die Regelung in Art. 28 genommen:

"The nature and the scope of the measures to be taken to give effect to this Convention shall be determined in a flexible manner, having regard to the conditions characteristic of each country."

Auf diese Weise werden die meisten in Konvention No. 107 aufgestellten Verpflichtungen in das Ermessen gerade des Verpflichteten gestellt, was deren Verbindlichkeit erheblich schwächt.[159] Weiter machen es die "Kompatibilitäts-Vorschriften" in Konvention No. 107[160] den betroffenen Staaten relativ leicht, die ihnen auferlegten Pflichten durch eine schlichte Betonung ihres eigenen Rechtssystem und der Überordnung nationaler Interessen über die der indigenous people zu umgehen.

Daneben bezeugte Konvention No. 107 einen eklatanten Mangel an Respekt für den Wert indigener Kulturen. Konvention No. 107 erhob zwar die indigenous people ausdrücklich zum Objekt internationalen Schutzes, verweigerte ihnen jedoch gleichzeitig jede Subjektqualität im Sinne einer aktiven Rolle bei ihrem eigenen Schutz: Den Staaten wurde bei den hinsichtlich der Integration der indigenous people keinerlei Verpflichtungen zur deren Miteinbeziehung in die betreffenden Entscheidungenen auferlegt.[161] Somit waren die indigenous people einem Integrationsprozess ausgesetzt, dessen Verlauf sie nicht im geringsten beeinflussen konnten.[162]

---

auf die Beachtung zwingender Bestimmungen in Konvention No. 107 zurückgeführt werden, da derartige dort nicht zu finden sind.

[159] Vgl. THORNBERRY, aaO., S. 366.

[160] Art. 7 Abs. 2 (bzgl. indigener Bräuche und Traditionen), Art. 8 (bzgl. indigener Sanktionsmechanismen), vgl. auch Art. 12 (Überordnung nationaler Interessen über Eigentumsrechte der indigenous peoples an ihrem Land), Art 23 (Maßnahmen zum Schutz indigener Sprachen nur "as far as possible").

[161] Ebd., S. 348. Art. 5(a), der davon spricht, die "collaboration" der indigenous peoples und ihrer Repräsentanten zu suchen, wird allgemein als unverbindliche Aufforderung verstanden, ebd. S. 349.

[162] Für die unterschiedlichen Positionen bezüglich einer Beteiligung und Mitsprache der indigenous peoples s. INTERNATIONAL LABOUR CONFERENCE, 39th Session (1959), Report VIII (2), S. 21f.

Es war jedoch hauptsächlich die paternalistische und integrationistische Grundausrichtung von Konvention No. 107, die die kritischen Stimmen lauter werden ließ, welche eine grundlegende Überarbeitung und Neuorientierung forderten. Insbesondere die Interessenvertreter der indigenous peoples drangen darauf, in einem neuen internationalen Instrument insbesondere ihrem Verlangen nach Selbstbestimmung Rechnung zu tragen.[163]

2. ILO Konvention No. 169

Auf Veranlassung der ILO[164] trafen sich im September 1986 15 Experten[165], um die Überarbeitung von Konvention No. 107 zu diskutieren. Sie stimmten überein, daß der integrationistische Ansatz von Konvention No. 107 verfehlt sei und ein nicht mehr zeitgemäßes Denken verkörpere. Sie empfahlen eine sofortige Überarbeitung mit dem Ziel, den indigenous people "as much control as possible over their own economic, social and cultural development"[166] zu geben, und diese revidierte Konvention alsbald von der Generalversammlung der ILO verabschieden zu lassen.[167]

Im Zuge dieser Revision sollte das Ziel fortschreitender Integration aufgegeben werden und die eingeborenen Völker sollten nunmehr als "peoples" statt als "populations" angesprochen werden. Weiter hielt man eine Stärkung der kollektiven Rechte der indigenous peoples für erforderlich. Ebenso sollten die Möglichkeiten der Wiederherstellung der früheren Territorien der indigenous peoples erörtert werden.[168]

Dieser Neuansatz war zum einen durch das mittlerweile gewachsene Bewußtsein von der Eigenart und Besonderheit indigener Kulturen, zum anderen aber auch durch die

---

[163] Vgl. die von Organisationen der indigenous people im Rahmen der Working Group eingebrachten Vorschläge, U.N. Doc. E/CN.4/Sub.2/1985/22, Annex IV.

[164] ILO Doc. GB.231/21/22 und GB. 231/23/37 (Nov. 1985).

[165] Die Beteiligung von Vertretern der indigenous peoples war auf diesem Treffen sichergestellt durch zwei Experten, welche von Interessenverbänden der indigenous peoples (World Council of Indigenous Peoples, Survival International) entsandt waren, durch Beobachter verschiedener indigener Interessenverbände mit Beraterstatus beim ECOSOC (Four Directions Council, Consejo Indio de Sud America, National Aboriginal and Islander Legal Service Secretariat) und verschiedene weitere indigene Interessengruppen; s. Barsh, *Revision of Convention No. 107*, 81 AMERICAN JOURNAL OF INTERNATIONAL LAW, S. 756, 758 (1987).

[166] INTERNATIONAL LABOUR CONFERENCE, 75th Session (1988), *Partial Revision of the Indigenous and Tribal Populations Convention, 1957 (No. 107)*, Report VI(1), S. 117.

[167] ILO Doc. APPL/MER/107/1986/D.7, S. 32.

[168] Barsh, *Revision*, aaO., S. 759ff.

zunehmende internationale Anerkennung kollektiver Menschenrechte begünstigt.[169] Die Revision von Konvention No. 107 wurde sowohl für die 75. (1988) als auch für 76. Sitzungsperiode (1989) der ILO in Genf auf die Tagesordnung gesetzt.[170] Am 27. Juni 1989 wurde dann Konvention No. 169 von der ILO verabschiedet.[171] Bis zum heutigen Tage ist ILO Konvention No. 169 allerdings erst von sechs Staaten ratifiziert worden.[172]

Konvention No. 169 soll - wie dies auch bei ihrer Vorgängerin der Fall war - lediglich den äußeren Rahmen für die Beziehung der Staaten auf der ganzen Welt zu den auf ihrem Gebiet befindlichen indigenous peoples bestimmen. Sie will nicht ein lückenloses System verbindlicher Verpflichtungen der Staaten gegenüber den indigenous peoples schaffen, sondern vielmehr Ziele, Prioritäten und einen Bestand gewisser Mindestrechte formulieren, welche gleichermaßen auf alle indigenous peoples Anwendung finden sollen.[173]

a) Grundlegende Prinzipien

Anstelle von Integration und Assimilation liegt Konvention No. 169 die Überzeugung vom inhärenten Wert indigener Kultur und Lebensart, die Anerkennung des Rechtes der indigenous peoples auf fortdauernde Existenz und das Zugeständnis einer eigenverantwortlichen Weiterentwicklung der indigenous peoples zugrunde.[174] Indigenous peoples sollten in der Lage sein, sich nach ihrer eigenen Wahl so viel Andersartigkeit bewahren zu können, wie diese es wünschten.[175] Die Anerkennung eines

---

[169] Ebd., S. 756.

[170] Interessenvereinigungen der indigenous peoples war bei diesen Sitzungen ein Rederecht, jedoch kein Stimmrecht eingeräumt, s. Barsh, *An Advocates Guide to the Convetnion on Indigenous and Tribal Peoples*, 15 OKLAHOMA CITY UNIV. L. REV. S. 209 Fn. 7; *Swepston* zufolge war aber bereits diese Form der Beteiligung mehr als jemals auf internationaler Ebene betroffenen Gruppen bei der Wahrnehmung ihrer Interessen im Rahmen der Ausarbeitung verbindlicher Standards zugestanden worden sei, s. aaO., S. 686.

[171] Das Stimmenverhältnis war 328:1 bei 49 Enthaltungen. Eine detaillierte Beschreibung des Verabschiedung von ILO Konvention No. 169 findet sich bei Lee Swepston, *A New Step in the International Law on Indigenous and Tribal Peoples: ILO Convention No. 169 of 1989*, 15 OKLAHOMA CITY UNIV. L. REV. 677 (684f)

[172] Bolivien (11.2.1991), Costa Rica (2.4.93), Kolumbien (7.8.91), Mexiko (5.9.90), Norwegen (19.6.90) und Paraguay (10.8.93).

[173] Swepston, *Convention No. 169*,aaO., S. 689.

[174] Präambel § 5 Konvention No. 169.

[175] Barsh, *Convention No. 169*, aaO., S. 213f.

eigenständigen Wertes indigener Existenz spiegelt sich auch in der Gewährung politischer Mitspracherechte der indigenous peoples bei sämtlichen diese betreffenden Fragen.[176]

Weiter will Konvention No. 169 sowohl die indigenous peoples gegen nachteilige Diskriminierung schützen, als auch im Wege sog. "affirmative action" (positiver Diskriminierung) deren sozio-ökonomische Entwicklung fördern. Die Wertsysteme, Riten und Institutionen der indigenous peoples werden zum Gegenstand gesteigerter nationaler Sorge erhoben.

Ebenso wie ihre Vorgängerin enthält auch Konvention No. 169 eine Einschränkung des Rechtes der indigenous peoples, ihre Gebräuche und Institutionen beizubehalten. Allerdings ist jetzt das Maß der Kompatibilität auf "fundamental rights defined by the national legal system" und "internationally recognised human rights" beschränkt.[177] Sinn dieser Beschränkung ist es sicherzustellen, daß auch Angehörige der indigenous peoples nicht von ihrer eigenen Gemeinschaft grundlegender Rechte beraubt werden, welche ihnen als Bürger des Beherbergungsstaates zustehen.[178] Somit wird ein Mindestbestand an Rechten für indigenous peoples garantiert, während auf der anderen Seite der Versuch unternommen wird, so wenig als möglich die Identität der indigenous peoples zu beeinträchtigen.

b) Spezielle Regelungen

Die fortschrittliche Grundtendenz von Konvention No. 169 beschränkt sich nicht nur auf eine bloße Änderung in der grundlegenden Einstellung gegenüber indigenous peoples weg von Integration hin zu Bewahrung ihrer Identität. Sie zeigt sich ebenso an dem neuen Ansatz bezüglich einiger spezieller Problembereiche, mit welchen sich bereits Konvention No. 107 befaßt hatte.

---

[176] Z.B. Artt. 6, 7, 12, 15, 17, 20, 22, 23, 25, 27, 28, 33.

[177] Art. 8 Abs. 2 Konvention No. 169.

[178] Barsh, *Convention No. 169*, aaO., S. 214. In der Regel haben die indigenous peoples die Staatsbürgerschaft ihres Beherbergungsstaates.

(1) Recht auf Selbst-Definition

Wie bereits dargestellt[179] ist eine wichtige Neuerung in Konvention No. 169, daß im Rahmen der Definition, welche Gruppen als "indigenous peoples" zu qualifizieren sind, der Selbstidentifikation zentrale Bedeutung beigemessen wird. So heißt es in Art. 1 Abs. 2:

"Self-identification as indigenous or tribal shall be regarded as a fundamental criterion for determining the groups to which the provisions of this Convention apply."

Dieses Recht auf Selbst-Definition ist ein wesentlicher Aspekt des Selbstbestimmungsrechtes: Dadurch bleibt es den indigenous peoples selber überlassen zu bestimmen, wer zu ihrem Verband gehört und wer nicht. Auf der anderen Seite wird dadurch den Staaten die Möglichkeit genommen, durch schlichte Verneinung des Status als "indigenous peoples" diesen ihre garantierten Rechte zu verwehren.[180]

(2) Bezeichnung als "peoples"

Der Wechsel in der Terminologie von Konvention No. 169, nämlich die betroffenen Gruppen fortan als "peoples" und nicht mehr wie bisher als "populations" zu bezeichnen ohne jedoch damit die Entscheidung über deren völkerrechtlichen Status vorwegzunehmen, war bereits Gegenstand der Erörterung[181] und soll deshalb an dieser Stelle nicht weiter vertieft werden.

Festgehalten werden soll lediglich, daß mit der Änderung in der Diktion die parallele Änderung der Einstellung gegenüber den indigenous peoples bezeugt wurde. Wenngleich die bloße Bezeichnung der eingeborenen Völker als "peoples" diesen nicht automatisch die Anerkennung ihres Selbstbestimmungsrechtes bedeuten sollte, so sind sie dadurch dennoch deutlich von den "gewöhnlichen" Minderheiten - eben als "peoples" - abgegrenzt und können sich daher auf ihre einzigartige Stellung und ein damit verbundenes, besonderes Schutzinteresse berufen, [182]

---

[179] S. oben, S. 18f..

[180] Barsh, *Convention No. 169*, aaO., S. 215.

[181] S. oben, S. 22f.

[182] Vgl. Swepston, *Convention No. 169*, aaO., S. 694f.

(3) Selbstverwaltung (self-government)

Eng mit dem Recht auf Selbstbestimmung ist das Recht auf Selbstverwaltung verknüpft. Während sich Selbstbestimmung auf Autonomie in sämtlichen Fragen einschließlich ihrer externen Dimension bezieht, meint Selbstverwaltung die Autonomie bezüglich interner Belange. In Konvention No. 169 ist das Recht der indigenous peoples auf Selbstverwaltung anerkannt - zumindest bis zu einem gewissen Ausmaß: Art. 7 Abs. 1 gewährt den indigenous peoples das generelle Recht, in näher bezeichneten internen Angelegenheiten und bezüglich des von ihnen bewohnten oder genutzten Landes die Prioritäten selber festzulegen. Außerdem sollen sie im Rahmen des Möglichen über ihre ökonomische, soziale und kulturelle Entwicklung die Kontrolle selber ausüben.

Die Vorschriften der Artt. 22, 25 und 27 beziehen sich auf die Mitwirkungsrechte der indigenous peoples an Programmen der Sprachbildung, der Gesundheitsfürsorge und des Bildungswesens, deren Durchführung im Laufe der Zeit zunehmend in ihre eigene Verantwortung übergehen soll. Dabei sind jedoch die sozialen und wirtschaftlichen Bedürfnisse der indigenous peoples stets zu berücksichtigen. Aus diesem Grund können die Staaten mit der Überleitung der Zuständigkeit für die Durchführung nicht gleichzeitig die Kosten dieser Programme auf die indigenous peoples überwälzen.[183]

Die Selbstregierung in Fragen der Jurisdiktion regelt Konvention No. 169 in ähnlicher Weise wie bereits ihre Vorgängerin: "(...) the methods customarily practised by the peoples concerned for dealing with offences committed by their members shall be respected".[184] Danach genießen die Einrichtungen der Rechtspflege der indigenous peoples und deren Sanktionssystem für intern begangene Vergehen grundsätzlichen Schutz, wobei jedoch das nationale Rechtssystem und die internationalen Menschenrechte eine Grenze für deren Anwendung bilden.[185]

---

[183] Barsh, *Guide*, aaO., S. 222.

[184] Art. 9 Abs. 1.

[185] Vgl. Artt. 8 Abs. 2, 9 Abs. 1.

(4) Mitbestimmungsrechte

Die Regelungen in Konvention No. 169 bezüglich der Mitbestimmungsrechte sind getragen von der international geteilten Überzeugung, daß bestimmte Gruppen in Entscheidungsprozessen, welche diese betreffen, mit einbezogen werden müssen[186], und daß indigenous peoples aufgrund ihrer historischen Wurzeln und kulturellen Besonderheit zu mehr als bloßer Mitbestimmung berechtigt sind.[187]

Nach intensiver Diskussion und Ablehnung diverser Vorschläge einigte sich die Konferenz auf Art. 6 in seiner gegenwärtigen Formulierung:

"In applying the provisions of this Convention, governments shall (...) consult the peoples concerned, through appropriate procedures and in particular through their representative institutions, whenever consideration is being given to legislative or administrative measures which may affect them directly (...) The consultations carried out in application of this Convention shall be undertaken, in good faith and in a form appropriate to the circumstances, with the objective of achieving agreement or consent to the proposed measures."

Auch wenn Art. 6 das Recht der indigenous peoples auf Beteiligung im Vorfeld der diese betreffenden Entscheidungen bemerkenswert stärkt, so ist es dennoch nicht erforderlich, daß diese Beteiligung tatsächlich zu einer Übereinkunft oder Einverständinis auf Seiten der indigenous peoples geführt hat, solange wenistens ein entsprechender Versuch unternommen wurde.

Weiter verlangt Art. 33 Abs. 2 die Zusammenarbeit von Regierungsbehörden und indigenous peoples bei der Durchführung der in Konvention No. 169 vorgesehenen legislativen und administrativen Maßnahmen. Eine Zusammenarbeit von indigenous peoples und staatlichen Stellen ist gem. Art. 7 Abs. 3 auch bei der Erforschung der sozialen, spirituellen, kulturellen und ökologischen Auswirkungen geplanter Entwicklungsprogramme anzustreben, wobei die Ergebnisse dieser Untersuchungen Grundlage für die Durchführung dieser Programme sein sollen.

Dieses Erfordernis der Zusammenarbeit in zahlreichen Punkten erweckt den Eindruck eines gleichberechtigten Nebeneinanders von staatlichen Stellen und indigenous peoples, wodurch sich Konvention No. 169 deutlich von ihrer Vorgängerin unterscheidet.

---

186 Vgl. U.N. Declaration on the Right to Development, GA Res. 41/28 (4. 12.1986).

187 Vgl. Barsh, *Guide*, aaO., S. 217.

(5) Bodenrechte

Mit der Anerkennung einer eigenen indigenen Existenz entstand auch das Bedürfnis nach einer detaillierteren und gründlicheren Regelung der Bodenrechte der indigenous peoples.[188] Nachdem die Landfragen sowohl für die Regierungen als auch für die Vertreter der Interessen der indigenous peoples einen sehr sensiblen Bereich darstellen, war es unmöglich, hinsichtlich jeder einzelnen Bestimmung Übereinkunft zu erzielen. Daher einigte sich die ILO Konferenz anstelle der ansonsten üblichen Abstimmung über jeden einzelnen Artikel auf eine en-bloc-Abstimmung über den gesamten Komplex der indigener Bodenrechte.[189]

Die so verabschiedeten Vorschriften in Konvention No. 169 (Artt. 13 - 19) fußen in zwei Grundprinzipien: Zum einen die prinzipielle Anerkennung der Berechtigung der indigenous peoples an den von ihnen besiedelten Gebieten, auch wenn das System der unter den indigenous peoples üblichen Bodenrechte im Einzelfall dem Rechtssystem des Beherbergungsstaates fremd sein sollte. Zum anderen sollen diese Bodenrechte innerhalb des von der nationalen Rechtsordnung gesteckten Rahmens durchgesetzt werden.[190] Die indigenous peoples drängten auf eine Anerkennung der Vorrangigkeit ihrer Berechtigung an ihren Gebieten gegenüber sämtlichen von den Kolonialmächten etwaig erworbenen Rechten daran. Diese Forderungen mußten jedoch Gründen politischer Opportunität weichen, da ansonsten die gesamte Konvention für die Staaten als Rechtsnachfolger der ehemaligen Kolonialmächte nicht konsensfähig wäre.

Die entscheidende Bedeutung der Bodenrechtsregelungen in Konvention No. 169 liegt nicht so sehr in der Schaffung neuer fundamentaler Rechte der indigenous peoples an dem von ihnen bewohnten Land, als vielmehr in der Gewährung bestimmter Verfahrensrechte, welche jedesmal, wenn die Landrechte der indigenous peoples zugunsten widerstreitender Interessen und Bedürfnisse beschnitten werden sollen, eine öffentliche Kontrolle dieser Vorhaben garantieren.[191]

---

[188] Die entsprechenden Regelungen in Konvention No. 107 wurden aufgrund ihrer Unvollständigkeit und "Enteignungsfreundlichkeit" stark kritisiert, vgl. Barsh, *Convention No. 169*, aaO., S. 223.

[189] Barsh, *Guide*, aaO., S. 224.

[190] Swepston, *Convention No. 169*, aaO., S. 696.

[191] Ebd., S. 698.

Wegen ihrer Wichtigkeit, orientiert sich die folgende Darstellung der Regelung indigener Landrechte an der in Konvention No. 169 vorgegebenen Reihenfolge.

Art. 13 Abs. 1 befaßt sich mit zwei grundlegenden Aspekten des in Konvention No. 169 geregelten Bodenrechtes: Zum einen den Respekt vor der besonderen spirituellen und kulturellen Bedeutung der Beziehung von indigenous peoples zu ihrem Land. Zum anderen die Anerkennung der kollektiven Dimension dieser Beziehung, was auch die Anerkennung kollektiver Rechte an diesem Land beinhaltet.

Art. 13 Abs. 2 ist von besonderer Wichtigkeit für die Belange der indigenous peoples hinsichtlich des Schutzes ihres Landes, indem er das "concept of territories" normiert: Danach umfaßt der Schutz indigenen Landes nicht nur den eigentlichen Boden, sondern auch die gesamte Umwelt der von den indigenous peoples bewohnten oder genutzten Gebiete.[192]Anfangs waren die Regierungsvertreter hinsichtlich der Benutzung des Ausdruckes "territories" wegen dessen politischer und geographischer Implikationen ablehnend eingestellt.[193] Am Schluß einigte sich jedoch die Konferenz darauf, das "concept of territories" nur hinsichtlich einiger bestimmter Schutzvorschriften (Artt. 15, 16) anzuwenden und hinsichtlich der übrigen (Artt. 14, 17-19) nicht. Der Einschluß der gesamten Umwelt in den Umfang indigener Landrechte fügt einen wichtigen ökologischen Aspekt zum Schutz der indigenous peoples hinzu. Dadurch wird der besonderen spirituellen Beziehung Rechnung getragen, welche die indigenous peoples eben nicht nur zu dem von ihnen bewohnten Grund und Boden, sondern auch zu ihrem gesamten Lebensraum haben.[194]

Im Unterschied zu Art. 11 Konvention No. 107, welcher lediglich für die Anerkennung kollektiven und individuellen Eigentums der indigenous peoples an dem traditionell von ihnen bewohnten Land plädierte, enthält Art. 14 Konvention No. 169 eine viel detailliertere und differenziertere Regelung: In Anbetracht der Tatsache, daß vielen traditionellen indigenen Rechtssystemen das Konzept "Eigentum" fremd ist, und stattdessen dem bloßen Besitz mehr Bedeutung beigemessen wird, ordnet Art. 14 Abs. 1 S. 1 an, daß sowohl das Eigentum, als auch der bloße Besitz der indigenous peoples

[192] Das internationale Recht verbindet allerdings das "concept of territories" eher mit Fragen staatlicher Jurisdiktion und gibt diesem Begriff mehr die Bedeutung einer bestimmten Sphäre staatlicher Hoheitsgewalt als eines geographisch-räumlich umschriebenen Bereiches, vgl. IAN BROWNLIE, PRINCIPLES OF PUBLIC INTERNATIONAL LAW, S. 115f (1990[4]).

[193] S. Provisional Record 32, aaO., S. 114, 117, 150-162.

[194] Vgl. zur besonderen Bedeutung des Landes für die indigenous peoples bereits oben, S. 16f..

an dem von ihnen traditionell bewohnten Land in gleicher Weise anerkannt werden sollen.

Art. 14 Abs. 1 S. 2 u. 3 beziehen sich auf die spezielle Situation nomadischer indigenous peoples, welche sich gewöhnlich nicht ausschließlich in einem bestimmten Gebiet aufhalten, sondern im Laufe eines Jahres auf vielen verschiedenen Gebieten verweilen. Diese Bestimmungen sollen sicherstellen, daß auch bei Nichtausschließlichkeit der Nutzung bestimmter Gebiete, den indigenous peoples der Zugang zu diesen dennoch garantiert ist, insbesondere dort, wo dies für deren Lebensgrundlage und traditionelle Aktivitäten erforderlich ist.

Essentielle Voraussetzung für den Schutz ihrer Gebiete ist deren genaue räumliche Bestimmbarkeit. Deshalb verpflichtet Art. 14 Abs. 2 die Regierungen der Beherbergungsstaaten, die traditionell von den indigenous peoples bewohnten Gebiete genau zu identifizieren und einen effektiven Schutz der Eigentums- und Besitzrechte an diesen demarkierten Gebieten zu garantieren. Zusätzlich verlangt Art. 14 Abs. 3, daß die Staaten geeignete Verfahren zur Abklärung von Ansprüchen der indigenous peoples auf von ihnen eingeforderte Gebiete geschaffen werden.

Art. 15 befaßt sich mit der Berechtigung an den auf den Gebieten der indigenous peoples befindlichen Rohstoffen und bemüht sich dabei um einen Kompromiß zwischen zwei Extremen: Die extrem ureinwohnerfreundliche Ansicht war, daß es unabdingbare Voraussetzung für das Überleben der indigenous peoples in der heutigen Welt sei, ihnen vorbehaltlos sämtliche Rechte an den auf ihren Gebieten befindlichen Naturschätzen zu geben. Die Vergangenheit habe bewiesen, daß es für diese Völker eine existentielle Gefährdung darstelle, wenn die Beherbergungsstaaten unter Berufung auf ein vermeintliches Recht an den Ressourcen diese ausbeuteten, ohne daß auf die Anwesenheit und Interessen der indigenen Bewohner der betroffenen Gebiete Rücksicht genommen worden wäre.[195] Die Gegenposition beruft sich darauf, daß es allgemeine Politik der meisten Staaten sei, (bestimmte) Naturschätze im ausschließlichen Eigentum des (Beherbergungs-) Staates zu belassen ohne an diesen irgendwelche absoluten Rechte von Privatpersonen zuzulassen.[196]

---

[195] Vgl. Report of the Committee on Convention No. 107, Provisional Record 25, para. 108-111.

[196] Swepston, *Convention No. 169*, aaO., S. 704.

Gem. Art. 15 Abs. 1 soll die Berechtigung der indigenous peoples an den auf ihren Gebieten befindlichen Rohstoffen einen besonderen Schutz erfahren. Danach steht den indigenous peoples grundsätzlich ein Recht auf die Beteiligung an der Nutzung, Verwaltung und Erhaltung der Ressourcen zu. In Abs. 2 wird jedoch diesen Beteiligungsrechten eine Grenze gesetzt: Sofern die Berechtigung an den Bodenschätzen den Staaten vorbehalten ist, verringern sich die Rechte der indigenous peoples auf ein bloßes Gewinnbeteiligungsrecht bei der Ausbeutung der Rohstoffe und auf einen angemessenen Ersatz etwaiger dadurch entstandener Schäden. Bevor jedoch die Entscheidung für eine Erforschung oder Ausbeutung der Naturschätze getroffen werden kann, müssen die betroffenen indigenen Bewohner in einem förmlichen Verfahren gehört werden, um mögliche Auswirkung der geplanten Maßnahme auf deren Belange zu erkunden. Ein Einverständnis mit der Erforschung oder Ausbeutung der Bodenschätze ist allerdings nicht erforderlich.

Entkleidet man den Schutz der Rechte der indigenous peoples an den Naturschätzen ihres ornamentalen Beiwerks, so bleibt nicht mehr übrig als ein Recht auf Befragung im Vorfeld jeder Ausbeutungsmaßnahme, eine Beteiligung an den erzielten Gewinnen - allerding nur im Rahmen des Möglichen[197] - und eine obligatorische Entschädigung für alle aus einer derartigen Ausbeutung entstandenen Schäden.

In Anbetracht der engen Verbundenheit, welche indigenous peoples zu ihrem Land haben, stellt Art. 16 strenge Voraussetzungen für die Entfernung der indigenous peoples von ihrem Gebiet auf. Grundsätzlich ist jede Zwangsentfernung verboten.[198] In Ausnahmefällen soll jedoch deren Umsiedlung[199] mit deren freier und bewußter Zustimmung möglich sein.[200] Wo die Bemühungen um einen Konsens erfolglos waren, soll die Umsiedlung nur im Wege eines angemessenen Verfahrens erfolgen.[201]

---

[197] Im Originaltext lautet es: "The peoples concerned shall werever possible participate in the benefits of such activities...", Art. 15 Abs. 2 S. 2. Dadurch wird die Beweislast für die Unmöglichkeit einer Gewinnbeteiligung der indigenous peoples auf die Regierung der Beherbergungsstaaten verlagert, vgl. Swepston, *Convention No. 169*, aaO., S. 705.

[198] Art. 16 Abs. 1.

[199] Im englischen Original "relocation", was nahelegt, daß den indigenous peoples bei jeder Entfernung von ihren Gebieten ein Anspruch auf neues Land im Austausch für das verlorene zusteht; vgl. Swepston, *Convention No. 169*, aaO., S. 706.

[200] Art. 16 Abs. 2 S. 1.

[201] Art. 16 Abs. 2 erfordert dreierlei: Angemessenheit im Sinne von Verhältnismäßigkeit i.e.S., öffentliche Anhörungen und die Gelegenheit wirksamer Repräsentation, was mehr als eine pro-forma-Beteiligung der indigenous peoples erfordert.

Art. 16 Abs. 3 gewährt das Recht auf Rückkehr in die Gebiete, von denen die indigenous peoples entfernt worden sind, sobald die Gründe für deren Entfernung entfallen sind. Dies zollt der Einzigartigkeit der Beziehung der indigenous peoples zu ihrem Land Tribut. Art. 16 Abs. 4 sieht für all die Fälle, in denen eine derartige Rückkehr nicht möglich ist, die Zuteilung von Ersatzland in gleicher Qualität und rechtlichem Status wie das vorher von den indigenous peoples bewohnte vor. Sofern die indigenous peoples Entschädigung in Geld oder Naturalien bevorzugen sollten, soll eine solche gewährt werden. Daß Art. 16 Abs. 4 an die Möglichkeit der Rückkehr i.S.v. Art. 16 Abs. 3 anknüpft, kann sich unter bestimmten Umständen als großer Nachteil gerade für die indigenous peoples erweisen: Dies gilt insbesondere für den Fall, in welchem zum Zeitpunkt der (zeitlich begrenzten) Entfernung der indigenous peoples von ihrem Gebiet eine spätere Rückkehr noch möglich erschien, diese jedoch dann aus irgendwelchen Gründen unmöglich wurde. Nachdem die Verpflichtung zur Bereitstellung zumindest gleichwertigen Ersatzlandes erst im Fall der Unmöglichkeit einer Rückkehr entsteht, können indigenous peoples zeitweise auch auf minderwertige Gebiete oder ohne jegliche Zuweisung von Ersatzgebieten von ihrem traditionell bewohntem Land entfernt werden. In dem Zeitpunkt, in welchem dann die Unmöglichkeit einer Rückkehr feststeht, müssen die indigenous peoples dann unter Umständen erneut, diesmal auf das ihnen endgültig zugewiesene, ihrem ursprünglichen Gebiet zumindest gleichwertiges Gebiet, umgesiedelt werden. Auf diese Weise wird der territorialen Entwurzelung der indigenous peoples wohl völlig unbeabsichtigt gerade von Konvention No. 169 Vorschub geleistet.

Wichtiger Bestandteil des Landeigentums ist die Fähigkeit, dieses auch zu veräußern. Art. 17 Abs. 1 fordert die Respektierung der unter den indigenous peoples üblichen Formen der Übertragung von Grund und Boden. Dies ist eine konkrete Ausprägung des Respektes vor den gewohnheitsrechtlichen Traditionen der indigenous peoples (vgl. Art. 8 Abs. 1). Sofern es jedoch um die Übertragung von Land an nicht-indigene Personen geht, können die Staaten die Rechtsmacht der indigenous peoples zur Veräußerung beschränkten. Eine derartige Beschränkung soll allerdings gem. Art. 17 Abs. 2 nur nach einer entsprechenden Anhörung der betroffenen indigenous peoples erfolgen.

Art. 17 Abs. 3 verpflichtet die Staaten zu verhindern, daß Personen außerhalb der indigenen Gemeinschaft die Traditionen oder Unerfahrenheit der indigenous peoples zu ihrem eigenen Vorteil ausnutzen, um in den Besitz ihrer Gebiete zu erlangen. Dies soll den Bestand ihrer Landbasis vor betrügerischer Verminderung schützen.

Um das unbefugte Eindringen in die Gebiete der indigenous peoples zu unterbinden, sind die Staaten gem. Art. 18 aufgefordert, derartige Überschreitungen angemessen unter Strafe zu stellen und allgemeine Maßnahmen zu deren Verhinderung zu entwickeln.

Art. 19 entspricht exakt Art. 14 Konvention No. 107, so daß auf die entsprechenden Ausführungen verwiesen werden kann.[202]

(6) Sprache und Erziehung

Es ist überaus beachtlich, daß Art. 28 zweisprachige Erziehung der Kinder vorsieht. Zum einen wird auf die Ausbildung der Kinder von indigenous peoples in ihrer Muttersprache Wert gelegt:

"Children (...) shall, wherever practicable, be taught to read and write in their own indigenous language or in the language most commonly used by the group to which they belong."[203]

Auf der anderen Seite sollen für die indigenous peoples gleichzeitig ausreichende Möglichkeiten zur Erlernung der Nationalsprache geschaffen werden:

"Adequate measures shall be taken to ensure that these peoples have the opportunity to attain fluency in the national language or in one of the official languages of the country."[204]

Diese Beschränkung auf die Bereitstellung der bloßen Möglichkeit zur Erlernung der Mehrheitssprache läßt den indigenous peoples auch die Freiheit, gänzlich einsprachig zu bleiben, ohne sich der Mehrheitssprache bedienen zu müssen.[205]

Im Gegensatz zu ihrer Vorgängerin betont Konvention No. 169 in Bildungsfragen die eigene Geschichte der indigenous peoples, deren Wissen und Fertigkeiten, Wertsysteme und soziale, ökonomische und kulturelle Aspirationen.[206] Bildungsprogramme

---

[202] S. oben, S. 43.

[203] Art. 28 Abs. 1.

[204] Art. 28 Abs. 2.

[205] Barsh, *Guide*, aaO., S. 230.

[206] Vgl. Art. 27 Abs. 1.

sollen mithilfe qualifizierter Angehöriger der indigenous peoples formuliert und verwirklicht werden.Die Verantwortlichkeit für die Durchführung dieser Programme soll langsam auf die indigenen Gemeinschaften selber übergeleitet werden.[207] Zusätzlich dazu sollen die indigenous peoples Anspruch auf ihre eigenen Bildungseinrichtungen und -möglichkeiten haben, vorausgesetzt sie erfüllen gewisse von den einzelnen Staaten in Zusammenarbeit mit den indigenous peoples aufgestellte Mindestanforderungen.[208] Von hoher Bedeutung ist auch die Vorschrift des Art. 27 Abs. 3 S. 2, welche die Staaten zur Bereitstellung der für die Durchführung der Erziehungsmaßnahmen erforderlichen Geldmittel verpflichtet.

Ähnlich wie bereits Art. 25 der Konvention No. 107 fordert auch Art. 31 der Konvention No. 169 Aufklärungsmaßnahmen unter der nicht-indigenen Bevölkerung, um etwaige Vorurteile bezüglich der indigenous peoples abzubauen, und fordert die Staaten auf, die entsprechenden Unterrichtsmaterialien mit einem fairen, genauen und informativen Bild der Gesellschaft und Kultur der indigenous peoples zu versehen.

(7) Grenzüberschreitende Zusammenarbeit der indigenous peoples

In Anerkennung der Tatsache, daß Staatsgrenzen im alltäglichen Leben der indigenous peoples keinerlei Rolle spielen, schafft Art. 32 für die einzelnen Staaten die Verpflichtung, die grenzüberschreitende Kontaktaufnahme und Kooperation von indigenous peoples untereinander zu erleichtern, einschließlich von Aktivitäten auf ökonomischem, sozialem, kulturellem, spirituellem und ökologischem Bereich. Durch diese Möglichkeit grenzüberschreitender Zusammenarbeit werden die indigenous peoples nach langen Jahren der Verbannung in ein intra-nationales Dasein erstmals wieder zu inter-nationalen Akteuren.[209]

c) Zwischenergebnis

Konvention No. 169 belegt in deutlicher Weise eine radikale Abkehr von den Absichten und Überzeugungen, welche noch Konvention No. 107 zugrunde lagen.

[207] Art. 27 Abs. 2.

[208] Art. 27 Abs. 3.

[209] Vgl. auch Barsh, *Guide*, aaO., Fn. 86, wo dieser die Ansicht vertritt, daß den indigenous peoples über die Vorschrift des Art. 32 eine gewisse Bedeutung als relevante juristische Einheit im Völkerrecht zukomme.

Indigenous peoples werden in Konvention No. 169 nicht mehr als bloßer Anachronismus begriffen, welchen es zu assimilieren und in die moderne Gesellschaft zu integrieren gelte. In diesem Zusammenhang erkennt Konvention No. 169 nicht nur bestimmte einzelne Rechte der indigenous peoples an, sondern stellt deren Recht auf eine dauernde Existenz und eigene Identität außer Frage. Daher beschränkt diese sich nicht nur auf eine Verbesserung und Ausarbeitung der bereits in Konvention No. 107 grundgelegten Schutzbestimmungen, sondern sieht die systematische Beteiligung der indigenous peoples an allen sie als eigenständige Gruppe betreffenden Fragen vor.

Allerdings ging Konvention No. 169 nicht so weit - wie von den Interessenvertretern der indigenous peoples gefordert - den indigenous peoples ausdrücklich ein Recht auf Selbstbestimmung einzuräumen. Durch dieses Zugeständnis an die diesbezüglich ablehnende Haltung der Staaten hoffte die ILO, eine möglichst breite Zustimmung der Staaten zu Konvention No. 169 zu erreichen. Dadurch war es möglich, den Schutz der indigenous peoples insgesamt auf eine zeitgemäßere und fortschrittlichere Basis zu stellen. Insgesamt wird daher Konvention No. 169 als Meilenstein bei den Bemühungen um den Schutz der indigenous peoples bewertet.[210]

Auch wenn die Formulierung mancher Rechte an Stärke und Entschiedenheit etwas zu wünschen lassen (so findet sich z.B. keine verbindliche Regelung, nach welcher die Staaten verpflichtet sind, den indigenous peoples bestimmte Territorien zuzuweisen, innerhalb dessen sie ihre eigenen Angelegenheiten völlig selbständig verwalten könnten), so muß doch berücksichtigt werden, daß es nicht so sehr die Aufgabe eines internationalen Regelwerkes sein kann, ein vollständig ausgearbeitetes und vollends durchdachtes Schutzsystem zu schaffen. Die Effektivität eines internationalen Menschenrechtsinstrumentes wird sich erst im Laufe seiner Anwendung zeigen und bewähren: Bereits im Prozeß ihrer Ratifikation wird sich ein bestimmtes konkreteres Verständnis von Konvention No. 169 und der in ihr verbrieften Rechte herausbilden. Ob sie einen effektiven Schutz der indigenous peoples gewährt, wird sich an der Häufigkeit messen lassen, in welcher sie (erfolgreich) von den indigenous peoples auf internationalen Foren zu ihrem eigenen Schutz ins Felde geführt wird.[211] Konvention No. 169 kann jedoch erst dann Bedeutung als spezifische Schutznorm für indigenous peoples gewinnen, wenn sie auf internationaler Ebene möglichst breite Resonanz findet, was an

---

210 Vgl. Swepston, *Convention 169*, aaO., S. 713.

211 Barsh, *Guide*, aaO., S. 234.

erster Stelle die Ratifikation einer maximal großen Anzahl von Staaten erfordert. Dies ist bis heute jedoch noch nicht der Fall.[212]

Nicht zuletzt aus diesem Grund werden sich die indigenous peoples zu ihrem Schutz regelmäßig auch auf Normen des allgemeinen Menschenrechtschutzes berufen müssen. Inwieweit die Erfolg verspricht, wird im folgenden erörtert.

II. Schutz unter allgemeinen Menschenrechtsnormen

Im Zuge der allgemeinen Menschenrechtsbewegung in den 70er Jahren gelang es den Interessenverbänden der indigenous peoples zunehmend, ihre besonders bedrängte Lage und Rechtlosigkeit zum Thema der allgemeinen Menschenrechtsdiskussion zu machen. Dies war nicht zuletzt darauf zurückzuführen, daß es oft indigenous peoples waren, welche Opfer besonders krasser Menschenrechtsverletzungen waren und auch heute noch sind.[213]

Die Berufung auf allgemeine Menschenrechtsnormen kann vor allem für den effektiven Schutz der kulturellen Identität und Bodenrechte der indigenous peoples und für ihr Verlangen nach einer Anerkennung ihres Selbstbestimungsrechtes von großer Bedeutung sein. Charakteristisch für all diese geforderten Rechte ist jedoch ihre (zumindest teilweise) kollektive Dimension: Voraussetzung ihrer Ausübung ist das Bestehen einer fest umgrenzten Gruppe. Eine Kultur, und somit auch deren Ausübung, setzt notwendigerweise eine Mehrheit von Personen als abgrenzbare Gruppe voraus, Berechtigter am Stammesland ist grundsätzlich der Stamm als Kollektiv und das

---

[212] Zur Zahl der Unterzeichnerstaaten von ILO Konvention No. 169 s. oben, Fn. 172.

[213] S. James Anaya, *Indigenous Rights Norms in Contemporary Law*, 8 ARIZONA JOURNAL OF INTERNATIONAL AND COMPERATIVE LAW, S. 1, 5 (1991); HANNUM, AUTONOMY, aaO., S. 82; als Beispiel sei nur auf die Berichte von Massakern an indigenous peoples in Paraguay, Guatemala oder Bangladesch verwiesen, vgl. AGA KAHN (Hrsg.), INDIGENOUS PEOPLES: A GLOBAL QUEST FOR JUSTICE, A REPORT FOR THE INDEPENDENT COMMISSION ON INTERNATIONAL HUMANIOTARIAN ISSUES, S. 82-84. AMNESTY INTERNATIONAL, THE AMERICAS: HUMAN RIGHTS VIOLATIONS AGAINST THE INDIGENOUS PEOPLES OF THE AMERICAS (1992) berichtet zum Beispiel von massenhaften außergerichtlichen Erschießungen, der Schleifung ganzer Dörfer, dem "plötzlichen Verschwinden" von indigenous peoples in Guatemala während der frühen 80er Jahre, S. 11ff., informiert über Fälle von Folterungen in Guyana und Brasilien, über Mißhandlungen im Polizeigewahrsam oder während des Strafvollzugs in Kanada und in den USA, S. 23ff., über Fälle willkürlicher Festnahmen und Freiheitsentzug ohne ordentliches gerichtliches Verfahren in Mexiko und Nicaragua, S. 29ff., und beklagt, daß die Verletzungen der Menschenrechte von indigenous peoples selten konsequent verfolgt werden und somit ungeahndet bleiben, S. 71ff.. ai kommt zu dem Ergebnis, daß auch heute noch den eingeborenen Völker des amerikanischen Kontinent ihre international anerkannten Menschenrechte weitgehend vorenthalten werden, S. 98.

völkerrechtliche Selbstbestimmungsrecht kann grundsätzlich nur dem Kollektiv "Volk" zukommen.

Daher muß zunächst einmal untersucht werden, inwieweit internationale Menschenrechte auch kollektive Rechte gewähren können, oder ob sich deren Bedeutung im individuellen Schutz der einzelnen Mitglieder der jeweiligen Gruppe erschöpft, mit der Folge daß auch die jeweiligen Angehörigen der indigenous peoples nur als Individuen geschützt werden, nicht aber in ihrem Zusammenschluß als Gruppe.

1. Menschenrechte als Gruppenrechte

Die Existenz kollektiver Rechte ist im Völkerrecht nichts Ungewöhnliches, sind doch die Staaten als Hauptakteure des Völkerrechts mit eigenständigen Rechten ausgestattet.[214] Die Frage nach der kollektiven Dimension allgemeiner Menschenrechte ist davon jedoch zu unterscheiden und kann nicht mit dem schlichten Hinweis auf die generelle Existenz kollektiver Rechte im Völkerrecht beantwortet werden.

Entwickelt wurden die Menschenrechte zunächst als individuelle Abwehrrechte, welche dem einzelnen gegenüber der Einschränkung seiner existentiellen, unverbrüchlichen Rechte durch die staatliche Gewalt Schutz gewähren sollten, ohne daß ihnen ursprünglich eine kollektive Dimension zukommen müßte. Mit der Erkenntnis, daß sich in der heutigen Welt nicht nur Staaten und Individuen dichotomisch gegenüberstehen, sondern daß sich die menschliche Existenz oft auch in Zusammenschlüssen verwirklicht, welche in der Herausbildung kollektiver, von der Staatsform zu unterscheidender Einheiten (Gruppen) mündet, wurde allmählich die Notwendigkeit einer Ausweitung des von den Menschenrechten garantierten Schutzes auch auf diese kollektiven Verbände erkannt. In dem Maße, in welchem der einzelne zur Ausübung seiner Menschenrechte auf die Existenz dieser Gruppe angewiesen ist, muß diese Existenz grundsätzlich auch einen gesonderten, auf das Kollektiv gerichteten Schutz erfahren.

Früher ging man davon aus, daß die Gruppenrechte über eine Akkumulation der individuellen Rechte der einzelnen Gruppenmitglieder sozusagen automatisch gewährleistet seien. Mit der Erkenntnis, daß gewisse auf die Gruppe bezogene Rechte und

[214] Vgl. z.B. das in Art. 2 Abs. 4 UN-Charta gewährte kollektive Recht auf Unverletzlichkeit der Grenzen oder das in Art. 51 UN-Charta geregelte Recht auf kollektive Selbstverteidigung.

Ansprüche nicht angemessen über einen Schutz der betroffenen Individuen abgedeckt sind, änderte sich diese Auffassung allmählich.[215] Folglich muß man unterscheiden, ob die Menschenrechte den Schutz der Individuen - sei es in ihrer individuellen Existenz oder als Mitglieder einer größeren Gruppe - beabsichtigen oder ob die größere Einheit selber gegen Einmischung und Beeinträchtigungen von staatlicher Seite geschützt werden soll. Im ersten Fall spricht man von individuellen, im letzteren von kollektiven Menschenrechten. *Dinstein* beschreibt die Unterschiede zwischen beiden Formen folgendermaßen:

"Individual human rights (e.g. freedom of expression or freedom of religion) are bestowed upon every single human being personally. Collective human rights are afforded to human beings communally, that is to say, in conjunction with one another or as a group - a people or a minority. It must be stressed that collective human rights retain their character as direct human rights. The group which enjoys them communally is not a corporate entity and does not possesss a legal personality. The nature of these rights requires, however, that they shall be exercised jointly rather than severally."[216]

Unter diese "Sonderrechte" der Gruppe fallen zum Beispiel Maßnahmen der sog. "affirmative action" in Bezug auf die gesamte Gruppe, d.h. die gezielte staatliche Förderung der kollektiven Existenz als Gruppe, der Schutz der kollektiven Berechtigung an bestimmten Gebieten oder die Gewährung eines Selbstbestimmungsrechtes als Gruppe. All diese Rechte sind auch für den Schutz und die Bedürfnisse der indigenous peoples von vordringlichem Interesse.

Insbesondere vor dem Hintergrund, daß sich die Mitglieder der indigenous peoples - in bemerkenswertem Kontrast zu westlichen Gesellschaften, welche die Individualität jedes Mitgliedes ihrer Gruppe in den Vordergrund stellen - als untrennbaren Bestandteil der größeren Einheit der Gruppe verstehen, erscheint die Gewährleistung von kollektiven, gruppenbezogenen Rechten für einen angemessenen Schutz der indigenous peoples unabdingbar.[217] Aufgrund der Tatsache, daß die charakteristische Existenz des Individuums großenteils auch Ausdruck bestimmter Manifestationen der Gemeinschaft ist, wie zum Beispiel von Sozialisationsprozessen, Verwandtschaftsstrukturen, Wertsystemen und gemeinschaftsorientierten Religionen, wäre eine Gewährung ausschließlich individueller Schutzrechte für einen effektiven Schutz nicht ausreichend.[218] Für

---

[215] Ian Brownlie, aaO., S. 2f.; ders., *The Framework: Group Rights and Self-Determination* in Ian Brownlie (Hrsg.), Treaties and Indigenous Peoples - The Robb Lectures 1991 (1992), S. 29, 37.

[216] Yoram Dinstein, *Collective Human Rights*, aaO., S. 102f. (1976).

[217] R. Clinton, *The Rights of Indigenous Peoples as Collective Group Rights*, 32 Arizona Law Review, S. 739, 742 (1990).

[218] Herz, aaO., S. 699.

die indigenous peoples gilt in besonderem Maße, daß ihr individueller Schutz untrennbar mit dem ihrer Gemeinschaft als Kollektiv verbunden ist. Um folglich diesen Schutzauftrag ernst zu nehmen, muß sich der Schutz der Menschenrechte grundsätzlich auch auf die gesamte Gruppe erstrecken.

Die Entwicklung einer neuen und besonderen Kategorie von Menschenrechten war oft mit der Erkenntnis von deren Notwendigkeit für den Schutz eines als schützenswert erkannten Objektes verbunden.[219] Insbesonders innerhalb der "Working Group on Indigenous Populations" waren es die Vertreter der indigenous peoples selber, die dem Konzept der Gewährung kollektiver Rechte besondere Bedeutung beimaßen und davon die Effektivität des gebotenen Schutzes ihrer essentiellen Bedürfnisse und Interessen abhängig sahen.[220]

Nachdem die Staaten als Antagonisten der Gewährung von Gruppenrechten im Völkerrecht immernoch eine überragende Rolle spielen, fehlt es bis heute an einem fundiertem System der Anerkennung von Gruppenrechten.[221] Bis heute gibt es in den verschiedenen internationalen Völkerrechtspakten lediglich eine mehr oder weniger zufällige Ansammlung von einzelnen auf die Gruppe bezogenen Rechten, welche jedoch auch für den Schutz der indigenous peoples von zentraler Bedeutung sind. Darunter fallen zum Beispiel das Recht auf physische Existenz, kulturelle Rechte, Landrechte oder das Recht auf Selbstbestimmung.

2. Genozid-Konvention: Recht auf physische Existenz

Ungeachtet der Frage, ob indigenous peoples unter völkerrechtlicher Geltung als "people" i.e.S. zu qualifizieren sind[222], sind sie in der Schutz der Genozid-Konvention mit einbezogen. Dementsprechend genießen auch sie das kollektiv formulierte Recht auf physische Existenz als Gruppe.

Auf die tatsächliche Vernichtung der gesamten Gruppe kommt es für den Begriff des Genozids nicht an, vielmehr ist eine entsprechende Absicht, die Gruppe insgesamt

---

[219] Vgl. R. Falk, *The Rights of Peoples (In Particular Indigenous Peoples)*, S. 31f., *in:* J. Crawford (Hrsg.), THE RIGHTS OF PEOPLES (1988).

[220] Herz, aaO., S. 712.

[221] Ebd., S. 707.

[222] Dazu oben, S. 22ff.

oder teilweise zu vernichten, ausschlaggebend. Folglich kann bereits die Tötung eines einzigen Gruppenmitgliedes als Genozid zu qualifizieren sein, wenn sie mit der entsprechenden Absicht unternommen worden ist. Auf der anderen Seite reicht die faktische Auslöschung einer kompletten Gruppe nicht aus, wenn diese nicht von der erforderlichen Vernichtungsabsicht getragen war.[223]

Es wäre denkbar, aus der Genozid-Konvention auch die grundsätzliche Gewährleistung kultureller Mindestrechte abzuleiten, nachdem die vollständige Entziehung der kulturellen Eigenart einer Gruppe ebenfalls faktisch zum Verschwinden dieser Gruppe von der Bildfläche führt, was letztlich den gleichen Effekt hat wie deren physische Vernichtung.

Die Einbeziehung dieses sog. "kulturellen Genozids"[224] in den Anwendungsbereich der Genozid-Konvention ist jedoch aus zweierlei Gründen fraglich:[225] Zum einen beziehen sich sämtliche in Art. 2 erwähnte Fallgruppen des Genozids ausschließlich auf Akte physischer Vernichtung, während der bloße Entzug der kulturellen Eigenart eines Volkes zunächst keinerlei physische Auswirkung hat. Allerdings gilt es zu beachten, daß die Auflistung in Art. 2 keinen enumerativen Charakter aufweist,[226] so daß eine Erweiterung auf weitere, der physischen Vernichtung vergleichbare Fallgruppen im Wege der Analogie grundsätzlich möglich erscheint. Dabei ließe sich am ehesten eine Vergleichbarkeit des kulturellen Genozids mit der Fallgruppe (c) herstellen: Durch das Auferlegen kulturfremder Lebensbedingungen wird letztlich auch das physische Verschwinden der indigenous people herbeigeführt.

Gegen eine analoge Anwendung der Genozid-Konvention auf Fälle des kulturellen Genozids spricht zum anderen, daß die von der damaligen UdSSR mit Unterstützung Polens und der damaligen Tschechoslowakei vorgeschlagene Einbeziehung von Fällen der Vernichtung der kulturellen Identität einer Gruppe von der Mehrheit der Generalversammlung explizit abgelehnt worden war.[227] Somit erscheint es der

---

[223] NEHEMIAH ROBINSON, THE GENOCIDE CONVENTION, S. 58, 62 (1960).

[224] Vgl. die Draft Declaration der Working Group, E/CN.4/Sub.2/1993/26, para. 6.

[225] Vgl. Gart Nettheim, *"Peoples" and "Populations" - Indigenous Peoples and the Rights of Peoples*, S. 116, *in:* J. CRAWFORD (Hrsg.): THE RIGHTS OF PEOPLES (1988).

[226] Vgl. den Wortlaut: "acts (...) *such as*..." (Hervorhebung vom Verf.).

[227] Entsprechend dem Vorschlag sollte es in der Genozid-Konvention folgendermaßen lauten: "(...) any deliberate act committed with the intent to destroy the language, religion or culture of a national, racial or religious group on grounds of the national or racial origin or religious belief of its members such as:

ausdrückliche Wille der Verfasser der Genozid-Konvention zu sein, Fälle des bloßen Entzugs der kulturellen Eigenart nicht als Genozid im Sinne der Konvention zu verstehen. Daß sich diese Auffassung heute grundlegend geändert hat, läßt sich nicht hinreichend belegen.

3. Internationaler Pakt über die bürgerlichen und politischen Rechte

Eine wichtige Quelle für aus allgemeinen Menschenrechtsbestimmungen abgeleitete Rechte der indigenous peoples ist der *Internationale Pakt über die Bürgerlichen und Politischen Rechte* (IPBPR). Eine Berufung seitens der indigenous people auf den IPBPR kommt vor allem zur Stützung ihres Anspruches auf Schutz ihrer kulturellen Identität und auf ihr Recht zur Selbstbestimmung in Betracht. Die zeitgleich mit Verabschiedung des IPBPR erfolgte Schaffung eines speziellen Beschwerdemechanismus für Verletzungen garantierter Rechte in einem fakultativen Zusatzprotokoll trug wesentlich zur Effektivität des gewährten Schutzes bei.

a) Beschwerden nach dem Zusatzprotokoll

Getragen von der Einsicht, daß der Schutz eines Rechtes dann am wirkungsvollsten ist, wenn man dessen Träger einen entsprechenden Rechtsbehelf zur Geltendmachung der Verletzungen seiner Rechte an die Hand gibt, verabschiedete die Generalversammlung der Vereinten Nationen zusammen mit dem Internationalen Pakt ein fakultatives Zusatzprotokoll.[228] Diesem Fakultativprotokoll zufolge können Einzelpersonen unter der Behauptung, Opfer der Verletzung eines der im Internationalen Pakt gewährten Rechte zu sein, einem speziell eingerichteten Menschenrechtsausschuß (Human Rights Committee) der Vereinten Nationen eine sog. "Mitteilung" zukommen lassen.[229] Dies setzt natürlich voraus, daß der beschuldigte Staat neben dem IPBPR auch das Fakultativprotokoll unterzeichnet hat.[230] Dieser Rechtsbehelf steht jedoch unter zwei wesentlichen Einschränkungen: Bevor eine entsprechende Kommunikation beim

(1) Prohibiting the use of the language of the group in daily intercourse or in schools, or the printing and circulation of publications in the language of the group; (2) Destroying or preventing the use of libraries, museums, schools, historical monuments of worship or other cultural institutions and objects of the group." Vgl. LEO KUPER, INTERNATIONAL ACTION AGAINST GENOCIDE, S. 30f. (1982).

[228] 999 U.N.T.S. 171.

[229] Art. 1 des Zusatzprotokolls; die für die Einrichtung des Menschenrechts-Kommittees einschlägigen Regelungen finden sich in Teil IV des Internationalen Paktes über die Bürgerlichen und Politischen Rechte.

[230] Bis zum heutigen Tage ist dieses Zusatzprotokoll von insgesamt 48 Staaaten unterzeichnet worden.

Menschenrechtskomittee eingereicht werden kann, muß der Rechtsweg vor den nationalen Gerichten erschöpft sein.[231] Außerdem sind ausschließlich Einzelpersonen berechtigt, eine Verletzung ihrer im Internationalen Pakt gewährten Rechte geltend zu machen.[232]

Vor allem die Voraussetzung der Individualbeschwerde kann sich im Fall der indigenous peoples jedoch als äußerst hinderlich herausstellen: Die von den indigenous peoples eingeforderten Rechte sind regelmäßig kollektive Rechte, die nur der Gruppe als solcher zustehen können, nicht jedoch dem einzelnen Mitglied.[233] Die Mitteilungsbefugnis im Rahmen des Fakultativprotokolles steht jedoch nicht der Gruppe als solcher, sondern nur deren einzelnen Mitgliedern zu. Diesen fehlt es wiederum an der erforderlichen Aktivlegitimation hinsichtlich der betroffenen Rechte der Gruppe. Somit können kollektive Rechte der indigenous peoples von diesen aufgrund ihrer fehlenden Mitteilungsbefugnis, von ihren Mitgliedern aber wegen deren fehlender Aktivlegitimation vor dem Menschenrechtsausschuß nicht effektiv geltend gemacht werden. Dieser wechselseitige Ausschluß ist insbesondere für Mitteilungen typisch, welche eine Verletzung des in Art. 1 des IPBPR gewährten Selbstbestimmungsrechtes der Völker rügen, da das Selbstbestimmungsrecht ausschließlich dem betroffenen Volk selber zusteht, nicht jedoch den einzelnen Angehörigen dieses Volkes.

Aus dieser kollektiv-individuellen "Zwickmühle" gibt es jedoch einen Ausweg, wenn die Verletzung kollektiver Rechte gleichzeitig auch als eine Verletzung individueller Rechte angesehen werden kann, wie der Menschenrechtsausschuß in der Zulassungentscheidung im Fall der *Mikmaq Tribal Society v. Canada*[234] festgestellt hat:

"The Optional Protocol does not preclude a group of individuals, who claim to be similarly affected, from together submitting a communication about alleged breaches of their rights..."[235]

Folglich kann der Ausschuß mittelbar auch über die Verletzung kollektiver Rechte entscheiden, solange diese nur in Form einer sog. "class action" aller von dieser Verletzung betroffener Einzelpersonen geltend gemacht wird.[236]

---

[231] Art. 5 Abs. 2 lit. b.

[232] Vgl. den Wortlaut von Art. 1: "... Mitteilungen seiner Herrschaftsgewalt unterstehender *Einzelpersonen*..." (Hervorhebung vom Verf.).

[233] Vgl. oben S. 61ff.

[234] U.N. Doc. CCPR/C/39/D/205/1986 (1990).

[235] aaO., para. 14.4.

b) Art. 1: Recht auf Selbstbestimmung

Für die indigenous peoples ist die Gewährung des Rechtes auf Selbstbestimmung unabdingbare Voraussetzung für ihre weitere Existenz als eigenständige kulturelle Gruppe in der heutigen Welt. Daher besteht für sie die Nagelprobe jeder zu ihrem Schutz gefaßten Bestimmung darin, inwieweit sie den indigenous peoples auch ein entsprechendes Selbstbestimmungsrecht einräumt.[237]

Die Bestimmung, die sich am ausdrücklichsten, jedoch auch am allgemeinsten zum Recht auf Selbstbestimmung äußert, ist Art. 1 Abs. 1 IPBPR:

> "Alle Völker haben das Recht auf Selbstbestimmung. Kraft dieses Rechts entscheiden sie frei über ihren politischen Status und gestalten in Freiheit ihre wirtschaftliche, soziale und kulturelle Entwicklung."[238]

Um jedoch die Bedeutung und Reichweite dieses in Art. 1 gewährleisteten Selbstbestimmungsrechtes verstehen zu können, muß man einen Blick auf dessen Geschichte und Entwicklung im internationalen Recht werfen.

(1) Historische Verankerung

Das Recht auf Selbstbestimmung wurzelt im Geiste des Nationalismus des 17. und 18. Jahrhunderts. Zu dieser Zeit entwickelte sich zunehmend die Vorstellung, daß entscheidender Souverän im Staate nicht mehr der absolutistische Herrscher, sondern vielmehr das Volk sei.[239] Der Begriff "Selbstbestim- mungsrecht" wurde jedoch erst in der Mitte des 19. Jahrhunderts gebräuchlicher.[240] Während und nach dem Ersten Weltkrieg diente das Selbstbestimmungsrecht als "Zauberformel" für die Neuaufteilung Europas nach dem Niedergang des deutschen, österreichisch-ungarischen und osmanischen Reiches.[241] In diese Zeit fiel auch *Woodrow Wilsons* bekannter

---

[236] Mary E. Turpel, *Indigenous Peoples's Right*, aaO., S. 589.

[237] Zur Bedeutung des Selbstbestimmungsrechtes innerhalb der von den indigenous peoples geforderten Rechte vgl. auch oben S. 32f..

[238] Diese Bestimmung ist wortgleich formuliert mit Art. 1 des Interationalen Paktes über die wirtschaft liche, soziale und kulturelle Rechte.

[239] John H. Clinebell / Jim Thomson, *Sovereignty and Self-Determination: The Rights of Native Americans under Interantional Law*, 27 BUFFALO LAW REVIEW S. 669, 701 (1978).

[240] Zu dieser Zeit waren es vor allem radikale deutsche Staatsphilosophen, welche den Ausdruck "Selbstbestimmungsrecht" schufen und populär machten, vgl. UMOZURIKE O. UMOZURIKE, SELF-DETERMINATION IN INTERNAITONAL LAW S. 3 (1971).

Ausspruch: "Every people has the right to choose the sovereignty under which they shall live."[242]

Während das Selbstbestimmungsrecht in dem Abkommen des Völkerbundes noch nicht ausdrücklich Anerkennung gefunden hatte,[243] wurde es in der Charta der Vereinten Nationen bereits als grundlegendes Prinzip des internationalen Rechtes eingeführt. Art. 1 Abs. 2 formuliert im Rahmen der Zielbestimmungen der Vereinten Nationen: "Die Vereinten Nationen setzen sich folgende Ziele: (...) freundschaftliche, auf der Achtung vor dem Grundsatz der Gleichberechtigung und *Selbstbestimmung der Völker* beruhende Beziehungen zwischen den Nationen zu entwickeln (...)".[244]

In Verfolgung dieses Ziels der Selbstbestimmung der Völker formuliert die UN-Charta in Art. 73 lit. b hinsichtlich der Hoheitsgebiete ohne Selbstregierung die Verpflichtung der Staaten, "welche die Verantwortung für die Verwaltung von Hoheitsgebieten haben oder übernehmen, deren Völker noch nicht die volle Selbstregierung erreicht haben (...) die Selbstregierung zu entwickeln, die politischen Bestrebungen dieser Völker gebührend zu berücksichtigen und sie bei der fortschreitenden Entwiclung ihrer freien politischen Einrichtungen zu unterstützen (...)."

Diese ausdrückliche Verpflichtung, die Selbstregierung der Einwohner dieser Gebiete zu fördern, wurde sofort mittels der sog. "blue water thesis" erheblich eingeschränkt: Demnach sei der Anwendungsbereich von Art. 73 lediglich auf Kolonien in Übersee beschränkt, d.h. auf Gebiete, welche geographisch von dem verwaltenden Staat getrennt sind, sei es durch einen Ozean oder ähnliche Hindernisse.[245] Diese einschränkende Auslegung, welche hauptsächlich von lateinamerikanischen Staaten favorisiert wurde, stützte sich auf das Prinzip territorialer Integrität: Dadurch sollten die Grenzen bereits bestehender Staaten gewahrt bleiben, welche anderenfalls unweigerlich einer geographischen und politischen Zersplitterung ausgeliefert wären.[246]

---

[241] Vgl. J. Anaya, *Indigenous Rights*, aaO., S. 29.

[242] 2 THE PUBLIC PAPERS OF WOODROW WILSON (1926).

[243] R.L. Barsh, *Indigenous North America*, aaO., S. 76.

[244] Hervorhebung vom Verfasser; diese Formulierung wiederholt sich in Art. 55. Bemerkenswert am Wortlaut von Art. 1 Abs. 2 ist, daß hier das Selbstbestimmungsrecht in Bezug auf *Völker* - und eben nicht auf bereits bestehende Staaten - gesehen wird, was nach dem Zweiten Weltkrieg zwangsläufig zur Entstehung zahlreicher neuer Staaten geführt hat.

[245] Rachel S. Kronowitz u.a., *Toward Consent and Cooperation: Reconsidering the Political Status of Indian Nations,* 22 HARVARD CIVIL RIGHTS - CIVIL LIBERTIES LAW REVIEW, S. 507, 591 (1987).

[246] R. L. Barsh, *Indigenous North America*, aaO., S. 85.

Im Gegensatz dazu stand die sog. "Belgische These", welche Art. 73 für allgemein anwendbar hielt, nachdem es für den Begriff der Kolonisation keinerlei Unterschied machen könne, ob sich diese im Zusammenhang territorialer Nachbarschaft oder mittels überseeischer Expansion vollzöge.[247] Demzufolge kann eine Gemeinschaft auch nach deren geographischer Einbindung in das Territorium einer diese umgebenden dominanten Gesellschaft ihre politische und kulturelle Eigenständigkeit beibehalten und somit unter den Schutz von Art. 73 fallen. Mit dieser Argumentation könnten dann auch die indigenous peoples als kulturell und politisch eigenständige Gemeinschaften ihre Forderung nach Selbstregierung auf Art. 73 stützen.[248]

Die historische Interpretation dieser Vorschrift scheint für die "Belgische These" zu sprechen, nachdem Art. 73 an die Stelle von Art. 23 der Völkerbund-Konvention getreten ist, welcher "indigenous populations" in seinen Anwendungsbereich einschloß, so daß der sprachlich weiter gefaßte Begriff der "non-selfgoverning territories" diese miteinbeziehen müßte.[249] Trotzdem wurde die "Belgische These" alsbald verworfen und Art. 73 restriktiv im Sinne der "blue water thesis" ausgelegt, um vor allem die territoriale Integrität der neu entstandenen unabhängigen Staaten vor einem Auseinanderbrechen zu bewahren.[250]

Die nachfolgenden Deklarationen und Resolutionen der Vereinten Nationen, welche sich mit der Entkolonialisierung und Selbstbestimmung der Völker befaßten[251], bezeugten eine Favorisierung der "blue water"-These, indem dem Grundsatzes der territorialen Integrität der Staaten auf Kosten des Selbstbestimmungsrechtes ehemals kolonisierter Völker Priorität eingeräumt wurde.[252]

---

[247] Vgl. BENNETT, aaO., S. 12.

[248] Kronowitz, aaO., S. 592.

[249] Barsh, *Indigenous North America*, aaO., S. 85.

[250] Vgl. BENNETT, aaO., S. 13.

[251] *Declaration on the Granting of Independence to Colonial Countries and Peoples*, G.A. Res. 1514, U.N. Doc. A/4684 (1960); *Declaration on the Inadmissibility of Intervention in Domestic Affairs of States and the Protection of Their Independence and Sovereignty*, G.A. Res. 2131, U.N. Doc. A/6014 (1965); *Declaration on Principles of International Law concerning Friendly Relations and Cooperation Among States*, G.A. Res. 2625, U.N. Doc. A/8082 (1970).

[252] Kronowitz, aaO., S. 592; eine eingehende Diskussion dieser Dokumente der Vereinten Nationen findet sich bei Barsh, *Indigenous North America*, aaO., S. 86ff.

(2) Geltungsbereich

Mit der ausdrücklichen Normierung des Selbstbestimmungsrechtes der Völker in Art. 1 IPBPR blieb jedoch der Anwendungsbereich dieses Rechtes weiterhin unklar. Dies lag vor allem daran, daß die Frage, was denn eigentlich ein "Volk" als Träger dieses Rechtes ausmache, immernoch einer Klärung bedurfte. Obendrein dehnte sich nun die Diskussion über die "blue water thesis" auch auf den Anwendungsbereich dieser Bestimmung aus.

Die Definition von "Volk", bzw. "people" wurde bereits weiter oben erörtert.[253] Auch wenn die meisten indigenous peoples mit Leichtigkeit unter jede der vorgeschlagenen "Volk"-Definitionen zu subsumieren sind, hat dennoch bis heute kein einziges internationales Dokument den indigenous peoples ausdrücklich den Status als "Volk" zuerkannt.[254]

Daneben würde den indigenous peoples unter der Anwendung der "blue water"-These selbst eine Qualifizierung als "Volk" im Sinne des internationalen Rechtes bei ihren Anstrengungen in Bezug auf ihr Selbstbestimmungsrecht nicht viel nützen, da dieses ja dann auf den Kontext transmaritimer Entkolonialisierung beschränkt wäre: Das Selbstbestimmungsrecht müßte demzufolge hinter dem Prinzip territorialer Integrität zurücktreten. Es wäre allenfalls in den Fällen anwendbar, in welchen es sich um "klassische Kolonien" handeln würde, d.h. wo die indigenous peoples in geographischer Abgeschiedenheit von der (einstigen) Kolonialmacht leben. Völker, welche sich jedoch inmitten eines bereits existierenden Staates befinden, können der "blue water thesis" zufolge nicht als Kolonien angesehen werden und können sich folglich auch nicht auf ein Selbstbestimmungsrecht berufen.

Dieser enge Begriff der Kolonie ist jedoch im Zusammenhang mit der Diskussion des Selbstbestimmungsrechtes der indigenous peoples erneut auf starke Kritik gestoßen, da es rechtlich keinen Unterschied machen könne, ob eine Kolonie als Produkt überseeischer oder auf dem Landweg erfolgter Expansion entstanden ist[255], oder wie es der

---

[253] S. oben, S. 22f.

[254] Kronowitz, aaO., S. 599; auch wenn ILO Konvention No. 169 nun stets von "indigenous peoples" spricht, so nimmt sie dieser Bezeichnung über Art. 1 Abs. 3 gleichzeitig jede Relevanz in Bezug auf die Frage der Volk-Qualität der indigenous peoples im internationalen Sinn, vgl. oben, S. 22.

[255] Vgl. Clinebell / Thomson, aaO., S. 710.

Internationale Gerichtshof im *Western Sahara Case* ausgedrückt hat: "It is for the people to determine the destiny of the territory and not the territory the destiny of the people."[256]

Einer Ansicht zufolge ist die "blue water"-These ein völlig willkürliches Eingrenzungskriterium, welches alleine dem Zweck dient, den Prozeß der Entkolonialisierung allein aus politischen Gründen zu verzögern. Nachdem nun aber kaum mehr Kolonien in Übersee vorhanden seien, könnten die Vereinten Nationen es nun nicht weiter vermeiden, sich mit der Realität kolonialer Enklaven der indigenous peoples zu befassen.[257] In diesem Zusammenhang wurde auch die Theorie vom "internen Kolonialismus" entwickelt. Nämlicher ist folgendermaßen definiert:

> "Internal colonialism results where an ethnic group in control of a government systematically exploits resources of the regions occupied by minority ethnic groups, reducing the development of those regions to that of dependencies (...). Typical results include an inequitable distribuition of national wealth and of accesss to employment and educational opportunities. With local resources and income used primarily to serve the interest of the dominant ethnic or religious group, the resemblance to traditional colonialism is strong."[258]

Dieser Definition zufolge handelt es sich bei den meisten indigenous peoples eindeutig um kolonisierte Völker, welchen somit auch ein uneingeschränktes Selbstbestimmungsrecht zugestanden werden müßte.[259]

Als bisher einziges internationales Organ hat die *Inter-American Commission on Human Rights* eine Entscheidung darüber getroffen, inwieweit den indigenous peoples ein völkerrechtliches Selbstbestimmungsrecht zusteht.[260] In ihrer Antwort auf diverse Menschenrechtsbeschwerden der *Miskito Indianer* Nicaraguas[261] würdigte zwar die

---

[256] 1975 ICJ Report, S. 114.

[257] R.L. Barsh, *Indigenous Peoples and the Right to Self-Determination*, in: BARBARA HOCKING (Hrsg.), INTERNATIONAL LAW AND ABORIGINAL RIGHTS, S. 69

[258] M. Sornarajah, *Internal Colonialism and Humanitarian Intervention*, 11 GEORGIA JOURNAL OF INTERNATIONAL LAW S. 45, 46 (1981).

[259] Vgl. HANNUM, AUTONOMY, aaO., S. 9; RODOLFO STAVENHAGEN, THE ETHNIC QUESTION: CONFLICTS, DEVELOPMENT AND HUMAN RIGHTS, S. 118 (1990).

[260] Zwei von den *Hopi* und *Mohawk* Indianern im Jahr 1980 bei der Menschenrechtskommission der U.N. gerügte Verletzung ihres Selbstbestimmungsrechtes durch die Vereinigten Staaten blieben von dieser bisher unbeantwortet; Kronowitz et al., aaO., S. 611. Die Rüge der Menschenrechtsverletzungen stützte sich auf ECOSOC Resolution 1503, U.N. Doc. E/4832/Add.1(1970), wonach besonders krasse und substantiierte Menschenrechtsverletzungen bei einer speziell eingerichteten, der Sub-Commission des ECOSOC untergeordneten Arbeitsgruppe geltend gemacht werden können.

[261] S. Inter-American Commission on Human Rights. Annual Report 1984-85, Report on the Situation of Human Rights of a Segment of the Nicaraguan Population of Miskito Origin, OAS Doc.

Kommission das Selbstbestimmungsrecht der Völker als universelles völkerrechtliches Prinzip[262], verneinte aber ein entsprechendes Selbstbestimmungsrecht der Miskito Indianer. Zur Begründung stützte sich die Kommission in erster Linie auf den Grundsatz der territorialen Integrität eines souveränen Staates. Diesem Grundsatz hätten sich auch Forderungen nach einem Selbstbestimmungsrecht unterzuordnen, falls deren Realisierung zum Auseinanderbrechen des betroffenen Staates führen würden.[263]

Diese Entscheidung der IACHR ist ein weiterer Beleg dafür, daß der interamerikanische Kontext ohnehin kein geeignetes Forum für Forderungen der indigenous peoples auf Selbstbestimmung bietet. Dies zeigte sich auch im Verlauf der Ausarbeitung eines interamerikanischen Instrumentes über die Rechte der indigenous peoples: Die IACHR hatte die Mitgliedstaaten der OAS um eine Stellungnahme gebeten, welche Rechte der indigenous peoples in das auszuarbeitende Regelwerk aufgenommen werden sollten. In dem Bericht, welcher die erhaltenen Antworten zusammenfaßte, erwähnte die Kommission das Recht auf Selbstbestimmung nur am Rande als Unterpunkt allgemeiner Mitwirkungsrechte der indigenous peoples.[264] Am weitesten ging dabei der Vorschlag Perus, wonach den indigenous peoples ein internes Selbstbestimmungsrecht eingeräumt werden solle, welches unter anderem das Recht auf Selbstbestimmung in Fragen der wirtschaftlichen, sozialen und kulturellen Entwicklung, die Anerkennung ihrer territorialen Basis, das Recht zu grenzüberschreitendem Handel, Bewahrung und Erneuerung ihrer Kultur, Sprachen, Traditionen und Lebensstile und zur Unterrichtung ihrer Kinder in diesen Dingen umfassen solle.[265]

Diese Zurückhaltung der Staaten bei der Anerkennung eines indigenen Selbstbestimmungsrechtes läßt sich natürlich aus deren Interesse am Erhalt ihrer territorialen Integrität erklären. Allerdings muß man im Auge behalten, daß nach internationalem Recht Selbstbestimmung nicht notwendigerweise Sezession und Entstehung eines neuen und unabhängigen souveränen Staates bedeutet. Die Integration in den Beherbergungsstaat im Rahmen föderaler Strukturen oder eines Status territorialer Autonomie

---

OEA/Ser.L/V/II.62, doc. 26 (1984)

262 Ebd., S. 78.

263 Ebd., S. 79.

264 Inter-American Commission on Human Rights, Annual Report 1992-1993, OEA/Ser.L/V/II.83, doc. 14, S. 293-96.

265 Ebd., S. 294.

sind nur Beispiele für eine "grenzneutrale" Option der Ausübung des Selbstbestimmungsrechtes.[266]

Bei aller theoretischen Diskussion gilt es zu bedenken, daß die Macht der Tatsachen auch in Fragen der Selbstbestimmung wirkungsvoller operieren kann als spitzfindige Bemühungen um eine völkerrechtliche Fundierung eines Selbstbestimmungsrechtes für indigenous peoples. Dies gilt insbesondere vor dem Hintergrund, daß vor allem in Fragen der Souveränität und Selbstbestimmung das internationale Recht oft auf bloße faktische Veränderungen bestätigend reagiert hat, so daß dieser Bereich in besonderem Ausmaß der normativen Kraft des Faktischen ausgesetzt ist:

"History suggests that those who maintain and assert their self-government, their freedom from outside domination, and their own economic, social and cultural development are most likely to eventually gain international recognition as peoples who have the right to self-determination, regardless of formal rules."[267]

c) Art. 25: Recht auf politische Mitbestimmung

(1) Mikmaq Tribal Society v. Canada

Im Fall der *Mikmaq Tribal Society v. Canada*[268] hat der Ausschuß für Menschenrechte eine relativ neue Lesart von Art. 25 IPBPR vertreten und so das Recht der *Mikmaq* auf politische Mitbestimmung gestärkt. Die Stammesgemeinschaft der Mikmaq rügte die Verletzung diverser Menschenrechte, weil sie von der Diskussion um die Reform der kanadischen Verfassung in Bezug auf die Frage der künftigen Beziehung zwischen dem kanadischen Staat und den indigenous peoples ausgeschlossen war. Die Mitteilung an den Menschenrechtsausschuß durch die Anführer des Stammes erfolgte sowohl im eigenen als auch im Namen ihres Stammes. Soweit sich die Mitteilung auf eine Verletzung des in Art. 1 IPBPR normierten Selbstbestimmungsrechtes bezog, wurde sie jedoch vom Menschenrechtsausschuß als unzulässig abgewiesen: Träger des in Art. 1 gewährten Selbstbestimmungsrechtes könne nur der Stamm in seiner

[266] BLUMENWITZ, VOLKSGRUPPENRECHTE, aaO., S. 123; vgl. auch J. Anaya, *Indigenous Rights*, aaO., S. 31; für die vielfältigen Erscheinungsformen "vereinter Souveränität" vgl. IAN BROWNLIE, PRINCIPLES, aaO., S. 116ff..

[267] INDIAN LAW RESOURCE CENTER, HANDBOOK FOR INDIANS ON INTERNATIONAL HUMAN RIGHTS PROCEDURES, S. 14 (1984); vgl. als Beispiel für die normative Kraft des Faktischen nur die Sezessionen und Dismembrationen der Staaten Osteuropas.

[268] UN Doc. CCPR/C/43/D205/1986 (1991) (Endentscheidung des Human Rights Committee v. 3.12.1991); für die Entscheidung über die Zulässigkeit der Mitteilung nach dem Fakultativprotokoll s. oben S. 65f..

Gesamtheit sein, diesem fehle jedoch nach dem Fakultativprotokoll die Mitteilungsberechtigung.[269]

Trotzdem kam es zu einer Sachentscheidung: Der Menschenrechtsausschuß hielt im Fall der *Mikmaq* eine Verletzung von Art. 25(a) IPBPR, welche jedem Staatsbürger das Recht und die Möglichkeit gewährt, "an der Gestaltung der öffentlichen Angelegenheiten unmittelbar oder durch frei gewählte Vertreter teilzunehmen", für möglich und bejahte diesbezüglich auch die Zulässigkeit der Mitteilung. Im Unterschied zu Art. 1 gewährt die Bestimmung des Art. 25(a) ein individuelles Recht auf politische Beteiligung, welches von sämtlichen Mitgliedern der Mikmaq-Gemeinschaft in Form einer Massenklage (class action) geltend gemacht werden konnte.[270]

In ihrer Mitteilung an den Menschenrechtsausschuß grenzten die Vertreter der Mikmaq die Begriffe "Selbstbestimmung" (self-determination) und "allgemeine Mitbestimmung" (popular participation) folgendermaßen voneinander ab:

"*Self-determination* is a people's choice of a state and a framework of government, and for this reason has been described as an essential condition or prerequisite, although not necessarily excluding other conditions, for the genuine existence of the other human rights and freedoms enumerated in the Covenant. *Popular participation* is the right of individuals, subsequent to the exercise of self-determination, to participate freely and effectively in the state and form of government chosen."[271]

Nach dieser Definition stehen das kollektiv auszuübende Recht auf Selbstbestimmung und das Recht des Einzelnen auf Mitwirkung an der politischen Willensbildung im Kollektiv in einem Verhältnis der Wechselseitigkeit und gegenseitigen Bedingung. Auch der Menschenrechtsausschuß sah das Recht auf politische Mitbestimmung in untrennbaren Zusammenhang mit dem Recht auf Selbstbestimmung: Danach stelle das Recht auf politische Mitbestimmung einen unentbehrlichen Zwischenschritt auf dem Weg hin zu politischer Autonomie, zur Selbstbestimmung der indigenous peoples dar.[272]

Dennoch entschied der Ausschuß, daß der Ausschluß der *Mikmaq* Indianer von der Verfassungsdiskussion diese nicht in ihren durch Art. 25 garantierten Beteiligungsrechten verletze: Zwar sei die Verfassungsdiskussion eine "öffentliche Angelegenheit"

---

[269] S. die Zulässigkeitsentscheidung, aaO., oben Fn. 234.

[270] Vgl. oben, S. 65f..

[271] Mikmaq Tribal Society Communication (Januar 1986), para. 14.

[272] Ebd., Punkt 5.5.

i.S. v. Art. 25 IPBPR.[273] Hinsichtlich der indigenous peoples Kanada's hat es der Ausschuß jedoch für ausreichend gehalten, wenn Vertreter einiger ausgewählter Stämme an der Verfassungsdiskussion beteiligt würden:

"Article 25(a) of the Covenant cannot be understood as meaning that any directly affected group, large or small, has the unconditional right to choose the modalities of participation in the conduct of public affairs. That, in fact, would be an extrapolation of the right to direct participation by the citizens, far beyond the scope of article 25(a)."[274]

Bedenklich an dieser Argumentation erscheint, daß hier die betroffenen Gruppen bei der Frage nach der Form ihrer Beteiligung an den politischen Entscheidungsprozessen in eine eher passive Rolle gedrängt werden: Ihre Beteiligung ist nach dieser Entscheidung nur in ganz generellem Maße sicherzustellen und braucht keine direkte zu sein. Somit steht die Wahl der Modalitäten für ihre Mitwirkung weitgehend im Ermessen der politischen Entscheidungsträger selber, welche sich unter rationalen Erwägungen auch für die Beteiligung nur einer repräsentativen Auswahl der Betroffenen entscheiden können. Dies war hier geschehen.

(2) Auswirkungen der Entscheidung

Die Ansicht, daß mit der Auswahl einiger Stämme Kanadas die Beteiligungsansprüche sämtlicher indigenous peoples in Kanada erfüllt seien, wirft ein Licht darauf, wie undifferenziert die verschiedenen indigenous peoples innerhalb Kanadas (oder in sonstigen Ländern) wahrgenommen werden: Wenn der Menschenrechtsausschuß meint, mit der Beteiligung einiger ausgewählter Stämme sei dem Beteiligungsanspruch sämtlicher Stämme Kanadas Genüge getan, kann dies als Indiz für eine völlig unzutreffende "pan-indigene" Vorstellung gewertet werden. Die indigenous peoples stellen keineswegs eine homogene Gruppe dar. Jeder einzelne Stamm hat seine eigene Geschichte, Kultur und Sprache und dessen Beziehung zum kanadischen Staat kann sich aufgrund unterschiedlich gestalteter Verträge auch verschieden gestalten. Von einer wirksamen Beteiligung aller indigenous peoples kann allenfalls dort ge- sprochen werden, wo sich die verschiedenen indigenous peoples bereits selber in Dachorganisationen, wie zum Beispiel der sog. "Assembly of First Nations" in Kanada, freiwillig zusammengeschlossen haben, und wo Vertreter dieser Dachorganisation in die Entscheidungs- prozesse einbezogen werden.[275]

[273] *Mikmaq Tribal Society v. Canada*, aaO., unter Punkt 6.3

[274] Ebd., Punkt 5.4.

Ein weiterer Kritikpunkt an der Mikmaq-Entscheidung ist, daß diese sich allein darauf beschränkt festzustellen, welche Bedeutung Art. 25 *gerade nicht* haben könne (nämlich ein Recht auf Beteiligung jeder einzelnen Gruppe), und keine Aussage dazu macht, welche Rechte positiv aus dieser Bestimmung abzuleiten sind. Damit wird der Nutzen dieser Vorschrift für die indigenous peoples in ihrem Bestreben nach mehr Entscheidungskompetenz und Einflußmöglichkeit bezüglich ihres eigenen Schicksales erheblich vermindert.

Daneben wurde mit dieser Entscheidung das Streben der indigenous peoples nach Selbstbestimmung faktisch geschwächt, nachdem es nunmehr entschieden ist, daß Mitteilungen nach dem Fakultativprotokoll ausschließlich auf die Rüge individueller Menschenrechtsverletzungen zu beschränken sind. Eine Autorin hat die Auswirkungen der Mikmaq-Entscheidung mit folgenden Worten treffend zusammengefaßt: "The door has been closed to self-determination complaints and the door has been effectively closed to public participation complaints from indigenous groups."[276]

Trotz aller Kritik an der Mikmaq-Entscheidung muß als positiver Aspekt gewürdigt werden, daß hier erstmals die quasi-kollektive Geltendmachung politischer Beteiligungsrechte der indigenous peoples zugelassen wurde (wenn auch nur über den Umweg einer konstruierten gleichzeitigen Verletzung der sämtlichen Angehörigen zustehenden individuellen Beteiligungsrechte). Die Tatsache, daß der Ausschuß im konkreten Fall der Mikmaq eine Verletzung von Art. 25(a) verneinte, bedeutet jedoch nicht, daß künftig in anderen Konstellationen dieses Recht von indigenous peoples nicht doch mit Erfolg geltend gemacht werden könnte, wenn es um deren politische Beteiligungsrechte geht.

(3) Exkurs: Nationale Entwicklungen zur politischen Beteiligung von indigenous peoples

Aufgrund der in der Mikmaq-Entscheidung zutage getretenen Schwächen in der Interpretation von Art. 25(a) IPBPR erwies sich der "Druck der Straße" in Form von öffentlichen Protesten der indigenous peoples nicht nur in Kanada als wirkungsvolleres

---

[275] Bei der zweiten Runde der Verfassungsdiskussion in Kanada im Jahr 1992 wurden die Mikmaq dann mittelbar durch die Einbeziehung von Vertretern dieser "Assembly of First Nations" ebenfalls beteiligt. Vgl. Turpel, aaO., S. 595.

[276] Turpel, aaO., S. 596.

Mittel zur Erreichung und Durchsetzung ihrer politischen Beteiligung. Mittlerweile kann von einer vollständigen Einbindung der indigenous peoples in den Prozeß der Verfassungsreform in Kanada gesprochen werden: Die Einsicht, daß die Legitimität einer neu ausgearbeiteten Verfassung von der Miteinbeziehung *sämtlicher* gesellschaftlicher Gruppen in Kanada abhängt, führte auch zu einer gleichberechtigten Beteiligung der indigenous peoples.[277]

Im Nachfeld der Mikmaq-Entscheidung wurde die Möglichkeit einer Repräsentation von indigenous peoples in den Legislativorganen Kanadas, insbesonere der Mikmaq im Parlament der Provinz Nova Scotia (bislang ohne Ergebnis) diskutiert. Diese Diskussion war inspiriert von ähnlichen, bereits praktizierten Formen der Repräsentation von indigenous peoples in anderen Staaten:

Im Parlament von Maine (USA) ist zwei Mitgliedern der *Penobscot* und *Passamaquoddy* Indianer, welche alle zwei Jahre durch eine gesonderte Wahl bestimmt werden, ein ständiger Beobachterstatus eingeräumt. Dies geht bereits auf eine zu Kolonialzeiten begründete Praxis zurück, die die Einhaltung der mit den *Penobscot* und *Passamaquoddy* geschlossenen Verträge sicherstellen sollte.[278] Ebenso sind im Parlament Neuseelands vier Sitze für die ständigen Vertreter der *Maori* reserviert, welche in einer besonderen Wahl unter den *Maori* ermittelt werden und primär über Einhaltung der Bestimmungen des 1840 mit ihnen geschlossenen *Vertrages von Waitangi* wachen.[279] In Norwegen wurde 1987 ein spezielles Parlamen der *Samen* mit 39 Abgeordneten errichtet und 1989 feierlich vom König eröffnet. Im Moment kommt diesem Parlament noch die Rolle eines dem norwegischen Parlament lediglich beratend zur Seite stehenden Gremiums zu. Jedoch ist in naher Zukunft die Delegation der Zuständigkeit in sämtlichen Fragen der Rentierzucht, einer traditionellen Einkunftsquelle der *Samen*, auf dieses Parlament beabsichtigt.[280]

---

[277] Ebd., S. 598.

[278] Ebd., S. 599f.

[279] Kenneth A. Palmer, *Law, Land and Maori Issues*, 3 CANTERBURY LAW REVIEW, S. 322, 326 (1988).

[280] Douglas Sanders, *The Sami Parliament in Norway*, 1 CANADIAN NATIVE LAW REPORTER, S. 7f. (1990).

d) Art. 27: Kulturelle Rechte

Eine weitere Herausforderung des Schutz der indigenous peoples ist die Bewahrung ihrer kulturellen Identität vor dem Untergang durch Ausrottung oder Assimilation. In diesem Zusammenhang können sich die indigenous peoples auf das generell anwendbare Menschenrecht auf kulturelle Integrität berufen. Eine Normierung dieser Rechtes findet sich in in der Regelung des Art. 27 IPBPR , daß den Angehörigen ethnischer, religiöser oder sprachlicher Minderheiten "nicht das Recht vorenthalten werden [darf], gemeinsam mit anderen Angehörigen ihrer Gruppe ihr eigenes kulturelles Leben zu pflegen, ihre eigene Religion zu bekennen und auszuüben oder sich ihrer eigenen Sprache zu bedienen."

Art. 27 IPBPR ist seinem Wortlaut zufolge ebenfalls als eine Bestimmung des individuellen Menschenrechtsschutzes formuliert: Geschützter Personenkreis ist danach nicht die gesamte Gruppe, sondern deren einzelnen Angehörigen.[281] Trotzdem wird diese Bestimmung überwiegend dahingehend verstanden, daß in ihr auch eine gewisse Gewährung kollektiver Rechte verankert sei, nachdem Art. 27 selbst das Bestehen entsprechender Bezugsgruppen voraussetze, innerhalb derer die einzelnen Angehörigen dieser Gruppe ihre kulturelle Identität ausleben könnten.[282] Nicht zuletzt aufgrund dieses kollektiven Verständnisses ist Art. 27 IPBPR als "Meilenstein" des Minderheitenschutzes auf internationaler Ebene angesehen worden.[283]

Als Vorschrift des internationalen Minderheitenschutz ist es jedoch aus zweierlei Gründen fraglich, ob sich diese Bestimmung auch für die Zwecke der indigenous peoples instrumentalisieren läßt: Zum einen lehnen es die indigenous peoples selber strikt ab, als Minderheit bezeichnet zu werden, sondern beanspruchen für sich vielmehr einen Sonderstatus als "Volk".[284] Zum anderen ist es auch innerhalb der Vereinten Nationen weitverbreitete Praxis, die indigenous peoples als eine sich deutlich von Minderheiten unterscheidende eigenständige Kategorie zu behandeln.[285] Jedoch läßt

---

[281] Vgl. van Dyke, *Human Rights and the Rights of Groups*, 18 AMERICAN JOURNAL OF POLITICAL SCIENCE, S. 25ff. (1974).

[282] R. OXENKNECHT, DER SCHUTZ ETHNISCHER, RELIGIÖSER UND SPRACHLICHER MINDERHEITEN IN ART. 27 DES INTERNATIONALEN PAKTES ÜBER DIE BÜRGERLICHEN UND POLITISCHEN RECHTE VOM 16. DEZEMBER 1966 (1988), S. 135ff. m.w.N..

[283] OTTO KIMMINICH, RECHTSPROBLEME DER POLYETHNISCHEN STAATSORGANISATION, S. 68 (1985).

[284] Vgl. oben, S. 25.

[285] Innerhalb der Vereinten Nationen gibt es zwei verschiedene Arbeitsgruppen: Die "Working Group

sich zumindest aus einem argumentum a fortiori ableiten, daß sich indigenous peoples auch auf Bestimmungen des Minderheitenschutzes berufen können müssen: Der Sonderstatus der indigenous peoples beruht nicht darauf, daß diese nicht die Kriterien einer Minderheit erfüllten, sondern vielmehr - aufgrund ihrer besonderen Situation - über den bloßen Minderheitsbegriff hinausgehende Merkmale aufweisen.[286] Daher wäre der Schluß, die indigenous peoples vom Minderheitenschutz gänzlich auszuschließen für ihre Situation Steine statt Brot. Vielmehr muß man sagen, daß diese - auch wenn sie mehr als eine bloße Minderheit darstellen - erst recht unter die entsprechenden Schutzbestimmungen fallen. Folglich teilen Minderheiten und indigenous peoples, ungeachtet aller sie unterscheidenden Merkmale, eine gemeinsame normative Basis für die Geltendmachung ihrer Belange, welche weitgehend auf einem im wesentlichen gleichen Konzept beruht.[287]

Entsprechend wird Art. 27 IPBPR in Fragen des Schutzes der kulturellen Identität von indigenous peoples ohne Einschränkung angewandt, wie sich auch in verschiedenen Entscheidungen des Ausschusses für Menschenrechte und der Inter-American Commission on Human Rights (IACHR) zeigte:

Die diesbezüglich erste Entscheigung war vom UN-Ausschuß für Menschenrechte in der Sache *Lovelace v. Canada*[288] zu treffen. Sandra Lovelace, die Beschwerdeführerin, war in Kanada als Angehörige der *Maliseet* Indianer registriert. Als sie sich mit einem Nichtindianer verheiratete, verlor sie gem. Art. 12 Abs. 1 lit. b des kanadischen Indian Act[289] jedoch ihren Status als Maliseet Indianerin. Nach ihrer wenige Jahre später vollzogenen Scheidung von ihrem Mann kehrte sie auf ihre ursprüngliche Reservation zurück. Da sie jetzt allerdings dem Gesetz nach nicht mehr eine Maliseet Indianerin war, wurden ihr sämtliche Vorzüge als Indianerin verweigert, was sich auch auf das Aufenthaltsrecht auf der Reservation bezog.

---

on Indigenous Populations" und die "Working Group on the Rights of Persons belonging to National, Ethnic, Religious and Linguistic Minorities", welche beide jeweils mit der Ausarbeitung einer eigenen Deklaration über die Rechte der jeweils von ihnen "betreuten" Gruppen beschäftig waren.

286 Vgl. oben, S. 24f..

287 Ian Brownlie, *The Rights of Peoples in Modern International Law*, S. 5, *in:* J. CRAWFORD (Hrsg.), THE RIGHTS OF PEOPLES (1988).

288 Communication No. 24/1977, UN-Doc. A/36/40, S. 166.

289 Can. Rev. Stat., C 1-6.

In ihrer Mitteilung berief sich Lovelace unter anderem auf eine Verletzung von Art. 27 IPBPR. Sie machte geltend , daß sie durch die Aberkennung ihres Status als Indianerin in ihrem Recht auf kulturelle Integrität verletzt sei, da ihr ein Leben inmitten ihrer Stammesgemeinschaft verwehrt sei. Dadurch würde sie sämtliche emotionalen Bande zu ihrer Heimat und zu ihrer Familie, ihren Freunden und Nachbarn verlieren, was schließlich den Verlust ihrer gesamten kulturellen Identität nach sich zöge.[290]

Nachdem ihre Ehe vor dem Zeitpunkt der Ratifikation des IPBPR durch Kanada[291] geschlossen worden war, war eine vorweg zu entscheidende Frage, ob Sandra Lovelace durch die Aberkennung ihres Status als Indianerin und die Verweigerung eines Aufenthaltsrechtes in der Reservation fortwährend in ihren Rechten beeinträchtigt ist, oder ob dies eine einmalige, bereits abgeschlossene Rechtsverletzung darstellte. Der Ausschuß entschied, daß der Eingriff in die Rechte von Sandra Lovelace durch die fortdauernde Vorenthaltung noch andauere, so daß der Weg für eine Überprüfung anhand der Maßstäbe des Art. 27 IPBPR eröffnet war.

In die Prüfung von Art. 27 eingestiegen, hielt der Ausschuß diese Vorschrift für direkt anwendbar, nachdem Sandra Lovelace zu einer Minderheit im Sinne von Art. 27 zu zählen sei[292], so daß ihr auch die dort geregelten Rechte zustünden.

In der Sache entschied der Ausschuß dann zugunsten von Sandra Lovelace: Zwar sei es möglich, die in Art. 27 individuell garantierten Rechte einzuschränken, wenn dies für den Erhalt der Identität des Stammes erforderlich und geboten ist. Die Vorenthaltung des Status als zugehöriges Mitglied der Maliseet Indianer samt der damit verbundenen Rechte und Vorzüge lasse sich hier jedoch nicht durch übergeordnete Interessen an der Erhaltung des gesamten Maliseet Stammes rechtfertigen und stelle daher eine Verletzung der von Art. 27 gewährten Rechte dar.[293]

Während der Ausschuß in *Lovelace* die individuelle Dimension des von Art. 27 IPBPR gewährten Schutzes stark betonte, erkannte er dennoch, daß der Schutz der

---

[290] UN-Doc. A/36/40, S. 170, para. 9.9.

[291] Der IPBPR trat in Kanada am 19. August 1976 in Kraft.

[292] In der Entscheidung wird das Problem, ob die *Maliseet* Indianer lediglich als Minderheit einzuordnen seien, oder ob ihnen als indigenous peoples nicht ein spezieller Status zukommen müsse, nicht näher erörtert.

[293] UN-Doc. A/36/40, S. 174, para. 17.

Identität des gesamten Stammes ein legitimes Ziel des kanadischen Indian Act sei, hinter welchem im Einzelfall auch individuelle Rechte zurückzutreten hätten.[294]

Aus der Tatsache, daß der Menschenrechtsausschuß gerade nicht feststellte, daß es generell eine Verletzung von Art. 27 IPBPR darstelle, wenn der kanadische Staat eine Regelung treffe, welche über die Mitgliedschaft in einem Stamm positiv oder negativ entscheidet, wird gleichzeitig deutlich, daß der von Art. 27 gewährte Schutz relativ schwach ist: Die Befugnis kultureller Gruppen wie der indigenous peoples, die Voraussetzungen ihrer eigenen Mitgliedschaft selber zu bestimmen, fällt danach nicht in den Schutzbereich von Art. 27 IPBPR, was als dessen hauptsächliches Manko angesehen wird.[295] Daher beschränkt sich die kollektive Dimension von Art. 27 IPBPR allein darauf, die bloße Existenz von Gruppen in ihrer bestimmten Eigenart zu garantieren, um ein entsprechendes Milieu für die kulturelle Interaktion der Mitglieder dieser Gruppe zu bewahren.[296] Der Schutz der Gruppe geht also letzlich nur soweit, als deren Existenz für die kulturelle Betätigung ihrer Mitglieder unabdingbare Voraussetzung ist. Eine Ableitung eigenständiger Befugnisse der Gruppe in kulturellen Fragen, wie zum Beispiel die Entscheidung über ihren Mitgliederbestand, ist nicht vom Schutz des Art. 27 IPBPR umfaßt.

Einen ähnlich gelagerten Fall, in welchem es ebenfalls um die Aberkennung des Status als Mitglied einer indigenen Gemeinschaft ging, betrifft der Fall *Kitok v. Sweden*[297]. Ivan Kitok wollte in seinen ehemaligen Beruf als Rentierzüchter an seinem Heimatort zurückzukehren. Dies wurde ihm vom schwedischen Staat mit der Begründung verwehrt, er habe gem. §§ 11, 12 des einschlägigen Schwedischen Rentierzuchtgesetzes den Status der Zugehörigkeit zu seinem Heimatort, als er länger als drei Jahre in Folge einem anderen Beruf nachgegangen war. Kitok behauptete eine Verletzung von Art. 1 und Art. 27 IPBPR.

Der auf Art. 1 IPBPR gestützte Anspruch wurde als unzulässig abgewiesen, da Träger dieses Rechtes ausschließlich "Völker" seien, und somit Einzelpersonen sich nicht auf eine entsprechende Verletzung berufen könnten. Hinsichtlich der gerügten Verletzung

---

[294] Vgl. ebd., S. 175, para. 17.

[295] Herz, aaO., S. 709.

[296] Vgl. Nettheim, aaO., S. 116.

[297] Communication No. 197/1985, UN-Doc. A/43/40, S. 221 (Entscheidung v. 10.8.1988).

von Art. 27 IPBPR entschied der Ausschuß, daß grundsätzlich die Regelung einer wirtschaftlichen Betätigung - wie zum Beispiel der Rentierzucht - in die uneingeschränkte Kompetenz der Staaten falle. Ausnahmsweise seien jedoch diese staatlichen Regelungen in ihrer Anwendung auf den einzelnen am Maßstab des Art. 27 IPBPR zu messen, wenn die geregelte Aktivität einen essentiellen Bestandteil der kulturellen Identität einer ethnischen Gemeinschaft bilde.[298] Dabei ist jedoch stets das Regelungsinteresse des Staates bezüglich dieser wirtschaftlichen Betätigung mit dem Schutzinteresse des Minderheitsangehörigen hinsichtlich der ungehinderten Ausübung seiner kulturell verankerten Tätigkeit gegeneinander abzuwägen. Somit ist grundsätzlich das Recht auf kulturelle Betätigung in dem Kontext möglicher durch allgemeine Interessen des Staates zu rechtfertigende Beschränkungen zu sehen. Aus einem absolutem Schutz kultureller Betätigung von Minderheiten und ihrer Angehörigen wird dadurch ein durch ständige Abwägungsprozesse relativierter Schutz.

Dementsprechend entschied der Ausschuß unter Berufung auf die *ratio decidendi* der *Lovelace*- Entscheidung - wonach nämlich die Beschränkung individueller Rechte eines Minderheitsangehörigen dann zulässig ist, wenn sie durch vernünftige und sachgerechte Erwägungen zum Erhalt der dauernden Lebensfähigkeit und des Wohlergehens der gesamten Gruppe zu rechtfertigen ist - daß die schwedische Regelung keine Verletzung von Art. 27 IPBPR darstelle[299]: Der Ausschuß folgte dem Einwand der schwedischen Regierung, daß die Regelung durch ihren Zweck gerechtfertigt sei, das Wohlergehen der Rentierzüchter unter den samischen Bevölkerung zu gewährleisten, welche auf die Rentierzucht als primärer Einkunftsquelle angewiesen sei. Die streitbefangenen Regelungen des schwedischen Rentierzuchtgesetzes seien zur Sicherung der Existenz der Gemeinschaft der Rentierzücher auch erforderlich und somit mit Art. 27 IPBPR zu vereinbaren, auch wenn die Verweigerung des Status als Mitglied der *Samen* ein sehr einschneidendes Mittel sei.[300]

Somit kann *Kitok* als Präzedenzfall angesehen werden, wonach unter der Aegis von Art. 27 IPBPR individuelle kulturelle Belange hinter den Bedürfnissen des Schutzes der kulturellen Identität des gesamten Stammes zurückzutreten haben, wie dies ja bereits in der *Lovelace*-Entscheidung als Möglichkeit angeklungen war.[301] Dadurch hat

---

[298] Ebd., para. 9.2.

[299] Ebd., para. 9.8.

[300] Ebd., para. 9.5. und 9.7.

der Schutz der kulturellen Identität der gesamten betroffenen Gruppe eine entscheidende Stärkung erfahren, was jedoch im Einzelfall auch zu einer Einschränkung des von Art. 27 IPBPR gewährten individuellen Schutzes führen kann.

Trotzdem stellt *Kitok* keinen Sieg im Kampf um die Anerkennung eines kollektiven kulturellen Schutzanspruches der indigenous peoples dar: Hier wurden die Erwägungen hinsichtlich der kollektiven Dimension des kulturellen Schutzes lediglich mittelbar zur Rechtfertigung der von einem Individuum angegriffenen schwedischen Gesetze in Erwägung gezogen. Ein Anspruch der Samen auf ein entsprechendes Handeln des schwedischen Gesetzgebers hätte jedoch weiterhin jeder Grundlage entbehrt, woran auch *Kitok* nichts geändert hat. Mindesterfolg der *Kitok*-Entscheidung bleibt jedoch, daß im Rahmen von Art. 27 IPBPR auch der Schutz der kulturellen Identität der gesamten indigenen Gemeinschaft eine entscheidungserhebliche Rolle spielt. Dies war neu.[302]

Einen Schritt weiter ging der UN-Ausschuß für Menschenrechte in der Sache *Ominayak and the Lubicon Lake Band v. Canada*[303]. Hier kam der Ausschuß zu dem Schluß, daß Art. 27 IPBPR auch eine Schutzpflicht hinsichtlich der kulturellen Identität einer gesamten Gruppe, einschließlich ihrer wirtschaftlichen und sozialen Betätigung, begründen könne. Die Entscheidung in diesem Fall stellte fest, daß die kanadische Regierung Art. 27 IPBPR verletzt hatte, als sie nicht verhinderte, daß die Regierung der Provinz Alberta Pachtverträge über die Ausbeutung von Öl- und Holzvorkommen auf dem Gebiet der *Lubicon* Indianer abschloß. Diese Entscheidung war dabei stark von der Überzeugung bestimmt, daß die kulturelle Identität der *Lubicon* Indianer untrennbar mit dem Schicksal ihres Landes verbunden sei.[304]

Im Fall der *Yanomami Indianer Brasiliens*[305] griff die Inter-American Commission on Human Rights auf den Art. 27 IPBPR zugrundeliegenden Rechtsgedanken zurück, obwohl Brasilien nicht einmal ein Unterzeichnerstaat des IPBPR war. Der Kommission

---

[301] S. oben, S. 79f.; der Eingabe der schwedischen Regierung zufolge war die Rentierzucht für die gesamte Kultur der Samen von essentieller Bedeutung, vgl. UN-Doc. A/43/40, S. 221, para. 4.2.

[302] Vgl. auch THORNBERRY, aaO., S. 213.

[303] Communication No. 167/1984, UN-Doc. A/45/40, Bd. II, S. 1 (1990).

[304] Vgl. Anaya, *Indigenous Rights*, aaO., S. 19.

[305] Res. No. 12/85, Case No. 7615 Inter-Am.C.H.R. 23 (1985) *in:* ANNUAL REPORT OF THE INTER-AMERICAN COMMISSSION ON HUMAN RIGHTS 1984-85, OEA/Ser.L/V/II.66, Doc. 10 Rev. 1 (1985).

zufolge sei Art. 27 IPBPR Ausdruck eines im Völkerrecht anerkannten allgemeinen Rechts ethnischer Gruppen auf Schutz ihrer kulturellen Integrität.[306] Somit entschied die Kommission, daß das wiederholte Eindringen von Goldgräbern (sog. *garimpeiros*) in das Gebiet der Yanomami Indianer sowohl eine Bedrohung ihrer physischen Existenz, als auch ihrer Kultur und Tradition darstelle, und folglich Brasilien durch sein diesbezügliches Unterlassen die den *Yanomami* zustehenden Rechte auf kulturellen Schutz, wie sie auch in Art. 27 IPBPR zum Ausdruck gekommen seien, verletzt habe.[307]

Die Frage, ob Art. 27 IPBPR auch ein Recht auf sog. positive Diskriminierung (affirmative action) gewähre, d.h. ob der geschützte Personenkreis aus dieser Vorschrift einen Anspruch auf gezieltes Handeln des Staates zur bevorzugten Förderung seiner kulturellen Identität ableiten kann, wird allgemein verneint. Zur Begründung wird primär auf die negative Formulierung von Art. 27 IPBPR verwiesen.[308] Ungeachtet dessen wird jedoch allgemein bejaht, daß Art. 27 IPBPR durchaus den betroffenen Gruppen das Recht gäbe, bei einer entsprechenden Förderung von Angehörigen der Mehrheitsbevölkerung, ihrerseits ebenfalls eine vergleichbare Förderung zu verlangen. Insoweit enthalte Art. 27 IPBPR auch ein kulturelles Gleichbehandlungsgebot.[309] Somit umfasse diese Vorschrift, wie dies ein Autor ausgedrückt hat, beide Aspekte der Gleichheit: "Non-discrimination (equality in law) and special protection (equality in fact)."[310]

Ungeachtet der Diskussion, inwieweit Art. 27 IPBPR ein Recht auf positive Diskriminierung begründet, erscheint es als eine allgemein anerkannte Verpflichtung der Staaten, die auf ihrem Gebiet anzutreffende kulturelle Besonderheit der indigenous peoples auch im Wege der sog. affirmative action zu fördern, wie dies auch in Art. 2

---

[306] Case No. 7615 IACHR, aaO., S. 31, para. 7. Bezüglich derAnwendbarkeit von Art. 27 IPBPR als Ausdruck eines allgemeinen Rechtsgedanken internationalen Rechts vgl. THORNBERRY, aaO., S. 219ff.; vgl. auch Dinstein, aaO., S. 118, der Art. 27 IPBPR für rein deklaratorischer Natur und für einen Ausdruck eines nach Völkergewohnheitsrecht anerkannten Mindeststandards hält.

[307] Case No. 7615 IACHR , aaO., S. 29f..

[308] Vgl. Herz, aaO., S. 709, wo sich der Autor auf den *Belgian Linguistic Case* bezieht, in welchem der Europäische Gerichtshof Belgien nicht für verpflichtet gehalten hat, für die frankophone Bevölkerung innerhalb Flamens auch eine französischsprachige Schulausbildung anzubieten.

[309] Vgl. Christian Tomuschat, *Protection of Minorities under Art. 27 of the International Covenant on Civil and Political Rights*, *in:* RUDOLF BERNHARDT ET AL. (Hrsg.), VÖLKERRECHT ALS RECHTSORDNUNG, INTERNATIONALE GERICHTSBARKEIT, MENSCHENRECHTE - FESTSCHRIFT FÜR HERMANN MOSLER, S. 949, 970.

[310] A. M. de Zayas, *The International Judicial Protection of Peoples and Minorities*, *in:* C. BRÖLMANN ET AL. (Hrsg.), PEOPLES AND MINORITIES IN INTERNATIONAL LAW, S. 253, 260.

Abs. 1 ILO Konvention No. 169[311] oder in § 14 der Draft Declaration on Indigenous Peoples[312] zum Ausdruck kommt.

4. Schutz der Bodenrechte

Die Rechte der indigenous peoples an dem von ihnen bewohnten Land sind nicht nur nach den Vorschriften der beiden ILO Konventionen No. 107 und 169 geschützt[313], vielmehr gewährleisten auch allgemein anwendbare Menschenrechtsbestimmungen diesbezüglich ebenfalls einen gewissen Schutz.

Sofern das Land eine unabdingbare Grundlage für die kulturelle und spirituelle Identität der indigenous peoples darstellt, gewährt Art. 27 IPBPR auch einen gewissen Schutz dieser territorialen Basis.[314] Die Berechtigung der indigenous peoples an ihrem Land fällt dann unter die kollektive Dimension des von Art. 27 IPBPR intendierten Schutzes: Insbesondere vor dem Hintergrund, daß die kulturelle Identität der indigenous peoples hauptsächlich in dem von ihnen bewohnten Land begründet ist, bliebe ein rein individualistisches Verständnis von Art. 27 IPBPR ein leeres Versprechen der internationalen Gemeinschaft an die indigenous peoples. Ein effektiver Schutz der kulturellen Identität der indigenous peoples erfordert gerade in ihrem Fall die Gewährung kollektiver Rechte an ihrem Land.

Um eine weitere, diesbezüglich wichtige Vorschrift handelt es sich bei Art. 17 der *Allgemeinen Erklärung der Menschenrechte*, welcher den Schutz des individuellen und kollektiven Eigentums gewährleistet. Dieses Recht ist jedoch nur bis zu einem bestimmten Grad für die Interessen der indigenous peoples bezüglich ihrer historischen Gebiete von Nutzen: Der Schutz von Art. 17 bezieht sich lediglich auf bereits existierendes Eigentum an dem Land, begründet jedoch keinen Anspruch auf künftiges Eigentum oder Rückübereignung ehemaliger, mittlerweile aber verlorener Gebiete der indigenous peoples. Hinsichtlich der bereits begründeten und noch fortbestehenden Rechtspositionen der indigenous peoples an ihrem Land besteht aber allgemein

---

[311] S. dazu oben, S. 46ff.

[312] UN-Doc. E/CN.4/Sub.2/1993/26; vgl. dazu unten, S. 104f..

[313] Dazu vgl. oben, S. 41f. u. 52ff..

[314] G. Nettheim, aaO., S. 117; vgl. auch die *Yanomami*-Entscheidung und *Lubicon Lake Band v. Canada*, oben S. 72, in welchen die Bedeutung der territorialen Basis für das kulturelle Überleben der indigenous peoples von ausschlaggebender Wirkung war.

Übereinstimmung: Wie bereits erwähnt, hat das internationale Recht auf der Grundlage hergebrachter Eigentumskonzepte von jeher die originären Rechte der indigenous peoples an den Ländereien bejaht, welche sie bereits vor der Begegnung mit der Gesellschaft der Weißen bewohnt hatten.[315]

Dementsprechend hat es auch der Internationale Gerichtshof im *Western Sahara-Fall*[316] abgelehnt, das Gebiet der indigenous peoples als "terra nullius", als herrenloses Gebiet, anzusehen, und erkannte folglich die originären Landrechte der indigenen Einwohner an den betreffenden Gebieten an. Allerdings versäumte er es in dieser Entscheidung, die Bedeutung der territorialen Basis für die kulturelle Identität und Existenz der indigenous peoples festzustellen. Die anerkannte Berechtigung der indigenous peoples beschränkte sich daher auf bloße Besitzrechte an ihrem Land - nicht mehr, nicht weniger.

Ein bloßes Besitzrecht ist jedoch nicht in der Lage, einen angemessenen und ausreichenden Schutz indigener Landrechte zu gewährleisten: Wichtig ist es, die Beziehung der indigenous peoples zu ihrem gesamten Lebensraum unter einen umfassenden Schutz zu stellen. Wäre allein das Besitzrecht geschützt, so wäre das kulturelle und physische Überleben der indigenous peoples dennoch zahlreichen Bedrohungen ausgesetzt, nachdem bereits Eingriffe unterhalb einer bloßen Besitzentziehung bereits vernichtende Wirkung auf die Gemeinschaft der indigenous peoples haben können, wie dies zum Beispiel bei der ökologischen Bedrohung des entsprechenden Lebensraumes durch Umweltverschmutzung, Staudämme oder flächendeckende Waldrodungen der Fall wäre.[317] Daher muß das Recht, den Zugang zu ihren Gebieten bestimmen zu können, ebenso unabdingbarer Bestandteil entsprechender Schutzbestimmungen sein, wie auch das ausschließliche Recht, die Entscheidungen über die ökonomische Entwicklung ihres Landes treffen zu können.

5. Recht auf Nicht-Diskriminierung

Eines der grundlegendsten Menschenrechte, welches ebenfalls den Schutz der indigenous peoples betrifft, ist das auf Freiheit von diskriminierenden Maßnahmen. In der

---

[315] Vgl. dazu schon oben, S. 5.

[316] 1975 I.C.J., S. 12.

[317] Vgl. zur Bedeutung der Umwelt für die indigenous peoples oben, S. 16f..

U.N.-Charta wird eine auf Merkmale wie Rasse, Geschlecht, Sprache oder Religion gestützte Ungleichbehandlung an verschiedenen Stellen untersagt.[318] Eine Kodifikation des Prinzips der Nicht-Diskriminierung findet sich auch in Art. 2 der Allgemeinen Erklärung der Menschenrechte. Ebenso verpflichten Art. 2 Abs. 1 IPBPR und Art. 2 Abs. 2 IPWSKR die Vertragsstaaten, die in den jeweiligen Pakten anerkannten Rechte den ihrer Herrschaftgewalt unterstehenden Personen ohne Unterschied zu gewährleisten.

An der Spitze jeder anti-diskriminatorischen Bemühung auf internationaler Ebene steht die *Internationale Konvention über die Beseitigung aller Formen der Rassendiskriminierung.*[319] Diskriminierung aus rassischen Gründen ist in Art. 1 Abs. 1 der Konvention definiert als "jede Unterscheidung, Ausnahme, Beschränkung und Bevorzugung auf Grund von Rasse, Hautfarbe, Herkunft oder nationaler bzw. ethnischer Abstammung". Folglich würde eine Ungleichbehandlung von indigenous peoples und dem Rest der Gesellschaft unter die Definiton von Art. 1 fallen, nachdem die indigenous peoples eine aufgrund ethnischer und rassischer Kriterien definierbare Gruppe bilden.[320] Die von Art. 1 Abs. 2 zugunsten einer Unterscheidung von Staatsbürgern und Nicht-Staatsbürgern getroffene Ausnahme von der Anwendbarkeit der Konvention ist für den Fall der indigenous peoples von nahezu keiner Bedeutung, da sie heute nahezu ausnahmslos Staatsbürger ihrer Beherbergungsstaaten sind.[321]

Kernbestimmung der Konvention ist Art. 5, welcher die Staaten verpflichtet, "die Rassendiskriminierung in all ihren Formen zu verbieten und zu beseitigen" und "ohne Unterschied der Rasse, Hautfarbe oder nationalen oder ethnischen Abstammung jedem Menschen das Recht auf Gleichheit vor dem Gesetz" garantiert. Unter den in der Konvention garantierten Rechten sind für die Lage der indigenous peoples von besonderem Interesse das Recht auf Gleichbehandlung vor den Gerichten[322], auf körperliche Unversehrtheit[323], auf politische Mitbestimmung[324], auf alleiniges und

---

[318] S. Artt. 1 Abs. 3, 13 Abs. 1 lit. b, 55 lit. c.

[319] 660 UNTS, S. 195; bis zum heutigen Tage haben 124 die Konvention unterzeichnet, so daß sie als das Menschenrechtsinstrument mit der größten Resonanz bezeichnet werden kann, vgl. THORNBERRY, aaO., S. 259.

[320] Für die Definition von "indigenous peoples" s. oben, S. 13ff..

[321] Den Indianern auf dem Gebiet der Vereinigten Staaten wurde z.B. im Jahre 1924 im U.S. Citizenship Act, 43 Stat. 253, die Staatbürgerschaft verliehen.

[322] Art. 5 lit. a.

[323] Art. 5 lit. b.

gemeinschaftliches Eigentum[325], das Recht auf gerechte und vorteilhafte Arbeitsbedingungen, gleiche Entlohnung für gleiche Arbeit[326], das Recht auf Gesundheitsfürsorge, medizinischer Versorgung, sozialer Sicherheit und Wohlfahrt[327], das Recht auf Erziehung und Ausbildung[328] und auf gleichberechtigte Wahrnehmung kultureller Betätigungen[329].

Vor dem Hintergrund, daß indigenous peoples regelmäßig strukturell benachteiligte Gruppen innerhalb der Gesamtgesellschaft darstellen, ist ein Recht auf Gleichheit von großer Bedeutung für die Verbesserung ihrer Situation. Trotzdem würde eine strikte Anwendung des Gleichbehandlungsgebotes zu einer Verfestigung ihrer Situation führen, sofern es nicht möglich wäre, den indigenous peoples auch eine besondere, vorzugsweise Behandlung im Rahmen einer sog. *affirmative action* zuteil werden zu lassen. Aus diesem Grund nimmt die Konvention in Art. 1 Abs. 4 diese Fälle positiver Diskriminierung von der Definition rassisch motivierter Diskriminierung aus, sofern diese dem alleinigen Zweck dienen, die geschützten Personenkreise erst in eine Position zu versetzen, in welcher sie ihre Menschenrechte gleichberechtigt mit allen anderen wahrnehmen und ausüben können, und dadurch nicht ein Zustand erneuter Ungleichheit innerhalb der Bevölkerung geschaffen wird. Die Konvention verpflichtet in Art. 2 Abs. 2 sogar die Staaten, zur Erreichung dieses Zustandes allgemeiner Gleichheit im Hinblick auf bestimmte Rassengruppen und deren Angehörige besondere und konkrete Maßnahmen auf wirtschaftlichem, kulturellem und anderem Gebiet zu ergreifen. In diesem Zusammenhang kann Art. 1 Abs. 4 somit als notwendige Ergänzung des Prinzips der Nicht-Diskriminierung gesehen werden, da er darauf abzielt, zunächst sämtliche rassische Gruppen in ein Stadium der Gleichheit zu bringen.

Indigenous peoples mögen sich für ihre Belange oft auf Art. 2 Abs. 2 der Konvention berufen, um auf diesem Weg in den Genuß bestimmter spezieller Förderprogramme zu kommen. Allerdings darf trotz des diesbezüglich vielversprechenden Charakters der Konvention nicht vergessen werden, daß auch sie - ähnlich wie ILO Konvention No. 107 - von dem integrationistisch orientierten Zeitgeist ihrer Entstehungsjahre geprägt

---

324 Art. 5 lit. c.

325 Art. 5 lit d (v).

326 Art. 5 lit. e (i).

327 Art. 5 lit. e (iv).

328 Art. 5 lit. e (v).

329 Art. 5 lit. e (vi).

ist[330], welcher für den Erhalt einer kulturellen Eigenart im geringsten Falle nicht förderlich, wenn nicht sogar hinderlich ist. Ein modernes Verständnis dieser Konvention erfordert daher, dem Begriff der "Intergration" eine begrenzte Bedeutung zu geben, so daß es den betroffenen Gruppen möglich ist, am Leben der größeren Gesellschaft teilzuhaben, ohne jedoch ihre eigene kulturelle Identität dabei zu verlieren.[331]

Ein weiterer für den Schutz der indigenous peoples nicht so offensichtlicher, jedoch umso bedeutsamerer Aspekt der Diskriminierungskonvention ist die Anerkennung der Gruppe als eine zwischen Staaten und Individuen einzuordnende rechtliche Entität, welche auch als Gegenstand bestimmter Schutznormen in Betracht kommt. Damit überwindet sie den individualistischen Ansatz anderer Schutzbestimmungen im Rahmen der allgemeinen Menschenrechte, wie dies zum Beispiel auch bei Art. 27 IPBPR der Fall war. Dieser kollektive Ansatz läßt sich jedoch aus der Tatsache erklären, daß die Verfasser der Konvention die Verpflichtung zur positiven Diskriminierung in Bezug auf bestimmte ethnische und rassische Gruppen lediglich als vorübergehende Erscheinung auf dem Weg der vollständigen Integration in die diese umgebende Gesellschaft verstanden haben.[332]

6. Konventionen zum Verbot der Sklaverei

Für den Schutz der einzelnen Angehörigen von indigenous peoples können die verschiedenen U.N-Dokumente zum Verbot der Sklaverei und sklavereiähnlicher Praktiken von Bedeutung sein.[333] Insbesondere unter den indigenous peoples Südamerikas und Asiens sind auch heute noch Formen der Sklaverei anzutreffen.[334] Mit Verabschiedung der Zusatzkonvention im Jahre 1956 weiteten die Vereinten Nationen das Verbot der Sklaverei auch auf ihre moderneren Formen wie zum Beispiel sog. Schuldknechtschaft (*debt bondage*) oder moderne Leibeigenschaft (*serfdom*) aus.[335]

---

330 Vgl. Art. 2 Abs. 1 lit. e.

331 Vgl. THORNBERRY, aaO., S. 268.

332 Ebd..

333 SKLAVEREI-DEKLARATION, 60 LEAGUE OF NATIONS TREATY SERIES, S. 253 (25.9.1926; in kraft getreten am 6.3.1927) einschließlich des ZUSATZPROTOKOLLS von 1953, 182 U.N.T.S., S. 51 (7.12.1953; in kraft getreten am 7.7.1956) und der ZUSATZKONVENTION ZUR ABSCHAFFUNG DER SKLAVEREI, 266 U.N.T.S., S. 3 (7.9.1956; in kraft getreten am 30.4.1957).

334 Vgl. BURGER, REPORT, aaO, S. 17ff. Da diese Menschenrechtsproblematik jedoch für die Stellung der indigenous peoples als eigenständige Gemeinschaft jedoch von untergeordneter Bedeutung ist, soll auf das Problem der individuellen Sklaverei einzelner Angehöriger an dieser Stelle nicht näher eingegangen werden.

Neben dem kodifizierten Recht spielt das Völkergewohnheitsrecht nicht zuletzt aufgrund seiner universellen Geltung eine maßgebende Rolle auch beim Schutz der indigenous peoples. Dem soll im folgenden näher nachgegangen werden.

III. Völkergewohnheitsrecht

Wie bereits erwähnt, erfordert der in völkerrechtlichen Verträgen garantierte Schutz der Menschen- rechte stets eine Ratifikation, um für die einzelnen Staaten Wirkung als verbindliches Recht zu entfalten. Zwar ist die internationale Resonanz und Akzeptanz allgemeiner Normen des Menschenrechtsschutzes grundsätzlich größer als bezüglich der speziell auf den Schutz der indigenous peoples bezogener Konventionen, doch fehlt es auch diesen an einer sämtliche Länder erfassenden Bindungswirkung. Daher ist es den indigenous peoples in zahlreichen Staaten oft nicht möglich, sich auch auf Normen zu berufen, die zwar grundsätzlich ihren Interessen dienlich wären, jedoch wegen ihrer fehlender Ratifikation nicht gegen den Verletzerstaat geltend gemacht werden können. Hier kann dem Völkergewohnheitsrecht eine wichtige, lückenschließende Funktion zukommen: Gewohnheitsrechtliche Normen sind universell anwendbar und somit grundsätzlich[336] für jeden einzelnen Staat der Völkergemeinschaft bindendes Recht, ohne daß es einer vorangehenden ausdrücklichen Billigung oder Ratifikation bedürfte.[337]

Ein im Wege des Völkergewohnheitsrechtes entwickeltes Schutzsystem tritt selbständig neben etwaige vertraglich begründete Verpflichtungen, selbst wenn beide Regelungen genau gleichen Inhaltes sein sollten. Somit kommt dem gewohnheitsrechtlich entwickelten Schutz nicht nur subsidiärer Charakter zu. Insoweit kann das Völkergewohnheitsrecht den Anwendungsbereich vertraglicher Schutznormen konkretisieren oder modifizieren. Daneben kann es auch selbständiger Bestandteil eines vertraglichen Schutzsystems sein, indem es durch eine entsprechende Öffnungsklausel des internationalen Vertrages in diesen inkorporiert wird.[338]

---

[335] Insgesamt ist die praktische Bedeutung der Sklaverei-Konventionen heute eher als gering einzustufen, vgl. HEINZ, aaO., S. 45.

[336] Eine Ausnahme von diesem Grundsatz der allgemeinen Bindungswirkung wird zugunsten des sog. "persistent" oder "subsequent objector's" gemacht, welche nicht der Bindung durch die jeweilige ausdrücklich und nachhaltig abgelehnte Norm unterliegen, vgl. BROWNLIE, PRINCIPLES OF INTERNATIONAL LAW, S. 10f.; vgl. weiter den sog. *Norway Fisheries Case*, 1951 I.C.J. Reports, S. 116, 131ff..

[337] FRANK NEWMAN / DAVID WEISSBRODT, INTERNATIONAL HUMAN RIGHTS, S. 595 (1990); IPSEN, VÖLKERRECHT, § 16 Rz. 2ff..

[338] GENADII M. DANILENKO, LAW-MAKING IN THE INTERNATIONAL COMMUNITY, S. 138ff. (1993). Vgl. auch

Daneben ist es auch ein wichtiger Aspekt des Völkergewohnheitsrechtes, daß dessen weitere Fortentwicklung durch die Eingehung einer entsprechenden vertraglichen Bindung nicht verhindert wird. Im Gegenteil kann die Vereinbarung einer vertraglichen Verpflichtung erst zur Begründung gewohnheitsrechtlicher Standards oder deren Fortentwicklung führen.[339]

1. Entwicklung von Gewohnheitsrecht

Gemäß Art. 38 Abs. 1 lit. b Statut des Internationalen Gerichtshofes entsteht Völkergewohnheitsrecht "als Ausdruck einer allgemeinen, als Recht anerkannten Übung". Nach traditionellem Verständnis setzt daher die Existenz von Völkergewohnheitsrecht neben einer weitverbreiteten und beständigen Betätigung in einer bestimmten Weise (*longa consuetudo*) auch die Überzeugung voraus, daß die entsprechende Betätigung Ausdruck der Anerkennung einer entsprechenden rechtlichen Verpflichtung sei (*opinio juris*).[340]

Nachdem die Überzeugung, bei einer sich entwickelnden Norm handele es sich um allgemein bindendes Recht, auf Seiten der Staaten auch innerhalb einer relativ kurz bemessenen Zeitspanne entstehen kann,[341] kann mitunter auch allein die Kodifikation einer Norm in einem völkerrechtlichen Vertrag zur "Kristallisation" einer gewohnheitsrechtlichen Norm führen. D.h. durch die (mulitilaterale) Vereinbarung einer bindenden Regelung wird entweder neues Gewohnheitsrecht geschaffen, oder bereits sich in der Entwicklung befindendes Gewohnheitsrecht in eine bindende gewohnheitsrechtliche Norm transformiert.[342] Diese "Kristallisationstheorie" hat der Internationale Gerichtshof in den *North Sea Continental Shelf*-Fällen[343] bestätigt. Darüberhinaus hielt er im *Tunisia/Lybia Continental Shelf* -Fall[344] die Kristallisation einer entstehenden gewohnheitsrechtlichen Norm sogar durch eine sich erst im Entwurfsstadium befindliche Konvention bereits für möglich.[345]

Nicaragua v. United States of America, 1986 I.C.J. Reports, S. 94.

339 DANILENKO, aaO., S. 145.

340 BROWNLIE, PRINCIPLES, aaO., S. 6ff.

341 NEWMAN / WISSBRODT, aaO., S. 594

342 DANILENKO, aaO., S. 154f..

343 (BR Deutschland - Dänemark; BR Deutschland - Niederlande) 1969 I.C.J. Reports, S. 3.

344 1982 I.C.J. Reports, S. 18, 38.

345 DANILENKO, aaO., S. 156.

Somit erscheint nunmehr weniger das Kriterium langdauernder Staatenpraxis als zentrales Element der Entwicklung völkergewohnheitsrechtlicher Normen, sondern der Schwerpunkt liegt eindeutig auf einer entsprechenden Rechtsüberzeugung der Staaten. Diese kann sich heute jedoch vielfältig manifestieren: Prädestiniertes Forum für eine entsprechendes normkreatives Bekenntnis der Staaten sind die zwischenstaatlichen Organisationen, insbesondere wenn sie sich mit der Ausarbeitung und Verabschiedung international bindender Verträge befassen:

"It is now understood that express communication, whether or not in association with concrete events, is a form of practice that builds customary rules, and that communication may itself bring about a convergence of understanding and expectation about rules even in advance of widespread corresponding pattern of physical conduct."[346]

Eine Analyse des für den Schutz der indigenous peoples geltenden Völkergewohnheitsrechtes muß sich folglich neben der Beobachtung einer entsprechenden, von einer Rechtsüberzeugung getragenen Staatenpraxis schwerpunktmäßig darauf konzentrieren, inwieweit während des Verfahrens der Verabschiedung themenbezogener internationaler Konventionen (wie z.B. ILO Konvention No. 169 oder innerhalb der U.N. Working Group on Indigenous Populations) sich eine übereinstimmende Überzeugung der einzelnen beteiligten Staaten herauskristallisiert hat.

Insbesondere an den Sitzungen der Working Group on Indigenous Populations nimmt eine große Anzahl Vertreter der verschiedensten Staaten teil, welche dort auch die Gelegenheit ergreifen, die Auffassung ihrer Regierung über die jeweiligen Rechte der indigenous peoples zum Ausdruck zu bringen. Ein vergleichbares Forum bot sich im Rahmen der Überarbeitung von ILO Konvention No. 107 und der Verabschiedung von Konvention No. 169. Auch dort war eine gewisse grundlegende Konvergenz festzustellen, welche zur Kristallisation völkergewohnheitsrechtlicher Normen führen konnte.[347] Von besonderer Bedeutung für die Entstehung gewohnheitsrechtlicher Normen sind diesbezüglich die Äußerungen der Regierungsvertreter über ihre nationale Politik und entsprechende nationale Entwicklungen im Hinblick auf die in ihrem Hoheitsgebiet befindlichen indigenous peoples.[348] Dadurch daß sie einem

---

[346] Anaya, *Indigenous Rights*, aaO., S. 9.

[347] Für eine breite Akzeptanz der in ILO Konvention No. 169 getroffenen Regelungen spricht das Verhältnis der Stimmen bei ihrer Verabschiedung: Von den Vertretern der Staaten stimmten 92 für, keiner gegen die Verabschiedung, 20 enthielten sich der Stimme.

[348] Das Mandat der Working Group on Indigenous Populations besteht u.a. darin, die Entwicklungen im Hinblick auf die Förderung und den Schutz der Menschenrechte und grundlegenden Freiheiten der

internationalem Forum gegenüber geäußert wurden, kommt ihnen eine starke indizielle Bedeutung hinsichtlich der Überzeugung der einzelnen Regierungen von einer entsprechenden rechtlichen Verpflichtung zu. Dabei läßt sich eine weitgehende Übereinstimmung mit den in ILO Konvention No. 169 gewährten Rechten feststellen, die selbst die Staaten mit einschließt, welche sich bei der Verabschiedung dieser Konvention der Stimme enthalten haben.[349]

2. Schutz unter gewohnheitsrechtlichen Normen

Inhaltlich wird heute von einem gewohnheitsrechtlichem Schutz der indigenous peoples bezüglich ihres Rechts auf kulturelle Unversehrtheit ausgegangen. Daneben bietet das Gewohnheitsrecht auch einen gewissen Schutz der Bodenrechte der indigenous peoples an ihrem Land. Inwieweit sich die indigenous peoples auch für ihr gefordertes Selbstbestimmungsrecht ebenfalls auf Gewohnheitsrecht stützen können, ist unklar.

a) Recht auf kulturelle Unversehrtheit

Wie bereits im Fall der *Yanomami-Indianer*[350] gesehen, hielt die Inter-American Commission on Human Rights die Norm kultureller Integrität als Gewohnheitsrecht für generell anwendbar, ohne daß es im Einzelfall auf die Ratifikation einer entsprechenden Vertragsnorm durch den betreffenden Staat ankäme.

Durch dieses allgemein anwendbare Recht auf kulturelle Integrität sind sämtliche Aspekte des Überlebens der indigenous peoples als eigenständige Kultur gewohnheitsrechtlich geschützt, was sich auch auf die kulturelle Besonderheit ihrer ökonomischen und politischen Institutionen, die kulturelle Verankerung ihrer Landnutzung, ihre Sprache und religiöse Betätigung bezieht.[351] Über diesen rein bestandsschützenden Aspekt hinaus gewährt das Recht auf kulturelle Integrität auch einen Anspruch gegenüber dem Staat, die kulturelle Tradition der indigenous peoples im Sinne einer affirmative action gezielt zu fördern und zu bewahren.[352]

---

indigenous peoples zusammenzufassen, vgl. diesbezüglich UN-Doc. E/CN.4./Sub.2/1984/20 (8. August 1984), S. 6ff..

349 Anaya, *Indigenous Rights*, aaO., S. 13.

350 S. oben, S. 83f..

351 Anaya, *Indigenous Rights*, aaO., S. 17.

352 Torres, aaO., S. 159.

Ebenso bezeugt die Arbeit der Working Group on Indigenous Populations eine grundsätzliche Übereinstimmung bezüglich eines allgemeingültigen Rechtes auf kulturelle Integrität, wenn auch die Ansichten im Detail voneinander abweichen mögen.[353]

In ähnlicher Weise verschrieben sich die einzelnen Regierungen im Zuge der Ausarbeitung von ILO Konvention No. 169 der Respektierung des Wertesystems, der kulturellen Betätigungen und Institutionen der indigenous peoples. Dies geschah mit dem Hintergrund, auf diesem Wege den indigenous peoples die Möglichkeit zu geben, ihre eigene unterschiedliche Identität und deren Recht zur Selbstidentifikation zu bewahren, frei von jedem Druck in Richtung auf zwangsweise Assimilierung, ohne jedoch gleichzeitig der Möglichkeit frei gewählter Integration in eine andere Gesellschaft und eine andere Lebensform zu versperren.[354]

Dieser allgemeinen Rechtsüberzeugung bezüglich einer allgemeingültigen Norm kultureller Integrität der indigenous peoples steht auch eine sich abzeichnende Staatenpraxis gegenüber, so daß man mit Recht diese Norm dem Völkergewohnheitsrecht zuordnen muß.

b) Bodenrechte

Ähnlich wie die Einbeziehung der Norm kultureller Integrität in ILO Konvention No. 169 von einer breiten Unterstützung der einzelnen Staaten getragen war, sind auch die Regelungen über die Bodenrechte der indigenous peoples Zeugnis für eine weitverbreitete Überzeugung der Staaten, daß den indigenous peoples unverbrüchliche Rechte an ihrem Land zustehen.[355] In Anbetracht der Tatsache, daß diese Überzeugung in dem Bewußtsein der bereits in Konvention No. 107 befindlichen Regelung der Bodenrechte geäußert wurde, kann man die Schlußfolgerung ziehen, daß es eine *opinio juris* von den indigenous peoples zustehenden Landrechten in einem Umfang gibt, welcher mindestens dem von Art. 12 Konvention No. 107 entspricht. Ob die allgemeine

---

[353] Vgl. z.B. die Stellungnahmen von Australien oder Panama *in:* Analytical Compilation of Observations and Comments Received Pursuant to Sub-Commission Resolution 1988/18, UN-Doc. E/CN.4/Sub.2/1989/33 Adds. 1-3, S. 2 u. 8. Zu Einzelheiten der Regelung Deklarationsentwurfes 1993 vgl. unten, S. 90.

[354] S. International Labour Conference, Provisional Record 31, 76th Session, S. 31/4 (1989).

[355] Vgl. die Antworten der Staaten auf einen während der Ausarbeitung von Konvention No. 169 verteilten Fragebogen, *in:* Partial Revision of Indigenous and Tribal Populations Convention, 1957 (No. 107), VI(2), International Labour Conference, 75th Session, S. 45ff. (1988).

Rechtsüberzeugung sich auch auf die in Konvention No. 169 befindliche Regelung bezieht, ist fraglich, da gerade die Verabschiedung dieses Teils von einer erheblich kontroversen Diskussion begleitet war.[356]

Zieht man jedoch die gegenüber der Working Group gemachten Äußerungen der Regierungsvertreter heran, läßt sich eine zumindest auf die Kernbereiche der Landregelung in Konvention No. 169 beschränkte allgemeine Übereinstimmung feststellen, welche auch weltweit von Initiativen zur Sicherstellung der Besitz- und Nutzungsrechte der indigenous peoples und zur Anerkennung ihrer historischen Ansprüche an ihrem Land begleitet ist.[357] So erkennen zum Beispiel die meisten Staaten das Recht der indigenous peoples an, innerhalb bestimmter ihnen zugewiesener Gebiete leben zu können (Reservats-, bzw. Homeland-Gedanke).[358]

Somit kann davon ausgegangen werden, daß auch zumindest gewisse Mindestgarantien bezüglich der Bodenrechte der indigenous peoples mittlerweile ihren Weg nicht nur in moderne internationale Regelungen gefunden haben, sondern sich als solche ebenfalls zu Völkergewohnheitsrecht verfestigt haben.[359]

c) Recht auf Selbstbestimmung

Auch wenn man allgemein davon ausgeht, daß die Selbstbestimmung der Völker als Regel des Gewohn- heitsrechts durch verschiedene Resolutionen und Deklarationen der Vollversammlung der Vereinten Nationen und diverse Entscheidungen des Internationalen Gerichtshofes entstanden ist[360], ist dennoch nicht klar, ob diese Regel auch

---

[356] S. oben, S. 52f.

[357] Anaya, *Indigenous Rights*, aaO., S. 28f.. So sind zum Beispiel in der neuen Verfassung Südafrikas die Rechte der eingeborenen Stämme an ihren ehemaligen Siedlungsgebieten anerkannt. Spektakulär ist der Anspruch des *Makuleke*-Stammes, dem danach ein Anspruch auf einen beträchtlichen Anteil des Krüger Nationalparks zusteht, vgl. Bericht des Bayer. Fernsehens in "Kosmos", 27.10.1994.

[358] Torres, aaO., S. 160; vgl. z.B. Art. 163 der Verfassung Perus, welcher den indigenous peoples Recht auf ein eigenes Gebiet garantiert; Art. 231 der Verfassung Brasiliens, der den indigenous peoples ein dauerhaftes Besitzrecht an dem von ihnen bewohnten Land gewährt, einschließlich ausschließlicher Nutzungsrechte an den darauf befindlichen Naturschätzen; § 16 der Verfassung Panamas verpflichtet den Staat Land für die gemeinsame Berechtigung der indigenous peoples daran bereitzustellen; vgl. Dean E. Cycon, *When Worlds Collide: Law, Development and Indigenous Peoples*, 25 NEW ENGLAND LAW REVIEW, S. 761, 763ff. (1991).

[359] Vgl. Anaya, *Indigenous Rights*, aaO., S. 29.

[360] CRISTESCU, SELF-DETERMINATION, aaO., §§ 141ff..

auf das Streben der indigenous peoples nach Selbstbestimmung Anwendung finden kann.

Mit wachsender Wertschätzung der Völkergemeinschaft für die Kulturen der indigenous peoples wird jedoch zunehmend von der Entstehung einer neuen gewohnheitsrechtlichen Norm der Selbstbe- stimmung für diese Völker gesprochen, welche über den klassischen Dekolonialisierungskontext hinausgeht.[361] Nach diesem neuen Verständnis ist somit der Erhalt der indigenen Kulturen untrennbar mit dem Prinzip der (zumindest internen) Selbstbestimmung verknüpft. Das eine bedingt automatisch das andere. Dementsprechend ist weltweit ein Trend in Richtung auf die Gewährung von mehr oder weniger ausgeprägter Autonomie in der Regelung ihrer eigenen Angelegenheiten zu verzeichnen. Ebenso werden den indigenous peoples zunehmend Mitspracherechte bei den diese betreffenden Entscheidungen der Staatsregierungen zugestanden.

So sind zum Beispiel in Kolumbien die Gebiete der indigenous peoples als politisch-administrative Untergliederungen des Staatsgebietes organisiert, was diesen eine gewisse Autonomie und Hoheitsgewalt über ihr Territorium gibt. In Kanada sind die indigenous peoples in den Prozess der Verfassungsreform mit einbezogen, was voraussichtlich auch zu einer verfassungsrechtlichen Verankerung ihrer Selbstverwaltungsrechte führen wird. In Australien wurde die Errichtung der *Torres Strait Islander Commission* als wichtiger Schritt in Richtung auf eine Selbstbestimmung der indigenous peoples angesehen. In den Philippinen wurden für einige der ansässigen indigenous peoples sog. autonome Regionen errichtet, und in Norwegen wurde 1989 feierlich das sog. Parlament der Samen eröffnet, in dessen Kompetenz sämtliche, die Samen in Norwegen unmittelbar betreffenden Fragen fallen sollen, und dessen Vertreter jeweils in direkten Wahlen der Samen zu ermitteln sind.[362]

Allerdings ist zu beachten, daß sich die Mehrheit der Staaten wiederholt und andauernd geweigert hat, im Zusammenhang mit den Rechten der indigenous peoples von einem "Selbstbestimmungsrecht" zu sprechen.[363] In der gleichen Richtung liegt, daß der "Report of the Inter-American Commission on the First Round of Consultations

---

[361] Anaya, *Indigenous Rights*, aaO., S. 32.

[362] Vgl. ebd., Fn. 145.

[363] Vgl. z.B. den Reformprozeß von ILO Konvention No. 107, oben, S. 46ff..

Concerning the Future Inter-American Legal Instrument on Indigenous Rights"[364] sich nur periphär mit dem Selbstbestimmungsrecht der indigenous peoples befaßt.[365]

Ungeachtet der Tatsache, daß auf Seiten der Staaten starke Zurückhaltung hinsichtlich der Verwendung des Begriffes "Selbstbestimmung" festzustellen ist, ist dennoch eine grundsätzliche Übereinstimmung hinsichtlich einzelner konkreter Ausprägungen des Selbstbestimmungsrechtes - zumindest bezüglich dessen interner Dimension - zu verzeichnen. Zum Beweis dafür kann man erneut auf die den Verabschiedungsprozeß von ILO Konvention No. 169 zurückgreifen, wo ausdrücklich ein Beteiligungsrecht der indigenous peoples auf in ihre eigenen Angelegenheiten betreffenden Fragen vorgesehen[366] und auch die Stärkung der Institutionen und Bewegungen innerhalb der indigenous peoples für erforderlich gehalten wurde.[367]

In ähnlicher Weise hat sich im Verlauf der Ausarbeitung des Deklarationsentwurfes 1993 durch die Working Group die allgemeine Akzeptanz eines (internen) Selbstbestimmungsrechtes der indigenous peoples herauskristallisiert.[368]

Auch wenn die Deklaration der Working Group noch nicht fester, erst recht nicht direkt bindender Bestandteil internationalen Rechts geworden ist, kann die Übereinstimmung innerhalb der Working Group in Bezug auf dieses hier formulierte volle Selbstbestimmungsrecht der indigenous peoples unter Verweis auf den *Tunisia-Lybia Continental Shelf* Fall als Kristallisation einer sich in der Entwicklung befindenden gewohnheitsrechtlichen Norm verstanden werden. Bejaht man mit dieser Argumentation ein gewohnheitsrechtlich garantiertes Selbstbestimmungsrecht der indigenous peoples, so ist damit der frühere Versuch, dieses Recht mithilfe der sog. "blue water thesis" einschränkend auszulegen, überwunden.

Auf die inhaltliche Konkretisierung des Völkergewohnheitsrechtes durch das Bemühen der Working Group, ein allgemein anwendbares internationales Instrument für den

---

364 Annual Report of the IACHR 1992-93, OEA/Ser.L/V/II.83, Doc. 14, corr 1, S. 293ff..

365 Vgl. diesbezüglich auch schon oben, S. 71f..

366 Vgl. Artt. 6 Abs. 1 lit. b, 6 Abs. 2.

367 Vgl. Art. 6 Abs. 1 lit. c.

368 Im einzelnen vgl. S. 100f.

Schutz der indigenous peoples zu formulieren, soll im folgenden näher eingegangen werden.

3. Deklarationsentwurf der Working Group on IndigenousPopulations

a) Formierung der Working Group und Ausarbeitung des Deklarationsentwurfs

Die Working Group on Indigenous Populations traf sich zu ihrer ersten Sitzung im Jahr 1982. Ihre Errichtung ging auf einen Vorschlag der Sub-Commission on Prevention of Discrimination and Protection of Minorities zurück, welcher - von der Commission on Human Rights unterstützt[369] - das Economic and Social Council zur Errichtung der Working Group veranlaßte. Diese sollte sich für jeweils eine Woche unmittelbar vor der jährlichen Sitzung der Sub-Commission im August treffen. Gemäß ihrem Gründungsauftrag sollte die Working Group einerseits sich einen Überblick über die Entwicklung und gegenwärtige Situation der Menschenrechte von indigenous peoples in den verschiedenen Ländern verschaffen. Andererseits sollte sie auch ein besonderes Augenmerk auf die Entwicklung von internationalen Normen zum Schutz der indigenous peoples richten.[370]

Die Working Group setzt sich aus fünf ständigen Mitgliedern zusammen, welche primär in ihrer Funktion als Experten auf dem Gebiet der Menschenrechte und weniger als Vertreter bestimmter Staaten von der Sub-Commssion ernannt wurden.[371] Neben diesem Expertengremium nahmen jedoch an den Sitzungen der Working Group unter anderem regelmäßig Vertreter verschiedener Staaten, internationaler Organisationen wie der ILO oder UNHCR, nichtstaatliche internationale Organisationen (NGOs) sowohl mit als auch ohne konsultativen Status beim ECOSOC, Abgesandte zahlreicher indigenous peoples und viele andere Organisationen und Wissenschaftler, welche sich mit der Situation der indigenous peoples beschäftigen, teil.[372]

---

[369] Vgl. Resolution 1982/34 (7.5.1982).

[370] Vgl. Bericht über die erste Sitzung der Working Group, E/CN.4/Sub.2/1982/33 (25. August 1982), S. 3.

[371] Laura Stomski, *The Development of Minimum Standards for the Protection and Promotion of Rights for Indigenous Peoples*, 16 AMERICAN INDIAN LAW REVIEW, S. 575, 579 (1991).

[372] Vgl. zum Beispiel nur die Aufzählung der Teilnehmer der achten Sitzung der Working Group im Jahr 1990, E/CN.4/Sub.2/1990/42 (27. August 1990), S. 1ff..

Die Geschäftsordnung der Working Group räumt im Unterschied zu anderen U.N.-Gremien sämtlichen Teilnehmern das Recht ein, sich zu Wort zu melden und bestimmte Empfehlungen für die weitere Tätigkeit der Working Group abzugeben. Dieser "open and flexible approach" ist sowohl bei den indigenous peoples, als auch bei den Regierungsvertretern auf sehr positive Resonanz gestoßen, und ermöglichte der Working Group, detaillierter Kenntnisse über die konkreten Erfordernisse und Schwierigkeiten eines effektiven Schutzes der indigenous peoples zu erlangen.[373]

Seit ihrer vierten Sitzung legte die Working Group aufgrund einer entsprechenden Direktive der Sub-Commission[374] den Schwerpunkt ihrer Tätigkeit auf den zweiten Teil ihres Mandates, nämlich die Entwicklung von internationalen Maßstäben für den Schutz der indigenous peoples. Ziel dieser Bemühungen sollte der Entwurf einer eigenen Deklaration über die Rechte der indigenous peoples in der Welt sein.[375] Dies resultierte in dem 1993 von der Vorsitzenden der Working Group, Erica-Irene Daes, vorgestellten "Draft Declaration on the Rights of Indigenous Peoples".[376]

b) Inhalt des Deklarationsentwurfes

In der Präambel formuliert der Deklarationsentwurf der Working Group die grundlegenden Prinzipien und Ziele des Schutzes der indigenous peoples: Die Deklaration ist von der Idee der Gleichheit der indigenous peoples mit allen anderen Völkern getragen, wobei gleichzeitig allen Bemühungen hinsichtlich ihrer Assimilation und allen rassistischen Tendenzen eine Absage erteilt wird.[377] Ihre Verschiedenheit wird als essentielle Voraussetzung für die Vielfalt und den Reichtum der Zivilisationen und Kulturen als gemeinsames Erbe der Menschheit angesehen.[378] Daher postuliert die Präambel die Freiheit aller indigenous peoples von diskriminierenden Maßnahmen jeglicher Art.[379]

[373] Vgl. Bericht über die zweite Sitzung der Working Group, E/CN.4/Sub.2/1983/22 (23. August 1983), S. 5.

[374] Res. 1984/35 B Sub-Commission; Res. 1985/21 Commission on Human Rights.

[375] Vgl. Bericht über die vierte Sitzung der Working Group, E/CN.4/Sub.2/1985 (27. August 1985), S. 14.

[376] E/CN.4/Sub.2/1993/26 (8. Juni 1993).

[377] Präambel, §§ 1 und 3.

[378] Präambel, § 2.

[379] Präambel, § 4.

Die gegenwärtige Situation ist nach Ansicht der Working Group vor allem durch die Vorenthaltung grundlegender Menschenrechte und Freiheiten für indigenous peoples gekennzeichnet und hat in vielen Fällen zu ihrer Vertreibung von angestammten Gebieten und zu weitverbreiteter Armut und Elend ihrer Angehörigen geführt.[380] Daher begrüßt der Deklarationsentwurf die Wiederbelebung der politischen Strukturen innerhalb der indigenous peoples, welche diese faktisch in die Lage versetzt, ihre eigene künftige Entwicklung wieder selber bestimmen zu können und so auch ihre politische und kulturelle Eigenständigkeit wiederzuerlangen.[381] Die Deklaration betont diesbezüglich die Notwendigkeit, die inhärenten und ursprünglichen Rechte der indigenous peoples, insbesondere bezüglich ihrer Gebiete und der darauf befindlichen Rohstoffe, anzuerkennen.[382]

Die Präambel würdigt weiterhin die Bedeutung der Kenntnisse und Fähigkeiten der indigenous peoples für die Erhaltung der Umwelt und sieht die Entmilitarisierung ihrer Gebiete[383] als weiteren Beitrag zur Förderung des wirtschaftlichen und sozialen Fortschritts und des friedlichen Zusammenlebens der Völker der Welt.[384]

Weiter betont die Präambel das Recht der indigenous peoples, in Ausübung ihres Selbstbestimmungsrechtes[385] die Beziehung zu ihren Beherbergungsstaaten im Geiste friedlicher Koexistenz selber bestimmen zu können. Gleichzeitig werden die mit den indigenous peoples abgeschlossenen Verträge und sonstigen Vereinbarungen der Staaten zum Gegenstand internationaler Sorge erklärt.[386]

(1) Teil I: Grundlegende Rechte

Teil 1 (§§ 1 - 4) des Deklarationsentwurfes 1993 befaßt sich mit den grundlegenden Rechten der indigenous peoples. Gem. § 1 haben die indigenous peoples Anspruch auf den Schutz aller international anerkannten Menschenrechte und grundlegenden

---

[380] Präambel, § 5.

[381] Präambel, § 8.

[382] Präambel, § 6.

[383] So sind z.B. in Kanada Gebiete der indigenous peoples beliebtes Übungsfeld für militärische Tiefflüge, vgl. BURGER, REPORT, aaO., S. 207.

[384] Präambel, § 10.

[385] Präambel, §§ 15 und 16.

[386] Präambel, § 14.

Freiheiten. § 2 ist eine Konkretisierung des internationalen Gleichheitsgrundsatzes für die Situation der indigenous peoples. Das Selbstbestimmungsrecht der indigenous peoples ist in § 3 anerkannt: Danach steht ihnen unter den gleichen Voraussetzungen wie allen anderen Völkern im Einklang mit den Regeln des Völkerrechtes das Recht auf Selbstbestimmung zu. Zur Ausübung dieses Rechtes können sie Vereinbarungen und Übereinkünfte über die Wahrnehmung ihrer öffentlichen Angelegenheiten, ihrer besonderen Aufgaben und die Bedingungen ihrer Selbstregierung treffen. Ohne daß dieser ausdrücklichen Aufzählung eine abschließende Wirkung zukäme, ist dennoch beachtlich, daß diese sich ausschließlich auf interne Aspekte des Selbstbestimmungsrechtes beschränkt und - anders als Art. 1 IPBPR - die Bestimmung ihres politischen Status nicht einmal erwähnt. Vielmehr wird als integraler Bestandteil des Selbstbestimmungsrechtes das interne Recht auf Autonomie und Selbstregierung erwähnt.

Es ist anzunehmen, daß diese Zurückhaltung der Harmonisierung mit dem völkerrechtlichen Grundsatz der Unverletzlichkeit der Grenzen dienen soll, ohne jedoch das Selbstbestimmungsrecht der indigenous peoples zu einem Recht zweiter Klasse zu erklären. Vielmehr ging es der Working Group wohl um eine qualitative Fortentwicklung des Selbstbestimmungsrechtes der Völker in Anwendung auf die indigenous peoples. Diese Betonung der internen Aspekte der Selbstbestimmung erfolgt in Beachtung der in der am 24. Oktober 1970 verabschiedeten *Declaration on Principles of International Law Concerning Friendly Relations and Cooperation Among States in Accordance with the Charter of the United Nations*[387] aufgestellten Grundsätze, deren hier einschlägige Passage lautet:

"Nothing in the foregoing paragraphs shall be construed as authorizing or encouraging any action which would dismember or impair, totally or in part, the territorial integrity or political unity of sovereign and independent States conducting themselves in compliance with the principles of equal rights and self-determination of peoples as described above and thus possessed of a government representing the whole people belonging to the territory without distinction as to race, creed or colour."

Der Prinzipien-Deklaration zufolge sind auch in einem Vielvölkerstaat nach dessen völkerrechtlich wirksamer Entstehung und Anerkennung die einzelnen Volksgruppen zur Durchsetzung ihrer Ziele grundsätzlich auf die in der Verfassung des Staates eingeräumten internen Möglichkeiten beschränkt, so daß ihre Selbstbestimmung in dieser Situation nicht mehr durch Sezession und Errichtung eines neuen Staates verwirklicht werden soll. Etwas anderes kann nur für den Fall gelten, daß das politische System

[387] G.A. Res. 2625 [XXV].

eine bestimmte Volksgruppe effektiv von der Mitwirkung ausschließt, und damit nicht mehr von einer "die *gesamte* Bevölkerung repräsentierenden Regierung" gesprochen werden kann. Damit wird jedoch die Einbeziehung sämtlicher Völker eines Staates in dessen Regierung zu einer Bedingung der Anwendung des Grundsatzes der territorialen Integrität, so daß in Extremfällen die Ausübung des Selbstbestimmungsrechtes durch die indigenous peoples auch externe Dimensionen annehmen kann.[388]

Während also in unserer nach-kolonialen Zeit das Selbstbestimmungsrecht der Völker grundsätzlich auf das Recht zu effektiver Mitwirkung an den Entscheidungsprozessen im Staat beschränkt ist, kann jedoch eine Nichtbeachtung dieses Mitwirkungsrechtes derart krasse Ausmaße annehmen, welche der Situation klassischer Kolonialisierung eines Volkes gleichkommt. In den meisten Fällen waren die indigenous peoples in den Prozeß der Entstehung der modernen Staaten im Zuge der Entkolonialisierung völlig ausgeschlossen und sind dies hinsichtlich der heutigen Entscheidungsfindung in den meisten dieser Staaten auch heute noch. Über diesen Staaten schwebt somit - sozusagen als "Damokles-Schwert" - das in § 3 Deklarationsentwurf anerkannte Selbstbestimmungsrecht, dessen Ausübung auch die Form einer Sezession annehmen kann, wenn die betreffenden Staaten nicht die Einbeziehung der indigenous peoples als eigenständige Volksgruppe in das staatliche Gemeinwesen bewerkstelligen. Dies muß zwangsläufig in vielen Fällen zu einer Reformierung bis hin zu einer erneuten Konstitution der Staaten führen.[389]

Für die auch von den indigenous peoples bevorzugte Option friedlicher Koexistenz innerhalb desselben Staates ist jedoch das in §§ 3, 29 und 30 Deklarationsentwurf 1993 geregelte Recht auf Autonomie und Selbstregierung unerläßliche Voraussetzung. Diese bezieht sich auf die eigenständige Regelung interner Angelegenheiten wie Fragen der Kultur, Religion, Erziehung, Wohnung, Gesundheits- und Sozialwesen, wirtschaftlicher Betätigung, Nutzung des Bodens und der Naturschätze, Umweltschutz und des Zutritts zu ihren Gebieten. Schließlich umfaßt das Autonomierecht auch ihre interne Steuerhoheit: Danach können die indigenous peoples zur Finanzierung ihrer

---

[388] Vgl. die Erläuterungen von E. Daes zum Deklarationsentwurf, E/CN.4/Sub.2/1993/26/Add.1 (19. Juli 1993), S. 4.

[389] Ebd., S. 5. Vgl. auch die Bemühungen um eine Einbeziehung sämtlicher indigenous peoples in den Reformprozeß der kanadischen Verfassung oder die offizielle Anerkennung der Verdienste des Six Nations Confederacy (Haudenosaunee), deren Verfassung als Vorbild für die *Articles of Confederation* diente und somit auch Eingang in die U.S. Constitution fand, in einer speziellen Resolution des 100. Congress.

Selbstregierungsfunktionen sämtliche Vorgänge innerhalb ihrer Gebiete der Besteuerung zu unterwerfen.[390] Die Einrichtung und Besetzung ihrer internen Regierungen soll ebenfalls nach den eigenen Verfahren der indigenous peoples erfolgen.[391]

Pendent zu diesen Autonomierechten ist die in §§ 17 bis 19 geregelte Garantie umfassender Beiteiligung auf legislativer und administrativer Ebene bei allen sie betreffenden Maßnahmen. Dieses Mitbestimmungsrecht soll dabei durch frei von den indigenous peoples bestimmte Vertreter ausgeübt werden. Dem entspricht das in § 4 des Deklarationsentwurfes 1993 postulierte uneingeschränkte Recht der indigenous peoples auf Einbeziehung in sämtliche Sektoren ihrer Beherbergungsstaaten, bei gleichzeitiger Bewahrung ihrer eigenen politischen, ökonomischen, sozialen und kulturellen Identität.

(2) Teil II: Kollektives und individuelles Recht auf Existenz

Teil 2 (§§ 5 - 10) des Deklarationsentwurfes 1993 befaßt sich mit der näheren Ausgestaltung des Rechtes auf Existenz als indigenous peoples. § 5 garantiert zum einen das kollektive Recht auf Existenz als eigenständiges Volk und gewährt Schutz vor jeder Form des Genozids. Zum anderen wird das individuelle Recht auf Leben, körperliche und geistige Unversehrtheit, Freiheit und Sicherheit gewährleistet.

§ 6 weitet den Begriff des Genozids auch Fälle sog. "Ethnozids" oder "kulturellen Genozids" aus. Dazu zählt die Working Group unter anderem die (zwangsweise) Entfernung von Kindern aus ihren Familien, jede Form erzwungener Assimilation oder Integration durch Auferlegung fremder Kulturen oder Lebensart, aber auch jede Enteignung von Land oder Naturschätzen der indigenous peoples. Letztere Fallgruppe ist eine Anerkennung der existentiellen Bedeutung des Landes für die kulturelle Identität der indigenous peoples. Entsprechend verbietet § 9 jede Zwangsentfernung der indigenous peoples von ihren Gebieten. Eine Umsiedlung soll nur aufgrund freien und unterrichteten Einverständnis der betroffenen indigenous peoples unter Gewährung einer billigen Entschädigung möglich sein, wobei diesen nach Möglichkeit die Option auf eine Rückkehr eingeräumt werden soll.

[390] § 29 Deklarationsentwurf 1993.

[391] § 30 Deklarationsentwurf 1993.

§ 7 verankert das kollektive und individuelle Recht der indigenous peoples auf Bewahrung und Fortentwicklung ihrer besonderen Kultur und Identität. Dazu gehört auch ihr kollektives und individuelles Recht, selbst über ihre Existenz als indigenous peoples und ihre entsprechende Zugehörigkeit zu entscheiden. Aus der Entscheidung einer Person für eine indigene Lebensgemeinschaft darf dieser kein Nachteil erwachsen.[392]

§ 10 befaßt sich mit dem speziellen Schutz der indigenous peoples in bewaffneten Auseinandersetzungen und Kriegen. Danach soll unter anderem eine Zwangsrekrutierung von indigenous peoples unterbleiben, insbesondere soll ihr militärischer Einsatz gegen andere indigenous peoples vermieden werden.

(3) Teil III: Schutz indigener Kulturen

Teil 3 (§§ 11 - 13) des Deklarationsentwurfes 1993 befaßt sich näher mit dem Schutz und der Bewahrung indigener Kulturen. § 11 gewährt das umfassende Recht der indigenous peoples auf Wiederbelebung und Praktizierung ihrer kulturellen Traditionen. Dies umfaßt sowohl die Pflege ihres gesamten kulturellen Erbes, wie zum Beispiel den Erhalt ihrer religiösen Stätten und Gebräuche, die Pflege ihrer besonderen handwerklichen und literarischen Kunstformen, als auch die Rückübereignung kulturell, religiös oder spirituell bedeutsamen Eigentums, welches ohne deren freies Einverständnis oder unter Verletzung ihrer eigenen Gesetze[393] genommen wurde.

§ 12 garantiert den indigenous peoples nicht nur das freie Bekenntnis zu ihrer kulturellen und religiösen Identität, sondern vor allem auch den freien Zugang zu ihren religiösen und kulturellen Stätten, das Recht auf freien Gebrauch religiöser Objekte und Mittel und das Recht zur Repatriierung menschlicher Überreste.

In § 13 wird der gesamte Bereich indigener Sprachen und Literatur, eigensprachlicher Namen und Ortsbezeichnungen einschließlich deren Überlieferung an nachfolgende Generationen geschützt. In diesem Zusammenhang sind auch die Staaten zur Bereitstellung von Dolmetschern verpflichtet, wenn Angehörige der indigenous peoples an politischen, legislativen oder administrativen Verfahren beteiligt sind.

---

[392] § 8 Deklarationsentwurf 1993.

[393] Davon sind vor allem die Fälle erfaßt, in welchen das Einverständnis der indigenous peoples durch nicht legitimierte Vertreter derselben erteilt worden ist.

(4) Teil IV: Bildungswesen

Teil 4 (§§ 14 - 16) Deklarationsentwurf 1993 befaßt sich mit dem Zugang der indigenous peoples zu öffentlichen Bildungseinrichtungen und die Ausgestaltung der Lehrinhalte in Bezug auf die indigenous peoples. Gem. § 14 soll den indigenous peoples freier Zugang zu sämtlichen Ebenen und Formen öffentlicher Bildung gewährt werden. Dies umfaßt auch die Unterrichtung in ihrer eigenen Sprache und den Aufbau eigener Bildungseinrichtungen der indigenous peoples.

Die Lehrpläne der öffentlichen Schulen sollen genauso wie jede andere öffentliche Information über die indigenous peoples deren Würde und die Vielfalt ihrer Kulturen, Traditionen und Geschichte wiedergeben und zum Abbau jeglicher Vorurteile ihnen gegenüber beitragen, so daß insgesamt ein Klima der Toleranz und des gegenseitigen Verstehens geschaffen wird.[394]

Daneben steht den indigenous peoples das Recht auf Nutzung und Zugang zu allen Arten von Medien in ihrer eigenen Sprache zu.[395] Dies beinhaltet nicht nur Zeitschriften, sondern auch Rundfunk- und Fernsehsendungen, so daß es ihnen auch in der "modernen Welt" möglich sein soll, ihre eigene Sprache und Identität zu pflegen.

(5) Teil V: Politische Mitwirkungsrechte

Teil 5 (§§ 17 - 22) Deklarationsentwurf 1993 gilt der Gewährleistung politischer Mitwirkungsrechte der indigenous peoples bei gleichzeitiger Beibehaltung ihrer Identität als eigenständige Gesellschaften. Die normative Verankerung dieser Mitwirkungsrechte findet sich in §§ 17 und 18 des Deklarationsentwurfes 1993.

§ 18 sieht die Schaffung geeigneter Verfahren auf legislativer und administrativer Ebene vor, um die in § 17 geregelte Mitwirkung der indigenous peoples durch frei von ihnen bestimmte Vertreter an allen wesentlichen Fragen mit Bezug auf ihre Rechte und Existenz sicherzustellen. Gleichzeitig ist ihnen das Recht garantiert, ihre traditionelle Wirtschafts- und Sozialordnung beizubehalten und traditionellen Formen des Lebensunterhaltes nachgehen zu können, wie zum Beispiel Jagd, Fischfang, Viehzucht,

---

[394] § 15 Deklarationsentwurf 1993.

[395] § 16 Deklarationsentwurf 1993.

Wald- oder Landwirtschaft. Sofern ihnen in der Vergangenheit die Möglichkeit, ihrem traditionellen Lebensunterhalt nachzugehen, genommen wurde, steht ihnen das Recht auf eine billige Entschädigung zu.[396] In gleichem Zusammenhang steht das Recht der indigenous peoples auf ihre traditionellen Heilmittel und eigenen Formen der Krankenheilung, was auch den Schutz der dazu benötigten Pflanzen und sonstigen natürlichen Stoffe beinhaltet.[397]

Damit wird deutlich, daß die Regelungen bezüglich der politischen Mitwirkungsrechte letztlich der Verwirklichung des Rechts auf politische Gleichheit bei weitestgehendem Zugeständnis gesellschaftlicher und kultureller Ungleichheit dienen sollen. Dennoch soll gem. § 20 die Sorge der Staaten auch der ständigen Verbesserung der wirtschaftlichen und sozialen Lebensbedingungen der indigenous peoples gelten. Dabei bleibt die Entscheidungskompetenz hinsichtlich des "ob" und "wie" dieser Fortentwicklung gem. § 21 jedoch bei den indigenous peoples.

(6) Teil VI: Bodenrechte

Teil 6 (§§ 23 - 28) Deklarationsentwurf 1993 befaßt sich schwerpunktmäßig mit der Berechtigung der indigenous peoples an ihrem Land. § 23 fordert die Anerkennung der besonderen Beziehung der indigenous peoples mit ihrem traditionell bewohnten Land. Dabei verwendet der Deklarationsentwurf den Terminus "land and territories", was jedoch nach den Ausführungen der Vorsitzenden der Working Group keine Verknüpfung mit dem völkerrechtlichen Grundsatz der territorialen Integrität oder eine Legitimation etwaiger Sezession implizieren soll. Vielmehr soll damit versucht werden, die Totalität der Beziehung der indigenous peoples zu ihrem Land begrifflich zu fassen. Diese ist nicht durch die bloße Eigentümerstellung der indigenous peoples gekennzeichnet, sondern durch die Besonderheit ihrer historischen, kulturellen, spirituellen und kollektiven Verwurzelung.[398]

Daher beschränkt sich der Schutz nicht nur auf die bloße Berechtigung an Grund und Boden, sondern umfaßt die Gesamtheit der Beziehungen der indigenous peoples zu der sie umgebenden Umwelt einschließlich Luft, Wasser, Flora, Fauna und anderen

---

[396] § 19 Deklarationsentwurf 1993.

[397] § 22 Deklarationsentwurf 1993.

[398] E/CN.4/Sub.2/1993/26/Add.1 (19. Juli 1993), S. 7.

natürlichen Ressourcen.[399] Dem wird in § 26 Rechnung getragen, welcher das Recht der indigenous peoples auf die Wiederherstellung und den Schutz ihrer gesamten Umwelt normiert. Militärische Aktivitäten und die Entsorgung von Sondermüll auf ihren Gebieten sollen daher ohne ihr Einverständnis verboten sein.

Gem. § 24 haben die indigenous peoples das Recht auf umfassende Anerkennung ihres kollektiven und individuellen Eigentums an ihren Gebieten. Dies erfordert gem. § 25 auch die Rückübereignung von Gebieten, welche den indigenous peoples ohne deren frei zustandegekommenes Einverständnis genommen oder sonstwie beeinträchtigt wurden. Ist eine Rückübereignung nicht möglich, ist den indigenous peoples eine billige Entschädigung zu gewähren, welche regelmäßig in der Bereitstellung vergleichbarer Gebiete bestehen soll.

Der Schutz der Bodenrechte der indigenous peoples erfordert weiter, daß die Staaten gem. § 28 zu jedem landbezogenen Projekt auf dem Gebiet der indigenous peoples, insbesondere zur Erforschung und Ausbeutung von Mineralien oder anderer Bodenschätze, das auf freier und informierter Entscheidung beruhende Einverständnis der indigenous peoples benötigen.

(7) Teil VII: Autonomierechte

Wie bereits dargestellt, sieht der Deklarationsentwurf 1993 in §§ 29, 30 umfassende Autonomie- und Selbstregierungsrechte der indigenous peoples hinsichtlich ihrer internen Angelegenheiten vor.[400] Ähnlich wie Art. 8(2) ILO Konvention No. 169 sieht § 31 Deklarationsentwurf 1993 das Recht der indigenous peoples zur Beibehaltung ihrer eigenen Gewohnheiten, Gesetze und ihres Rechtssystems vor. Die einzige qualitative Begrenzung dieses Rechtes stellt eine etwaige Unvereinbarkeit mit allgemein anerkannten Menschenrechten oder grundlegenden Freiheitsverbürgungen dar.[401]

Das Recht der indigenous peoples zur grenzüberschreitenden Zusammenarbeit mit anderen indigenous peoples ist in § 33 anerkannt.[402] Damit sind die indigenous peoples

---

[399] § 23 Deklarationsentwurf 1993.

[400] Vgl. oben, S. 100f..

[401] Vgl. auch § 32, welcher die Regelung der Pflichten des einzelnen durch die indigenous peoples selber derselben Begrenzung unterwirft.

[402] Vgl. auch Art. 32 ILO Konvention No. 169 und oben, S. 58.

dem ausschließlich nationalen Kontext enthoben und können in Ausübung ihrer Autonomierechte auch eine gewisse Außenwirkung entfalten. In diesem Zusammenhang unterstellt § 34 Streitigkeiten über Inhalt und Auslegung von Verträgen der Staaten mit indigenous peoples der Kompetenz der zuständigen internationalen Gremien.

(8) Teil VIII: Durchführungsbestimmungen

Teil 8 (§§ 35 - 39) Deklarationsentwurf 1993 verpflichtet die Staaten, in Zusammenarbeit mit den indigenous peoples effektive und geeignete Maßnahmen zur Umsetzung der Bestimmungen der Deklaration in nationales Recht zu ergreifen.[403] Dieser Prozeß der Transformation in nationales Recht unterliegt der Aufsicht durch die Vereinten Nationen[404], welche die vollständige Verwirklichung der Deklarationsbestimmungen auch durch Maßnahmen finanzieller und technischer Kooperation unterstützen sollen.[405]

Weiter ist den indigenous peoples eine angemessene finanzielle und technische Unterstützung von Seiten der Staaten oder im Rahmen internationaler Zusammenarbeit zu gewähren, damit diese uneingeschränkt ihre politische, wirtschaftliche, soziale, kulturelle und spirituelle Entwicklung vorantreiben und in den Genuß der in der Deklaration gewährten Rechte und Freiheiten kommen können.[406]

Die Regelung in § 37 soll einen effektiven Rechtschutz für die indigenous peoples in Fällen der Beeinträchtigung ihrer garantierten Rechte oder sonstigen Meinungsverschiedenheiten mit den Staaten gewährleisten.

(9) Teil IX: Schlußbestimmungen

Schließlich sind in Teil 9 (§§ 40 - 42) Deklarationsentwurf 1993 die üblichen Schlußbestimmungen getroffen, wonach die Deklaration einen Mindeststandard für den Schutz der indigenous peoples darstelle, keinerlei Beschränkung ihrer anderweitig

---

[403] § 35 Deklarationsentwurf 1993.

[404] § 39 Deklarationsentwurf 1993.

[405] § 38 Deklarationsentwurf 1993.

[406] § 36 Deklarationsentwurf 1993.

bestehenden oder künftigen Rechte beabsichtige und im übrigen die Bestimmungen der U.N.-Charta oder Prinzipien-Deklaration unberührt lassen wolle.

E. Zwischenergebnis

Faßt man das bisher Gesagte zusammen, so läßt sich feststellen, daß auch unter dem bereits geltenden Völkerrecht den indigenous peoples durchaus ihren Interessen und Schutzbedürfnis dienliche Rechte zustehen. Dies führt natürlich zu der Frage, inwieweit es dann noch einer Deklaration bedarf, welche sich speziell mit den Bedürfnissen und Rechten der indigenous peoples befaßt.

Während es der Verdienst von ILO Konvention No. 107 war, die Situation der indigenous peoples als ein Problem des Völkerrechtes überhaupt erst zu erkennen, ging ihre Nachfolger-Konvention No. 169 einen entscheidenden Schritt weiter, indem sie das Recht einer fortdauernden und von der dominanten Gesellschaft sich unterscheidenden eigenständigen Existenz der indigenous peoples anerkannte. Diese Kodifizierung eines "Rechts auf Besonderheit", vereint mit der Verpflichtung zum Erhalt dieser Kulturen, spiegelt weitgehend das moderne Verständnis vom Schutz der indigenous peoples wider. Trotzdem sind auch heute noch viele indigenous peoples von diesem durch ILO Konvention No. 169 garantierten Schutz ausgeschlossen, da bisher nur wenige Staaten sich durch eine Ratifikation entsprechend verpflichtet haben.

Somit erscheint bis heute Art. 27 IPBPR als überragende Schutznorm auch für die Belange der indigenous peoples. Obwohl es sich dabei eigentlich um eine Bestimmung des Minderheitenschutzes handelt, zeigte sich, daß diese Norm auch für die Belange der indigenous peoples hinsichtlich des Schutzes ihrer kulturellen Identität ein sehr wirkungsvolles Instrument ist. Dies setzt jedoch voraus, daß man sich der Auffassung anschließt, wonach Art. 27 IPBPR auch kollektive Rechte gewährt. Geht man noch weiter, indem man diese Vorschrift in der Richtung interpretiert, daß von ihr auch ein Mindestmaß an Bodenrechten mitumfaßt ist, was im Fall der indigenous peoples eine untrennbare Vorbedingung für jeden effektiven Schutzes ihrer kulturellen Identität ist, so handelt es sich in der Tat um eine Bestimmung, welche von den indigenous peoples vorzüglich für ihre eigenen Bedürfnisse ins Felde geführt werden kann.

Daneben ermöglicht eine Betonung des in Art. 25(a) IPBPR verankerten politischen Mitbestimmungs- rechtes unter progressiver Auslegung eine wirkungsvolle Einbeziehung jeder einzelnen Gruppierung innerhalb einer Gesellschaft. Damit wären grundsätzlich auch sämtliche Stämme der indigenous peoples bei politischen Entscheidungen, welche diese betreffen stets mit einzubeziehen. Dies ließe sich am besten mit einer Einrichtung von sog. ständigen Vertretern der indigenous peoples in den Legislativorganen der betreffenden Staaten erreichen.

Trotzdem erscheint es erforderlich, ein speziell mit der Situation der indigenous peoples befaßtes internationales Instrument zu verabschieden: Als vom Aussterben bedrohte Völker bedürfen die indigenous peoples mehr als des nach bisherigen Menschenrechten gewährten grundlegenden Schutzes. Die Völkergemeinschaft muß sich ihrer Situation in besonderem Maße, d.h. im Sinne einer sog. *affirmative action*, annehmen. Eine entsprechende Verpflichtung der Staaten aufgrund des bereits bestehenden Völkerrechtes würde jedoch eine extensivere Auslegung der einschlägigen Normen erfordern, als dies bisher geschehen ist. Obendrein bietet allein das Völkergewohnheitsrecht den Vorteil allseitiger Anwendbarkeit, ist jedoch bisher noch mit dem Nachteil verbunden, daß dessen Regelungen im Hinblick auf die indigenous peoples vielfach zu unbestimmt sind, um in der konkreten Situation effektiven Schutz zu gewährleisten.

In diesem Zusammenhang kommt den Bemühungen der Working Group on Indigenous Populations um die Ausarbeitung und Verabschiedung der "*Declaration on the Rights of Indigenous Peoples*" große Bedeutung zu. Geht man davon aus, daß diese Deklaration in (nahezu) unveränderter Form eines Tages von den Vereinten Nationen angenommen werden wird, steht den indigenous peoples auf der gesamten Welt ein fortschrittliches und effektives Regelwerk allgemeiner Bestimmungen des Schutzes und der Förderung ihrer Belange zur Seite. Ähnlich wie die Allgemeine Erklärung der Menschenrechte verspricht die Deklaration in ihrer gegenwärtigen Fassung zu einem wirkungsvollen und allgemein anwendbaren Instrument zum Schutz und zur Erhaltung der kulturellen und politischen Eigenständigkeit der indigenous peoples zu werden. Da jedoch bloße Deklarationen der Generalversammlung keinen direkten Befolgungszwang für die Mitgliedsstaaten der Vereinten Nationen begründen, sondern grundsätzlich nur Empfehlungscharakter besitzen, kann der *Declaration on Indigenous Rights* nur unter dem Gesichtspunkt des Völkergewohnheitsrechtes Bindungswirkung zukommen.[407]

Aufgrund der Radikalität des intendierten Schutzes läßt sich jedoch die Deklaration nicht als bloße Kristallisation bereits bestehenden Völkergewohnheitsrechtes bezeichnen. Insoweit trägt allerdings die Arbeit der Working Group als Forum für die Bezeugung bestimmter Rechtsüberzeugungen der Staaten und für die Ermittlung einer konkreten Staatenpraxis zur künftigen Entwicklung eines entsprechenden Gewohnheitsrechtes bei. Der Grad der Zustimmung der Generalversammlung im Rahmen der noch ausstehenden Verabschiedung der Deklaration wird ein weiterer Indikator für die gewohnheitsrechtliche Verankerung des skizzierten Schutzes der indigenous peoples sein. Dennoch wird erst eine tatsächliche Befolgung der Deklarationsbestimmungen durch die Staaten im Anschluß an ihre Verabschiedung dieser den Charakter als bindendes Völkerrecht verleihen.[408]

Die Deklaration zeichnet sich vor allem durch die durchgängige Anerkennung der ursprünglichen Rechte der indigenous peoples auf Gleichheit mit allen anderen Völkern, ihres Selbstbestimmungsrechtes in ihren eigenen Angelegenheiten und ihrer umfassenden Berechtigung an der sie umgebenden Umwelt aus. Gleichzeitig versteht es die Deklaration, die beiden völkerrechtlichen Prinzipien auf Selbstbestimmung der Völker und territoriale Integrität auf zufriedenstellende Weise miteinander in Einklang zu bringen, indem der interne Aspekt der Selbstbestimmung grundsätzlich in den Vordergrund gerückt wird.

Das in der Deklaration angedeutete Programm für das Verhältnis der Staaten zu ihren jeweiligen indigenous peoples läßt sich wohl folgendermaßen formulieren: Soviel Freiheit für die indigenous peoples als möglich, soviel Unterstützung durch die Staaten als nötig. Dadurch sollen den indigenous peoples für ihre zukünftige Entwicklung sämtliche Optionen offenstehen, was zum einen der Wiedergutmachung des an ihnen begangenen Unrechts dient, vor allem aber eine Chance für den Erhalt ihrer kulturellen Vielfalt bieten soll.

---

[407] Vgl. KNUT IPSEN, VÖLKERRECHT, § 16 Rn. 23 (1990).

[408] Vgl. ebd..

Um den nun eingeschlagenen Weg, den Schutz der indigenous peoples offiziell zu einem Gegenstand internationaler Sorge zu machen, fortzusetzen, bestehen bereits Vorschläge, die Working Group on Indigenous Populations als einen Ständigen Expertenausschuß innerhalb des ECOSOC einzurichten.[409] Dadurch wäre die Beachtung der den indigenous peoples in der erwartungsgemäß zu verabschiedenden Deklaration zuerkannten Rechte der Überwachung durch ein permanentes und spezialisiertes Gremium der Vereinten Nationen unterstellt, was die Durchsetzung des intendierten Schutzes auf internationaler Ebene effektiver gestalten würde.

Die Umsetzung der Regelungen des internationalen Rechts zum Schutz der indigenous peoples auf nationaler Ebene wird sich nach der konkreten Situation in den jeweiligen Beherbergungsstaaten zu bemessen haben. Dabei spielt die eigene Geschichte der indigenous peoples eine entscheidende Rolle, genauso wie ihre kulturelle, religiöse und spirituelle Eigenart, ihre heutige soziale Situation und Demographie, die Entstehungsgeschichte des betreffenden Beherbergungsstaates und die bisherige rechtliche Stellung der indigenous peoples, insbesondere der diesen zugestandene Grad an politischer, kultureller und sozialer Selbstbestimmung innerhalb des Beherbergungsstaates.

Ein mögliches Modell für den Schutz von indigenous peoples auf nationaler Ebene kann der in den Vereinigten Staaten eingeschlagene Weg hinsichtlich der auf ihrem Gebiet ansässigen Indianerstämme bieten. Dies nicht nur, weil dort schon seit den 70er Jahren eine Politik der "self-determination" betrieben wird, sondern weil von Beginn an ein Grundprinzip der konkreten Gestaltung der Beziehungen zwischen den einzelnen Indianerstämmen und den Vereinigten Staaten die Anerkennung der ursprünglichen Souveränität der indianischen Völker war.

Gegenstand des zweiten Teils der Arbeit soll somit - nach einer Darstellung der für das Verständnis der heutigen Situation erforderlichen historischen und demographischen Entwicklungen - die Analyse der konkreten rechtlichen Stellung der Indianerstämme innerhalb des Rechtsgefüges der Vereinigten Staaten sein, um auf diese Weise die Tauglichkeit des amerikanischen Ansatzes als Modell für einen nationalen Schutz der indigenous peoples zu untersuchen.

---

[409] Vgl. Anmerkungen von E.-I. Daes zum Deklarationsentwurf 1993, E/CN.4/Sub.2/1993/26/Add.1 (19. Juli 1993), S. 7.

TEIL 2: NATIONALES RECHT DER USA

A. Indianer als Teil der Indigenous Peoples in den USA

Die auf dem Gebiet der Vereinigten Staaten ansässigen indigenous peoples stellen keine einheitliche Gruppe dar. Man muß vielmehr zwischen drei Hauptgruppen unterscheiden: Die größte Gruppe bilden die sog. Indianer[410] auf dem Gebiet der Kontinental-USA. Daneben steht die Gruppe der Ureinwohner auf Hawaii, die seit der Annektion Hawaii's im Jahre 1898 im Rahmen der Politik der Vereinigten Staaten stets eine Sonderrolle, bzw. nahezu keine Rolle einnahm.[411] Die dritte Gruppe bilden die Ureinwohner Alaska's. Diese unterteilen sich wiederum in drei Untergruppen: Die Aleuten, welche den Südwesten Alaskas besiedeln, und die Eskimos im Norden sind aus ethnologischer Perspektive keine Indianer im eigentlichen Sinne, werden von der Bundesregierung jedoch diesen gleichgestellt. Die eigentlichen Indianer Alaskas, welche sich in die Stämme der *Tlingit*, *Haidas* und *Athabascans* aufgliedern, leben im Südosten und im Inneren des Landes.[412]

Die folgende Analyse beschränkt sich jedoch auf das hinsichtlich der sog. "lower 48"-Indianer anwendbare Recht, d.h. jener Indianer, welche auf dem Gebiet der Kontinental-USA ansässig sind. Zum einen umfaßt dieses den weitaus größten Anteil der indigenous peoples in den USA. Zum anderen richtet sich die rechtliche Behandlung der übrigen indigenous peoples weitgehend nach den gleichen Grundsätzen wie die der Kontinental-Indianer, wobei im Einzelfall unter Ausnutzung gewisser geographischer Vorteile spezielle, die Besonderheiten des Einzelfalls berücksichtigende Sonderregelungen getroffen wurden.[413] Eine Darstellung all dieser Besonderheiten würde jedoch den Rahmen dieser Arbeit sprengen.[414]

410 Auch wenn die Bezeichnung als "Indianer" ursprünglich auf dem Irrtum des Columbus beruhte, bei dem von ihm entdeckten Erdteil handele es sich um Indien, hat sich die Bezeichnung heute doch als Sammelbegriff für die Ureinwohner Amerikas (mit Ausnahme der Eskimos und Aleuten) eingebürgert, vgl. dtv-Brockhaus, Band 8, Stichwort "Indianer".

411 Vgl. Richard H. Houghton, *An Argument for Indian Status of Native Hawaiians - The Discovery of a Lost Tribe*, 14 AMERICAN INDIAN LAW REVIEW, S. 1ff. (1989).

412 GETCHES / WILKINSON / WILLIAMS, CASES AND MATERIALS ON FEDERAL INDIAN LAW (1993), S. 911f.

413 Für Alaska sei nur der *Alaskan Native Claims Settlement Act* (18.12.1971; P.L. 92-203, 85 Stat. 688 (1971); kodifiziert in: 43 U.S.C. §§ 1601ff.) erwähnt, welcher der endgültigen Beilegung des Streites um die Berechtigung am Gebiet Alaskas dienen sollte: Im Tausch für 147 Mio. hektar Land, an welchem die Eingeborenen Alaskas Rechte beanspruchten, erhielten sie das Eigentum an 18 Mio. hektar Land zusammen mit einer Geldzahlung i.H.v. $ 962,5 Mio..

414 Eine ausführliche Darstellung der Situation der Ureinwohner Alaskas findet sich in DAVID S. CASE,

I. Heutige Situation der Indianer Nordamerikas

Zu Beginn der Darstellung des in den Vereinigten Staaten für die Indianer geltenden Rechtes, muß die Auseinandersetzung mit der Frage stehen, wer diese Bevölkerungsgruppe überhaupt ist: Vor dem Hintergrund, daß sich jedes bestehende Recht erst in der Person des Rechtsträgers konkretisiert, ist es für eine Analyse des Indianerrechts[415] unerläßliche Voraussetzung, zunächst den Blick auf die gegenwärtige Situation der betroffenen Indianerstämme zu richten. Diese wiederum wird nur aus ihrer historischen Entwicklung heraus verständlich. Daher soll hier zunächst die bisherige Bevölkerungsentwicklung der Indianer erörtert erden, woran sich ein Überblick ihrer geographischen Verteilung innerhalb der Vereinigten Staaten und ihrer sozio-ökonomischen Situation anschließt.

1. Bevölkerungsstatistische Grunddaten

Bei den Erhebungen im Jahr 1990 erfaßte die U.S.-Zensusbehörde mehr als 1,878 Millionen Personen, welche sich selber als "American Indians" bezeichneten[416]. Somit setzte sich auch in den letzten Jahren der Trend einer stetigen Zunahme der indianischen Bevölkerung der Vereinigten Staaten fort: Wurden bei den Zensuserhebungen 1950 noch lediglich 357.499 gezählt, waren dies 1960 bereits über 523.591, 1970 wurden 792.730 erfaßt, und 1980 bekannten sich mehr als 1,4 Millionen Amerikaner zu ihrer indianischen Identität.[417]

Für die Zeit vorher existieren nur Schätzungen: Man geht davon aus, daß vor der Entdeckung Amerikas auf dem nordamerikanischen Kontinent zwischen 5 und 10 Millionen Ureinwohner lebten.[418] Mit der Ankunft der Weißen setzte dann ein drastischer

---

ALASKA NATIVES AND AMERICAN LAWS (1984).

[415] Der Begriff "Indianerrecht" meint hier nicht die zahlreichen von den Indianerstämmen selber gesetzten Rechtsnormen, vgl. zum Beispiel das Gesetzeswerk der Cherokee, CHEROKEE NATION CODE ANNOTATED (Equity Follows the Law Publ.Corp. (Hrsg.), Oxford, NH 1986) , sondern umschreibt das auf die Beziehung zwischen den Vereinigten Staaten und den Indianerstämmen anwendbare Bundesrecht.

[416] Für Hawaii ermittelte der U.S.-Zensus eine absolute Anzahl von 143.841 Ureinwohnern (5.099 davon unter ethnischen Gesichtspunkten Indianer), was einem Anteil an der Gesamtbevölkerung Hawaii's von 12.9 % entspricht. In Alaska beträgt die Zahl der Ureinwohner absolut 85.698 (ca. 80.000 davon nicht den Indianern zuzurechnende Eskimo und Aleuten), bzw. relativ 15,6 %. Damit stehen die beiden Bundesstaaten, was den relativen Anteil von indigenous peoples an ihrer Bevölkerung betrifft an der Spitze sämtlicher Bundesstaaten.

[417] Zahlen nach GETCHES ET AL., aaO., S. 13f..

[418] W. DENEVAN, THE NATIVE POPULATION OF THE AMERICAS IN 1492 (1976), S. 291.

Bevölkerungsrückgang der Indianer ein: Zahlreiche kriegerische Auseinandersetzungen mit dem Militär und den Siedlern, vor allem aber die von den Siedlern eingeschleppten Infektionskrankheiten führten dazu, daß sich die Zahl der Ureinwohner bis zum Jahr 1800 auf geschätzte 600.000 verminderte. Die zu Anfang des 19. Jahrhunderts forciert betriebene Umsiedlungspolitik[419] bildete eine weitere Ursache für die Dezimierung der indianischen Bevölkerung: 1890 zählte man bei der ersten Erhebung des U.S.-Zensus nur noch knapp 250.000 Indianer. Erst seit dieser Zeit ist ein allmähliches Anwachsen der Indianerbevölkerung festzustellen: 1910 erfaßte der Zensus 276.927 Indianer, 1930 waren es bereits wieder 343.352.[420] Stellt man jedoch auf die relative Größe im Verhältnis zur Gesamtbevölkerung der Vereinigten Staaten ab, so war die Talsohle erst 1950 mit 0,24 % erreicht. Beim Zensus 1990 betrug der relative Anteil immerhin schon wieder 0,8 %.[421]

Während die Zahlenangaben des Zensus 1990 aufgrund ihrer vollständigen Erfassungsmethoden als weitgehend zuverlässig gelten können, ist insbesondere bei den älteren Statistiken eher Vorsicht geboten: So war die Einschätzung, wer "Indianer" im Sinne der Erhebung sei, bis einschließlich 1950 dem Ermessen des Befragers anheim gestellt, wobei er sich jedoch nach bestimmten Vorgaben der Zensusbehörde des jeweiligen Bundesstaates zu richten hatte. Durch Unwissenheit hervorgerufene oder politisch motivierte Fehleinschätzungen waren dadurch vorprogrammiert. Erst 1960 ging die U.S. Zensusbehörde zum "Prinzip der ethnischen Selbsteinschätzung" über, d.h. als Indianer wurde registriert, wer sich selber als Angehöriger eines Indianerstammes bekannte. Jedoch war auch bei dieser Methode noch nicht ganz auszuschließen, daß viele der Befragten aus Angst vor Rassendiskriminierung ihre ethnische Zugehörigkeit falsch angaben.[422] Darüberhinaus waren die Kriterien der einzelnen Indianerstämme untereinander zur Festlegung ihrer Mitgliedschaft in ihrem Stamm sehr unterschiedlich: Verlangten z.B. die *Ute Indianer* (CO) einen Anteil indianischen Blutes von mindestens 5/8, genügte bei den *White Mountain Apache* (AZ) bereits 1/4 Anteil, und bei den *Wyandottes* (OK) reichte es schon aus, wenn man zu 1/256 indianischer Abstammung war. Die *Pine Ridge Sioux* (SD) sahen alle auf dem Stammes- territorium geborenden Nachkommen ihrer Mitglieder ebenfalls als Stammesmitglieder an, während

---

419 S. unten, S. 134ff.

420 Vgl. Klaus Frantz, Die Indianerreservationen in den USA, S. 91ff. (1993).

421 Getches et al., aaO., S. 13.

422 Vgl. Frantz, aaO., S. 80.

die *Ottawa* (OK) lediglich darauf abstellten, ob einer der Vorfahren bereits 1853 im Stammesregister eingetragen war u.s.w..[423] Sieht man jedoch die Frage der statistischen Erfassung vor dem Hintergrund der weltweiten Forderung der indigenous peoples nach einem Recht auf Selbst-Definition[424], so ist die an der intern geregelten Stammesmitgliedschaft orientierte Selbsteinschätzung der Befragten als eine zulässige und korrekte Erhebungsform anzusehen.

Zu erheblich niedrigeren Zahlenangaben als die U.S.-Zensusbehörde gelangte in der Vergangenheit dagegen das *Bureau of Indian Affairs* (BIA). Dies läßt sich allerdings damit erklären, daß das BIA nur die Mitglieder eines von der Bundesregierung anerkannten Indianerstammes (*federally recognized tribe*) als Indianer in ihrer Statistik führt. Zum Teil ist darüberhinaus noch der Nachweis erforderlich, daß der Betroffene mindestens ein Viertel indianischen Blutes aufweist.[425] Die Zahl dieser sog. *Status-*, bzw. *Rechtstitelindianer* betrug 1950 315.389, bei den Erhebungen 1970 waren es 453.227, und 1980 zählte das BIA 755.201 Indianer, also nur etwas mehr als die Hälfte der Zensusangaben aus dem gleichen Jahr.[426]

Wenn die Statistiken "American Indian" oder "Native American" als Oberbegriff für sämtliche Angehörige der verschiedenen Stämme auf dem Gebiet der Vereinigten Staaten verwenden, so täuscht dies eine nicht vorhandene Einheitlichkeit dieser Gruppe vor. Vor Ankunft der Weißen in Nordamerika gab es zwar bereits stammesübergreifende Verbände unter den Ureinwohnern[427], dennoch fehlte es an einem Verständnis grundlegender Gemeinsamkeit der Stämme untereinander: Die jeweiligen Stämme bildeten für sich geschlossene Einheiten mit einer eigenen Sprache, eigenen Kultur, unterschiedlichen Lebensformen, unterschiedlicher wirtschaftlicher Betätigung und politischer Organisation. Daher empfanden sich die Mitglieder dieser Stämme in

---

423 Ebd., S. 81.

424 Vgl. die diesbezügliche Regelung in ILO Konvention No. 169, oben, S. 49, und in dem Deklarationsentwurf der Working Group, oben, S. 104.

425 Frantz, aaO., S. 80.

426 Die Besonderheit dieser Einordnung als *Rechtstitelindianer* liegt auch darin, daß unter Umständen Personen ohne jegliche indianische Herkunft allein aufgrund ihres Wohnortes inmitten der Reservation eines anerkannten Indianerstammes ebenfalls als Indianer geführt werden, während wiederum Mitglieder eines nicht anerkannten Stammes keinesfalls als Indianer in der Statistik auftauchen. Frantz, aaO., S. 92f..

427 Z.B. die *Powhattan Confederacy* in Virginia oder die kulturell und politisch hochentwickelte *Iroquois Confederacy of the Six Nations*, welche auch den Vätern der amerikanischen Verfassung als Vorbild gedient hatte, vgl. Resolution des 100. Kongresses, abgedruckt in 2(1) Sovereign Nations (Januar 1993), S. 2.

weltbürgerlicher Manier allenfalls als Angehörige einer allumfassenden Menschheitsfamilie, nicht aber als "Indianer" im allgemeinen Sinne.[428]

Auch heute noch verstehen die Indianer sich in erster Linie als Angehörige eines bestimmten Stammes und sekundär erst als Indianer im allgemeinen.[429] Die vor allem in den 70er Jahren festzustellende Gründung panindianischer Bewegungen, wie z.B. die *American Indian Movement*, sind ein typisches Produkt der sog. Stadtindianer: Im anonymen Schmelztiegel der Großstädte bot sich ihnen als größter gemeinsamer Nenner ihre rassische Klassifizierung als Indianer. Dies unterstreicht jedoch geradezu die Tatsache, daß die Einheitlichkeit der Bevölkerungsgruppe "Indianer" eine erst durch die Betrachtungsweise der weißen Einwanderer entstandene Fiktion ist. Trotzdem lernten die verschiedenen Stämme im Lauf der Zeit mit dieser Verallgemeinerung zu leben, und das gemeinsam unter der Politik der Bundesregierung erlittene Schicksal schuf allmählich mehr Gemeinsamkeiten als die bloße Bezeichnung.

Die Anzahl der von der Bundesregierung anerkannten Stämme in Kontinental-USA beträgt heute 293.[430] Daneben sind beim BIA noch ungefähr 230 nicht anerkannte Stämme mit geschätzten 180-250.000 Mitgliedern registriert. Allerdings ist diese Zahl wenig aussagekräftig, da sie sich weniger an ethnologischen Realitäten als vielmehr an administrativen Gegebenheiten orientiert: Nach Auffassung des BIA bilden sämtliche Indianer innerhalb einer geschlossenen Reservation einen einzigen Stamm. Dies erfolgt ungeachtet der Tatsache, daß die Reservationsbevölkerung oftmals ein Panoptikum zahlreicher verschiedener Stämme darstellt, welchen bei ihrer Umsiedlung und der Bildung neuer Reservate dasselbe Gebiet zugewiesen wurde, wie dies z.B. bei der *Colorado River Indian Reservation* der Fall ist, wo *Mohave, Chemehuevi, Hopi* und *Navajo* Indianer gemeinsam angesiedelt wurden. Ebenso kam es bei der Verteilung der Indianer auf die Reservate vor, daß ein Stamm nunmehr auf mehrere Reservationen verstreut ist: Heute finden sich *Cherokee* in 35 verschiedenen Staaten, die *Sioux* sind auf 15 Staaten verteilt, die *Chippewa* auf neun und die *Iroquois* auf acht.[431]

---

[428] Vgl. z.B. die Stammesbezeichnung der *Dene-*, *Pai-* oder *Hopi*-Indianer, welche am besten mit "Angehöriger des Menschenvolkes" zu übersetzen ist, vgl. FRANTZ, aaO., S. 82.

[429] GETCHES ET AL., aaO., S. 8.

[430] Ebd..

[431] GETCHES ET AL., aaO., S. 12.

Legt man streng ethnologische Maßstäbe an, so kann man heute von etwas mehr als 170 Stämmen ausgehen. In präkolumbischer Zeit existierten schätzungsweise 200 Stämme, von denen durch Krankheiten und Kriege oder durch Vereinigung mit anderen Stammesverbänden 50 Stämme untergegangen waren. Allerdings kam es nach Ankunft der Weißen auch zu einigen Neugründungen von Stämmen.[432]

Die mangelnde Trennschärfe ethnologischer Definitionsversuche[433] mag erklären, warum die Bearbeitung der 138 beim *Bureau of Federal Acknowledgement* (BFA), einer 1978 gegründeten Unterabteilung des BIA, anhängigen Anträge von sog. "non-federally recognized tribes" bisher erst in acht Fällen zur Anerkennung und in 13 Fällen zur Antragsablehnung geführt hat.[434] Für die Anerkennung ist erforderlich, daß der Antragsteller eine "substantial continuous tribal existence"[435] nachweist.[436] Motivation der Stämme für die Beantragung der offiziellen Anerkennung ist die Förderung durch vom BIA betriebene Reservationsprogramme, wofür in der Regel eine entsprechende Anerkennung unabdingbare Voraussetzung ist.

Betrachtet man die Größenordnung der einzelnen Stämme, so stellt man fest, daß nur 116 Stämme mehr als 1.000 Mitglieder zählen. Zu den größten Stämmen gehören die *Cherokee* mit 308.132 Angehörigen, gefolgt von den *Navajo* (219.198), *Chippewa* (103.826) und den *Sioux* (193.255), *Choctaw* (82.299), *Pueblo* (52.939), *Apache* (50.051), *Iroquois* (49.038), *Lumbee* (48.444), *Creek* (43.550), *Blackfoot* (32.234) und *Chickasaw* (20.631). Allerdings muß hinzugefügt werden, daß auch die meisten der

[432] E. SPICER, THE AMERICAN INDIANS. DIMENSIONS OF ETHNICITY (1980), S. 13.

[433] Unter einem "Stamm" verstehen Ethnologen "einen Zusammenschluß, der einerseits über Verwandtschafts- gruppen und oft auch über Dörfer hinausgeht, andererseits nicht die politische Festigkeit eines durchorganisierten Staatswesens erreicht. "Stämme" gab es z.B. nicht bei Jägern und Sammlern, die meist in Lokalgruppen lebten. An der Spitze einiger nordamerikanischer Indianerstämme standen Erbhäuptlinge, die von einem Ältestenrat unterstützt wurden." LINDIG/MÜNZEL, aaO., S. 313f.. Nach einer anderen Definition versteht man unter einem "Stamm" "eine Anzahl von Familien, Sippen oder Horden (...), die eine gemeinsame Sprache sprechen, ähnliche Einrichtungen, Sitten und Gebräuchen besitzen, ein mehr oder weniger ausgeprägtes Gruppenbewußtsein aufweisen und die darüber hinaus vielleicht auch gemeinsamer Abstammung sind. FRANTZ, aaO., S. 86.

[434] GETCHES ET AL., aaO., S. 12.

[435] Vgl. 25 C.F.R. § 83.3.

[436] Für die Prüfung dieser "substantial continuous tribal existence" gelten für das BFA folgende Kriterien als indiziell: "(1) Repeated identification by Federal authorities; (2) Longstanding relationships with State governments based on identification of the group as Indian; (3) Repeated dealings with a county, parish, or other local government in a relationship based on the group's Indian identity; (4) Identification as an Indian entity by records in courthouses, churches, or schools; (5) Identification as an Indian entity by anthropologists, historians, or other scholars; (6) Repeated identification as an Indian entity in newspapers and books; (7) Repeated identification in dealings as an Indian entity with recognized Indian tribe or national Indian organizations." 25 C.F.R. § 83.7(a) (1991).

großen Stämme in kleineren Einheiten leben, da diese oft - wie bereits erwähnt - auf mehrere verschiedene Bundesstaaten verteilt sind.[437]

Gemessen an der Einwohnerzahl[438], liegt die *Navajo I.R.* im Grenzgebiet von Arizona, Utah und New Mexico mit einer Gesamtbevölkerung von 110.443[439] an der Spitze, gefolgt von der *Osage I.R.* (OK) mit über 39.327, der *Yakima I.R.* (WA) mit 25.363, der *Puyallup I.R.* (WA) mit 25.188, der *Isabella I.R.* (MI) mit 23.373 und der *Wind River I.R.* (WY) mit 23.166 Bewohnern.

Dabei ist jedoch zu beachten, daß die Bevölkerung der Reservationen nicht ausschließlich aus Indianern besteht: Auf zahlreichen Reservationen lebt heute ein erheblicher Anteil von Weißen, was zum einen auf den Erwerb entsprechenden Grundeigentums im Zuge der *Allotment*-Politik[440] oder auf den *Railroad Act* von 1866[441], zum anderen auf entsprechende Pachtverträge oder aber auf den Erwerb des Indianerstatus durch Weiße zu Zeiten des *Indian Reorganization Act's*[442] zurückzuführen ist. Diese Bevölkerungsverteilung führt nicht nur zu dem Phänomen einer weißen Minderheit inmitten der Indianer- ansiedlungen. In einigen Fällen sind die Indianerreservationen sogar vollständig von Weißen majorisiert: So beträgt der relative Anteil der Indianer auf zwölf der 25 bevölkerungsreichsten Reservationen weniger als 20 %. Extremes Beispiel für die Majorisierung der Indianer ist die *Agua Caliente I.R.* (CA), auf welcher von insgesamt 13.743 Einwohnern lediglich 69 Indianer anzutreffen sind, was einem Bevölkerungsanteil von 0,5 % entspricht. Nahezu rein indianisch besiedelte Reservationen sind die *Papago I.R.* (AZ) mit einem Indianeranteil von 96,6 %, die *Gila River I.R.* (AZ) mit 95,8 %, die *Hopi I.R.* (AZ) inmitten der *Navajo I.R.* (AZ, UT, NM) mit 95,6 %, bzw. 95,1 %.[443]

---

[437] Ebd., S. 12f..

[438] Eingeschlossen sämtliche Nicht-Indianer.

[439] Sämtliche Zahlenangeben s. U.S. CENSUS: POPULATION, AMERICAN INDIAN AREAS AND ALASKA NATIVE VILLAGES (1980), S. 16ff..

[440] S. unten, S. 143ff.

[441] 14 Stat. 239 (1866). Dieser sah auf den an die Eisenbahnlinien im Westen angrenzenden Reservationen eine schachbrettartige Aufteilung des Grundeigentums an Indianer und die Eisenbahngesellschaften vor. Teilweise führte er auch zur Entstehung von geschlossenen "Eisenbahnersiedlungen" innerhalb der Reservation, wie dies z.B. bei der Stadt *Parker* inmitten der *Colorado River I.R.* (AZ) der Fall ist. Vgl. FRANTZ, aaO., S. 66.

[442] S. unten, S. 146ff..

[443] Sämtliche Zahlenangaben s. U.S. CENSUS: POPULATION, AMERICAN INDIAN AREAS AND ALASKA NATIVE VILLAGES (1980), S. 16ff..

Betrachtet man die räumliche Verteilung der Indianer, so ist festzustellen, daß heute über 73 % aller Indianer[444] und 92 % aller Reservationsindianer westlich des Mississippi leben. Allein in den Bundesstaaten Kalifornien, Oklahoma, Arizona und New Mexico befinden sich heute mit jeweils über 100.000 Indianern über 46 % aller indigenous peoples der Vereinigten Staaten.[445] Im Nordosten der Vereinigten Staaten beträgt der Anteil der Indianer an der Gesamtbevölkerung lediglich 0,2 %, im Mittelwesten gerademal doppelt so viel, im Süden 0,5 % und im Westen ist er mit 1,6 % am größten.[446]

Es ist jedoch eine Fehlvorstellung zu meinen, die meisten Indianer der Vereinigten Staaten würden auf den verschiedenen Reservationen leben. Bundesweit trifft dies lediglich für knapp 25 % zu. Am stärksten sind die Reservatsindianer ebenfalls im Westen vertreten: Dort lebten von sämtlichen Indianern 37,4 % auf einer Reservation. Am geringsten ist mit 4,2 % der Anteil im Süden. Im Nordosten beläuft er sich auf 10,3 % und im Mittelwesten auf 26,3 %. Schließt man jedoch auch die nähere Umgebung einer Reservation mit in die Erhebung ein, so ergibt sich ein Anteil "reservatsangebundener" Indianer i.H.v. 50 %.[447] Die andere Hälfte lebt in den Städten.[448]

2. Reservationen

Innerhalb der Vereinigten Staaten befinden sich ungefähr 229.057 km² indianischer Gebiete. Dies entspricht einem Anteil von etwa 2,4 % der Gesamtfläche der Vereinigten Staaten. Stellt man auf die geographische Verteilung dieses indianischen Landeigentums ab, so liegt Arizona mit einem Anteil von 27,7 % indianischer Gebiete am gesamten Staatsgebiet an der Spitze, gefolgt von New Mexico mit 10,5 %, South Dakota mit 9,2 %, Montana mit 5,9 % und Washington mit 5,6 %. In Kalifornien beträgt der Flächenanteil der Indianerreservationen lediglich 0,6 % und in Oklahoma, dem einstigen "Indian Territory" sind nur noch 2,5 % des Staatsgebietes in indianischer Hand. Von den Staaten der Ostküste weist Maine mit 0,7 % indianischer Gebiete noch den

---

[444] Darin sind die in Großstädten, wie z.B. Los Angeles (CA), San Francisco (CA) oder Tulsa (OK), lebenden Stadtindianer mit eingeschlossen.

[445] FRANTZ, aaO., S. 96.

[446] Zahlen nach U.S. CENSUS: POPULATION... (1980), S. 14ff.

[447] GETCHES ET AL., aaO., S. 15.

[448] Streng genommen sind diese "Stadtindianer" nicht vom Anwendungsbereich des "Indian Law's" der Vereinigten Staaten erfaßt, welches primär auf die Verhältnisse innerhalb des Gebietes der Indianer anknüpft.

größten Anteil auf.[449] Insgesamt befinden sich im Westen der Vereinigten Staaten über 93 % des Reservationslandes, östlich des Mississippi dagegen lediglich 3 %.[450]

Die flächenmäßig größte Reservation ist die der *Navajo* (AZ, NM, UT) mit 62,970 km², gefolgt von der *Papago I.R.* (AZ) mit 11,424 km² und der *San Carlos I.R.* (AZ) mit 7,667 km². Zählt man die Fläche der 25 größten Reservationen zusammen, so entspricht dies 80 % der Gesamtfläche sämtlicher Indianerreservationen. Davon entfallen allein 30 % auf die *Navajo I.R.*. 65 % aller Reservationen weisen eine Fläche von weniger als 100 km² auf.[451]

Die dinglichen Berechtigungen an den einzelnen Reservationen sind jedoch zum Teil sehr unterschiedlich. Reservationen wie die der *North Carolina Cherokee* oder der *White Mountain Apache* (AZ) sind vollständig im Eigentum des Stammes, und werden von den Vereinigten Staaten treuhänderisch verwaltet.[452] In anderen Reservationen ist eine Mischung aus Stammesland und im Zuge der *Allotmentpolitik*[453] verteiltem Land im Individualeigentum festzustellen. Oft gewähren aber auch die Stämme ihren einzelnen Mitgliedern Nutzungsrechte (sog. *assignments*) an abgegrenzten Gebieten ihres Landes. Diese sind in der Regel zeitlich begrenzt und nicht übertragbar.[454] Daneben ist auf vielen Reservationen auch "nicht-indianisches" Privateigentum an Grundstücken innerhalb einer Reservation anzutreffen. Dies läßt sich entweder auf eine entsprechende Veräußerung während der *Allotment*-Ära, auf eine spätere Veräußerung durch indianische Eigentümer oder auf eine im Zuge der Siedlungspolitik der Bundesregierung erfolgte Landzuteilung an Weiße zurückführen.[455] Schließlich steht auch den Vereinigten Staaten selber das Eigentum an gewissen Grundstücken innerhalb der Reservate zu, wenn auch dieser Anteil insgesamt weniger als 1 % der Reservatsfläche ausmacht.

---

449 Zahlen nach: BUREAU OF INDIAN AFFAIRS, ACREAGES OF INDIAN LANDS BY STATE, 1990, zitiert in: GETCHES ET AL., aaO., S. 20f.

450 FRANTZ, aaO., S. 50.

451 Ebd., S. 51.

452 Eine Besonderheit bilden diesbezüglich die *Pueblos* (NM), welche bereits unter spanischer Herrschaft unbeschränktes Eigentum an ihren Gebieten erhalten hatten. Die Vereinigten Staaten verpflichteten sich im *Vertrag von Hidalgo* (1848) mit der Übernahme des Gebietes von New Mexiko auch die darauf begründeten Rechte der Indianer anzuerkennen. Somit sind diese Gebiete nicht unter der treuhänderischen Verwaltung der Vereinigten Staaten. *Mountain States T.&. T. Co. v. Pueblo of Santa Ana*, 472 U.S. 237 (1985).

453 Dazu im einzelnen weiter unten, S. 143ff.

454 CANBY, aaO., S. 269.

455 GETCHES ET AL., aaO., S. 21.

Oft befinden sich auf diesen Gebieten Einrichtungen des BIA oder *Indian Health Service* (IHS) und die Wohnsiedlungen der dort Beschäftigten.[456]

Die allgemein übliche Vorstellung, die den Indianern heute gebliebenen Gebiete seien wüste und öde Landstriche ist in dieser Allgemeinheit nicht richtig. Eine wachsende Anzahl von Indianerstämmen hat mittlerweile den Wert ihrer landschaftlich zum Teil reizvollen Gebiete als Einnahmequelle für den Erholungstourismus entdeckt.[457] Stämme wie die *Colville* (WA), die *Red Lake Chipppewa* (MN) und die *Menominee* (WI) können innerhalb ihrer Reservationen auf wertvollen bewirtschaftbaren Waldbesitz zurückgreifen. 77 % des gesamten indianischen Landes sind als Weideland eingestuft, wovon jedoch der Großteil entweder abgewirtschaftet oder aber häufig unter Marktwert an Nicht-Indianer verpachtet ist.

Eine kleine Anzahl von Stämmen verfügt über ungeahnte Bodenschätze auf ihrem Gebiet.[458] *Frantz* bezeichnet es als "Ironie der Geschichte", daß sich heute auf den für die Weißen zur Zeit der Reservatsgründungen uninteressanten Gebieten ungefähr 10 % der Erdöl- und Erdgasvorkommen, 33 % der Tagbaukohle, sowie 55 % der Uranvorkommen der Vereinigten Staaten befinden.[459] Unabhängig von einer tatsächlichen Realisierung stellen die Bodenschätze der Reservationen nach einer Erhebung des BIA einen unermesslichen Wert dar, welcher in die Billionenhöhe geht. Den größten Anteil nehmen dabei die geschätzten Methangas- ($ 1,257 Billionen), Kohle- ($ 442,3 Mrd.), Phosphat- (14,5 Mrd.) und Kupfervorkommen ($1,625 Mrd.) ein.[460]

1991 bestanden an einer Fläche von über 1,3 Mio. ha indianischen Landes Ausbeutungsrechte in Form von Pachtverträgen oder sonstigen Lizenzen, bzw. lagen entsprechende Anträge vor. Ungefähr die Hälfte davon waren Verträge zur Öl- und Gasgewinnung. In der Regel werden die Erträge aus diesen Ausbeutungsrechten vom *Minerals Management Service*, einer Behörde des Innenministeriums, eingezogen und dann mittels des BIA an die Stämme oder die Indianer individuell, je nach Berechtigung an

---

[456] FRANTZ, aaO., S. 60.

[457] Vgl. allgemein STEPHEN CORNELL, TOURISM AND ECONOMIC DEVELOPMENT: CONSIDERATIONS FOR TRIBAL POLICY AND PLANNING - PROJECT REPORT, THE HARVARD PROJECT ON AMERICAN INDIAN ECONOMIC DEVELOPMENT (1989).

[458] Ebd., S. 22f..

[459] AaO., S. 51.

[460] MINERAL ASSESSMENT PROGRAM, 1 INDIAN MINERAL RESOURCE HORIZONS, S. 1 (BIA Division of Energy and Mineral Resources) (1992), zitiert in: GETCHES ET AL., aaO., S. 23.

dem Gebiet, verteilt. Für 1991 lagen die Einnahmen aus diesen Ausbeutungsverträgen bei insgesamt $ 142 Mio.[461]

In zahlreichen Fällen ist es Indianerstämmen gelungen, eigene Wirtschaftsbetriebe zu gründen und sich damit von der Subventionierung durch die Bundesregierung in stärkerem Maße unabhängig zu machen. So haben z.B. die Stämme des pazifischen Nordwestens erfolgreich mit der kommerziellen Fisch- und Austernzucht begonnen.[462] Die *Passamaquoddy* in Maine errichteten eine eigene Zementfabrik und entwickelten in diesem Zusammenhang einige kommerziell verwertbare Patente. Die *Cherokee* in Oklahoma betreiben etliche Fertigungsbetriebe der Elektronikindustrie, während die *Choctaw* in Mississippi und *Blackfeet* in Montana gewisse Einkünfte aus der Produktion von Glückwunschkarten, bzw. Schreibgeräten erzielen. Das lukrativste, von Indianern allerdings erst in neuerer Zeit entdeckte Gewerbe ist der Betrieb von Bingo-Casinos auf den Reservationen. Mittlerweile betreiben über 100 Stämme derartige Einrichtungen und erzielen damit unübertroffene Einkünfte: Lagen die selbsterwirtschafteten Einkünfte der *Oneida* im Jahr 1972 noch unter $10.000, so konnte der Stamm 1992 mit einem positiven Ergebnis von ca. $ 70 Mio. abschließen. Dieses Geld stammte nunmehr allerdings nicht nur aus den Casino-Einnahmen, sondern hinzu kamen noch die Gewinne aus anderen Betrieben des Stammes, welche mit Gewinnen aus dem Casinobetrieb finanziert wurden, wie z.B. ein stammeseigenes Hotel, ein Umwelttechnologiebetrieb und eine Molkerei. Bei günstiger geographischer Lage lassen sich jedoch auch allein aus dem Casino-Betrieb erstaunliche Einnahmen erzielen, wie das Beispiel der *Mashantucket Pequot* in Connecticut zeigt: Innerhalb von 10 Monaten nach der Eröffnung des stammeseigenen Casinos im Februar 1992 wurden über $ 100 Mio. eingespielt.[463]

Insgesamt zeichnet sich ein Wandel in der Art der Einkunftserzielung ab: Waren früher noch die aus Ausbeutungsverträgen erzielten Erträge Haupteinnahmequelle der Stämme, so haben die Stämme nun ihre Attraktivität als Wirtschaftsstandort entdeckt. Unter Ausnutzung des ihnen zukommenden Sonderstatus[464] ist es ihnen teilweise gelungen, eigene florierende Wirtschaftsunternehmen aufzubauen, aber auch auswärtige

---

[461] Ebd..

[462] GETCHES ET AL., aaO. S. 24.

[463] GETCHES ET AL., aaO., S. 25.

[464] Diesbezüglich interessant sind vor allem gewisse Steuerprivilegien der Indianerstämme innerhalb ihrer eigenen Gebiete. Vgl. dazu weiter unten, S. 211ff..

Unternehmen zur Investition in Betriebe auf den Reservationen anzulocken, was ihnen über die Erhebung stammeseigener Steuern eine weitere Einnahmequelle verschafft.[465]

3. Sozio-ökonomische Situation

Ein Vergleich der sozio-ökonomischen Situation von Indianern mit der weißen Durchschnittsbevölkerung steht generell vor der Schwierigkeit, daß der Lebensstandard auf den einzelnen Reservationen sehr unterschiedlich sein kann. Daher können die im folgenden dargestellten Verhältnisse nicht in jedem Einzelfall repräsentativ sein. Vergegenwärtigt man sich jedoch, daß selbst die aufgrund ihrer Erdölvorkommen wirtschaftlich an der Spitze der Reservationen stehende *Osage I.R.* nicht an den durchschnittlichen Standard der Gesamtbevölkerung heranreichen konnte[466], so geben die folgenden Zahlenangaben einen zumindest in der Tendenz aufschlußreichen Einblick in die sozio-ökonomische Realität des heutigen Lebens der indianischen Bevölkerung.

Generell läßt sich feststellen, daß die Indianer trotz der in der Vergangenheit erzielten beachtlichen Fortschritte innerhalb der Vereinigten Staaten (zusammen mit der schwarzen Minderheit) auch heute noch zu der sozial schwächsten Gruppe zählen.[467]

a) Einkommen

Nach den Erhebungen des U.S. Zensus von 1990 leben 31 % sämtlicher Indianer unterhalb der Armutsgrenze.[468] Dies bedeutet gegenüber den Zahlen von 1980 eine Verschlechterung um über 7 %. Zu diesem Zeitpunkt war die Armutsrate unter den Indianern bereits dreimal so hoch wie unter der weißen Bevölkerung. Diese Kluft ist noch größer, wenn man allein auf die Reservatsindianer abstellt: 1980 lebten dort, verglichen mit der weißen Bevölkerung, sechsmal soviele Indianer unter der Armutsgrenze.[469] Gemessen am durchschnittlichen Pro-Kopf-Einkommen lagen die Indianer mit $ 8.300 an unterster Stelle. Die Arbeitslosenquote unter den Reservatsindianern lag 1991 bei 45 %[470] und ist im Vergleich zu 1989 somit um 3 % zurückgegangen, war jedoch immernoch 37 % höher als der Durchschnitt.

---

465 GETCHES ET AL., aaO., S. 25.

466 FRANTZ, aaO., S. 121.

467 Ebd., S. 117.

468 Vgl. GETCHES ET AL., aaO., S. 16.

469 FRANTZ, aaO., S. 118.

b) Arbeit

Größter Arbeitgeber auf den Reservationen sind mit 60 % die Einrichtungen der Bundesregierung (v. a. BIA und Indian Health Service).[471] In neuerer Zeit haben sich jedoch auch die Stammesregierungen zunehmend als Arbeitgeber hervorgetan, wobei die Größe des stammeseigenen Verwaltungsapparates als Gradmesser für die Eigenständigkeit des Stammes dienen kann. Eine leider auch unter den Stammesregierungen festzustellende Cliquen-Wirtschaft führt jedoch häufig zu einer beklagenswerten Diskontinuität in der stammesinternen Administration, was für langfristige Planungen und Projekte von Nachteil ist.[472]

Der hohe Arbeitslosenanteil auf den Reservationen zwingt viele Indianer, sich außerhalb um eine Arbeitsstelle zu bemühen. Abhängig von der Lage der Reservation bedeutet dies entweder lange Pendlerstrecken oder die Emigration in die Ballungsräume der Großstädte, wo sie als billige Arbeitskräfte zumindest eine Beschäftigung finden können.[473]

c) Wohnung

Die Wohnungssituation auf den Reservationen spiegelt den unterprivilegierten Status der Indianer im nationalen Maßstab wider: Auch wenn im Rahmen sozialer Wohnungsbauprogramme der Vereinigten Staaten auch auf den Reservationen viele zusätzliche Wohneinheiten geschaffen wurden, befinden sich dennoch über ein Drittel der Wohnungen in den Reservaten unter dem normalen Standard. 14 % der Wohnungen sind ohne jegliche sanitären Einrichtungen.[474] Auffallend ist oft der verwahrloste Zustand insbesondere der von der Regierung geschaffenen Wohnsiedlungen. Dies ist zum einen auf die Billigbauweise der entsprechenden Anlagen, zum anderen aber auch

---

[470] Stellt man auf sämtliche Indianer ab, so ergibt sich eine weitaus geringere Arbeitslosenquote. Laut Zensuserhebungen im Jahr 1980 lag diese mit 13 % "nur" doppel so hoch wie im Landesdurchschnitt (zit. bei FRANTZ, aaO., S. 133). Dies macht jedoch erneut die starke Kluft zwischen der Lebenssituation der Reservatsindianer und der in den Städten lebenden deutlich.

[471] Der Anteil der beim BIA beschäftigten Indianer liegt ungefähr bei 80 %, wobei jedoch insbesondere die Spitzenpositionen auf den Reservationen häufig von Angehörigen eines anderen Stammes eingenommen sind, deren Loyalität im Hinblick auf ihre interne BIA-Karriere eher der Bundesregierung als den Reservatsindianern erwiesen wird, vgl. FRANTZ, aaO., S. 130.

[472] Vgl. FRANTZ, aaO., S. 131.

[473] Ebd., S. 133.

[474] GETCHES ET AL., aaO., S. 16.

auf eine mangelnde Bereitschaft der Bewohner zurückzuführen, die von ihnen nur gemieteten Wohnungen in Eigeninitiative zu reparieren. Insgesamt ist jedoch bei der Wohnsituation in den letzten Jahren ein genereller Aufwärtstrend festzustellen. Dabei ist jedoch unter den Reservationen ein deutliches Ost-West-Gefälle zu verzeichnen: Während die Wohnqualität im Osten am höchsten von allen Reservationen ist, liegen in Kalifornien immernoch zwei Drittel sämtlicher Wohnungen unter dem amerikanischen Mindeststandard.[475]

4. Gesundheitswesen

Mit Gründung des *Indian Health Service* (IHS)[476] im Jahre 1955 wurde auch eine Institutionalisierung der Gesundheitsfürsorge unter den Indianern erreicht. 1993 waren ungefähr 65 % aller Indianer über die Programme des IHS gesundheitlich versorgt. 1992 wurden 42 Krankenhäuser und 121 ambulante Behandlungseinrichtungen vom IHS, und 8 Krankenhäuser und 331 ambulante Behandlungsstationen von den Stämmen selber betrieben.

Die im Zuge dessen erreichte bessere medizinische Versorgung[477] führte bis 1988 sowohl zu einem Rückgang der Säuglingssterblichkeit auf 11,1 ‰, welche somit nahezu auf demselben Niveau wie bei der Durchschnittsbevölkerung liegt. Auch die durchschnittliche Lebenserwartung der Indianer war mit 71,6 Jahren nur wenig geringer als die der weißen Bevölkerung. Parallel zu dieser Entwicklung ging auch die Geburtenrate unter den Indianern auf 28,9 ‰ zurück, womit sie jedoch immernoch um 84 % über dem Landesdurchschnitt lag.[478]

Häufigste Todesursache unter Indianern sind heute wie bei der Durchschnittsbevölkerung kardiovaskuläre Erkrankungen, wenn auch der Anteil unter den Indianern insgesamt geringer als unter der Gesamtbevölkerung ist. Zwar ist Tuberkulose als Todesursache unter den Indianern von 57,9 Fällen pro 100.000 Indianern im Jahr 1955 auf 2.9

---

[475] FRANTZ, aaO., S. 125.

[476] Der IHS stellt einen Teil des *Public Health Service* innerhalb des *Department of Health and Human Services* der Bundesregierung dar.

[477] So konnten nach Verabschiedung des *Indian Self-Determination and Education Assistance Act's* (näher dazu unten, S. 155f.) die Stämme durch eine Selbstverwaltung der Gesundheitsprogramme des IHS mit staatlicher Unterstützung ein funktionstüchtiges Gesundheitssystem auf den Reservationen aufbauen.

[478] GETCHES ET AL., aaO., S. 17.

im Jahr 1988 zurückgegangen, ist damit aber immernoch um den Faktor 5,8 höher als der Landesdurchschnitt. Alkoholismus als Todesursache kam unter Indianern mehr als dreimal so häufig vor wie unter der Gesamtbevölkerung, Totschlag war in doppelt soviel Fällen Todesursache, Diabetes führte unter Indianern 2,7 mal häufiger zum Tod. Nachdem die Selbst- mordrate unter Indianern 1960 noch dreimal so hoch war wie unter der Gesamtbevölkerung der USA, lag sie 1988 trotz eines erneuten Anstiegs in den vorangegangen Jahren nur noch um die Hälfte höher.[479]

5. Bildungswesen

Mit Verabschiedung des *Indian Self-Determination and Education Assistance Act* im Jahr 1975 setzte auf den Reservationen auch im Bildungswesen ein deutlicher Wandel ein: War bis dahin die Institution Schule auf den Reservationen gezielt als Mittel zur Assimilierung der Indianer eingesetzt worden[480], so gelangte das Schulwesen von diesem Zeitpunkt an sowohl administrativ als auch inhaltlich zunehmend unter den Einfluß der Indianerstämme selber. 1991 standen 62 von den Stämmen betriebenen Tagesschulen 48 des BIA gegenüber. Bei den Internatsschulen liegt das Verhältnis mit 12 zu 44 noch zugunsten des BIA.

Eine Trendwende wurde vor allem auch bei den Lehrinhalten vollzogen: Die Ausbildung in den Schulen beinhaltet heute neben der Pflege der indianischen Stammessprachen nun schwerpunktmäßig auch die Wissensvermittlung bezüglich indianischer Kultur und Geschichte. Die Wissensvermittlung wird in zunehmendem Umfang auch von indianischen Lehrern selbst wahrgenommen.[481]

Trotz erheblicher Verbesserungen lag im Jahr 1980 das Bildungsniveau der Indianer immernoch deutlich unter dem Landesdurchschnitt, insbesondere wenn man auf die Verhältnisse innerhalb der Reservationen abstellt: Gegenüber 10,2 % im nationalen Durchschnitt betrug der Anteil der Reservatsindianer mit weniger als acht Jahren Schulausbildung 26,4 %. Während auf nationaler Ebene 50,2 % der Amerikaner einen Highschool-Abschluß vorweisen konnten, war dies nur bei 40,7 % der

---

479 Ebd..

480 Entsprechend diente der Inhalt der Lehrpläne hauptsächlich der Vermittlung der Wertvorstellungen der weißen Gesellschaft und der für ein Leben in der zivilisierten Gesellschaft erforderlichen Fähigkeiten, allem voran dem Erlernen der englischen Sprache, vgl. FRANTZ, aaO., S. 137.

481 GETCHES ET AL., aaO, S. 18f..

Reservatsindianern der Fall. 3,6 % der Reservatsindianer hatten ein College besucht, gegenüber 16,2 % im Landesdurchschnitt. Gründe für diesen Bildungsunterschied waren in der Vergangenheit hauptsächlich ein Mangel an Schulen, schlechte Transportmöglichkeiten zu den Schulen und eine auf Seiten der Indianer mangelnde Einsicht in die Notwendigkeit einer Schulbildung, insbesondere aufgrund des fehlenden Bezugs der Lerninhalte zum täglichen Leben auf den Reservationen. Eine weitere Ursache für den geringen Schulbesuch bildete auch die Sprachbarriere, nachdem nur ein kleiner Teil der indianischen Kinder bei Schuleintritt die englische Sprache beherrscht.[482]

Bis man von einer qualitativ ansprechenden schulischen Grundaubildung sprechen kann, wird es wohl noch einige Zeit dauern. Jedoch wird dieses Ziel mit Nachdruck verfolgt: In den letzten Jahren wurde über ein Drittel der gesamten, dem BIA zur Verfügung stehenden Mittel für den Bildungssektor verwendet. Im Bereich der höheren Bildung sind auch bereits Fortschritte zu verzeichnen: 1993 besuchten insgesamt 127.000 Indianer ein College oder eine Universität. Im Haushalt des BIA wurden $ 29 Mio. für Stipendien zum Besuch eines College's und $ 2,5 Mio. für Graduiertenstipendien veranschlagt. In diesem Zusammenhang nehmen auch die reservationsständigen *Indian Junior Colleges* eine wichtige Rolle ein. Die erste derartige Einrichtung, auf welcher die Indianer eine zweijährige höhere Ausbildung genießen können, war das *Navajo Community College*, welches 1969 als Stammeseinrichtung gegründet und mit Inkrafttreten des *Tribally Controlled Community Collgeges Assistance Act* erheblich vergrößert wurde. Heute werden vom BIA 22 derartige Einrichtungen betrieben.

II. Zusammenfassung

Mit dieser Darstellung der sozioökonomischen Verhältnisse unter den Indianern Nordamerikas ist zweierlei deutlich geworden: Zum einen handelt es sich bei ihnen um eine überaus vielschichtig konstituierte Gruppe, welche sich infolge wiederholter Umsiedlungsprozesse schwerpunktmäßig im Westen der Vereinigten Staaten angesiedelt hat und heute nur noch einen marginalen Anteil ihrer ursprünglichen Landmassen besitzt. Nach einem permanentem Schrumpfungsprozeß bis hin zur nahezu vollständigen Auslöschung nimmt seit Anfang des Jahrhunderts die Anzahl der Indianer in Nordamerika wieder kontinuierlich zu. Dennoch ist ihr Anteil an der Gesamtbevölkerung mit knapp 1 % äußerst gering.

---

[482] FRANTZ, aaO., S. 147ff..

Zum anderen führte der etwas mehr als 500 Jahre dauernde Kontakt mit den Weißen die Indianer in eine Situation allgemeiner Verelendung: Ihr Leben auf den Reservationen glich mehr einer Internierung, geprägt von Armut, Arbeitslosigkeit, Krankheit und schlechten Bildungsmöglichkeiten. Insbesondere auf diesem Gebiet ist jedoch in den letzten Jahrzehnten eine deutliche Verbesserung festzustellen. Gemeinsame Anstrengungen von Indianerstämmen und Bundesregierung führten zu einer schrittweisen Anhebung des allgemeinen Lebensstandards auf den Reservationen, auch wenn dieser bei weitem noch nicht das Niveau der Durchschnittsbevölkerung erreicht hat.

Obwohl die Indianerpolitik der Vereinigten Staaten von Anbeginn an dem Problem der Veränderung des indianischen Lebens seit der Ankunft der Weißen auf dem nordamerikanischen Kontinent und der damit verursachten Verelendung wirksam entgegentreten wollte, scheinen doch erst die Bemühungen der letzten Jahrzehnte in dieser Beziehung erfolgversprechend zu sein. Deshalb soll sich der Blick im folgenden auf die verschiedenen Ansätze der Indianerpolitik richten, welche bisher zur Lösung des sog. "Indianer- problems" versucht wurden.

B. Geschichte der Indianerpolitik und indianischen Landentwicklung

Ausgangspunkt der Indianerpolitik der Vereinigten Staaten war die faktisch unangefochtene Souveränität der auf dem nordamerikanischen Kontinent befindlichen indianischen Stämme. Diese organisierten sich nach ihren eigenen Regeln, existierten als feste Gemeinwesen nebeneinander her, ohne von einer dritten Macht abhängig zu sein, und entsprachen somit dem, was man allgemeinhin heute als souveräne Nation bezeichnen würde: Sie hatten ihr eigenes abgegrenztes Territorium, die Stammesmitgliedschaft war klar geregelt und hoheitliche Gewalt wurde durch die Stammesältesten ausgeübt.

Mit der Ankunft der weißen Einwanderer in Nordamerika stellte sich das Problem, wie die wechselseitigen Ansprüche auf Souveränität in demselben Gebiet miteinander zu harmonisieren seien. Dabei standen der weißen Regierung grundsätzlich zwei Konzepte zur Verfügung: Militärische Vernichtung und Unterwerfung der Indianerstämme oder Ausgleich der beiderseitigen Souveränitätsansprüche mit den Mitteln der Politik. Nachdem sich die Vereinigten Staaten gleich zu Beginn entschlossen hatten, auf die militärische "Lösung" des "Indianer-Problems" zu verzichten[483], blieben für die

Harmonisierung beider Interessen grundsätzlich zwei Herangehensweisen: Ausgrenzung der Indianer aus dem Gesellschaftssystem der Vereinigten Staaten, verbunden mit der Leugnung einer Zuständigkeit für deren soziales und kulturelles Wohlergehen (schizoider Ansatz) oder Eingliederung der Indianer als einen integralen Bestandteil der Gesamtgesellschaft, um auf diese Weise die zwischen Weißen und Indianern bestehende Gegensätzlichkeit und das damit verbundene Konfliktpotential zu entschärfen (integrativer Ansatz). Diese beiden grundsätzlichen Alternativen waren entsprechend auch für die einzelnen Phasen der amerikanischen Indianerpolitik kennzeichnend. Heute scheint die Politik der USA jedoch bei einem Punkt angekommen zu sein, an welchem sie sowohl die Eigenständigkeit der Indianer als auch eine eigene Verantwortung für deren sozio-ökonomisches und kulturelles Wohlergehen als historisches Erbe anerkennt.

I. Unabhängige souveräne Nationen (1492-1783)

Als die Weißen im Jahre 1492 an der Ostküste des Nordamerikanischen Kontinents landeten, fanden sie keinen unbewohnten Raum vor. Das Gebiet war von ungefähr 200 unabhängigen Stämmen besiedelt[484], welche jeweils die Kontrolle über ihr eigenes Gebiet ausübten, ihr eigenes Regierungssystem hatten und eine eigenständige Kultur und Sprache aufwiesen.[485] Diesen kamen somit sämtliche Merkmale einer souveränen Nation zu, was auch der *Supreme Court* der Vereinigten Staaten anerkannte:

"Before the coming of the Europeans the tribes were self-governing sovereign political communities. (...) Like all sovereign bodies, they had the inherent power to prescribe laws for their members and to punish infractions of those laws."[486]

Somit war Ausgangspunkt der Beziehung zwischen Weißen und Indianern die völlige Souveränität der indianischen Stämme. Jenseits dieser abstrakten Anerkennung stellte sich für die europäischen Kolonialmächte jedoch von Beginn an die konkrete Frage, inwieweit die Indianer nach der "Entdeckung" des Landes noch Rechte daran geltend machen können und ob diese auch zur Übertragung ihrer etwaigen Berechtigung an

---

[483] FRANCIS PAUL PRUCHA, AMERICAN INDIAN POLICY IN THE FORMATIVE YEARS: INDIAN TRADE AND INTERCOURSE ACTS, 179-1834 (1962), S. 3.

[484] Vgl. oben, S. 118.

[485] STEPHEN L. PEVAR, THE RIGHTS OF INDIANS AND TRIBES, S. 2 (1992). Für eine detaillierte Darstellung der Regierungsstruktur innerhalb der *Creeks*, s. VINE DELORIA JR / CLIFFORD M. LYTLE, AMERICAN INDIANS, AMERICAN JUSTICE, S. 85ff. (1983).

[486] United States v. Wheeler 435 U.S. 313, 323f. (1977).

dem Land auf andere befugt sind. Somit war der Kernbestand jeder souveränen Existenz, nämlich die territoriale Integrität,[487] von Beginn der indianisch-weißen Beziehungen bereits im Brennpunkt weißer Interessen.[488]

Dem Verlangen der Europäer nach dem Gebiet der Indianer wurde jedoch durch die Gedanken *Franciscus de Victoria*'s gleich zu Beginn ein Dämpfer versetzt: Wie bereits dargestellt[489], wurde von *Victoria* eine originäre Berechtigung der indianischen Bewohner Amerikas an ihren Gebieten bejaht, die auch von angeblichen aus "Entdkckung" oder päpstlicher Anerkennung hergeleiteten Rechten der Weißen unbeeinflußt blieben. Ein Verlust dieser Rechte konnte allenfalls als Folge einer im Zuge eines gerechten Krieges gemachten Eroberung eintreten.[490]

Die Europäer übernahmen die Ansichten *de Victoria's* weitgehend. Dafür kann als Beispiel die Politik der Britischen Krone angeführt werden, welche die Indianerstämme von Anfang an wie jede andere fremde und souveräne Nation behandelt hat, und folglich die Beziehungen zu den Indianern über den Weg formeller völkerrechtlicher Verträge regelte.[491] Diese Verträge dienten nicht nur dem Zweck, die Berechtigung an Gebieten der Neuen Welt von den indianischen Stämmen auf die europäischen Einwanderer zu übertragen, sondern auch, die grundsätzlichen Fragen des Handels und der diplomatischen Beziehungen einschließlich der Fragen von Krieg und Frieden untereinander zu regeln.[492]

Ebenso wurde das Anrecht der Indianer auf ein ausschließlich ihnen zustehendes Territorium gleich nach dem Sieg Großbritanniens über Frankreich im Jahre 1763 in dem von *King George III.* verkündeten sog. *Royal Proclamation Act*[493] anerkannt: Während der Siedlungsraum der Weißen sich auf die Gebiete östlich der Appalachen beschränken sollte, wurde in dieser Proklamation den Indianern das gesamte Territorium

---

[487] Vgl. HANNUM, AUTONOMY, aaO., S. 19.

[488] GETCHES ET AL., aaO., S. 41.

[489] S. oben, S. 5.

[490] Vgl. dazu auch R. WILLIAMS, THE AMERICAN INDIAN IN WESTERN LEGAL THOUGHT - THE DISCOURSES OF CONQUEST, S. 97 (1990).

[491] WILLIAM C. CANBY, AMERICAN INDIAN LAW (1988^2), S. 10.

[492] FRANCIS PAUL PRUCHA, THE GREAT FATHER, Bd. I, S. 16 (1984).

[493] Der Wortlaut der Proklamation ist abgedruckt bei Robert N. Clinton, *The Proclamation of 1763: Colonial Prelude to Two Centuries of Federal-State Conflict over the Management of Indian Affairs*, 69 BOSTON UNIVERSITY LAW REVIEW, S. 329, 382ff. (1989).

westlich dieser Grenzlinie garantiert. Weißen Siedlern war es untersagt, sich jenseits der Appalachen niederzulassen.[494] Somit wurde von der Britischen Krone von Beginn an die Politik betrieben, innerhalb der Grenzen ihres Machtbereiches ein vom Siedlungsgebiet der Weißen streng zu trennendes, speziell den Indianern vorbehaltenes Gebiet, anzuerkennen - ein Gedanke, der für die Indianerpolitik der Vereinigten Staaten im 19. Jahrhundert erneut bestimmend werden sollte.[495]

Mit zunehmender Zahl weißer Einwanderer wurde jedoch auch der Siedlungsdruck auf die Gebiete der Indianer immer stärker, so daß die Berührungs- und Konfliktpunkte zwischen Weißen und Indianern immer zahlreicher wurden. Dabei mißachteten weiße Siedler in wachsendem Maße dieRechte der Indianer, vor allem aber die Integrität der Indianergebiete. Wollte die Britische Krone das Ausbrechen von "unnötigen" Kriegen zwischen Weißen und Indianern vermeiden, so mußte sie gegenüber den Siedlern die Rolle des Beschützers der Rechte der Indianerstämme übernehmen.[496] Diese Wahrnehmung einer besonderen Schutzfunktion der Britischen Krone gegenüber den Indianern sollte später ihre Fortsetzung in der Annahme einer sog. *trust responsibility* der Vereinigten Staaten gegenüber den Indianerstämmen finden: Danach war das Gebiet der Indianer sowohl gegen unbefugtes Eindringen durch Dritte zu schützen, als auch die einseitige Ausdehnung von Hoheitsgewalt der einzelnen Bundesstaaten in das Gebiet der Indianer zu verhindern.[497]

II. Gleichberechtigung (1783 - 1830)

Nach ihrer Formierung übernahmen die Vereinigten Staaten das durch die Politik Großbritanniens begründete Modell: Die am 17.9.1787 in Philadelphia angenommene Verfassung sah mittels der sog. *"Indian Commerce Clause"*[498] eine Allzuständigkeit

---

[494] DELORIA / LYTLE, AMERICAN INDIANS, aaO., S. 59; vgl. auch Steven B. Anderson, *Native American Indian Law And The Burger Court: A Shift in Judicial Methods*, 8 HAMLINE LAW REVIEW, S. 671, 678 (1985); FELIX S. COHEN, HANDBOOK OF FEDERAL INDIAN LAW (1982), S. 232; ebenso auch die Entscheidung des U.S. Supreme Court in *Worcester v. Georgia*, 31 U.S. (6 Pet.) 515, 559 (1832).

[495] FRANTZ, aaO., S. 27.

[496] Dies war einer der Gründe, warum sich im Sezessionskrieg der nordamerikanischen Kolonien die Indianer weitestgehend auf die Seite Großbritanniens gestellt hatten, vgl. CANBY, aaO., S. 10.

[497] Vgl. zur *trust responsibility* unten, S. 179ff..

[498] Art. I, § 8, S. 3 U.S. Constitution: "The Congress shall have Power (...) To regulate Commerce (...) with the Indian Tribes." Diese Kompetenznorm wurde von Beginn an in dem Sinne extensiv ausgelegt, daß jede Frage, welche auch nur mittelbare und entfernte Auswirkungen auf den Handel und die Handelsbeziehungen mit den Indianerstämen habe, in die Befugnis des Kongresses fallen solle. Somit sind faktisch sämtliche mit den Indianerstämmen zusammenhängenden Fragen der U.S.-Politik von der "In-

des Kongreß für sämtliche, mit den Indianerstämmen im Zusammenhang stehenden Angelgenheiten vor. Damit waren eigenständige Kompetenzen der einzelnen Bundesstaaten hinsichtlich der auf ihrem Gebiet ansässigen Indianerstämme von vorneherein nicht möglich. Auf diese Weise konnten die Indianer effektiv vor einem Eindringen einzelstaatlicher Hoheitsgewalt in ihr Gebiet geschützt werden. Weiter waren von der Befugnis des Präsidenten, mit Zustimmung des Senats völkerrechtliche Verträge abzuschließen, auch die Verträge mit den Indianerstämmen mit umfaßt.[499] Folglich war die Indianerpolitik in den Vereinigten Staaten von Beginn an eine "Bundesangelegenheit".

Auch die von den Kolonialmächten begonnene Politik der Vertragsschlüsse mit den Indianern wurde von den Vereinigten Staaten nach Anerkennung ihrer Unabhängigkeit im Pariser Frieden (3.9.1783) fortgesetzt. Den ersten Vertrag schloß die U.S.-Regierung mit dem Stamm der *Delawaren* im Jahr 1778 ab. Bis 1871 sollten mehr als 600 weitere Verträge mit Indianerstämmen folgen.[500] Nimmt man die Tatsache der Vertragsschlüsse als Beweis für eine Behandlung und Anerkennung der Indianerstämme als gleichberechtigten Verhandlungspartner, so stand somit der Beginn der Indianerpolitik der U.S. Bundesregierung unter dem Vorzeichen der Anerkennung des souveränen Status der Indianerstämme.[501]

Der Erlaß einer ganzen Reihe sog. *Indian Trade and Intercourse Acts*[502] während der Jahre 1790 - 1834 diente vornehmlich dem Zweck, die Beziehungen des neu formierten Staates zu den Indianerstämmen auf eine geordnete Basis zu stellen. Dies versuchte man vor allem dadurch zu erreichen, daß man die Zuständigkeit für sämtliche Indianerangelegenheiten auf der Bundesebene ansiedelte. Diesen Gesetzen zufolge benötigte man zum Beispiel für den Handel mit den Indianern eine besondere Genehmigung, welche von der Bundesregierung ausgestellt wurde.[503] Weiter wurde jede Abtretung von Land- rechten durch die Indianer für unwirksam erklärt, solange diese nicht mit Zustimmung der Vereinigten Staaten erfolgt ist.[504]

---

dian Commerce Clause" umfaßt.

[499] Art. II, § 2, S. 3 U.S. Constitution.

[500] DELORIA / LYTLE, AMERICAN INDIANS, aaO., S. 3f..

[501] COHEN, HANDBOOK, aaO., S. 234.

[502] 1 Stat. 137 (1790); 1 Stat. 329 (1793); 1 Stat. 469 (1796); 1 Stat. 743 (1799); 2 Stat. 139 (1802); 4 Stat. 729 (1834).

[503] Dies war insbesondere aufgrund der betrügerischen Machenschaften zahlreicher weißer Händler und aufgrund des unkontrollierten Imports von Spirituosen und Waffen in das Gebiet der Indianer erforderlich geworden.

Eine Besonderheit des 1834 erlassenen *Trade and Intercourse Act's* war außerdem die Ausdehnung der ausschließlichen Strafgerichtsbarkeit der Vereinigten Staaten in das Gebiet der Indianerstämme, wovon jedoch die stammesintern begangenen Verbrechen ausgenommen waren. Die Rechtsprechungsgewalt über Verbrechen, welche ein Indianer an einem anderen begangen hatte, oblag somit den Gerichten der jeweiligen Indianerstämme.[505]

Ein mittelbarer Effekt dieser *Trade and Intercourse Acts* war die Beschränkung der Fähigkeit der Indianer zum Handeltreiben und zum Verkauf ihres Landes: Die Übertragung ihrer Berechtigung an dem Land bedurfte nunmehr des Einverständnisses der Vereinigten Staaten. Der Kongreß hielt jedoch diese Beschränkung der Übertragbarkeit für erforderlich, um die Indianer gegen betrügerische Machenschaften der Käufer ihrer Gebiete zu schützen, mag es sich dabei um Privatpersonen oder auch um einzelne Bundesstaaten handeln. Folglich wurde diese Beschränkung als konkrete Ausprägung der im Rahmen der "trust relationship" begründeten Verantwortlichkeit der Vereinigten Staaten für das Wohl der Indianerstämme angesehen.[506]

III. Umsiedlung (1830 - 1878)

Die von den *Trade and Intercourse Acts* angestrebte Separation von weißen und indianischen Gebieten war jedoch nicht mehr unter Beibehaltung der bisherigen Landverteilung zu bewerkstelligen: Die noch in der Proklamation garantierte Scheidelinie der Appalachen zwischen "weißem" und "rotem" Lebensraum konnte schon bald nach ihrer Errichtung nicht mehr dem Expansionsbedürfnis der weißen Gesellschaft standhalten. Die meisten der in der Folgezeit von der Bundesregierung mit den Indianerstämmen geschlossenen Verträge dienten daher dem Zweck, die Indianer zur Teil- oder Vollabtretung ihrer Gebiete an die Vereinigten Staaten zu verpflichten. Oft wurden jedoch bei den mittels dieser Verträge errichteten Reservationen die traditionellen Stammesgrenzen mißachtet, was häufig zur Zerstörung der oft in organischer Einheit mit der sie umgebenden Natur stehenden Siedlungs- und Wirtschaftsstruktur der Stämme führte.[507]

---

[504] Vgl. Francis Paul Prucha, American Indian Policy, aaO., S. 45 (1962).

[505] 4 Stat. 733, § 25 (1834). Zu Einzelheiten der Jurisdiktion vgl. unten, S. 193ff..

[506] Zur *trust relationship* im Einzelnen vgl. unten, S. 175ff..

[507] Frantz, aaO., S. 69.

Trotzdem wurde an der Idee eines ausschließlich den Indianern zustehenden Gebietes festgehalten: In vielen Fällen sollten sich die Indianer nun auch in dem neu hinzu gewonnenen Gebiet zwischen Mississippi und den Rocky Mountains ansiedeln, dem sog. "Indian Territory". Durch die Umsiedlung der Indianer in dieses nach damaliger Vorstellung menschenleere Gebiet[508] wollte die Bundesregierung zum einen mögliche Konflikte zwischen Weißen und Indianern über die Berechtigung an den Siedlungsgebieten vermieden. Zum anderen diente dieses Umsiedlungsprojekt mehr und mehr auch dem Vorhaben, durch ein Seßhaftmachen der Indianer in bestimmten zugewiesenen Gebieten und dem Lehren des Ackerbaus deren "Zivilisierung" voranzutreiben. Eine entsprechende Aufgabenzuweisung an die Kirchen zur Missionierung sollte dabei ihr übriges tun.[509]

1. Indian Removal Act

Wurde anfangs die Umsiedlung noch auf kleinere Stämme der Ostküste beschränkt, so eröffnete der 1830 verabschiedete *Indian Removal Act*[510] die Möglichkeit, die Umsiedlungspolitik in großem Maße zu betreiben: Danach war der Präsident befugt, die Umsiedlung von Indianerstämmen des Ostens in zugewiesene Gebiete westlich des Mississippi einseitig anzuordnen.[511] Am bekanntesten wurde dabei die Umsiedlung der sog. *"Five Civilized Tribes"*[512], die unter Aufsicht der Armee zur Aufgabe ihrer ehemaligen Gebiete gezwungen wurden und auf dem sog. "Trail of Tears" westwärts unzählige Tote zu beklagen hatten.[513] Die Entschlossenheit, mit welcher diese Umsiedlungspolitik betrieben wurde, führte zum einen dazu, daß diese ohne Berücksichtigung der Bedürfnisse der Indianer hinsichtlich ihres Lebensraumes erfolgte.[514] Zum anderen

---

[508] Diese Vorstellung sollte sich jedoch als falsch herausstellen, nachdem dort bereits verschiedene andere Indianerstämme ansässig waren, von denen die U.S.-Regierung vorher nicht wußte und somit auch kein Einverständnis mit einer etwaigen Landabtretung an die umgesiedelten Stämme einholen konnte; vgl. S. Hilliard, *Indian Land Cessions West of the Mississippi*, 10 JOURNAL OF THE WEST, S. 493, 496 (1971).

[509] Vgl. die Botschaft Präsident *Monroe's* zur Umsiedlung der Indianerstämme (1835), zitiert in: FRANCIS P. PRUCHA, THE GREAT FATHER, Bd. I (1975), S. 39, 71f..

[510] 4 Stat. 411 (1830).

[511] CONFERENCE OF WESTERN ATTORNEYS GENERAL (Hrsg.), AMERICAN INDIAN LAW DESKBOOK, S. 4 (1993), S. 13.

[512] Unter dieser Bezeichnung wurden die *Cherokee*, *Choctaw*, *Chickasaw* und *Seminolen* zusammengefaßt. Vgl. zu diesen auch WOLFGANG LINDIG / MARK MÜNZEL, DIE INDIANER, Bd. 1 (1992^5), S. 136ff..

[513] FRANTZ, aaO., S. 30f..

[514] So wurden z.B. die bei den Great Lakes als Waldindianer lebenden *Kickapoo* in den Nordwesten Mexikos umgesiedelt, s. FRANTZ, aaO., S. 32.

konnte Präsident *Jackson* bereits 1835 feststellen, daß innerhalb kurzer Zeit der Osten der Vereinigten Staaten zur indianerfreien Zone erklärt werden könnte.[515]

Jedoch blieben die Indianer auch nach der Umsiedlung in den Westen nicht lange vor dem erneuten Zugriff der Weißen auf ihre neu gewonnenen Gebiete verschont: Anhaltender Siedlungsdruck im Zuge einer allgemeinen Westwärtsbewegung weißer Siedler, verstärkt durch den in den 40er Jahren einsetzenden "Gold Rush" nach Westen, führten zur erneuten Beschränkung der Indianer auf ihnen speziell zugewiesene Reservationen. Dies geschah in der Regel durch mehr oder weniger freiwillig abgeschlossene Verträge, in welchen die Indianer ihre bisherigen Gebiete erneut (teilweise) an die Vereinigten Staaten abtraten.[516]

2. "Marshall-Trilogie"

Parallel zu dieser Umsiedlungspolitik ist dann auch mit der sogenannten *Marshall-Trilogie*[517], welche die Grundlage der amerikanischen Indianerpolitik bildet, ein Wandel in dem Verständnis und der Geltung indianischer Souveränität festzustellen.

a) Johnson v. McIntosh

Chief Justice Marshall's erste Entscheidung, *Johnson v. McIntosh*[518], war in zweierlei Hinsicht von großer und grundlegender Bedeutung: Zum einen machte Marshall die sog. "discovery doctrine", d.h. die Herleitung eines Eigentumsrechtes am Territorium aufgrund bloßer Entdeckung, zum Bestandteil des Indianerrechts der Vereinigten Staaten. Somit sei mit der Entdeckung Nordamerikas die absolute Berechtigung an dem Land an die Entdecker-Nation und deren Rechtsnachfolger gefallen. Obwohl die Indianer auch weiterhin als rechtmäßige Besitzer des Bodens angesehen wurden, war damit ihre vollständige Berechtigung an ihren Gebieten als Souverän und unabhängige Nation auf ein bloßes Besitzrecht vermindert, oder wie es Marshall ausgedrückt hat: "[T]heir rights to complete sovereignty, as independent nations, were necessarily

---

[515] PRUCHA, Bd. I, aaO., S. 71.

[516] CANBY, aaO., S. 17.

[517] Damit bezeichnet man die drei berühmt gewordenen Entscheidungen des damaligen Chief Justice *John Marshall* am U.S. Supreme Court: *Johnson v. McIntosh*, 21 U.S. (8 Wheat.) 543 (1823); *Cherokee Nation v. Georgia*, 34 U.S. (5 Pet.) 1 (1831) und *Worcester v. Georgia*, 31 U.S. (6 Pet.) 515 (1832).

[518] 21 U.S. (8 Wheat.) 543 (1823).

diminished."[519] Aber auch das Besitzrecht der Indianer, mit welchem das Eigentum der weißen "Entdecker" belastet war, konnte jederzeit kraft Hoheitsgewalt der Bundesregierung entweder durch Abkauf oder Eroberung beseitigt werden.

Als zweiten wesentlichen Punkt stellte Marshall in *Johnson v. McIntosh* fest, daß infolge der Entdeckung des Kontinents zwischen den Indianerstämmen und der Entdecker-Nation eine durch ihre Ausschließlichkeit geprägte Beziehung entstanden sei: Folge dieser Ausschließlichkeit war es, daß die Indianerstämme nicht in der Lage waren, ihre Berechtigung an dem Land an jemand anderen als die Vereinigten Staaten, welche Rechtsnachfolger der Entdecker sind, wirksam übertragen zu können.[520] Eine derartige Übertragung von Rechten durch die Indianer an außenstehende Dritte - und darunter fallen auch sämtliche Privatpersonen, unabhängig davon, ob es sich um Staatsbürger der USA oder anderer Nationen handelt - ist stets nur mit Zustimmung der Bundesregierung möglich und wirksam.

Folge dieser Entscheidung war somit der Verlust der Anerkennung des unbeschränkten Berechtigung der Indianer an den von ihnen bewohnten Gebieten. Diese bestand nurmehr in Form eines bloßen Besitzrechtes. Als Eigentümer wurde fortan die neue Nation der Vereinigten Staaten angesehen, welche auch ein ausschließliches und primäres Erwerbsrecht bezüglich der den Indianern verbliebenen possessorischen Rechte hatte.

b) Cherokee Nation v. Georgia

Ein nächster Rückschlag für die Souveränität der Indianer Nordamerikas erfolgte acht Jahre später in der Sache *Cherokee Nation v. Georgia.*[521] Dort klagten die *Cherokee* gegen den Bundesstaat Georgia vor dem Supreme Court der Vereinigten Staaten auf Unterlassung der Anwendung von Gesetzen des Staates Georgia innerhalb des Territoriums der *Cherokee*. Diese Klage erhoben sie unter Berufung auf Art. III Abs. 1 S. 1 U.S. Constitution erstinstanzlich vor dem U.S. Supreme Court. Eine originäre

---

[519] ebd., S. 547.

[520] Allerdings muß betont werden, daß Ziel dieser Ausschließlichkeitsbeziehung nicht unmittelbar die Einschränkung der Souveränität indianischer Stämme war, sondern vielmehr gegenüber den anderen (europäischen) Nationen die Legitimität des Rechtserwerbes an den indianischen Gebieten zu verteidigen und zu bewahren: Diese sollten davon abgehalten werden, Rechte an dem Gebiet Nordamerikas aufgrund von den Indianern abgeleiteten Erwerbs beanspruchen zu können.

[521] 30 U.S. (5 Pet.) 1 (1831)

Zuständigkeit des Supreme Courtes konnte sich dieser Bestimmung zufolge nur bei Bejahung folgender Voraussetzungen gegeben sein: "The judicial Power shall extend to (...) Controversies (...) between a State (...) and *foreign States* (...)."[522] Nachdem zweifelsfrei eine Streitigkeit zwischen Georgia als Bundesstaat und dem Stamm der Cherokee gegeben war, hing die Zulässigkeit der Klage davon ab, ob die Cherokee auch als "foreign state" zu qualifizieren seien. Hinsichtlich der Qualifikation als "Staat" entschied Marshall zugunsten der Cherokee: Er qualifizierte diese als "a state, (...) a distinct political society, separated from others, capable of managing its own affairs and governing itself"[523]. Jedoch verweigerte er ihnen die Anerkennung als "*foreign* state": Getragen von dem Bemühen, das Spannungsverhältnis zwischen der Anerkennung des souveränen Status der Indianerstämme einerseits und der Absicherung der Vorrangigkeit der Souveränität der Vereinigten Staaten andererseits zum Ausgleich zu bringen, kam Marshall zu der einzigartigen Qualifikation der indianischen Stämme als "domestic dependent nations", was am ehesten als "innerstaatliche abhängige Nation" zu übersetzen wäre. Nach Marshall's Ansicht befinden sich die Indianer in einem Stadium der Unmündigkeit ("pupilage"), was auch der Beziehung der Vereinigten Staaten zu den auf ihrem Territorium befindlichen Indianern den Charakter der eines Vormundes zu seinem Mündel gibt: "The relation to the United States resembles that of a ward to his guardian."[524]

Diese Auffassung war die Wiege dessen, was später als "trust relationship" zwischen den Indianerstämmen und den Vereinigten Staaten bekannt und zu einem Grundpfeiler der amerikanischen Indianerpolitik werden sollte.[525] Unter diesem Begriff ist ein am ehesten mit "Obhuts- und Treueverhältnis" der Vereinigten Staaten zu den Indianern zu übersetzendes Phänomen zu verstehen. Im Rahmen dieser Obhutsbeziehung (trust relationship) steht den Indianerstämmen ein Anspruch auf Unterstützung und Schutzgewährung durch die Bundesregierung zu, während ihnen immernoch in gewissem

---

[522] Hervorhebung vom Verf..

[523] Ebd., S. 16.

[524] Ebd., S. 17. Der U.S. Supreme Court in *Cherokee Nation v. Georgia* war insgesamt in drei Fraktionen gespalten: Chief Justice Marshall und Richter McLean hielten die Indianerstämme für "domestic dependent nations". Richter Baldwin und Johnson, welche sich dem Votum von Marshall und McLean anschlossen, sprachen den Indianerstämmen überhaupt jede souveräne Qualität ab, während Richter Thompson und Story, welche gegen die Entscheidung gestimmt hatten, die Cherokee als fremde Nation i.S.d. Art. III Abs. 1 S. 1 U.S. Constitution qualifizierten. Vgl. GETCHES ET AL., aaO., S. 137.

[525] Robert N. Clinton, *Redresssing the Legacy of Conquest: A Vision for a Decolonized Federal Indian Law*, 46 ARKANSAS LAW REVIEW, S. 77, 138 (1993).

Umfang Regierungsgewalt und Unabhängigkeit als eigenständige politische Gemeinschaften zukommt.[526]

Innerhalb dieser Sonderbeziehung gingen die Indianer jedoch nicht vollständig ihrer Souveränität verlustig (immerhin zweifelte Marshall nicht an deren Qualität als "state"). Was ihnen genommen war, war die externe Dimension ihrer Souveränität: Die Obhutsgewalt der Vereinigten Staaten schloß jegliche Fähigkeit zur Aufnahme vertraglicher Beziehungen mit fremden Nationen aus. Der interne Aspekt der Souveränität, d.h. die Entscheidungsgewalt in internen Angelegenheiten des Stammes, blieb weiterhin unbeeinträchtigt.

Die entscheidende Wirkung von *Cherokee Nation v. Georgia* lag somit in der "Domestizierung" der indianischen Souveränität:

> "[*Cherokee Nation v. Georgia*] subjugated the independent Indians to the political hegemony of the dominant western nation and converted Indian affairs from a species of international law to a matter of domestic law where it primarily has languished to date."[527]

c) Worcester v. Georgia

Ein Jahr später traf *Marshall* in *Worcester v. Georgia*[528], dem letzten Teil der Trilogie, eine für die Stärkung der Stellung der Indianer sehr förderliche und wertvolle Entscheidung. In dieser wurde die Eigenständigkeit und Unabhängigkeit der indianischen Stämme als politische Gemeinschaften unterstrichen, und gleichzeitig deren ursprüngliches Recht auf Selbstverwaltung betont. *Marshall* entschied, daß die Anwendung von Gesetzen des Staates Georgia auf dem Gebiet der Cherokee illegal sei, da sie die in den Verträgen von Hopewell und Holston garantierte Souveränität der Cherokee Nation über ihr eigenes Territorium verletze.[529] Als sich die Cherokee vertraglich unter den Schutz der Vereinigten Staaten stellten, gaben sie, Marshall zufolge, nicht ihren Status als eigenständige, unabhängige Gemeinschaften auf und behielten auch ihre ursprünglichen Rechte bei. Marshall stellte diesbezüglich fest:

---

[526] Christine D. Ferguson, *Martinez v. Santa Clara Pueblo: A Modern Day Lesson on Tribal Sovereignty*, 46 Arkansas Law Review, S. 275, 281 (1993).

[527] Clinton, *Legacy*, aaO., S. 95.

[528] 31 U.S. (6 Pet.) 515 (1832).

[529] Ebd., S. 559.

"[It is a] settled doctrine of the law of nations (...), that a weaker power does not surrender its independence - its right to self-government, by associating with a stronger, and taking its protection. A weaker state (...) may place itself under the protection of one more powerful, without stripping itself of the right of government, and ceasing to be a state."[530]

Nach *Worcester v. Georgia* blieben somit die Indianerstämme zwar ihrer externen Souveränität beraubt, aber ihr Recht auf Selbstverwaltung ihrer internen Angelegenheiten wurde in beachtlicher Weise vom Supreme Court betont, als er die Ausdehnung der Hoheitsgewalt Georgia's in das Gebiet der Cherokee für rechtswidrig erklärte. Daß es jedoch im Jahre 1838 auf dem sog. "Trail of Tears" zur zwangsweisen Umsiedlung von mehr als 16.000 Cherokee Indianer in das "Indian Territory"[531] kommen konnte, war eine mittelbare Folge des Verlustes der externen Souveränität: Die Respektierung eines bestimmten Territoriums mit fest umrissenen, unverletzlichen Grenzen ist eine Frage des Völkerrechtes, aus dessen Geltungsbereich die Indianerstämme bereits in *Cherokee Nation v. Georgia* entfernt worden waren, da es sich bei ihrer Behandlung als *"domestic* dependent nation" nur mehr um eine Frage des internen Rechts der Vereinigten Staaten, nicht mehr aber um eine Frage des internationalen Rechts handeln konnte.

Die der Marshall-Trilogie zugrunde liegenden Prinzipien lassen sich folgendermaßen zusammenfassen:[532]

(1) Der politische und territoriale Status der Indianerstämme als Ureinwohner des Kontinents verleiht ihnen eine präexistente Souveränität.

(2) Diese Souveränität ist jedoch dem Zugriff und der Beschränkung durch die Vereinigten Staaten, nicht jedoch durch die einzelnen Bundesstaaten ausgesetzt.

(3) Diese beschränkte Souveränität und Abhängigkeit der Indianerstämme vom Schutz der Vereinigten Staaten begründet zwischen beiden ein besonderes Obhuts- und Treueverhältnis (trust relationship).

Diese Prinzipien sind bis heute tragende Pfeiler der Indianerpolitik der Vereinigten Staaten geblieben. Insbesondere die Betonung der "trust relationship" spielt auch in der jüngsten Zeit eine entscheidende Rolle, wenn auch innerhalb dieser Beziehung sich die Schwerpunktsetzung von der Mündelbeziehung hin zur Treue- und Fürsorgepflicht verlagert hat.[533]

---

[530] Ebd., S. 561.

[531] Vgl. zur Politik des "Indian removal" oben, S. 134ff..

[532] Vgl. DESKBOOK, S. 4.

[533] Vgl. unten, S. 179ff..

3. Beendigung der Politik der Vertragsschlüsse

Im Jahr 1871 beendete der Kongreß mit einem Streich die langjährige Tradition der Vertragsschlüsse mit den Indianerstämmen. Dies erfolgte nicht, wie man vermuten mag, in einem speziellen, lange diskutierten Gesetz, sondern indem man am Ende eines die Mittelzuweisung an Indianer regelnden Haushaltsgesetzes folgenden Zusatz anfügte:

"[H]ereafter no Indian nation or tribe within the territory of the United States shall be acknowledged or recognized as an independent nation, tribe, or power with whom the United States may contract by treaty."[534]

Anlaß für dieses Gesetz war zumindest teilweise das Verlangen des *House of Representatives*, endlich einen größeren Einfluß auf die Indianerpolitik der Vereinigten Staaten zu gewinnen, nachdem die bis dahin abgeschlossenen Verträge mit den Indianern der Ratifikation allein durch den *Senat* bedurften. Darüberhinaus kündigte sich jedoch hier bereits eine weitere Veränderung in der Behandlung der Indianer durch die Vereinigten Staaten an: Wurde während der sog. *Trade and Intercourse*-Periode zumindest der halb-autonome Status der Indianerstämme anerkannt,[535] so machten sich jetzt zunehmend assimilationistische Tendenzen breit, deren Ziel es war, die einzelnen Stammesverbände aufzubrechen und deren Mitglieder zu individualisieren, d.h. die Existenz eines eigenständigen indianischen Gemeinwesens neben der weißen Gesellschaft völlig zu leugnen.[536]

In gleichem Maße wie die Tatsache der Vertragsschlüsse mit den Indianern als Indiz für eine Anerkennung der Unabhängigkeit und Souveränität der Indianerstämme gelten konnte, muß die Beendigung dieser Praxis durch den Gesetzgeber 1871 als Indiz für das Gegenteil gelten. Ebenso zeigte sich in der Umsiedlungsphase eine Überzeugung von der Dispositivität der Grenzen des Indianerterritoriums, was eine Mißachtung der externen und territorialen Souveränität der Indianerstämme manifestiert.

Genauso wie von ihrer Souveränität behielten die Indianerstämme von ihrem einstmaligem Land nur die Gebiete zurück, welche ihnen die Bundesregierung noch zugestand. Aber auch da war ein Wandel festzustellen: War die Bildung von Reservationen

---

[534] *Indian Appropriations Act 1871*, 16 Stat. 544, 566 (1871).

[535] DESKBOOK, aaO., S. 14.

[536] GETCHES ET AL., aaO., S. 179.

zunächst noch von der Absicht der Trennung von "weißer" und "roter" Gesellschaft und der Eigenständigkeit der Indianer innerhalb ihrer eigenen Gebiete getragen, wurden sie im Laufe der Zeit zunehmend als Mittel für eine "Zwangszivilisierung" der Indianer angesehen: Jeder Reservation war ein sog. "Indian agent" vorgesetzt, welcher den "Fortschritt" der Reservatsindianer in Richtung auf ein zivilisiertes Leben zu überwachen hatte. Daneben wurde auch an Religionsgemeinschaften ein entsprechender Zivilisierungsauftrag aufgegeben, welcher unter anderem 1865 zur Errichtung von Reservatsschulen führte, deren erklärtes Ziel die Christianisierung der Indianer war.[537] Somit war ein eindeutiges Umschwenken von der Anerkennung einer indianischen Eigenständigkeit hin zu verstärkten Assimilationsbemühungen festzustellen.

IV. Assimilation (1878 - 1928)

Nach 1871 setzte sich der Trend des Abbaus indianischer Souveränitätsrechte fort. War während der Vertrags-Ära die Indianerpolitik des Bundes (zumindest formell) auf die Zustimmung der Indianerstämme hin angelegt, so wurde diese Wechselseitigkeit ab 1871 durch eine zunehmende Einseitigkeit in den Entscheidungen abgelöst: Vom Kongreß verabschiedete Gesetze und Anordnungen der Verwaltung traten nun an die Stelle von Verträgen als oberstes Recht im Land, welches auch von der Judikative zu befolgen war.[538]

1. Major Crimes Act

Je mehr allerdings die Indianerstämme unter die allumgreifende Hoheitsgewalt der Vereinigten Staaten kamen, desto stärker hob der *Supreme Court* deren interne Souveränität hervor: So betonte er in *Ex parte Crow Dog*[539] die ausschließliche Rechtsprechungsgewalt der Stammesgerichte über Verbrechen, welche von Indianern an Indianern auf dem Gebiet der Indianer begangen worden sind. In diesen Konstellationen hätten auch Bundesgerichte keine Zuständigkeit.[540]

---

[537] CANBY, aaO., S. 18.

[538] Vgl. *Antoine v. Washington*, 420 U.S. 194, 203f. (1975).

[539] 109 U.S. 556 (1883).

[540] Ebd., S. 572.

In Reaktion auf diese Beschränkung der Bundeszuständigkeit in Fragen der Jurisdiktion über Indianer wurde erneut der Kongreß tätig: 1885 verabschiedete er den *Major Crimes Act*[541], der nun Mord und bestimmte weitere Verbrechen[542] auch bei rein "indianer-interner" Begehung auf Indianergebiet ausdrücklich der Rechtsprechungsgewalt des Bundes unterwarf.[543] Dieser Einbruch in die Sphäre interner Souveränität der Indianerstämme wurde vom *Supreme Court* in *United States v. Kagama*[544] aufrechterhalten. Indem das Gericht auf den abhängigen Status der Indianer als "dependent nation" verwies, hielt es das Recht der Indianerstämme auf Selbstregierung für jederzeit durch die überragende souveräne Gewalt der Vereinigten Staaten einschränkbar. Die Souveränität der Indianerstämme besteht demnach nur in dem Umfang, in welchem sie noch nicht durch die höherrangige Souveränität der Vereinigten Staaten außer Kraft gesetzt worden ist. Dieses System konkurrierender Souveränität findet dem *Supreme Court* zufolge seine Rechtfertigung in der Obhuts- und Treuepflicht seinen indianischen Mündeln gegenüber, der sog. *trust responsibility*.[545] Mit dieser *trust responsibility* entwickelte der *Supreme Court* eine Grundlage für eine nicht durch die Verfassung gewährte gesetzgeberische Kompetenz des Kongresses, welche als Legitimation des weiteren Ausbaus der Hegemonie der Vereinigten Staaten über die souveränen Indianerstämme dienen sollte.[546] Der *Major Crimes Act* war in diesem Zusammenhang Ausdruck eines generellen Trends in der Indianerpolitik der Vereinigten Staaten: "[A] move from a policy based on treaty rights recognizing Indian sovereignty to one of dependency and forced assimilation."[547]

2. General Allotment Act

Mittel dieser Assimilation der Indianer an das System der Weißen, welches gleichzeitig auch die destruktivste Auswirkung auf die Souveränität der Indianerstämme hatte, war der *General Allotment Act* aus dem Jahre 1887.[548] Ziel des *Allotment Act* war es,

---

[541] 23 Stat. 385 (1885); heute kodifiziert in 18 U.S.C. §§ 1153ff. (1988).

[542] Totschlag, versuchten Totschlag, Vergewaltigung, Brandstiftung, Einbruchsdiebstahl und einfacher Diebstahl.

[543] Bezüglich der Einzelheiten der Regelung des *Major Crimes Act* s. unten, S. 200.

[544] 118 U.S. 375 (1886).

[545] Ebd., S. 379f.

[546] Clinton, *Legacy*, aaO., S. 99. Zur *trust responsibility* vgl. auch unten, S. 179ff.

[547] Sidney L. Harring, *Crow Dog's Case: A Chapter in the Legal History of Tribal Sovereignty*, 14 AMERICAN INDIAN LAW REVIEW, S. 191, 230 (1989).

[548] 24 Stat. 388 (1887); dieses Gesetz wurde auch als "*Dawes Act*" bekannt.

die Stammesverbände durch die individuelle Verteilung des Stammeslandes an die einzelnen Mitglieder des Stammes aufzubrechen, um auf diese Weise die Indianer in das ökonomische, soziale und politische System der nordamerikanischen Gesellschaft einzugliedern. Ziel dieser Bemühungen war dabei: "[T]o assimilate Indians (...) by converting them to Thomas Jefferson's image of the backbone of American democracy, the yeoman farmer."[549] Zur Förderung dieser landwirtschaftlich orientierten Ambitionen wurden die Reservationen der Indianer in einzelne Parzellen aufgeteilt, welche anschließend entsprechend einem bestimmten Schema an die einzelnen Indianer zugeteilt wurden.[550] Das zugeteilte Land wurde allerdings in der Regel von der Bundesregierung für weitere 25 Jahre treuhänderisch verwaltet, um dessen Veräußerung an Dritte zu verhindern.

Neben der Landzuteilung sah der *General Allotment Act* vor, daß jedem Indianer, der seinen Wohnsitz aus freien Stücken abseits von jedem Indianerstamm gewählt und die Gewohnheiten eines zivilisierten Lebens angenommen hat, nach Beendigung der treuhänderischen Verwaltung seines Landes die Staatsbürgerschaft der Vereinigten Staaten verliehen werde.[551]

Das nach der Verteilung an die Stammesmitglieder noch verbleibende Land konnte von der Bundesregierung an interessierte Käufer veräußert werden, wobei der Erlös aus diesen Verkäufen an den Stamm weiterzuleiten war. Daß sich der Bestand an indianisch gehaltenem Land von 1887 bis 1934 von 526.000 km^2 auf bloße 194.000 km^2 verminderte[552], ist die nachhaltigste und verheerendste Folge des *General Allotment Acts*. Von diesem gewaltigen Landverlust sind ca. 2/3 auf den Verkauf des nach der Verteilung noch verbleibenden Überschußlandes zurückzuführen. Den Verlust des verbleibenden Drittels haben die zu Grundeigentümern gewordenen Indianer durch Veräußerung selber herbeigeführt.[553]

---

549 Robert N. Clinton, *Tribal Courts and the Federal Union,*, 26 WILLAMETTE LAW REVIEW, S. 841, 852 (1990).

550 Jede Familie erhielt 160 acres (ca. 65 hektar), jede Person über 18 Jahre und Waisen unter 18 Jahren 80 acres (ca. 32,5 hektar), jede andere Person 40 acres (ca. 16 hektar). Später wurden diese Größenordnungen halbiert, 25 U.S.C. § 331.

551 24 Stat. 388, 390 (1887).

552 DELORIA / LYTELE, AMERICAN INDIANS, aaO., S. 10.

553 COHEN, Handbook, aaO., S. 138. Der Privatverkauf von zugeteiltem Land durch die Indianer war oft eine Folge der nach Wegfalls der treuhänderischen Bindung fällig werdenden Steuern der Bundesstaaten auf Grund und Boden, welche in vielen Fällen bei Nichtentrichtung zur Zwangsversteigerung des Grundstücks geführt hat. Daneben waren die Verkäufe nicht selten durch die Überredungskunst weißer Käufer herbeigeführt worden, wobei die Vertragsbedingungen regelmäßig zum Nachteil der In-

Erklärtes Ziel des *General Allotment Act's* war es, die Indianer mit einer entsprechenden Landzuteilung zur Begründung einer Existenz als Ackerbauern und Viehzüchter zu bewegen. Dieses Ziel wurde jedoch spätestens dadurch vereitelt, daß es oft innerhalb von zwei Generationen zur hoffnungslosen Zersplitterung der ursprünglich zugeteilten Landstriche gekommen war. Zwar war es den Indianern möglich, ihr ausschließliches Nutzungsrecht an den allotments mittels Testamentes zu vererben. Lag jedoch kein solches Testament vor, so galt das Recht der gesetzlichen Erbfolge des jeweiligen Bundesstaates. Dadurch gab es auf einmal so viele Berechtigte an dem allotment, wie es gesetzliche Erben gab. Dies führte zu einer völlig unübersichtlichen Fraktionierung des Landbesitzes in den Reservationen. Versuche der Konsolidierung dieser fraktionierten Besitzverhältnisse durch den *Indian Land Consolidation Act*[554] im Jahre 1983, indem Landstücke unterhalb einer bestimmten Größe für nicht mehr verkehrsfähig erklärt wurden, und im Fall des Rechtsüberganges an den Stamm zurückfallen sollten, wurden vom *Supreme Court* 1987 als nichtkonstitutionelle Enteignung gestoppt.[555] Eine entsprechende wirkungsvolle und verfassungsgemäße Landreform auf den Reservaten läßt bis heute auf sich warten. Somit befinden sich auch heute noch viele Reservationen in einem Zustand heillos zersplitterter Eigentums- verhältnisse, welche eine einheitliche wirtschaftliche und kulturelle Entwicklung der Stämme unnötig behindern.[556]

Wie der Supreme Court in *Lone Wolf v. Hitchcock*[557] festgestellt hat, standen der Landverteilungspolitik des *General Allotment Act's* selbst Verträge mit den Indianern, in welchen diesen der unbefristete Fortbestand ihres Territoriums ("as long as water flows") zugesichert wurde, nicht entgegen. Er begründete dies damit, daß der Kongreß die Befugnis habe, Bestimmungen auch jedes Vertrages mit den Indianern einseitig außer Kraft zu setzen, sofern dies unter strenger Beachtung von Treu und Glauben gegenüber den Indianern geschehe.[558]

---

dianer ausfielen.Vgl. CANBY, aaO., S. 21.

[554] 96 Stat. 2517 (1983).

[555] *Hodel v. Irving*, 481 U.S. 704 (1987).

[556] Oft ist auch innerhalb der Reservationen noch Weißen zustehendes Grundeigentum festzustellen, z.B. beträgt der Eigentumsanteil Weißer am Gebiet der *Sissedon Indian Reservation* (SD) und der *Port Madison Indian Reservation* (WA) jeweils über 50 %, die *Crow Indian Reservation* (MT) steht zu 25 % im Eigentum Weißer. Vgl FRANTZ, aaO., S. 63.

[557] 187 U.S. 553 (1903).

[558] Ebd., S. 566. Dieses einseitige Derogationsrecht besteht nach dem monistischen völkerrechtlichem System der Vereinigten Staaten hinsichtlich jedes völkerrechtlichen Vertrages, CARTER / TRIMBLE, INTERNATIONAL LAW, S. 166 (1991³).

Mit dieser potentiellen Möglichkeit der Außerkraftsetzung jedes an die Indianer vertraglich zugestandenen Rechtes ist auch der letzte Respekt vor der Souveränität der Indianerstämme nahezu vollständig verschwunden. Während der *Major Crimes Act* ein Angriff auf das souveräne Recht der internen Selbstbestimmung darstellte, zielte der *General Allotment Act* direkt auf die Grundlage jeder Stammesstruktur, das stammeseigene Land. Die dadurch atomisierten Stämme sollten anschließend durch die Gewährung der Staatsbürgerschaft in den Mainstream der amerikanischen Gesellschaft absorbiert werden. Die Indianer, welche nicht bereits in Anwendung des *General Allotment Acts* Staatsbürger der Vereinigten Staaten geworden waren, erklärte der *U.S. Citizenship Act*[559] aus dem Jahre 1924 zu solchen.

Waren die Indianerstämme in den *Cherokee*-Fällen der Marshall-Trilogie noch als außerhalb der U.S. amerikanischen Gemeinschaft stehend angesehen worden, so standen die Indianer jetzt - als U.S.-Bürger - ohne ihr Zutun und ohne ihre Zustimmung unmittelbar unter der Hoheitsgewalt der Bundesregierung. Die verbleibenden Stammesregierungen waren nun zu bloßen administrativen Untergliederungen innerhalb des Bundessystems der Vereinigten Staaten verkommen.[560]

V. Reorganisation (1928 - 1945)

1. Indian Reorganization Act

Der *Indian Reorganization Act* (IRA) von 1934[561] war das Ergebnis eines weiteren Umschwunges in der amerikanischen Indianerpolitik, welcher mit Ende der 20er Jahre einsetzte: Man gab zunehmend das Ziel der Assimilation auf und legte nun den Schwerpunkt wieder auf den Erhalt und Schutz indianischer Stammesstrukturen.[562] Auslöser für diesen Wechsel war der sog. *Meriam Report*[563] aus dem Jahr 1928, welcher die für das Leben der Indianer in nahezu jedem Bereich verheerenden Folgen insbesondere der Allotmentpolitk der vorangegangenen Jahre in deutlicher Weise vor

[559] 43 Stat. 253 (1924).

[560] Vgl. Clinton, *Tribal Courts*, aaO., S. 854.

[561] 48 Stat. 984 (1934); ebenfalls bekannt als *Wheeler-Howard Act*.

[562] Ferguson, aaO., S. 285.

[563] INSTITUTE FOR GOVERNMENT RESEARCH, STUDIES IN ADMINISTRATION, THE PROBLEM OF INDIAN ADMINISTRATION (1928); bei dem Verfasser dieser Studie handelte es sich nicht - wie zu erwarten - um eine offizielle Regierungsstelle wie z.B. das *Bureau of Indian Affairs* (BIA) sondern um eine in Washington, D.C, ansässige private Organisation.

Augen führte: Die bisherige Politik habe primär lediglich zu einem immensen Landverlust der Indianer geführt und einen völlig aufgeblähten Verwaltungsapparat geschaffen, ohne daß gleichzeitig die wirtschaftliche Eigeninitiative der Indianer signifikant gesteigert worden wäre. Insgesamt habe sich die sozio-ökonomischen Lage der Indianer nachhaltig verschlechtert: Unter ihnen herrsche extreme Armut, eine hohe Kindersterblichkeit, allgemein schlechte Gesundheitsbedingungen, eine katastrophale Wohnsitutation und das Bildungsniveau läge weit unter dem Durchschnitt der Normalbevölkerung.[564]

Das dem IRA zugrundeliegende Verständnis von der Aufgabe der Indianerpolitik war dem des *General Alltoment Act's* diametral entgegengesetzt: Ziel war es nicht mehr, die Stammesverbände durch individuelle Landzuteilung aufzubrechen und die Indianer als Einzelpersonen in den amerikanischen "melting pot" zu integrieren. Vielmehr war deren eigenständige dauerhafte Existenz eine nicht mehr in Frage zu stellende Tatsache, welche es auch zu fördern und zu unterstützen galt.[565]

Mit Abschnitt 1 des IRA wurde die Alltoment-Politik offiziell beendet. Gleichzeitig bemühte man sich um eine Wiederbelebung der indianischen Stammesorganistionen und Regierungsstrukturen mit dem Ziel indianischer Selbstregierung.[566] § 16 IRA gewährte dementsprechend den Indianern das Recht, sich zum Zwecke ihres allgemeinen Wohlergehens (erneut) im Stammesverband zu organisieren und sich eine Verfassung und Gesetze zu geben. Die zu erlassende Verfassung konnte dem Stamm unter anderem das Recht geben, sich juristischen Beistand zu nehmen, die Veräußerung oder Verpachtung von Stammeseigentum zu untersagen oder mit der Regierung der Vereinigten Staaten, eines Bundesstaates oder einer Kommune in Verhandlungen zu treten. Damit war die Existenz der Indianerstämme als rechtlich relevanter Einheit wieder anerkannt.

Allerdings bedurften diese Gesetzgebungsakte der Indianerstämme stets noch der Bestätigung durch den Innenminister, so daß das den Indianern zugestandene Selbstregierungsrecht stets unter ministeriellem Vorbehalt stand. Dies führte auch dazu, daß die unter Anwendung des IRA erlassenen Stammesverfassungen in der Regel auf einen

---

564 Ebd., S. 41ff..

565 CANBY, aaO., S. 23.

566 GETCHES ET AL., aaO., S. 216; F. Henry Ellis, *Indian Tribal Sovereignty and the Tribal Courts: The Myth and the Reality*, 13 SUFFOLK TRANSNATIONAL LAW JOURNAL, S. 714, 720 (1990).

Vorschlag der zuständigen Regierungsbehörden zurückgingen und dem- entsprechend dem eigentlich den Indianern fremden System der Gewaltenteilung in Exekutive, Legislative und Judikative folgten. Folglich wurde in vielen Fällen den Indianern auf diesem Wege erneut eine für ihre speziellen Bedürfnisse und ihre Lebensform nicht optimale Lösung oktroyiert.[567]

Größter Verdienst des IRA war jedoch die Verminderung des unglaublich großen Einflusses, welchen die Bundesregierung in den Reservaten bis dahin hatte: "The focus of power was to be decentralized and moved from the Indian bureaucracy in Washington to the reservation governments. Formal tribal government was expected to become the rule rather than the exception."[568]

Den Stämmen war es freigestellt, die Anwendung der Bestimmungen des IRA auf sich im Wege eines innerhalb von zwei Jahren abzuhaltenden Referendums abzulehnen. Allerdings entschied sich die überwältigende Mehrheit der Stämme für die Geltung des IRA bezüglich ihres Stammes.[569]

Der IRA ermächtigte weiter den Innenminister der Vereinigten Staaten, das nach der Landverteilung noch verbliebene Reservationsgebiet wieder in Stammeseigentum zurückzuführen und darüberhinaus zum Zwecke der Landschaffung für Indianer auch Rechte an Grund und Boden zurückzuerwerben. Für das bereits an die Indianer in Anwendung des *General Allotment Act's* verteilte Land, sah der IRA eine Verlängerung der treuhänderischen Verwaltung dieser Gebiete auf unbestimmte Zeit vor. Somit sollte mittels des IRA zum einen die territoriale Basis der Indianerstämme, zum anderen aber auch das den Indianern ureigene Recht der Selbstregierung wiederhergestellt werden.[570]

---

[567] CANBY, aaO., S. 24.

[568] DELORIA / LYTLE, AMERICAN INDIANS, aaO., S. 14.

[569] Insgesamt wurden 258 Referenden gehalten, in welchen sich 181 Stämme für die Anwendung des IRA aussprachen und 77 dagegen. 14 Stämme, welche die Durchführung eines entsprechenden Referendums versäumten, galten ebenfalls als von der Anwendung des IRA erfaßt, s. FRANCIS PAUL PRUCHA, THE GREAT FATHER, Bd. II, S. 964f. (1984).

[570] Vgl. DELORIA / LYTLE, AMERICAN INDIANS, aaO., S. 14: "While the act did not provide [the Indian tribes] with powers hey had not previoiusly possessed, it did recognize these powers as inherent in their status and resurrected them in a form in which they could be used at the discretion of the tribe."

2. Indian Claims Commission

Im Zusammenhang mit dem Entschluß zur Wiederherstellung ehemaliger indianischer Stammesterritorien stand auch die Verabschiedung des *Indian Claims Commission Act*[571]. Mit diesem Gesetz wurde die *Indian Claims Commission* errichtet, bei welcher die Indianerstämme u.a. Ansprüche auf Entschädigung für die rechtswidrige Enteignung ihrer Gebiete geltend machen konnten, sofern diese Ansprüche vor dem 13. August 1946 entstanden waren.[572] Sprach die *Commssion* eine Entschädigung zu, so galten damit sämtliche Rechte des Indianerstammes, wegen der der Anspruch entstanden war, als erloschen.[573]

Auch wenn der IRA teilweise als Verfestigung des untergeordneten kolonialen Status der Indianer kritisiert wird,[574] war er ein für die Indianerstämme wichtiger Schritt nicht nur in Richtung auf eine Rückgewinnung der Kontrolle über einen Teil ihrer ehemaligen Gebiete, sondern vor allem auf ihre erneute Anerkennung als autonome Gemeinschaften mit einem Recht zu Selbstregierung.

VI. Termination (1945 - 1961)

Trotz dieser Rückbesinnung der offiziellen Indianerpolitik der Vereinigten Staaten auf die Respektierung des Selbstregierungsrechtes der Indianerstämme war innerhalb der weißen Gesellschaft immernoch eine Grundströmung in Richtung auf Assimilation unterschwellig vorhanden. Dadurch wurde auch zunehmende Kritik am IRA begünstigt, die sich vornehmlich darauf konzentrierte, daß er die ökonomische und politische Entwicklung, respektive Angleichung der Indianer an die in der weißen Gesellschaft vorherrschenden Lebensvorstellungen behindere.[575]

Mit dem Rücktritt *John Collier's*, welcher als Commissioner im BIA stärkster Förderer des IRA war, wurde der Weg für eine radikale Kehrtwende von der Reformpolitik des

---

[571] 60 Stat. 1049 (1946), kodifiziert in: 25 U.S.C. §§ 70 - 70v (1988).

[572] Entschädigungsansprüche, welche nach diesem Stichtag entstanden sind, waren unter erheblich engeren Voraussetzungen dann direkt beim *Court of Claims* geltend zu machen, welcher ansonsten als Berufungsinstanz zur *Claims Commission* fungierte. Die *Claims Commission* stellte ihre Arbeit 1978 ein. Vgl. CANBY, aaO., S. 267.

[573] *United States v. Dann*, 470 U.S. 39 (1985). Vgl. auch unten, S. 225.

[574] Vgl. Clinton, *Legacy*, aaO., S. 105.

[575] Clinton, *Legacy*, aaO., S. 105.

IRA frei. Die allgemein ange- spannte Haushaltslage der USA nach dem Zweiten Weltkrieg tat ihr übriges: Die unter Geltung des IRA begonnenen Programme zur Förderung der Indianer wurden nun zunehmend als finanzielle Belastung angesehen, welche es nach Möglichkeit zu verringern galt. Folglich veranlaßte man eine Untersuchung, welche Stämme sofort ohne weitere Unterstützung des Bundes fortexistieren könnten, bei welchen dies mittelfristig möglich wäre, und welche dauerhaft auf die weitere Förderung durch die Bundesregierung angewiesen wären.[576] Hinsichtlich der ersten beiden Gruppen sollte dann die im Rahmen der trust relationship gegebene Verantwortung der Vereinigten Staaten für die Indianerstämme ein Ende finden. Dies war der Gedanke der sog. "termination".

1. Resolution 108

Es dauerte allerdings bis zum Jahr 1953, daß die "termination" offizielle Indianerpolitik der Vereinigten Staaten wurde: In diesem Jahr verabschiedete der Kongreß die *Resolution 108*.[577] Seitdem war es erklärtes Ziel "to make the Indians within the territorial limits of the United States subject to the same laws and entitled to the same privileges and responsibilities as are applicable to other citizens of the United States, to end their status as wards of the United States."[578] Zu diesem Zweck sollte die Aufsicht und Kontrolle der Bundesregierung über die Indianerstämme beendet werden. Vor allem wegen dieses emanzipatorisch anmutenden Gepräges fanden sich unter den Befürwortern der Terminations-Politik nicht nur Weiße, sondern auch etliche indianische Gruppierungen, welche hofften, diese neu gewonnenen "Freiheit" zu ihrem eigenen Vorteil ausnutzen zu können.[579]

Nachdem es sich bei der *Resolution 108* lediglich um eine politische Willensbekundung ohne bindende Wirkung handelte, mußte die Beendigung der Beziehungen zu den Indianerstämmen in jedem einzelnen Fall durch Gesetz vollzogen werden.[580] Insgesamt geschah dies in den Jahren zwischen 1954 und 1970 bei 109 Indianerstämmen.

---

[576] COHEN, HANDBOOK, aaO., S. 155ff.

[577] H.C.R.Res. 108, 83rd Cong., 1st Sess., 67 Stat. B 132 (1953).

[578] Ebd..

[579] Vgl. Gary Orfield, *A Study of the Termination Policy*, zitiert in: GETCHES ET AL., aaO., S. 230ff.

[580] Eine Aufzählung sämtlicher *termination acts* findet sich bei Charles F. Wilkinson / Eric R. Biggs, *The Evolution of the Termination Policy*, 5 AMERICAN INDIAN LAW REVIEW, S. 139, 151 (1977).

Mit Erlaß dieser Terminationsgesetze wurde die sog. *trust relationship* zwischen den Vereinigten Staaten und den betroffenen Indianerstämmen beendet.

Entsprechend den einzelnen Terminations-Gesetzen fielen die Folgen dieser Beziehungsbeendigung für jeden Stamm unterschiedlich aus. Trotzdem sind bei sämtlichen Terminationen in den generellen Folgen gewisse Gemeinsamkeiten festzustellen. In erster Linie wurde die Subventionierung der Stämme im Rahmen der allgemeinen *trust relationship* eingestellt. Dies betraf sämtliche vom BIA durchgeführten Programme, wie z.B. Bildungs-, Wohnungs- oder allgemeine Wohlfahrtsprogramme. Die Mitglieder eines nunmehr "selbständigen" Stammes hatten keinen Anspruch mehr auf Betreuung durch den *Indian Health Service*. Schließlich kam der Stamm selber für Zuschüsse der Bundesregierung im Rahmen der allgemeinen Haushaltsverteilung ebenfalls nicht mehr in Betracht.[581]

Bedeutendste und nachhaltigste Folge war jedoch die Beendigung der treuhänderischen Zuständigkeit der Bundesregierung für das Stammesland: Dadurch konnte dieses nun wie jedes Privateigentum frei veräußert und belastet werden. Dieses Land unterlag nach Verlust seines Treugutstatus - anders als zu Zeiten der treuhänderischen Verwaltung durch den Bund - in vollem Umfang auch der Besteuerung durch die Staaten und Kommunen. In vielen Fällen wurde im Zuge der *termination* auch das Stammesland verkauft und der Erlös an die Stammesmitglieder anteilig verteilt.[582]

2. Public Law 280

Zwei Wochen nach der *Resolution 108* wurde im Kongreß *Public Law 280*[583] verabschiedet, welches als zentraler Bestandteil der neuen Assimilationspolitik angesehen wird.[584] Gesetzgeberisches Motiv für *Public Law 280* war der angebliche totale Zusammenbruch von Recht und Ordnung auf zahlreichen Indianerreservationen.[585] Um die Rechtspflege innerhalb der Reservationen zu effektivieren sah *Public Law 280* die

[581] Ebd., S. 54, eine detaillierte Auflistung der Folgen der Terminations-Politik für den Stamm der *Menominee* findet sich bei GETCHES ET AL., aaO., S. 249ff..

[582] CANBY, aaO., S. 53.

[583] P.L. 83-280; 67 Stat. 588 (1953).

[584] Wilkinson / Biggs, aaO., S. 158.

[585] S. *State Legal Jurisdiction in Indian country, 1952: Hearings on H.R. 459, H.R. 3235, and H.R. 3624 before the Subcommittee on Indian Affairs of the House Committee on Interior and Insular Affairs*, 82d Cong., 2d Sess. 16 (1953).

Übertragung der Jurisdiktion in zivilen und strafrechtlichen Fragen innerhalb der Reservationen von der Bundeszuständigkeit auf die Einzelstaaten vor. Direkt geregelt war ein derartiger Übergang der Rechtsprechungsgewalt nur in fünf Staaten,[586] jedoch konnten sämtliche anderen Staaten ebenfalls für eine entsprechende Übernahme der Jurisdiktion optieren.[587] Waren die Indianerstämme bisher durch die ausschließliche Bundeszuständigkeit vor einem Eindringen einzelstaatlicher Hoheitsgewalt in ihr Gebiet geschützt, unterfielen sie jetzt dem direkten Zugriff der sog. "P.L. 280-Staaten" in Fragen der Rechtsprechung.

Als Relikt der treuhänderischen Verantwortung der Bundesregierung für die Indianerstämme nahm *Public Law 280* die Veräußerung, Belastung oder Besteuerung treuhänderisch gehaltenen Eigentums der Indianer und die in Verträgen, Gesetzen oder sonstige Abkommen geschützten Jagd- und Fischereirechte der Indianer von der Übertragung der Jurisdiktion aus.[588] Von dieser Jurisdiktionsübertragung ebenfalls völlig unbeeinflußt blieben die sonstigen den Indianern vertraglich zugesicherten Rechte, weil sich kein in Richtung auf eine entsprechende Aberkennung gehender gesetzgeberischer Wille feststellen ließ.[589]

Daß den Indianerstämmen die als diskriminierend eingestufte[590] Rechtsprechungsgewalt der Bundesstaaten ohne irgendein Zustimmungserfordernis auf ihrer Seite aufgebürdert wurde, war ein weiterer Beleg für die weitreichende Mißachtung der indianischen Souveränität.[591] Deshalb wurde *Public Law 280* auch als ein zentraler Bestandteil der neuen Assimilationspolitik der Vereinigten Staaten bezeichnet.[592]

---

[586] Dies waren Kalifornien, Nebraska, Minnesota , Oregon und Wiskonsin. 1958 kam auch Alaska hinzu.

[587] COHEN, HANDBOOK, aaO., S. 176.

[588] Ebd., S. 177.

[589] Vgl. *Menominee Tribe v. United States*, 391 U.S. 404 (1968).

[590] Vgl. Wilkinson / Biggs, aaO., S. 159.

[591] Dieses fehlende Zustimmungserfordernis wurde 1968 mit dem Inkrafttreten von § 7 *Indian Civil Rights Act*, P.L. 90-284, 82 Stat. 73, 78f (1968) eingeführt, nachdem bereits weitere neun Staaten mittels P.L. 280 ihre Jurisdiktion (teilweise) auf die Indianerreservate innerhalb ihres Staatsgebietes ausgedehnt hatten; vgl. COHEN, HANDBOOK, aaO., S. 177.

[592] Wilkinson / Biggs, aaO., S. 158.

3. Folgen

Im Ergebnis führte die Zeit der *termination* zu einem grundlegenden Wandel der Eigentumsverhältnisse an den Stammesgebieten, weil insbesondere das Land der kleineren Stämme veräußert und der Verkaufserlös an die Stämme weitergeleitet wurde. Die besondere Treuhandsbeziehung zwischen den Vereinigten Staaten und zahlreichen Indianerstämmen wurde abgewickelt. Ihres Sonderstatus im Rahmen dieser Beziehung verlustig gegangen, waren die Indianerstämme dann dem direkten Zugriff der Bundesstaaten ausgesetzt. Die besondere Bundesförderung durch spezielle Indianerprogramme wurde sowohl hinsichtlich der Stämme als auch hinsichtlich der einzelnen Indianer eingestellt. Schließlich wurde auch der Souveränität der Indianerstämme faktisch ein Ende gesetzt, weil diese mit dem Verlust ihres Landes gleichzeitig auch den geographischen Bezugspunkt ihrer Jurisdiktion und Hoheitsgewalt verloren haben. Als - wenn auch nicht beabsichtigte - Folge dessen wurde auch die interne Stammesstruktur und mit dieser die kulturelle und ideelle Eigenständigkeit der Stämme nachhaltig zerstört.[593]

VI. Selbstbestimmung (1961- Gegenwart)

Es dauerte bis zum Jahr 1970, daß die Ära der *termination* mit all ihren verheerenden Folgen für die Souveränität der Indianerstämme offiziell beendet wurde. In diesem Jahr erklärte Präsident *Nixon* in einer Rede vor dem Kongreß die *termination* für moralisch und rechtlich nicht hinnehmbar ("morally and legally unacceptable").[594] Das Ende hatte sich jedoch bereits 1958 angekündigt, als Innenminister *Seaton* in einem Radiointerview öffentlich bekanntgab, daß fortan kein Stamm mehr ohne dessen Zustimmung aus der Sonderbeziehung zu den Vereinigten Staaten entlassen werden solle.[595]

1. Förderungsbemühungen

Der erste gesetzgeberische Schritt zurück in Richtung auf eine Stärkung der Indianerstämme und ihrer Selbstregierung war die Verabschiedung des *Area Redevelopment*

---

[593] S. ebd., S. 152ff..

[594] H.R. Doc. No. 363, 91st Cong., 2d Sess. (1970).

[595] COHEN, HANDBOOK, aaO., S. 182.

Act[596] im Jahre 1961.[597] In diesem Gesetz wurden die Indianerreservate als chronisch strukturschwache Gebiete ausdrücklich als förderungswürdig für entsprechende Programme der Bundesregierung eingestuft. Im Rahmen von Plänen des BIA für die gesamtwirtschaftliche Entwicklung kamen nun wieder Indianerstämme für die Gewährung von Darlehen, Zuschüssen oder sonstiger Unterstützung der Bundesregierung in Betracht, um Land zu erwerben oder urbar zu machen, oder um auf diesem Industrieanlagen oder sonstige öffentliche Einrichtungen zu errichten.

Daneben bedeutete die Verabschiedung des *Indian Civil Rights Act's* von 1968[598] eine implizite Anerkennung der Existenz indianischer Hoheitsgewalt, indem sie diese per Gesetz denselben verfassungsmäßigen Beschränkungen im Umgang mit ihren Stammesangehörigen unterwarf, wie sie die *Bill of Rights* als verfassungsmäßige Garantien für alle U.S.-Bürger vorsah.[599] Dies war bereits ein beachtliches Abweichen von der unter der *termination* vorgegebenen offiziellen Marschroute.

Unter der Regierung *Kennedy* wurde die Politik der *termination* schlicht nicht weiter betrieben, das heißt es wurde keine weitere Beendigung der Beziehungen zu Indianerstämmen ausgesprochen wurde.[600] 1968 verkündete dann Präsident *Johnson* in einer speziellen Ansprache an den Kongreß ("*The Forgotten American*") ein neues Ziel für die Indianerpolitik der Vereinigten Staaten: "A goal that ends the old debate about 'termination' of Indian programs and stresses self-determination."[601] Damit trat die Indianerpolitik der Vereinigten Staaten in das Zeitalter der Selbstbestimmung ein, welches bis heute andauert.

In den 70er Jahren kehrte auch der Kongreß zu einer Politik der strukturellen Förderung der Reservate zurück, wobei nun auch mehr Wert auf die Miteinbeziehung der Stämme selber in diese Entwicklungsvorhaben gelegt wurde. Daneben übernahmen

---

596 P.L. 87-27; 75 Stat. 47 (1961).

597 DELORIA / LYTLE, THE NATIONS WITHIN (1984), S. 196.

598 83 Stat. 77 (1968).

599 CANBY, aaO., S. 29. Der Erlaß des ICRA war erforderlich, nachdem die indianischen Stammesregierungen als zeitlich der *U.S. Constitution* vorgehende Souveräne nicht der verfassungsmäßigen Bindungswirkung unterworfen waren, und eine solche auch nie über eine etwaige Zustimmung der Indianerregierungen zur entsprechenden Geltung, d.h. freiwillige Unterwerfung, gegeben war. Vgl. dazu unten, S. 172ff..

600 Wilkinson / Biggs, aaO., S. 163.

601 PUBLIC PAPERS OF THE PRESIDENTS OF THE UNITED STATES: LYNDON B. JOHNSON, 1968-69, S. 336, 355.

auch die Stämme selber zunehmend erfolgreich eine Rolle als Akteure bei der Regelung ihrer eigenen Angelegenheiten:

"Through legislation and litigation, during the 1970's Indian tribes successfully reasserted substantive control over the lives of their members (...). Congress even was prepared (...) to turn over to Indian tribes the development and management of federally funded programs (...)."[602]

2. Indian Self-Determination and Education Assistance Act

Gesetzgeberisches Mittel für diesen Umschwung in der Indianerpolitik war der *Indian Self-Determination and Education Assistance Act* (ISDA) von 1975[603], welches als das wahrscheinlich bedeutendste gesetzgeberische Werk der Indianerpolitik seit dem *Indian Reorganization Act* angesehen wurde.[604]

Der ISDA geht zurück auf Präsident *Nixons* Vorschläge in seiner bekanntgewordenen Botschaft an den Kongreß[605]: In völliger Abkehr von der Politik der *termination*, sprach der Präsident sich für das Recht der Indianer aus, die mit Bundesmitteln geförderten Programme unter ihre eigene Kontrolle zu bringen, ohne daß gleichzeitig die (finanzielle) Unterstützung durch den Bund beendet würde. Dies würde nach Vorstellung des Präsidenten auch die Übernahme der Kontrolle über das Erziehungs- und Bildungssystem auf den einzelnen Reservationen bedeuten. Dabei sollte die Entscheidung für die Übernahme von Bundesprogrammen durch den Stamm selber in dessen eigenes Ermessen gestellt werden:

"In my judgment, it should be up to the Indian tribe to determine whether it is willing and able to assume administrative responsibility for a service program which is presently administered by a Federal agency."[606]

In Reaktion auf diese - wenngleich nicht revolutionär neuen - Vorschläge wurde neben anderen Gesetzen[607] 1975 der *Indian Self-Determination and Education Assistance Act*[608] verabschiedet. Abschnitt 1 des ISDA gab den Innen- und Gesundheits-

[602] Clinton, *Legacy*, aaO., S. 107; vgl. auch COHEN, HANDBOOK, aaO., S. 196f..

[603] P.L. 96-638; 88 Stat. 2203 (1975); kodifiziert in 25 U.S.C. §§ 450ff (1988).

[604] Vgl. PEVAR, aaO., S. 8.

[605] MESSAGE FROM THE PRESIDENT OF THE UNITED STATES TRANSMITTING RECOMMENDATIONS FOR INDIAN POLICY (8.7.1970), H.R.Doc. No. 363, 91st Cong., 2d Sess. (1970).

[606] Ebd..

[607] Z.B. der *Indian Education Act* von 1972, 25 U.S.C. §§ 241aa, 887c, 1211a, und der *Indian Financing Act* von 1974, 25 U.S.C. §§1451ff..

[608] S. oben, Fn. 603.

ministern die Befugnis, nach eigenem Ermessen mit den Indianerstämmen Verträge über die Gewährung von finanzieller oder sonstiger Unterstützung durch die Bundesregierung abzuschließen. Trotz der Finanzierung durch den Bund sollten die auf den Reservaten durchgeführten Programme nunmehr unter Beteiligung der Stämme selbst geplant und verwaltet werden, um auf diesem Weg die starke Präsenz und Entscheidungsgewalt der Bundesregierung in den Reservaten abzuschwächen.[609] Aus diesem Grund ordnete der ISDA an:

"The Secretary is directed, upon the request of any Indian tribe by tribal resolution, to enter into a self-determination contract or contracts with a tribal organization to plan, conduct, and administer programs, or portions thereof (...) for the benefit of Indians because of their status as Indians (...)."[610]

Somit ist der ISDA Beleg für einen grundlegenden Wandel in der Indianerpolitik der Bundesregierung, was sich insbesondere auch auf die Rolle des BIA auswirkte. Als für die Mittelzuweisung und Verwaltung der Reservatsprogramme allzuständige Bundesbehörde war diese 1824 zunächst als Teil des Kriegsministeriums[611] errichtete und 1849 ins Innenministerium übergeleitete Behörde von zentraler Bedeutung für die Umsetzung der jeweiligen offiziellen Indianerpolitik der Vereinigten Staaten. Während das BIA lange Zeit als für die Finanzierung und Durchführung entsprechender Regierungsprogramme auf den Reservaten direkt zuständig war, kam ihm unter Anwendung des ISDA nun zunehmend die Rolle eines Vertragspartners und einer für die Gewährung von Zuschüssen zuständigen Stelle zu.[612]

3. Indian Policy Review Commission

In die gleiche Zeit fiel auch der Abschlußbericht der vom Kongreß 1975 errichteten[613] *American Indian Policy Review Commission,* welche nach ihrem Vorsitzenden auch

---

[609] GETCHES ET AL., aaO., S. 255.

[610] 25 U.S.C. § 450f (a) (1) (1988).

[611] Die Tatsache, daß das BIA eine dem Kriegsministerium eingegliederte Behörde war, sprach im Jahr 1824 weniger, wie manche kurzerhand folgerten, dafür, daß sich die Vereinigten Staaten mit den Indianern etwa in permanentem Kriegszustand sahen; vielmehr waren zu dieser Zeit die Funktionen des Außenministeriums, d.h. die Pflege diplomatischer Beziehungen zu anderen Nationen, selbstverständlicher Teil der durch das Kriegsministerium wahrzunehmenden Aufgaben; vgl. EDWARD H. SPICER: THE AMERICAN INDIANS (1980), S. 177. Folglich kann diese Zuordnung zum Aufgabenbereich des Kriegsministerium genau als gegenteiliges Indiz für die damalige Anerkennung der unabhängigen Staatlichkeit der Indianerstämme gewertet werden. Genauso bezeichnend ist dann anschließend die Eingliederung des BIA in das neu geschaffene Innenministerium: Das Indianerproblem wurde von der Bundesregierung entsprechend als ein rein internes Phänomen ohne jeden völkerrechtlichen Bezug gesehen. Vgl. TAYLOR, THE BUREAU OF INDIAN AFFAIRS (1984), S. 34.

[612] TAYLOR, aaO., S. 42.

unter dem Namen *Abourezk Commission* bekannt wurde. In dem Abschlußbericht wurde mit allem Nachdruck eine Lanze für das Selbstbestimmungsrecht der Indianerstämme gebrochen. Entsprechend sollte die künftige Indianerpolitik der Vereinigten Staaten von den Grundsätzen der Souveränität und des Selbstbestimmungsrechtes der Indianerstämme und der besonderen Obhuts- und Treuebeziehung der Vereinigten Staaten zu den Indianerstämmen bestimmt sein:

"Indian tribes are sovereign political bodies, having the power to determine their own membership and power to enact laws and enforce them within the boundaries of their reservations. (...) [T]he relationship which exists between the tribes and the United States is premised on a special trust that must govern the conduct of the tronger toward the weaker."[614]

Im Zuge dieser Entwicklung profitierten die Indianerstämme von einem beispiellosen Tätigwerden des Gesetzgebers, welches in den allermeisten Fällen zu ihrem Vorteil geschah und eine Miteinbeziehung der Indianerstämme in künftige Entscheidungsprozesse vorsah.[615] Die treuhänderische Sonderbeziehung zwischen den Vereinigten Staaten und den Indianerstämmen, welche im Zuge der *termination* beendet worden war, wurde in den allermeisten Fällen wieder aufgenommen. Den Indianerstämmen wurde im Zusammenhang mit der Durchführung bestimmter Umweltgesetze sogar ein den Bundesstaaten gleicher Status zuerkannt.[616] Ebenso gewährte der *Indian Tribal Government Tax Status Act* von 1982[617] den Indianerstämmen auf Bundesebene die gleichen Steuervergünstigungen wie den Bundesstaaten.[618] In Verfolgung dieser neuen Politik wurde auch die Beziehung der Bundesregierung zu den Stammesregierungen auch offiziell als eine "government-to-government relationship" verstanden.[619]

4. Verbleibende Mißstände

Diese für die Sache der Indianer günstigen allgemeinen politischen Rahmenbedingungen dürfen jedoch nicht darüber hinwegtäuschen, daß die Realität auf den Reservaten immernoch von tatsächlicher Selbstregierung und Selbstbestimmung der Indianer weit

[613] 88 Stat. 1910 (1975).

[614] American Indian Policy Review Commission, Final Report, vol. I, S. 4 (1977).

[615] Getches et al., aaO., S. 256.

[616] Ebd., S. 257.

[617] 96 Stat. 2607 (1982).

[618] Z.B. die Ausgabe von steuerfreien Schuldverschreibungen zur Finanzierung bestimmter Regierungsprogramme; s. Canby, aaO., S. 31.

[619] S. *President Reagan, Statement on Indian Policy,* 19 Weekly Compilation of Presidential Documents (24. Januar 1983).

entfernt war. Trotz der veränderten Rolle des BIA stellte sich die unter den Mitarbeitern dieser Behörde gegenüber den Indianern vorherrschende Grundeinstellung als größtes Hemmnis für einen tatsächlichen Umschwung in der Indianerpolitik der Vereinigten Staaten hin zu einer Selbstbestimmung der Indianerstämme heraus.[620] Daneben geriet das BIA auch wegen seines unermeßlich kostspieligen Verwaltungsapparates und der entsprechend geringen Kosteneffizienz bei der Durchführung von Programmen auf den Reservaten zunehmend ins Kreuzfeuer der Kritik.[621] Weiter wurden auch die nach dem ISDA immernoch erforderliche Zustimmung des BIA zu innerhalb der Indianerstämme gefällten Entscheidungen und die Tatsache, daß auch die unter eigener Verwaltung durchgeführten Programme auf den Reservaten noch unter der Oberaufsicht der BIA standen, als Hindernis für den Wiederaufbau einer wahren Selbstregierung der Stämme angesehen.

Diese Mißstände sollten durch im Jahr 1988 erlassene Gesetze zur Änderung des ISDA abgeschafft werden. Der diesbezüglich bedeutsamste Schritt wurde mit *Public Law 100-472*[622] unternommen. Zum einen wurden die Modalitäten des Abschlusses sog. "Self-determination contracts" zugunsten der Indianerstämme verbessert.[623] Von entscheidend größerer Bedeutung war jedoch die Hinzufügung eines neuen Abschnittes III zum ISDA, durch welchen das sog. "*Tribal Self-Governance Demonstration Project*" errichtet worden ist. Dieses stellt einen bis dahin nicht dagewesenen Versuch dar, tatsächliche Unabhängigkeit der Indianerstämme in ihren eigenen Entscheidungen und eine unter dem Begriff "self-governance" bekanntgewordene Eigenständigkeit in deren Durchführung zu verwirklichen.

C. Souveräne Eigenständigkeit im Rahmen des "Tribal Self-Governance Demonstration Project's"

Das mit dem *Self-Governance Demonstration Project*[624] verfolgte Ziel läßt sich prägnant folgendermaßen beschreiben: "Self-Governance is fundamentally designed to

---

[620] JACK FORBES, NATIVE AMERICANS AND NIXON, S. 120 (1981).

[621] Vgl. Joe De La Cruz, *Contracting unter the Self-Determination Act, in:* KENNETH R. PHILP (Hrsg.), INDIAN SELF-RULE, S. 259 (1986).

[622] 102 Stat. 2285 (1988)

[623] Für eine detaillierte Darstellung der Änderungen s. Robert A. Garlock, *P.L. 93-638 Revised For Tribal Contracting in the 1990s*, 22 AMERICAN INDIAN LAW NEWSLETTER, S. 14-17, 23-25 (1989); 23 AMERICAN INDIAN LAW NEWSLETTER, S. 11-13 (1990).

[624] Im folgenden: *Demonstration Project*.

provide Tribal governments with more control and decision-making authority over Federal financial resources provided for the benefit of Indian people."[625]

Auch wenn das "Tribal Self-Governance Demonstration Project" lediglich als Modellversuch mit einigen ausgewählten Indianerstämmen gestartet wurde, dessen Umformung in ein allgemein gültiges und dauerhaftes Gesetz erst für das Jahr 1996 geplant ist[626], wird es bereits als ein durchaus vielversprechender Weg zur Wiederherstellung der Souveränität der Indianerstämme angesehen.[627] Deshalb soll der Darstellung dieses jüngsten Ansatzes in der Indianerpolitik der Vereinigten Staaten besondere Aufmerksamkeit im Rahmen eines eigenen Abschnittes gewidmet werden.

I. Entstehung der "Self-Governance-Idee"

Wurde mit der Verabschiedung des ISDA die grundsätzliche Entscheidung für eine stärkere Selbstregierung der Indianerstämme getroffen, so blieben diese trotzdem weiterhin der Administration und Kontrolle durch die BIA unterworfen. In diese strukturelle Abhängigkeit kam erst Bewegung, als die Zeitung *Arizona Republic* im Oktober 1987 in einer Artikel-Serie mit dem Titel "*Fraud in Indian Country*" von beispielloser Mittelverschwendung und Mißmanagement durch das BIA in Wahrnehmung ihrer Aufgaben auf den Reservationen berichtete.[628] Zur gleichen Zeit wurden im Kongreß Änderungen zum ISDA diskutiert. Durch die Artikel-Serie alarmiert, wurde von *Sidney Yates*, dem Vorsitzenden des "House Interior and Related Agencies Appropriations Subcommittee", ein Hearing zu den erhobenen Vorwürfen durchgeführt. Auf

---

625 SELF-GOVERNANCE, aaO., S. 3.

626 LUMMI NATION ET AL. (Hrsg.), SELF-GOVERNANCE: A TRIBALLY DRIVEN INIATIATIVE, S. 18 (1992). Unter Umständen kommt es bereits vor diesem Zeitpunkt zur Verabschiedung als dauerhafte Gesetzgebung, nachdem das entsprechende Gesetzgebungsverfahren mit Einbringung des sog. "Tribal Self-Governance Act of 1993" am 25. November 1993, H.R. 3508, bereits in den entsprechenden (Unter-)Ausschüssen diskutiert und überarbeitet worden ist, und nun als "Tribal Self-Governance Act of 1994" am 3. August 1994 dem gemeinsamen Ausschuß des Congress vorgelegt wurde, s. 103d Cong., 2d Sess., H.R. 3508, Rep. 103-653. Diesem Gesetzesentwurf zufolge soll dem ISDA ein eigener Title IV hinzugefügt werden, durch welchen innerhalb des Innenministeriums ein dauerhaftes "Tribal Self-Governance Program" eingerichtet wird. Beteiligte Indianerstämme sind sowohl die Compact Tribes des bisherigen Demonstration Project, als auch jährlich bis zu 20 neue, vom Innenminister, bzw. dem Direktor des OSG, aus der Zahl der Bewerber auszuwählende Stämme. Der bisherige Title III bleibt weiterhin für die Programme des IHS relevant.

627 S. Clinton, *Legacy*, aaO., S. 138.

628 Ein Beispiel dafür stellt die *Mille Lacs Band of Chippewa Indians* dar: Nach einer im Rahmen des *Demonstration Project's* gemachten Erhebung kamen von jedem für diese bestimmten Dollar lediglich 11 cent auf der Reservation an. Die Differenz wurde für Verwaltungskosten ausgegeben. S. Artikel *The Concept of Self-Governance is to Eliminate the Middleman*, in: 1 (4) TRIBAL SELF-GOVERNANCE DEMONSTRATION PROJECT - NEWSLETTER (Oktober 1992), S. 6, 7.

diesem Hearing wurde von *Ross Swimmer*, dem Staatssekretär für Indianerangelegenheiten[629], und dem damaligen Innenminister *Donald Hodel* der Vorschlag gemacht, die bisher dem BIA zur Durchführung ihrer Programme zugewiesenen Mittel direkt den Stämmen zukommen zu lassen, und die Durchführung der entsprechenden Programme in deren eigene Regie zu legen. Dieser Vorschlag wurde auf einem Treffen am nächsten Tag zwischen *Swimmer / Hodell* und Vertretern verschiedener Indianerstämme diskutiert, woraufhin sich bis Dezember 1987 insgesamt zehn Stämme bereiterklärten, eine entsprechende Übernahme von BIA-Mitteln für die Durchführung von dem ISDA unterfallenden Reservationsprogrammen versuchsweise durchzuführen. In einem Eilverfahren wurden die für das Haushaltsjahr 1988 von den zehn Stämmen dafür beantragten Mittel in Höhe von $ 1 Million vom Kongreß noch am 22. Dezember bewilligt.

Die Umsetzung des *Hodel-Swimmer*-Vorschlages in ein konkretes Gesetz war jedoch mit Schwierigkeiten verbunden, weil sich die Interessenvertreter der Indianerstämme vehement gegen die vom Innenministerium mit der Mittelübergabe vorgesehene Beendigung der *trust responsibility* der Vereinigten Staaten gegenüber den Indianerstämmen aussprachen. Stattdessen arbeiteten sie einen eigenen Gesetzesvorschlag aus, welcher später nahezu unverändert als *Public Law 100-472* verabschiedet wurde, wodurch dem ISDA ein neuer Abschnitt III hinzugefügt wurde. Dadurch wurde das *Tribal Self-Governance Demonstration Project* geschaffen. Im Gegensatz zum *Hodell-Swimmer*-Vorschlag war nun der Fortbestand der besonderen Obhuts- und Treuebeziehung der Vereinigten Staaten auch gegenüber den sog. "Self-Governance Compact Tribes" festgeschrieben. Weiter war die Ausdehnung des *Demonstration Projects* auf - von wenigen Ausnahmen abgesehen - sämtliche von der BIA verwalteten Programme vorgesehen. Die Übernahme der Kontrolle über die bisherigen BIA-Programme sollte neben der direkten Mittelverwaltung durch die Stämme diesen auch einen entsprechenden Ermessenspielraum hinsichtlich der Verwendung dieser Mittel und die Möglichkeit der Neugestaltung und Zusammenfassung der verschiedenen Reservationsprogramme einräumen.[630]

---

[629] In den 70er Jahren war *Swimmer* sog. Principal Chief der *Cherokee of Oklahoma*.

[630] Derartige bisher vom BIA betreute Programme umfaßten z.B. Wohnungsprogramme, Straßenbau, Erwachsenenbildung, Rechtspflege und Gesetzesvollzug, Sozialfürsorge, Jugendfürsorge, Wald- und Fischereiwirtschaft, Umweltprogramme, Stipendien oder allgemeine Finanzierungsprogramme; vgl. SELF-GOVERNANCE, aaO., S. 30.

Während der ersten zwei Jahre lag es in der Verantwortlichkeit des BIA, P.L. 100-472 in die Praxis umzusetzen und das *Demonstration Project* in Gang zu bringen. Mangelnde Kooperation auf Seiten der BIA ließ jedoch bei den beteiligten Indianerstämmen die Befürchtung wachsen, das gesamte Projekt sei von Anfang an zum Scheitern verurteilt.[631] Deshalb drängten diese darauf, eine unabhängige Stelle für die Aushandlung der sog. "Self-Governance compacts" zu schaffen. Nachdem zunächst *William Bettenberg* als *Assistant Secretary of Indian Affairs* im Innenministerium am 28. April 1990 mit dieser Aufgabe betraut worden war, wurde aufgrund der weiterhin zu beklagenden stiefmütterlichen Behandlung des *Demonstration Project's* durch das BIA im Januar 1991 ein dem Innenministerium untergliedertes unabhängiges *Office of Self-Governance* (OSG) geschaffen, dessen erster Direktor bis zu seinem Rücktritt im Januar 1994 *Bill Lavell* war. Am 22. Dezember 1992 wurde dem OSG die bis dahin dem *Assistant Secretary of Indian Affairs* zu Abschluß und Durchführung der Self-Governance Compacts zustehenden Befugnisse übertragen. Damit wurde das OSG für die "Compact Tribes" zur direkten Anlaufstelle, ohne daß es des Umweges über die BIA bedurfte, was von diesen als wesentlicher Fortschritt aufgefaßt wurde.[632] Das OSG fungiert seitdem als Chefunterhändler des Innenministers für den Abschluß der Self-Governance Compacts und ist für die jährliche Mittelvergabe an die Compact Tribes zuständig, steht jedoch auch dem *Assistant Secretary of Indian Affairs* in Fragen der Wahrnehmung der *trust responsibility* gegenüber den Compact Tribes beratend zur Seite.[633]

II. Regelungen von P.L. 100-472 im einzelnen

Gemäß § 302(a) war der Innenminister ermächtigt, insgesamt 30 Indianerstämme[634] für eine Beteiligung an dem *Demonstration Project* auszuwählen. Voraussetzung für die Beteiligung war entweder die erfolgreiche Verwaltung der im Dezember 1987 an die zehn "Versuchsstämme" zugeteilten Mittel[635], oder der Antrag einer

---

[631] Ebd., S. 11.

[632] Vgl. den Artikel *Delegation of Authority Received by OSG*, 2(3) SOVEREIGN NATIONS (Februar 1993), S. 5f..

[633] Dies beinhaltet zum einen eine Beratungsfunktion mit dem Ziel, die Überwachung bei der Verwaltung des Stammesvermögens auf ein geringstmögliches Maß zu reduzieren, zum anderen aber auch eine Warnfunktion, wenn das OSG im Laufe seiner Zusammenarbeit mit den Compact Tribes Fälle akuter Mißwirtschaft feststellt, welche eine Gefahr für das Stammesvermögen darstellen.

[634] Ursprünglich hatte P.L. 100-472 die Anzahl der beteiligten Stämme auf 20 begrenzt. 1991 wurde jedoch mittels P.L. 102-184, 105 Stat. 1278 (1991) die Zahl auf 30 erhöht.

[635] S. oben, S. 160.

Stammesregierung, nachdem diese mindestens zwei ISDA-Programme selber verwaltet hatte, und der Stamm sich in den drei vorangegangenen Jahren als finanziell stabil erwiesen hatte, was anhand der im Rahmen der ISDA-Verwaltung von den Stammesregierungen jährlich abzugebenden Rechenschaftsberichte festgestellt werden konnte. Nach einer Planungsphase von zwei Jahren wurden die ersten sieben Stämme für den Abschluß sogenannter "self-governance compacts" ausgewählt. Dies waren der Stamm der *Absentee-Shawnee* (OK), die *Cherokee Nation* (OK), der *Hoopa Valley Tribe* (CA), die *Jamestown S'Klallam* (WA), *Lummi Nation* (WA), *Quinault Nation* (WA) und die *Mille Lacs Band of Chippewa Indians* (MN).[636] Diese Stämme sind auch als sog. "First Tier Compact Tribes" bekannt. Im Januar 1992 wurden neun zusätzliche Stämme als "Second Compact Tier Tribes" benannt: *Port Gamble S'Klallam Tribe* (WA), *Duck Valley Shoshone-Paiute Tribe* (NV), *Tlingit and Haida Tribes of Alaska* (AK), *Makah Tribe* (WA), *Sac and Fox Nation* (OK), *Siletz Tribe* (OR), *Duckwater Shoshone Tribe* (NV), *Ely Shoshone Tribe* (NV) und die *Kawerak, Inc.* (AK)[637]. Im Laufe des Jahres 1993 wurden mit den "Third Tier" und "Fourth Tier Compact Tribes" die restlichen 14 Stämme in das *Demonstration Project* mit einbezogen.[638] Ein Beitritt weiterer Stämme ist erst möglich, wenn das *Demonstration Project* voraussichtlich im Jahr 1996 zum dauerhaften Instrument der amerikanischen Indianerpolitik geworden ist.[639]

Gemäß § 303(a) schließt der Innenminister mit den "Compact Tribes" einen jährlichen sog. "Self-Governance Compact" ab, in welchem den Stämmen für die Planung, Durchführung, Konsolidierung und Verwaltung der betroffenen Programme[640] eine pauschale Mittelzuweisung gewährt wird. Voraussetzung ist jedoch, daß es sich um bereits in der Vergangenheit vom Kongreß bewilligte Programme handelt, so daß eine Förderung völlig neu geschaffener Programme im Rahmen des *Demonstration Projects* nicht möglich ist.[641] Im Rahmen dieser pauschalen Mittelzuweisung können die Stammesregierungen jedoch nach freiem Ermessen Programme umgestalten die

[636] SELF-GOVERNANCE, aaO., S. 12.

[637] Die Besonderheit eines Indianerstammes als inkorporierte Gesellschaft ("Inc.") ist auf die Bestimmungen des *Alaska Native Land Claims Settlement Act of 1971,* 43 U.S.C. §§ 1601-1628, zurückzuführen: Danach war es den in Alaska befindlichen indigenous peoples möglich, sich auf dörflicher oder regionaler Ebene als Gesellschaft zu organisieren, an welchen die Stammesmitglieder in Form von Mitgliedschaftsrechten beteiligt sind.

[638] Für eine Auflistung vgl. 2(8) SOVEREIGN NATIONS (August 1993), S. 4.

[639] SELF-GOVERNANCE, aaO., S. 18.

[640] Vgl. oben, Fn. 630.

[641] Vgl. § 303(a)(1).

Schwerpunkte bei der Mittelzuweisung neu festlegen.[642] Dadurch treten die Prioritäten des Stammes selber an die Stelle der bisher vom BIA festgelegten, so daß eine mehr an die eigentlichen Bedürfnisse des Stammes angepaßte Förderung möglich ist. Bei dieser Modifizierung ist jedoch darauf zu achten, daß bestimmte Mindestleistungen durch den Stamm auch weiterhin gewährt werden.[643]

Die Höhe der zugewiesenen Mittel bestimmt sich nach dem Betrag, welcher für die Durchführung von Programmen nach dem ISDA vorgesehen war, einschließlich der direkten und indirekten Programmkosten. Für Fürsorgeleistungen an Einzelpersonen soll jedoch Geld nur in dem Umfang überwiesen werden, als der Stamm diese auch tatsächlich in gleichem Ausmaß wie vormals das Innenministerium wahrnimmt.[644]

§ 303(a)(9) zufolge muß jeder "Self-Governance Compact" vom Innenminister 90 Tage vor seinem Wirksamwerden sowohl dem Kongreß als auch all den Stämmen vorgelegt werden, welche von der gleichen BIA-Behörde wie der "Compact Tribe" betreut werden. Dadurch soll sowohl die Kontrolle des Kongresses über die abgeschlossenen "Compacts" als auch die Beteiligung der mittelbar betroffenen anderen Indianerstämme sichergestellt werden.

Während eine Doppelförderung von Programmen durch Mittelzuweisung sowohl im Rahmen von "Self-Governance Compacts" als auch "gewöhnlicher" ISDA-Förderung durch § 303(b)(1) ausgeschlossen ist, können *neue* Programme in der Reservation eines "Compact Tribe's" durchaus nach dem hergebrachten ISDA-Modell gefördert werden.

Mit der Übernahme der Durchführung und Verwaltung der Programme geht gem. § 303(b)(2) auch die entsprechende Verantwortlichkeit auf den "Compact Tribe" über. Parallel dazu geht auch die Haftung für in Wahrnehmung dieser Aufgabe entstandene Schäden Dritter auf den Stamm über. Ob dadurch die Bundesregierung von ihrer eigenen Amtshaftung im Rahmen der *trust responsibility* befreit ist, ist nicht in P.L. 100-472 geregelt, muß aber wohl verneint werden, weil § 303(a)(7) jede Einschränkung oder Beendigung dieser Verantwortlichkeit des Bundes untersagt. Somit ist im

---

642 § 303(a)(2).

643 § 303(a)(4).

644 § 303(a)(6).

Fall einer Haftung aufgrund der besonderen Obhuts- und Treuebeziehung ein interner Freistellungsanspruch der Stämme gegenüber den Vereinigten Staaten anzunehmen.[645]

Damit das *Demonstration Project* nicht zu Lasten der nicht daran beteiligten Stämme durchgeführt wird, untersagt § 306 die Kürzung der für die Durchführung von Programmen anderer Stämme zugewiesenen Mittel. Dies soll gewährleisten, daß nicht unter den einzelnen Indianerstämmen in Bezug auf die Mittelvergabe aus Washington Rivalität entsteht und auf diese Weise "1. Klasse-" und "2. Klasse-Stämme" geschaffen werden.[646]

1991 wurden mit *Public Law 102-184* dem *Demonstration Project* drei zusätzliche Regelungen hinzugefügt: Neben der bereits erwähnten Erweiterung der Anzahl zu beteiligender Stämme wurde auch eine Ausdehnung auf die von der Zuständigkeit des *Indian Health Service* (IHS) erfaßten Programme angestrebt. Zu diesem Zweck sollte vom Gesundheitsminister eine entsprechende Studie über die Praktikabilität der geplanten Erweiterung des *Demonstration Projects* angefertigt werden.[647] Außerdem war auch eine Miteinbeziehung der bisher ausgeklammerten Schul- und Collegeprogramme geplant, was ebenfalls im Rahmen einer vom Innenminister durchzuführenden Studie untersucht werden sollte.

III. Vorläufige Bewertung des *Demonstration Project*

Das *Demonstration Project* ist von Beginn an auf sehr positive Resonanz gestoßen. Es wurde als ein gangbarer Weg für die Wiederherstellung indianischer Souveränität gelobt,[648] und auf einer Konferenz der "Self-Governance Compact Tribes" im Herbst 1992 sogar als Modell für die indigenous peoples auf der gesamten Welt angepriesen.[649]

---

645 Dieses Problem dürfte in der Praxis jedoch nicht auftreten, da Art.V, § 3 des *Revised Compact Model* (Juli 1993), welches als Vorlage für jeden Self-Governance Compact dient, die volle Abdeckung der Stämme durch die gem. § 102(c) ISDA vom Innenminister bereitzustellende Versicherung anordnet.

646 Allerdings ist trotz dieser Regelung teilweise eine derartige Befürchtung unter den "Non-Compact Tribes" entstanden, vgl. 1(2) SELF-GOVERNANCE DEMONSTRATION PROJECT (April 1992), S. 5.

647 Beginnend mit dem Haushaltsjahr 1994 wurde auch auf dem Bereich des IHS mit insgesamt 14 Indianerstämmen die Übertragung 'der Durchführung entsprechender Programme im Rahmen von Self-Governance Compacts vereinbart, was einem Mittelvolumen von insgesamt $ 7 Millionen entspricht; vgl. 2(9) SOVEREIGN NATIONS. (Dezember 1993), S. 9.

648 R. Clinton, *Lecagy*, aaO., S. 138.

649 Vgl. Bericht in: 1(6) SOVEREIGN NATIONS (Dezember 1992), S. 3.

Grund für diese positive Aufnahme sind die innerhalb kurzer Zeit nach Anlaufen des *Demonstration Project's* zu verzeichnenden Erfolge: Durch die Übertragung der Mittelverwaltung auf die Indianerstämme sind Verbesserungen bei der Erfüllung öffentlicher Aufgaben in den Reservationen eingetreten, so z.B. im Bildungswesen, bei der Bewirtschaftung natürlicher Resourcen, die allgemeine wirtschaftliche Entwicklung habe sich verbessert, das Gerichtswesen und der Gesetzesvollzug sei effektiver geworden und die Pflege einer eigenständigen kulturellen Identität sei stärker gefördert worden. Insgesamt wurde die Effizienz der auf den Reservationen durchgeführten Programme gesteigert und stärker an die tatsächlichen Bedürfnisse der Betroffenen angepaßt. Das Bewußtsein der Stammesregierungen für die Angelegenheiten ihrer Stammesmitglieder zuständig und verantwortlich zu sein, wurde gesteigert. Diesem neuen Verantwortungsbewußtsein kam auch die stärkere Abkoppelung der Stämme von der Kontrolle durch das BIA entgegen.[650]

Für die Stämme bedeutete die neu gewonnene Selbstverantwortlichkeit bei der Durchführung der ehemaligen Reservationsprogramme einen weiteren Schritt in Richtung auf die Wiedererlangung ihrer vollen Selbstbestimmung und Souveränität.[651] Dies spiegelt sich auch in den auf einer Konferenz der Self-Governance Compact Tribes in Washington, D.C., vom 18.-19. Oktober 1993 ausgearbeiteten "*Principles of the Tribal Self-Governance Initiative*" wider:

1. Self-Governance is a Tribally driven Initiative.
2. Self-Governance is a new opportunity to re-establish the government-to-government relationship.[652]
3. Self-Governance returns decision-making authority and management responsibilities to the Tribe.
4. Tribes can deliver services to meet the needs of the Community based upon Tribally determined priorities.
5. Self-Governance requires the respect an trust of Tribes as Tribal Governments. (...)
6. (...)
7. Self-Governance does not inhibit or diminish the trust responsibility of the United States government. Rather it should enhance the ability of the US government to better meet and live

---

[650] Vgl. Rede des U.S. Senators *McCain* (23.11.1993), abgedruckt in 3(1) SOVEREIGN NATIONS (Januar 1994), S. 3.

[651] Vgl. Bericht "*Sac and Fox Nation Takes on Self-Governance in Stride*" in: 1 (2) TRIBAL SELF-GOVERNANCE DEMONSTRATION PROJECT (April 1992), S. 5, 6; Artikel "*The Chickasaw Nation Forging ahead with Self-Governance*" in: 2(8) SOVEREIGN NATIONS (August1993), S. 6,7.

[652] Auf einem offiziellen Treffen von Vertretern der Compact Tribes und des Indian Health Service in Las Vegas, Ca., vom 9. - 11. November 1993 ging man sogar so weit, die gegenseitigen Beziehungen zwischen Indianerstämmen und Bundesregierung als "relationship on a government-to-government, nation-to-nation foundation through bilateral negotiated settlements" zu bezeichnen, vgl. Bericht "*IHS Director Pledges Change within Agency*" in: 3(1) SOVEREIGN NATIONS (Januar 1994), S.3.

> up to those trust responsibilities. This occurs by the elimination of the day-to-day administration of internal tribal governmental operations so that those particular Federal agencies may better protect Tribal resources as identified in our Treaties.[653]

Zu einem ähnlich positiven Ergebnis kommt der für das Haushaltsjahr 1991 von einer unabhängigen Expertenkommission erstellte Lagebericht über das Demonstration Project: "With Self-Governance, we have seen Native governments who were fully operational nations before the arrival of the Europeans once more return to their historic state."[654]

Allgemein wurde nach Ansicht der Expertenkommission mit Abschluß eines Self-Governance Compacts die faktische Selbstregierung des Stammes gestärkt. Dadurch, daß dieser nun selber sowohl für die Durchführung der im Rahmen des Compact's übertragenen Programme und die Verwaltung der ihm dazu jährlich in einer Pauschalsumme zugeteilten Mittel verantwortlich war, wurden die Entscheidungskompetenzen seiner Stammesregierung erheblich vergrößert: Sie konnten sowohl die konkrete Durchführung der Programme, als auch innerhalb der einzelnen Programme die jeweiligen Prioritäten den tatsächlichen Bedürfnissen ihrer Stammesmitglieder anpassen.[655] Gleichzeitig wurde die eigene Verantwortlichkeit der Stammesregierungen gegenüber den Mitgliedern des Stammes betont, weil sich ihre Entscheidungen nun nicht mehr in einer bloßen Einwilligung in die von der BIA bereits gefaßten Beschlüsse bei der Durchführung von Reservationsprogrammen erschöpften.[656]

Weiterer Effekt war die bessere und effizientere Verwendung der zugeteilten Mittel.[657] Dies war hauptsächlich darauf zurückzuführen, daß die mit der Durchführung der Programme verbundene Bürokratie erheblich verringert wurde: Gab es auf Seiten der BIA insgesamt vier Verwaltungsebenen, so wurden diese im Rahmen des *Demonstration Project's* auf die Hälfte verringert.[658]

---

[653] Abgedruckt in: 2(9) SOVEREIGN NATIONS (Dezember 1993), S.2.

[654] CENTER OF THE STUDY OF AMERICAN INDIAN LAW AND POLICY (UNIV. OKLAHOMA) / CENTER FOR TRIBAL STUDIES (NORTHEASTERN STATE UNIV.), "TRYING A NEW WAY" - INDEPENDENT ASSESSMENT REPORT ON SELF-GOVERNANCE DEMONSTRATION PROJECT. TITLE III P.L. 100-472, FY 91. FINAL REPORT (1992), S. X.

[655] Ebd., S. 1.

[656] Ebd., S. 107ff..

[657] Ebd., S. 112. Im Fall der *Mille Lacs Band* (vgl. oben, Fn. xy) bedeutete dies, daß nunmehr anstelle von 11 cent pro zugewiesenem Dollar 30 cent den Stammesmitgliedern zugute kamen, s. 1(4) TRIBAL SELF-GOVERNANCE DEMONSTRATION PROJECT (Oktober 1992), S. 8.

[658] Vgl. Darstellung in: SELF-GOVERNANCE, aaO., S. 30.

Durch die neugewonnene Flexibilität in der Verwaltung ihrer eigenen Angelegenheiten konnten die den Stammesmitgliedern angebotenen Leistungen erweitert und verbessert werden. Insbesondere kam es aber auch zu einer Neubelebung der politischen Infrastruktur der beteiligten Indianerstämme, was nicht zuletzt durch die ausgeweiteten administrativen Befugnisse der Stammesräte bedingt ist.[659] Weiter wurden durch das *Demonstration Project* die Stammesregierungen zu längerfristiger Planung hinsichtlich ihrer eigenen Angelegenheiten angehalten.[660]

Die Ergebnisse ihrer Untersuchung faßt die Kommission folgendermaßen zusammen

- The Self-Governance Demonstration Project has improved quality and quantity of services to tribal members.
- The Self-Governance Demonstration Project has provided remarkable flexibility for tribes in meeting the needs of their members.
- The Self-Governance Demonstration Project has encouraged and facilitated the use of long-range planning in tribal programs.
- The Self-Governance Demonstration Project has increased the responsibility and accountability of elected tribal officials including Council Members.
- (...)
- The Self-Governance Demonstration Project has brought tribal members more directly into the proces of budgetary allotment and priority setting.
- The Self-Governance Demonstration Project has allowed tribes to quickly adapt to changing needs and circumstances by modifying programs.
- The Self-Governance Demonstration Project has allowed tribes to consolidate programs and more effectively utilize resources across programs.
- The Self-Governance Demonstration Project has encouraged tribes to redesign programs including budgeting, departmental alignments and administrative procedures and has encouraged tribes to revise the organization and operation of governmental structures.
- (...)
- The Self-Governance Demonstration Project is viewed by all of the (...) participating tribes (...) as a significant step toward the improvement of tribal social, economic, political and cultural life.
- The Self-Governance Assessment Team finds that the initial year has been a major success and recommends that the Self-Governance Demonstration Project should be given permanent legislative support as an option for tribes wishing to assume responsibility for tribal programs and who can demonstrate tribal infrastructure capable for effective management.[661]

Raynette Finkbronner, Self-Governance Coordinator der *Lummi Indian Nation* faßte in einem Interview die Bedeutung des *Demonstration Projects* für die Indianerstämme folgendermaßen zusammen:

"Self-Governance does not equal sovereignty; but Self-Governance can provide the administrative freedom and the framework for Tribes to make decisions as sovereigns. Only through Tribal decisions,

[659] ASSESSMENT REPORT, aaO., S. 20.

[660] Ebd., S. 110; vgl. auch das Interview mit Innenminister *Babbitt,* abgedruckt in: 2(7) SOVEREIGN NATIONS (Juli 1993), S. 5.

[661] ASSESSMENT REPORT, aaO., S. 18f..

exercised with responsibility, will sovereignty come closer to reality. (...) The stronger we become individually as Tribes, the more powerful we collectively grow, and the better we will be able to serve our future generations and and again become truly self-governing, sovereign Indian Nations."[662]

Es ist zu erwarten, daß der mit dem *Self-Governance Demonstration Project* eingeschlagene Weg von der *Clinton*-Administration fortgesetzt und der Prozeß in Richtung auf eine Selbstbestimmung der Indianerstämme beschleunigt wird. So umfaßte der "Clinton Plan for Native Americans" Punkte wie z.B. "*Support sovereignty and self-determination* of native American tribal governments. *Reaffirm the government-to-government relationship* between Indian tribes and the United States by promoting true consultation and increased tribal authority in the administration of federal funds. (...) Pursue innovative strategies to *develop self-sufficient reservation economies.* (...)"[663] In einer Adresse an die *Indian Law Conference* der *Federal Bar Association* am 1. April 1993, welche sich mit der Beziehung der Bundesregierung zu den Stammesregierungen beschäftigte, gab Präsident *Clinton* ebenfalls seiner Politik der Stärkung indianischer Selbstregierung Ausdruck: "My Administration supports sovereignty and is committed to the policy of self-determination. The government-to-government relationship will be strengthened and Self-Governance will progress."[664]

Von diesem jüngsten Ansatz in der amerikanischen Indianerpolitik abgesehen, ist jedoch das gesamte "Federal Indian Law" ein Beweis für die prinzipielle Anerkennung indianischer Hoheitsrechte in Bezug auf ihre internen Angelegenheiten. Dies wird anhand der nun folgenden Untersuchung der rechtlichen Stellung der Indianerstämme innerhalb der Vereinigten Staaten deutlich werden.

D. Grundprinzipien des "Federal Indian Law" in den USA

Das Recht der Vereinigten Staaten hinsichtlich der auf ihrem Gebiet ansässigen Indianer und Indianerstämme, das sog. "Federal Indian Law", basiert im wesentlichen auf zwei Grundprinzipien: Zum einen ist Ausgangspunkt jeder rechtlichen Erwägung in Bezug auf die Stellung der Indianerstämme deren ursprüngliche und originäre Souveränität. Zum anderen ist die Beziehung der Vereinigten Staaten zu den Indianern überwiegend durch den Gedanken der sog. "trust relationship" geprägt, deren

---

[662] Interview abgedruckt in: 2(7) SOVEREIGN NATIONS (Juli 1993), S.3.

[663] Abgedruckt in: 1(6) SOVEREIGN NATIONS (Dezember 1992), S. 2.

[664] Abgedruckt in: 2(5) SOVEREIGN NATIONS (Mai 1993), S. 4.

Bestehen sowohl gegenüber den Stämmen als Kollektiv als auch gegenüber den indianischen Ureinwohnern individuell angenommen wird.

I. Souveränität der Indianerstämme

Auch im amerikanischen Rechtskreis wird mit dem Begriff "Souveränität" allgemein das nicht abgeleitete Recht und die tatsächliche Macht umschrieben, innerhalb eines bestimmten Gebietes nach eigenem Ermessen zu regieren:

"[Sovereignty is] the self-sufficient source of political power, from which all specific political powers are derived; (...) combined with the right and power of regulating its internal affairs without foreign dictation; (...) Sovereignty in government is that public authority which directs or orders what is to be done by each member associated in relation to the end of the association. (...) By 'sovereignty' in its largest sense is meant supreme, absolute, uncontrollable power, the absolute right to govern."[665]

Wie bereits dargestellt, fanden die Europäer bei ihrer Ankunft 1492 auf dem nordamerikanischen Kontinent sich selbst regierende, autarke und unabhängige, in eigenständigen Einheiten organisierte Indianerstämme vor und respektierten auch deren Souveränität als fremde Nationen.[666] Folglich wurde das Recht der Indianerstämme, ihre eigenen Angelegenheiten selbst zu bestimmen, von den Weißen nicht in Frage gestellt. Anders verhielt es sich jedoch nach der Gründung der Vereinigten Staaten mit dem territorialen Aspekt dieser Souveränitätsrechte: Nachdem die Berechtigung an dem im eigenen Einflußbereich befindlichen Grund und Boden für den jungen Staat von existentieller Bedeutung war, bedurfte die konkurrierende souveräne Berechtigung daran einer autoritativen Klärung.

1. Richterrechtliche Fundierung

In *Johnson v. McIntosh* wurde mithilfe der Doktrin der Entdeckung der indianischen Souveränität eine erste Grenze gesetzt, indem den Indianern die Rechtsmacht zur Veräußerung des von ihnen besiedelten Gebietes grundsätzlich abgesprochen wurde:

"They were admitted to be the rightfull occupants of the soil (...) but their rights to complete sovereignty, as independent nations, were necessarily diminished, and their power to dispose of the soil, at their own will, to whomsoever they pleased, was denied by the original fundamental principle, that discovery gave exclusive title to those who made it."[667]

---

665 HENRY CAMPBELL BLACK (Hrsg.),BLACKS LAW DICTIONARY (1990^{6}), S. 1396.

666 S. oben, S. 130ff..

667 21 U.S. 543, 574 (1823).

In *Cherokee Nation v. Georgia* stärkte der Supreme Court jedoch die so beschnittene Souveränität hinsichtlich ihrer Autorität zur internen Selbstbestimmung als "distinct political society separated from others, capable of managing its own affairs and governing itself"[668]. Auch wenn die Indianerstämme in dieser Entscheidung als "domestic dependent nations"[669] charakterisiert wurden, so war darin keine (weitere) Beeinträchtigung ihres souveränen Status zu sehen: Die Betonung lag hier (noch) eindeutig auf "nations", als welche ihnen weiterhin die Fähigkeit und das Recht zur Selbstregierung zukamen. Die Charakterisierung als "domestic dependent" diente zunächst lediglich der Begründung einer besonderen Treue- und Fürsorgebeziehung der Bundesregierung zu den Indianerstämmen, der sog. trust relationship. Je mehr jedoch in den folgenden Jahrzehnten die Betonung auf die rechtliche Klassifizierung dieser Sonderbeziehung als *guardian-ward-relationship* fiel, desto mehr sollte die Qualifizierung als "domestic dependent" zum Einfallstor für eine Abschwächung der souveränen Rechte der Indianerstämme werden.[670]

In *Worcester v. Georgia* betonte der Supreme Court zwar erneut den Status der Indianerstämme als ursprüngliche und unabhängige Gemeinwesen, erkannte jedoch gleichzeitig deren Unterordnung unter die überragende Gewalt der Entdeckernation (und damit der Vereinigten Staaten als deren Rechtsnachfolger) als zwingende und gleichzeitig beschränkende Tatsache an. Demzufolge seien die Indianerstämme zu charakterisieren als:

> "distinct, independent, political communities, retaining their original natural rights, as the undisputed possessors of the soil, from time immemorial, with the single exception of that imposed by irresistible power, which excluded them from intercourse with any other European potentate than the first discoverer of the coast of the particular region claimed."[671]

Der Schwerpunkt dieser Entscheidung liegt zwar eindeutig auf der Betonung der ursprünglichen Souveränität der Indianerstämme, jedoch war deren Souveränität ihrem Wesen nach eine beschränkte: Das Recht der Entdeckung habe zwischen der entdekkenden Nation und den Indianerstämmen innerhalb der entdeckten Region eine jeden weiteren Drittstaat ausschließende Exklusivbeziehung entstehen lassen.[672] Folglich

---

[668] 30 U.S. (5 Pet.) 1, 16 (1831).

[669] Ebd., S. 17.

[670] Vgl. Sharon O'Brien, *Tribes and Indians: With Whom Does the United States Maintain a Relationship?* 66 NOTRE DAME LAW REVIEW, S. 1461, Fn. 157 (1991).

[671] 31 U.S. (6 Pet.) 515, 559 (1832).

[672] Zum Inhalt dieser Exklusivbeziehung in Form der *trust relationship* vgl. unten, S. 175ff..

blieben die Indianerstämme zwar auch weiterhin hinsichtlich ihrer eigenen Angelegenheiten als souveräne Entscheidungsgeber unangefochten.[673] Jedoch führte die Abschottung der Indianerstämme im Rahmen der Ausschlußrechte des Entdeckers zum Verlust jeglicher Souveränität im außenpolitischen Bereich. Der Zugang nach außen war den Indianerstämmen somit durch die übergeworfene Souveränität der weißen Entdeckernation versperrt.

War damit die Souveränität der Indianerstämme für die Bedürfnisse der neuen Nation vom Supreme Court hinreichend definiert, so dauerte es beinahe 150 Jahre bis den Rechten der Indianerstämme als souveräne Einheiten eine weitere "natürliche" Grenze gesetzt wurde: In Oliphant v. Suquamish Indian Tribe[674] hielt es der Supreme Court für mit dem Status der Indianerstämme als "domestic dependent nations" unvereinbar, daß diese die Rechtsprechungsgewalt über ein von einem Nicht-Indianer auf ihrem Gebiet begangenes Verbrechen ausübten. Diese Schwächung des souveränen Rechtes der Jurisdiktion innerhalb ihrer eigenen Gebiete wurde durch die Betonung ihres Status als "domestic dependent" erreicht - eine Lesart, welche in Cherokee Nation noch nicht angelegt war.

Diese Betonung der Abhängigkeit birgt in sich die weitreichendste Schwächung der Souveränität, da mit Bezugnahme auf die Argumentation in Oliphant letzlich jede Ausübung souveräner Gewalt als mit einem abhängigen Charakter unvereinbar gesehen werden kann, egal ob sie sich auf externe oder auf interne Aspekte bezieht. Mit Oliphant wurde über die Beschränkung der Rechtsprechungsgewalt erstmals auch für die interne Dimension der Souveränität eine implizite Beschränkung angenommen.

2. Konstitutionelle Implizierung indianischer Souveränität

Die U.S. Verfassung von 1787 sah die Indianerstämme wie selbstverständlich als rechtlich außerhalb des neu zu formierenden Gemeinwesens der Vereinigten Staaten stehend an.[675] Entsprechend oblag die Pflege der Beziehungen zu den

[673] S. auch Cohen, Handbook, S. 233f: "(...) the guardian-ward relationship did not abolish preexisting tribal power or make the tribes dependent upon federal law for their powers of self-government."

[674] 435 U.S. 191 (1978).

[675] Vgl. Art. I, § 2, cl. 3, welcher Fragen der Vetretung von Staaten im *House of Representatives* und der Verteilung des Steueraufkommens unter Bezugnahme auf die Anzahl der jeweiligen Staatsangehörigen regelt, wobei "Indians not taxed" ausdrücklich bei der Bestimmung außer Betracht bleiben sollen. Die gleiche Formulierung findet sich auch im *14th Amendment* der Verfassung.

Indianerstämmen auch nicht den einzelnen Staaten, sondern der Bundesregierung,[676] deren Kompetenzen im allgemeinen vor allem zu Beginn noch schwerpunktmäßig im internationalen Bereich lagen.[677] Folglich wurden die wechselseitigen Beziehungen zwischen den Indianerstämmen und den Vereinigten Staaten anfangs hauptsächlich im Wege völkerrechtlicher Verträge geregelt.[678] Aber auch nachdem im Jahre 1871 diese Praxis der Vertragsschlüsse beendet worden war, definierte die Bundesregierung ihre Beziehung zu den Indianerstämmen als "government-to-government relationship".[679]

Trotz dieser verfassungsrechtlich unabhängigen Stellung der Indianerstämme waren diese innerhalb des Gebietes der Vereinigten Staaten auch deren unbeschränkten Hoheitsgewalt (sog. *plenary power*[680]) unterworfen. Damit konnten die Vereinigten Staaten grundsätzlich jederzeit die Souveränität der Indianerstämme durch Erlaß entsprechender Bundesgesetze beschränken. Entsprechend stellte der Supreme Court fest, daß die Souveränität der Indianerstämme "only at the sufferance of Congress" bestehe und "subject to complete defeasance" sei.[681]

a) Indian Civil Rights Act

Was jedoch die Bindung der Indianerstämme, beziehungsweise ihrer Stammesregierungen, an die grundrechtsähnlichen Garantien der U.S. Verfassung betrifft, wirkt sich deren unabhängiger Status als eigenständige und souveräne Gemeinwesen entscheidend aus: Da die Tatsache der Formierung der Vereinigten Staaten mit entsprechenden verfassungsrechtlichen Beschränkungen der Hoheitsgewalt grundsätzlich keinerlei Auswirkung auf die unabhängige Existenz der Indianerstämme und die Ausübung ihrer eigenen Hoheitsgewalt hatte, konnte eine entsprechende verfassungsrechtliche Bindung der Stammesregierungen nur durch einen freiwilligen Unterwerfungsakt unter die Geltung der U.S. Verfassung begründet werden. Von den Indianerstämmen ist ein derartiger Konsens hinsichtlich der verfassungs- rechtlichen Schranken allerdings nie erklärt worden.[682]

---

[676] Vgl. die *Indian Commerce clause*, Art. I, § 8, cl. 3 U.S. Constitution.

[677] Richard B. Collins, *Indian Consent to American Government*, 31 ARIZONA LAW REVIEW, S. 365, 367 (1989).

[678] Vgl. oben, S. 132f.. Vgl. dazu auch ausführlich COHEN, HANDBOOK, aaO., S. 58ff..

[679] Collins, aaO., S. 367.

[680] Dazu unten, S. 177ff..

[681] *United States v. Wheeler*, 435 U.S. 313, 323 (1978).

Damit sind die Beschränkungen der U.S. Verfassung, insbesondere die Bill of Rights[683] und des 14th Amendments[684], hinsichtlich der Ausübung von Hoheitsgewalt auf die Stammesregierungen genausowenig anwendbar, wie sie es für jeden anderen eigenständigen Staat wären. Dies gilt nicht nur für die Hoheitsgewalt gegenüber ihren eigenen Stammesmitgliedern, sondern auch gegenüber allen anderen U.S. Bürgern, welche sich in ihrem Hoheitsbereich befinden.[685]

Um jedoch diese Lücke in der Gewährung rechtsstaatlicher Garantien für die indianischen und nicht-indianischen Bürger der Vereinigten Staaten zu schließen, verabschiedete der U.S. Congress im Jahr 1968 den Indian Civil Rights Act[686]. Dadurch wurden die Stämme auf einfachgesetzlicher Ebene nahezu den gleichen Bindungen unterworfen, wie sie auch in der Bill of Rights enthalten sind. Daß diese Einschränkung indianischer Souveränität möglich war, ist eine konkrete Ausprägung der bereits erwähnten plenary power des Kongreß über die Indianerstämme auf dem Gebiet der Vereinigten Staaten.

Auch wenn der Erlaß des Indian Civil Rights Act von den indianischen Stammesregierungen als unzulässige Beschränkung ihrer Hoheitsgewalt kritisiert wurde,[687] wurde

---

[682] Collins, aaO., S. 372. Vgl. auch Patrick Macklem, *Distributing Sovereignty: Indian Nations and Equality of Peoples*, 45 STANFORD LAW REVIEW, S. 1311, 1330 (1993). Die Tatsache, daß den Indianern spätestens seit 1924 als U.S. Bürgern das allgemeine Wahlrecht zusteht, zwingt nicht zu der Schlußfolgerung, daß mit der entsprechenden Ausübung das erforderliche Einverständnis mit der Geltung der U.S. Verfassung nachträglich erteilt worden sei. Zwar wird allgemein die Legitimität einer verfassungsrechtlichen Ordnung durch die in Wahlen (konkludent) erklärte Zustimmung der Bürger begründet, doch kann dies allenfalls für die rechtliche Stellung der Indianer als U.S. Bürger gelten. Aufgrund der Anerkennung der souveränen Eigenständigkeit der Indianerstämme, bleibt deren verfassungsmäßige Unabhängigkeit als eigenständige Gemeinwesen von einem in Wahlen zu Organen der Vereinigten Staaten erklärten Konsens ihrer Stammesangehörigen mit dem verfassungsrechtlichen System der USA völlig unberührt, da sich dieser allein auf deren Status als U.S. Bürger beschränkt. Dies ist eine konkrete Auswirkung der rechtlichen Doppelstellung, welche die einzelnen Indianer als Stammesangehörige und als U.S Bürger innehaben. Davon zu unterscheiden ist die Berechtigung auch der einzelnen Indianer, gegenüber der Bundesregierung der Vereinigten Staaten die verfassungsrechtlichen Garantien der *Bill of Rights* als U.S. Bürger für sich in Anspruch zu nehmen.

[683] Damit werden die ersten zehn Verfassungszusätze bezeichnet, welche den Bürgern der Vereinigten Staaten gewisse Grundrechte, wie z.B. Religionsfreiheit, Meinungsfreiheit, Pressefreiheit, das Recht auf Waffenbesitz, Unverletzlichkeit der Wohnung u.a., gewährleisten.

[684] Dieses unterwirft die einzelnen Bundesstaaten der Grundrechtsbindung der U.S. Verfassung. Da die Indianerstämme auch keine bundesstaatlichen Untergliederungen der Vereinigten Staaten sind, scheidet eine derartige "mittelbare" Bindung ebenfalls aus. Vgl. *Native American Church v. Navajo Tribal Council*, 272 F.2d 131, 134 (1959): "Indian tribes are not states. They have a status higher than that of states."

[685] Vgl. *Talton v. Mayes*, 163 U.S. 376 (1896).

[686] P.L. 90-284, 82 Stat. 73, 77-81 (1968); kodifiziert in 25 U.S. §§ 1301ff. (1988).

[687] Vgl. WILCOMB E. WASHBURN, THE INDIAN IN AMERICA, S. 272 (1975).

dessen Verfassungsmäßigkeit von den Gerichten der Vereinigten Staaten dennoch nicht in Frage gestellt.[688] Dennoch sind der bundesgerichtlichen Überprüfung, inwieweit die Bestimmungen des ICRA von den Stammesregierungen beachtet werden, aufgrund des souveränen Status der Indianerstämme gewisse Grenzen gesetzt: Zum einen muß der Betroffene, will er sich unter Berufung auf eine Bestimmung des ICRA gegen eine Maßnahme der Stammesregierung wehren, zunächst (im Rahmen der verfahrensrechtlichen Möglichkeiten) den Rechtsweg vor den Gerichten des Indianerstammes selber erschöpfen.[689]

Eine weitere Einschränkung hat der Supreme Court in *Santa Clara Pueblo v. Martinez*[690] formuliert. In der Sache ging es um die Klage einer Angehörigen der *Santa Clara Pueblo*, deren Kinder aus der Ehe mit einem Nicht-Stammesmitglied aufgrund der patrilinearen Bestimmung der Stammeszugehörigkeit nicht als Angehörige der *Santa Clara* anerkannt wurden. Die erhobene Klage wegen Verletzung des Gleichheitsgrundsatzes wurde vom Supreme Court jedoch bereits als unzulässig abgewiesen: Zum einen genieße der Stamm der *Santa Clara* als Souverän grundsätzlich vor den Gerichten Immunität, die nicht allein durch die Verabschiedung des ICRA aufgehoben worden ist. Dadurch entzog der Supreme Court zahlreichen Entscheidungen der unteren Gerichte hinsichtlich Verletzungen des ICRA die verfahrensrechtliche Grundlage.[691] Daneben sei der einzige vor den Bundesgerichten erhältliche Rechtsbehelf für eine Verletzung des ICRA die Unterlassungsklage bei willkürlicher Freiheitsberaubung (sog. *habeas corpus*-Klage). Damit hat der Supreme Court jedoch die bundesgerichtliche Kontrolle faktisch auf die Überprüfung von strafrechtlichen Entscheidungen oder polizeilichen Maßnahmen der jeweiligen Stammesorgane beschränkt.

---

[688] Vgl. die Entscheidung in *Dodge v. Nakai*, 298 F.Supp. 26 (D.Ariz. 1969), welche als erster "ICRA-Fall" die Ausweisung eines weißen Reservatsanwohners aus der Reservation durch Beschluß des Stammesrates betraf und für rechtswidrig befand. Vgl. daneben *Wounded Head v. Tribal Council of Oglala Sioux Tribe*, 507 F.2d 1079 (8th Cir. 1975); *Brown v. United States*, 486 F.2d 658 (8th Cir. 1973), welche die Bindungswirkung des ICRA für die Stammesregierungen bejahen, auch wenn die Anwendung der einzelnen Bestimmungen in flexibler, die Umstände des konkreten Indianerstammes berücksichtigender Weise erfolgen soll.

[689] *National Farmers Union Insurance Co. v. Crow Tribe*, 471 U.S. 845 (1985).

[690] 436 U.S. 49 (1978)

[691] Eine Ausnahme von dieser grunsätzlichen Immunität als Souverän gilt jedoch für den Fall, daß vor den Gerichten des Indianerstammes keine prozessualen Möglichkeiten einer entsprechenden Geltendmachung bestehen oder entsprechender Rechtschutz verweigert wird, *Dry Creek Lodge, Inc. v. Arapahoe and Shoshone Tribes*, 623 F.2d 682 (10th Cir. 1980).

Grund für diese sehr weitgehende Einschränkung war die Erkenntnis, daß eine weitergehende bundesgerichtliche Kontrolle leicht zu einem nicht erforderlichen Eindringen der Bundesgerichte in die inneren Angelegenheiten der Indianerstämme führen würde. Dies ist jedoch mit der Respektierung ihres souveränen Status unvereinbar.[692]

b) Double jeopardy clause

Eine weitere Folge der Anerkennung des souveränen Status der Indianerstämme wurde vom Supreme Court in *United States v. Wheeler*[693] entschieden: Danach stellt es keinen Verstoß gegen die sog. *double jeopardy clause* des 5th Amendment (ne bis in idem) dar, wenn eine Person, welche zunächst von einem Gericht eines Indianerstammes rechtskräftig verurteilt worden ist, anschließend wegen derselben Sache nochmals vor einem Bundesgericht zur Verantwortung gezogen wird. Aufgrund der eigenständigen Souveränität der Indianerstämme steht die Ausübung der Rechtsprechungsgewalt durch die Stammesgerichte in keinerlei Zusammenhang mit einer entsprechenden Ausübung durch die Bundesgerichte. Die Stammesgerichte können nicht als bloße Untergliederungen im Gerichtsaufbau der Vereinigten Staaten angesehen werden, sondern sind Instrument der Ausübung originärer Hoheitsgewalt des Indianerstammes. Die voneinander unabhängige Ausübung von Hoheitsgewalt durch zwei unterschiedliche souveräne Gemeinwesen könne aber keine Verletzung der *double jeopardy clause* darstellen.[694]

II. Trust Relationship

Von faktisch größerer Bedeutung für die Stellung der Indianerstämme und ihrer Mitglieder in den Vereinigten Staaten ist jedoch das zweite Grundprinzip, das Bestehen einer sog. "trust relationship" zwischen den Vereinigten Staaten und den Indianerstämmen, bzw. deren Mitgliedern. Dabei stellt diese besondere Beziehung eine Quelle sowohl für Befugnisse der Bundesregierung in Einschränkung der Souveränität der Indianerstämme, als auch für Rechte der Indianer gegenüber den Vereinigten Staaten dar.[695] Eine konkrete Auswirkung dieser *trust relationship* ist die Tatsache, daß ein

---

[692] CANBY, aaO., S. 251.

[693] 435 U.S. 313 (1978).

[694] Ebd., S. 323.

[695] Vgl. GETCHES ET AL., aaO., S. 324ff. und 349ff..

Großteil des indianischen Landes heute noch vom BIA treuhänderisch verwaltet wird. Die rechtliche Bedeutung der *trust relationship* geht jedoch weit darüber hinaus.

Ihren Ursprung nahm die *trust relationship* bereits mit der Entscheidung am Anfang der Vereinigten Staaten, die Behandlung der Indianer unter Ausschluß der einzelnen Bundesstaaten allein in die Zuständigkeit des Bundes zu stellen.[696] Eine verfassungsrechtliche Regelung dieser Sonderbeziehung unterblieb jedoch: Der einzige Bezug der U.S. Verfassung auf die Bundeszuständigkeit im Hinblick auf die Indianer findet sich in der "Indian Commerce clause", Art. I § 8 S. 3, und der allgemeinen Ermächtigung des Präsidenten zum Abschluß völkerrechtlicher Verträge, Art. II § 2 S. 2.[697]

Die eigentliche rechtliche Begründung der *trust relationship* ist jedoch erneut in der *Marshall-Trilogie* zu finden: Die Grundlage schuf Chief Justice Marshall in *Cherokee Nation v. Georgia*, indem er die Indianerstämme als "domestic dependent nations" charakterisierte und weiter ausführte: "Meanwhile, they are in a state of pupilage; *their relation to the United States resembles that of a ward to his guardian.*"[698] Diese Charakterisierung als abhängige Nation stellte also nicht nur eine Beschränkung der Souveränität der Indianerstämme dar[699], sondern schuf gleichzeitig eine dem Verhältnis zwischen Vormund und Mündel ähnliche Beziehung zwischen den Vereinigten Staaten und den Indianern.

Vorrangigste Folge dieses "guardianship-Verhältnisses" war die Integration der Indianerstämme samt ihrer zugestandenen Besitzrechte an ihrem Land in das einheitliche territoriale Gefüge der Vereinigten Staaten: Nachdem zu Zeiten der Marshall-Trilogie die Indianer im allgemeinen noch nicht die Staatsbürgerschaft der Vereinigten Staaten besaßen, vielmehr als souveräne und unabhängige Gemeinwesen anerkannt waren, eröffnete die Besonderheit der *trust relationship* die Möglichkeit, durch die Einbindung der Indianerstämme in ein besonderes Schutz- und Treueverhältnis die Entstehung territorialer Enklaven inmitten des Gebietes der Vereinigten Staaten zu verhindern. Anknüpfungspunkt für die Annahme eines derartigen Treueverhältnisses waren die völkerrechtlichen Verträge zwischen den USA und den jeweiligen

---

[696] Vgl. oben, S. 132.

[697] Vgl. auch COHEN, HANDBOOK, aaO., S. 207ff..

[698] 30 U.S. (5 Pet.) 1, 17 (1831) (Hervorhebung vom Verf.).

[699] Dazu schon oben, S. 138f.

Indianerstämmen, in welche diese im Austausch gegen Landabtretungen sich den Schutz ihrer Souveränitätsrechte innerhalb der ihnen verbliebenen und garantierten Gebiete zusichern ließen. Durch diese Unterordnung unter den Schutz der Vereinigten Staaten, erkannten die Stämme zugleich ihre einem Vasallenstaat ähnliche Unterworfenheit unter die Obergewalt der Schutzmacht USA an.[700]

Somit war die Zweigleisigkeit der *trust relationship* bereits bei ihrer Entstehung angelegt: Zum einen beinhaltet sie die Anerkennung (und Begründung) der überragenden Bundesgewalt, konkretisiert in der sog. *plenary power doctrine*, zum anderen - als notwendiges Korrelat dazu - die Schutz- und Treuepflicht der Vereinigten Staaten gegenüber den Indianern auf ihrem Gebiet, die sog. *trust responsibility*.

1. Plenary Power Doctrine

Die juristische Herleitung der *plenary power doctrine* aus der *trust relationship* erfolgte in *U.S. v. Kagama*[701], die Entscheidung, mit welcher die Rechtmäßigkeit des 1885 verabschiedeten *Major Crimes Act's* festgestellt wurde. Der Supreme Court stellte hier vornehmlich auf die Tatsache der faktischen Abhängigkeit der Indianerstämme von der Bundesregierung bezüglich ihrer täglichen Nahrung und Wahrung ihrer politischen Rechte ab und folgerte dann aus dieser allgemeinen Schutzbedürftigkeit auf eine entsprechende Verpflichtung der Vereinigten Staaten, diesen Schutz auch zu gewähren, mit welcher dann auch automatisch die entsprechenden Befugnisse verbunden seien: "From their very weakness and helplessness (...) there arises the duty of protection and with it the power."[702] Somit besitzen die Vereinigten Staaten aufgrund ihrer Aufgabe, die Stämme in ihrem Recht auf Existenz und Selbstregierung als eigenständige Gemeinschaften vor jeglichen Beeinträchtigungen von außen zu schützen, gleichzeitig auch die ultimative Entscheidungsgewalt über die Angelegenheiten der Indianer.

Folglich war es den Vereinigten Staaten unbenommen, im Wege ausdrücklicher Gesetzgebung die den Indianern einstmals als Ausfluß ihres souveränen Status zukommenden Rechte zu beschneiden. Davon wurde von Anfang an auch reichlich Gebrauch gemacht: Bestes Beispiel sind die *Trade and Intercourse Acts*[703], die die

[700] So Reid Peyton Chambers, *Judicial Enforcement of the Federal Trust Responsibility to Indians*, 27 STANFORD LAW REVIEW, S. 1213, 1221 (1975).

[701] 118 U.S. 375 (1886).

[702] Ebd., S. 385.

Handelsfreiheit der Indianer bezüglich ihres Landes und sonstiger Güter beschränken und unter die Aufsicht der Vereinigten Staaten stellen[704], darüberhinaus aber auch Fragen der Freizügigkeit im Indianergebiet[705], der Grenzfestlegungen[706] und Landvermessung[707], der Niederlassung von Weißen im Indianergebiet[708], der Strafverfolgung bezüglich auf dem Indianergebiet begangenen Verbrechen[709] und andere normalerweise in die Entscheidungsgewalt des Gebietssouveräns fallende Fragen regeln.

War die *plenary power doctrine* zu Anfang noch Korrelat zur Schutzaufgabe der Vereinigten Staaten, so wurde sie im Laufe der Jahre zu einer Generalbefugnis des Kongreß ausgeweitet, sämtliche im Zusammenhang mit der Indianerpolitik der Vereinigten Staaten stehende Fragen zu regeln. Zum einen erschien eine derart weitreichende Ausdehung der Kompetenz des Kongresses für die Lösung der anstehenden Indianerprobleme geboten, zum anderen hielt man es für erforderlich, die Indianer als "irrationale Wesen" so weit als möglich vor sich selbst zu schützen. Somit diente die *plenary power* später auch als Rechtfertigung für die gewaltsame Unterdrückung religiöser Praktiken, traditioneller Regierungsformen, die Trennung indianischer Kinder von ihren Familien und deren Unterbringung in weißen Pflegefamilien, die Ausbeutung von Bodenschätzen trotz vertraglicher Erhaltungsgarantien, Programme zur Zwangsassimilation oder die Zwangssterilisationen indianischer Frauen.[710] Der ursprünglich begrenzte Bereich, nämlich die Indianerstämme im Rahmen der exklusiven *trust relationship* mittels der als *plenary power* konstruierten Alleinzuständigkeit der Vereinigten Staaten vor einem Eindringen der Bundesstaaten in deren interne Angelegenheiten zu schützen, war damit weit überschritten.[711] Nun war die *plenary power* zu einem Sy-

---

[703] Vgl. dazu schon oben, S. 133f..

[704] Vgl. außerdem die Regelungen in Act of 1796, ch. 13, § 4, 1 Stat. 452, 453 (Preisfestlegungen für den Verkauf von Waren an Indianer); Act of 1834, ch. 161, § 3, 4 Stat. 729 (Ermächtigung des Präsidenten, den Handel mit einem Indianerstamm aus Gründen des öffentlichen Wohls zu untersagen).

[705] Act of 1796, ch. 30, § 3, 1 Stat. 469,470.

[706] Act of 1796, ch. 30, §§ 1, 20, 1 Stat. 469, 474.

[707] Act of 1796, ch. 30, § 5, 1 Stat. 469, 470.

[708] Act of 1834, ch. 161, § 11, 4 Stat. 730; Act of 1799, ch. 46, § 4, 1 Stat. 743, 744; Act of 1790, ch. 33, § 5, 1 Stat. 138.

[709] Act of 1796, ch. 30, §§ 4, 6, 1 Stat. 469, 470; Act of 1793, ch. 19, §§ 4, 5, 10, 11, 1 Stat. 329, 331; Act of 1790, ch. 33, § 5, 1 Stat. 137, 138.

[710] S. Robert A. Williams, *The Algebra of Federal Indian Law: The Hard Trail of Decolonizing and Americanizing the White Man's Indian Jurisprudence*, 1986 WISCONSIN LAW REVIEW, S. 219, 263 (1986).

[711] Vgl. CANBY, aaO., S. 37: "(...) the trust responsibility had become far more of a sword for the government than a shield for the tribes."

nonym für die umfassende Regelungskompetenz der Vereinigten Staaten auch hinsichtlich der internen Angelegenheiten der Indianerstämme geworden.[712]

Eine entscheidende Stärkung erfuhr die *plenary power doctrine* in einer weiteren Entscheidung des Supreme Court: In *Lone Wolf v. Hitchcock* stellte dieser fest, daß es dem Kongreß im Rahmen seiner *plenary power* unbenommen sei, selbst früher vertraglich zugesicherte Rechte der Indianer einseitig wieder aufzuheben, und daß eine entsprechende Entscheidung vor den Gerichten der Vereinigten Staaten aufgrund ihres politischen Charakters auch nicht justitiabel sei:

"Plenary authority over the tribal relations of the Indians has been exercised by Congress from the beginning, and the power has always been deemed a political one, not subject to be controlled by the judicial department of the government."[713]

Somit ist die *plenary power* des Kongreß allein durch der *trust relationship* wesensimmanente Schranken begrenzt. Eine weitergehende verfassungsrechtliche Begrenzung gibt es nicht. Folglich wird zwischen dem den Indianerstämmen inhärenten Recht auf Souveränität und der *plenary power* des Kongresses alleine im Wege praktischer Konkordanz ein Ausgleich zu finden sein.[714] Ausgangspunkt bleibt jedoch auch bei dieser Betrachtung stets die originäre Souveränität der Indianerstämme, welche grundsätzlich diesen die Allzuständigkeit zur Regelung ihrer eigenen Angelegenheiten garantiert. Nur wenn der Kongreß in Wahrnehmung der ihm zukommenden *plenary power* diese Souveränität der Stämme beschränkt hat, ist den Stammesregierungen eine entsprechende Regelung verwehrt.[715] Allein die Frage, wie weit der Kongreß bei dieser Beschränkung gehen darf, ist eine der praktischen Konkordanz mit der den Vereinigten Staaten obliegenden *trust responsibility* gegenüber den Indianerstämmen.

2. Trust responsibility

Gegenstück zur *plenary power* über die Indianerstämme ist die sog. *trust responsibility*, welche ganz allgemein eine Umschreibung der Schutz- und Fürsorgepflichten der Vereinigten Staaten gegenüber den ihrem Gebiet befindlichen Indianerstämmen ist.

---

[712] *United States v. Alcea Band of Tillamooks*, 329 U.S. 40, 54 (1946).

[713] *Lone Wolf v. Hitchcock*, 187 U.S. 553, 565 (1903).

[714] Vgl. Robert Laurence, *Learning to Live with the Plenary Power of Congress over the Indian Nations: An Essay in Reaction to Professor Williams' Algebra*, 30 ARIZONA LAW REVIEW, 413, 416ff..

[715] Vgl. *National Farmers Union Ins. Cos. v. Crow Tribe*, 471 U.S. 845, 852f. (1985).

a) Begründung

Für die *American Indian Policy Review Commission* lag die rechtliche Begründung der *trust responsibility* in der Ausschließlichkeit der Beziehung zwischen den Indianerstämmen und den Vereinigten Staaten, innerhalb welcher die Vereinigten Staaten verpflichtet sind, das Überleben der Indianerstämme zu gewährleisten:

"The Federal trust responsibility emanates from the unique relationship between the United States and Indians in which the Federal Government undertook the obligation to insure the survival of Indian tribes. It has its genesis in international law, colonial and U.S. treaties, agreements, Federal statutes and Federal judicial decisions. It is a 'duty of protection' which arose because of the 'weakness and helplessness' of Indian tribes so largely due to the course of dealings of the federal Government with them and the treaties in which it has been promised (...)."[716]

Die Ausschließlichkeit der *trust relationship* führt somit nicht zur willkürlichen Herrschaftsgewalt der Vereinigten Staaten über die Indianerstämme, sondern erlegt den Bundesorganen gegenüber den Indianern besondere Verpflichtungen:

"[The Supreme] Court has recognized the distinctive obligation of trust incumbent upon the Government in its dealings with these dependent and sometimes exploited people. In carrying out its treaty obligations with the Indian tribes the Government is something more than a mere contracting party. Under a humane and self-imposed policy which has found expression in many acts of Congress and numerous decisions of this Court, it has charged itself with moral obligations of the highest responsibility and trust. Its conduct, as described in the acts of those who represent it in dealings with the Indians, should therefore be judged by the most exacting fiduciary standards."[717]

Vor allem in den Anfangsjahren war die Annahme einer besonderen Verpflichtung gegenüber den Indianern häufig jedoch auch Ausdruck einer Überzeugung von der Inferiorität indianischer Lebensart, welche es zu zivilisieren galt:

"[A]s a superior and civilized nation [the United States has] the power and the duty of exercising a fostering care and protection over all dependent Indian communities within its borders."[718]

In jüngerer Zeit wird zur Begründung der *trust responsibiltiy* allein auf den Umstand der tatsächlichen Besorgung von Vermögensangelegenheiten der Indianer abgestellt, wodurch eine zu begrüßende Entideologisierung der Schutzfunktion der Vereinigten Staaten erreicht wird:

---

[716] FINAL REPORT, S. 125 (1977).

[717] *Seminole Nation v. United States*, 316 U.S. 286, 296f. (1942).

[718] *United States v. Sandoval*, 231 U.S. 28, 46 (1913).

"(...) the statutes now before us clearly give the Federal Government full responsibility to manage Indian resources and land for the benefit of the Indians. They thereby establish a fiduciary relationship and define the contours of the United States fiduciary responsibilities."[719]

Wie bereits aus diesem Zitat ersichtlich, beschränkte sich die besondere treuhänderische Bindung der Vereinigten Staaten nicht nur auf vertraglich begründete Verpflichtungen der Vereinigten Staaten, sondern erstreckte sich auch auf Fälle gesetzlich angeordneter Wahrnehmung von Angelegenheiten der Indianerstämme durch die Bundesregierung. Auch wenn grundsätzlich angenommen wird, daß auch der Kongreß als Legislativorgan dieser treuhänderischen Gebundenheit unterliegt, so wurde diese Verpflichtung noch nie von einem Gericht der Vereinigten Staaten durchgesetzt. Dies mag mit der bereits erörterten *plenary power doctrine* zusammenhängen. Insoweit besteht also lediglich eine allgemein politische und moralische Gebundenheit des Kongresses gegenüber den Indianerstämmen.[720]

In einer Reihe von Gerichtsentscheidungen erfuhr dagegen die *trust responsibility* für den Bereich der Exekutive eine konkretere Ausprägung. Die Gerichte nahmen eine besondere, gerichtlich durchsetzbare Verpflichtung gegenüber den Indianerstämmen vor allem für den Bereich der Verwaltung indianischer Gebiete, Waldungen oder Wasserrechte an.[721] Dabei wurde von Beginn an deutlich, daß die Verpflichtung der Exekutive als Treuhänder der Indianer einem strengeren, und vor allem justitiablen Maßstab hinsichtlich ihrer Erfüllung unterlag.

In *Lane v. Pueblo of Santa Rosa*[722] entschied der Supreme Court, daß der Innenminister bei der Veräußerung von Stammesgebiet strengeren Maßstäben unterliegt als bei der "gewöhnlichen" öffentlichen Landes. Zwar steht auch an indianischen Gebieten die absolute Berechtigung grundsätzlich den Vereinigten Staaten zu, so daß es sich formell um öffentliches Land handelt. Dennoch kann es diesem nicht gleich behandelt

---

[719] *United States v. Mitchell*, 463 U.S. 206, 224 ("*Mitchell II*"; 1983). Vgl. auch *Navajo Tribe of Indians v. United States*, 624 F.2d 981, 987 (Court of Claims, 1980): "Where the Federal Government takes on or has control or supervision over tribal monies or properties, the fiduciary relationship normally exists with respect to such monies or properties."

[720] Vgl. Chambers, *Federal Trust Responsibility*, aaO., S. 1227.

[721] Vgl. CANBY, aaO., S. 33.

[722] 249 U.S. 110 (1919).

werden, so daß eine Veräußerung allein unter Beachtung der allgemeinen Gesetze über öffentliches Land rechtswidrig wäre. Eine unter Verletzung der Verpflichtung, die indianischen Gebiete zum Nutzen und zum Schutz der Indianer zu verwalten, zustandegekommene Veräußerung käme einer Konfiskation gleich.[723]

Diese allgemeine Verpflichtung zur Beachtung und Würdigung indianischer Besitzrechte an ihrem Land wurde in *Cramer v. United States*[724] auch auf die Fälle erweitert, in welchen das Recht der Indianer an ihren Gebieten weder auf Vertrag noch auf sonstiger gesetzlicher Grundlage beruht. In dem betreffenden Fall erklärte der Supreme Court die Einräumung von Rechten an vom Siedlungsgebiet der Indianer erfaßten Grundstücken unter Hinweise auf die Verpflichtung der Vereinigten Staaten, auch das bloße Besitzrecht der Indianer an ihren Gebieten zu schützen, für nichtig. Folglich sei die grundsätzlich zu bejahende Befugnis der Exekutive, Rechte an öffentlichem Land auf Dritte zu übertragen, durch die *trust responsibility* entsprechend beschränkt.[725]

Die Bedeutung von *Cramer* liegt vor allem in der Annahme, daß - unabhängig von einer anderweitig begründeten Verpflichtung der Vereinigten Staaten - stets die Beachtung der treuhänderischen Gebundenheit verlangt wird. Die *trust responsibility* erlangt dadurch eine rechtlich selbständige Existenz und ist nicht nur bloßer Sorgfaltsmaßstab bei der Erfüllung vertraglicher oder gesetzlicher Pflichten der Vereinigten Staaten.

Dieses Verständnis der *trust responsibility* wurde vom Supreme Court in *United States v. Creek Nation*[726] weiter ausgearbeitet. Hier bestätigte dieser eine Entscheidung des Court of Claims, in welcher den *Creek* Indianern für die infolge fehlerhafter Vermessung ihrer Reservation versehentlich erfolgte Veräußerung von Stammesgebiet eine Entschädigung zugesprochen wurde. In seiner Begründung stützte sich der

---

[723] Vgl. ebd., S. 113.

[724] 261 U.S. 219 (1923).

[725] Diesbezüglich führte das Gericht aus: "Unquestionably it has been the policy of the Federal Government from the beginninng to respect the Indian right of occupancy (...) To hold that (...) they acquired no possessory rights to which the Government would accord protection, would be contrary to the whole spirit of the traditional American policy toward these dependent wards of the nation. The fact that such right of occupancy finds no recognition in any statute or other formal governmental action is not conclusive." Ebd., S. 227ff..

[726] 295 U.S. 103 (1935).

Supreme Court erneut auf die durch die *trust responsibility* auferlegten Beschränkungen.[727]

b) Prüfungsmaßstab

Ergingen die bisherigen Entscheidungen allein wegen einer generellen Mißachtung der *trust responsibility*, ohne sich jedoch klar zu dem einschlägigen Prüfungsmaßstab hinsichtlich der daraus erwachsenden Verpflichtung zu äußern, so führte *Seminole Nation v. United States*[728] diesbezüglich zu einer Klärung: Die zur Entscheidung anstehende Frage war, welchem Maßstab die Vereinigten Staaten bei der Erfüllung ihrer gegenüber den Indianern eingegangenen Vertragspflichten unterliegen. Hier hatten sich die Vereinigten Staaten in einem 1856 geschlossenen Vertrag zur Zahlung eines bestimmten Geldbetrages an die einzelnen Stammesmitglieder verpflichtet. Trotzdem zahlte die Bundesregierung das Geld (teilweise) an den Ältestenrat aus, welcher es - statt es an die Mitglieder weiterzuleiten - veruntreute. Der Supreme Court stellte fest, daß die Vereinigten Staaten bei der Erfüllung ihrer Vertragspflichten den "most exacting fiduciary standards"[729], d.h. den höchsten an einen Treuhänder zu stellenden Anforderungen genügen müssen. Sofern also die Vereinigten Staaten von der Unzuverlässigkeit des Ältestenrates wußten oder wissen konnten, stellte die dennoch an diesen erfolgte Auszahlung einen Bruch der *trust responsibility* dar.[730] Da dies nicht feststand, wurde die Sache an den Court of Claims zurück- verwiesen.

Diese Anlehnung an den Sorgfaltsmaßstab eines zivilrechtlichen Treuhänders taucht erneut in *Menominee Tribe v. United States*[731] auf: Dort stellte der Court of Claims fest, daß es bereits gefestigte Rechtsprechung sei, an die Vereinigten Staaten in der Verwaltung indianischen Eigentums die gleichen Maßstäbe wie an einen gewöhnlichen Treuhänder anzulegen.[732]

---

[727] Ebd., S. 109f.: "The tribe was a dependent Indian community under the guardianship of the United States, and therefore its property and affairs were subject to the control and management of that government. But this power to control and manage was not absolute. While extending to all appropriate measures for protecting and advancing the tribe, it was subject to *limitations inhering in such a guardianship* and to pertinent constitutional restrictions." (Hervorhebungen vom Verf.).

[728] 316 U.S. 286 (1942).

[729] Ebd., S. 297.

[730] Ebd..

[731] 101 Ct.Cl. 10 (1944).

[732] Ebd., S. 18f..

c) Umfang

Dementsprechend bejahte der Court of Claims in *Navajo Tribe v. United States*[733] die Verpflichtung der Vereinigten Staaten, die Entdeckung wertsteigernder Umstände bei der bereits erfolgten Verpachtung indianischer Gebiete dem Stamm unverzüglich mitzuteilen, damit der Pachtzins entsprechend erhöht werden könne.[734]

Jenseits der in *Navajo* den Vereinigten Staaten auferlegten Loyalitätspflicht, beinhaltet die *trust responsibility* auch eine Pflicht zur Wahrung und Förderung indianischer Vermögensinteressen. *Manchester Band of Pomo Indians v. United States*[735] bejahte die Verpflichtung der Vereinigten Staaten als Treuhänder indianischen Vermögens, dieses im Rahmen der Vertretbarkeit möglichst gewinnbringend anzulegen.[736]

Ein anderer Aspekt der *trust responsibility* wurde in *Pyramid Lake Paiute Tribe v. Morton*[737] entschieden: Dieser Fall unterscheidet sich von seinen Vorgängern darin, daß es hier nicht direkt um die Verwaltung indianischen Vermögens ging. Der Indianerstamm wandte sich gegen den vom Innenminister angewandten Verteilungsschlüssel hinsichtlich des Wassers des Truckkee River in Nevada, eines Zuflusses des Pyramid Lake, welcher sich inmitten seiner Reservation befindet. Infolge eines stromaufwärts von den Vereinigten Staaten errichteten Dammes wurde der Wasserspiegel des Pyramid Lake beträchtlich abgesenkt, und infolgedessen die Lebensgrundlage des Indianerstammes erheblich gefährdet. Der Innenminister berief sich darauf, daß seine Ermessensentscheidung hinsichtlich der Wasserverteilung nicht justitiabel sei, da er schlicht zwischen mehreren berechtigten Interessen hinsichtlich des Zulaufwassers zu entscheiden gehabt habe. Demgegenüber stellte das Gericht fest, daß es eine Verletzung der *trust responsibility* darstelle, wenn im Rahmen einer Rechtsgüter- und Interessenabwägung nicht dem besonderen Schutzauftrag hinsichtlich der Indianer und

---

[733] 364 F.2d 320 (Ct.Cl. 1966).

[734] Im Fall wurden auf dem verpachteten Grundstücke erhebliche Helium-Vorkommen entdeckt, was das *U.S. Bureau of Mines*, welchem mittlerweile die Pachtrechte vom Pächter übertragen waren, nicht den Menominee mitteilte. Der Court of Claims stellte die Analogie zu einem gewöhnlichen Treuhandverhältnis fest: "The case is somewhat analogous to that of a fiduciary who learns of an opportunity, prevents the beneficiary from getting it, and seizes it for himself." Vgl. auch *Meinhard v. Salmon*, 249 N.Y. 458, 464: "A trustee is held to something stricter than the morals of the market place. Not honesty, but the punctilio of an honor the most sensitive, is then the standard of behavior."

[735] 363 F.Supp. 1238 (N.D. Cal. 1973).

[736] Ebd., S. 1245f..

[737] 354 F. Supp. 252 (D. D.C1972).

ihrer Lebensgrundlage Rechnung getragen würde.[738] Um somit der *trust responsibility* zu genügen, müssen Maßnahmen oder Projekte der Bundesregierung im Konfliktfall stets mit weitestmöglicher Rücksicht auf die Belange und Bedürfnisse der betroffenen Indianerstämme durchgeführt werden.[739] Folglich ist es der Exekutive - unabhängig von dem Bestehen einer vertraglichen oder gesetzlichen Verpflichtung - grundsätzlich untersagt, Entscheidungen zu treffen, welche sich auf das im Treuhandverhältnis stehende Eigentum der Indianerstämme nachteilig auswirken könnten.[740]

Folgerichtig bejahte der Supreme Court in *United States v. Mitchell*[741] die Verpflichtung der Vereinigten Staaten zum Schadensersatz, wenn infolge Mißbewirtschaftung indianischen Waldbesitzes am treuhänderisch verwalteten Vermögen des Indianerstammes ein Schaden entstehe. Somit war die Verletzung der *trust responsibility* zumindest für den Bereich der treuhänderischen Vermögensverwaltung mit einer Schadensersatzpflicht sanktioniert.[742]

Eine weitere Ausdehnung des Inhalts der *trust responsibility* erfolgte in *Joint Tribal Council of Passamaquoddy Tribe v. Morton*[743]. Dort stellte das Gericht fest, daß sich aus der *trust responsibility* auch die Verpflichtung zur Führung eines Rechtsstreites gegen einen Dritten, welcher sich ungerechtfertigt am Vermögen eines Indianerstammes bereichert habe, ergeben könne. Hier hatten die *Passamaquoddy* ohne Zustimmung der Bundesregierung in einem 1794 geschlossenen Vertag mit dem Bundesstaat Massachusetts einen Großteil ihres Gebietes abgetreten. Nun verlangten sie von der Bundesregierung, dieses Land von Maine (welches hinsichtlich der betroffenen Gebiete Rechtsnachfolger von Massachusetts war) im Klageweg zurückzuverlangen, da die

---

738 Ebd., S. 257: "The Secretary's action is therefore doubly defective and irrational because it fails to demonstrate an adequate recognition of his fiduciary duty to the Tribe. This also is an abuse of discretion an not in accordance with law."

739 Eine Ausnahme von diesem Grundsatz erscheint nur dann möglich, wenn die Maßnahme auf ein Gesetz zurückzuführen ist, bei dessen Verabschiedung sich der Kongress der Beeinträchtigung der betroffenen Rechtsposition der Indianer ausdrücklich bewußt war und eine entsprechende Beschneidung auch gewollt hatte. Dies ist eine Folge der dem Kongreß zustehenden *plenary power* in Regelung der Indianerangelegenheiten.

740 Chambers, *Federal Trust Responsibility*, aaO., S. 1234

741 463 U.S. 206 (1983) ("*Mitchell II*").

742 Vgl. Michael Roy, *Indians May Sue for Breach of Federal Trust Relationship: United States v. Mitchell*, 26 Boston College Law Review, S. 809, 884 (1985).

743 528 F.2d 370 (1st Circ. 1975).

Abtretung unter Verstoß gegen den *Trade and Intercourse Act* von 1790 zustandegekommen und folglich unwirksam sei. Das Gericht kam zu der Auffassung, daß die zwischen den *Passamaquoddy* und den Vereinigten Staaten bestehende *trust relationship* eine den Klageanspruch rechtfertigende Verpflichtung der Vereinigten Staaten zur Prozeßführung gegen Maine begründe.[744]

Sieht man die Wiege der trust relationship in der Marshall-Trilogie, so ist es nicht abwegig, eine Verletzung der aus der *trust responsibility* für die Exekutive erwachsenden Pflichten auch in der Beeinträchtigung des Rechtes der Indianerstämme auf Selbstregierung als souveräne Einheiten anzunehmen. Bislang liegt jedoch diesbezüglich noch keine Rechtsprechung vor und ein entsprechendes Diktum erscheint auch für die Zukunft eher unwahrscheinlich.[745] Entscheidungen wie *Williams v. Lee*[746] oder *Kennerly v. District Court*[747] untersagten lediglich eine Beeinträchtigung des Selbstregierungsrechtes der Indianer durch die einzelnen Bundesstaaten. Auf Bundesebene erscheint diese Frage, insbesondere vor dem Hintergrund der *plenary power* des Kongreß, eher als nicht justitiable politische Entscheidung.[748]

Folge der *trust responsibility* kann aber auch die Verpflichtung derVereinigten Staaten gegenüber den einzelnen Indianern zur Gewährung bestimmter Mindestleistungen sein. In *McNabb v. Bowen*[749] wurde daher entschieden, daß der Indian Health Service für die Kosten der Behandlung eines indianischen Kindes aufkommen müsse, wenn der eigentlich zur Kostentragung verpflichtete Bundesstaat seiner Pflicht nicht nachkommt. Es sei mit der *trust doctrine* unvereinbar, wenn sich der IHS unter Hinweis auf eine anderweitig bestehende Verpflichtung des Bundesstaates seiner eigenen Verpflichtung zur Gesundheitsfürsorge für die Indianer entzöge.[750]

---

[744] Natürlich hätten die Passamaquoddy auch selber gegen Maine auf Rückgabe ihres Landes klagen können. Eine Prozeßstandschaft durch die Vereinigten Staaten birgt jedoch neben der politischen Signalwirkung auch den Vorteil der größeren Finanzkraft und juristischen Kompetenz, so daß die Erfolgsaussichten erheblich größer erscheinen.

[745] Vgl. CANBY, aaO., S. 42.

[746] 358 U.S. 217 (1958).

[747] 400 U.S. 423 (1971).

[748] Vgl. Chambers, *Federal Trust Responsibility*, aaO., S. 1243.

[749] 829 F.2d 787 (9th Circ. 1987).

[750] Ebd., S. 794.

Damit ist hinsichtlich der *trust responsibility* ein gewisser Trend weg von einer Auffassung als bloßer Sorgfaltspflicht bei der Verwaltung des Vermögens der Indianerstämme hin zu einem konkrete Leistungsansprüche der Indianerstämme oder gar einzelner Indianer gewährenden Rechtsinstitut festzustellen, dessen Verletzung unter Umständen auch eine Schadensersatzpflicht der Vereinigten Staaten nach sich ziehen kann.[751]

3. Partner der *trust relationship*

Bislang wurde lediglich der Inhalt der *trust relationship* näher untersucht. Bezüglich der Frage, zwischen welchen Entitäten diese Beziehung besteht, wurde dabei immer nur allgemein von den Vereinigten Staaten und "Indianerstämmen", bzw. "Indianern" gesprochen. Fest steht, daß auf der einen Seite der *trust relationship* die Vereinigten Staaten, vertreten durch Kongreß und Exekutive stehen. Wie wir jedoch bereits festgestellt haben, ist der Begriff "Indianer", bzw. "Indianerstamm" mehrdeutig. Fragt man sich, wer "Indianer" für die Zwecke des in den Vereinigten Staaten geltenden Indianerrechts ist, so stößt man ziemlich schnell auf die Antwort: Alle Indianer(stämme), zu denen eine *trust relationship* bestehe.[752] Folglich kommt der *trust relationship* durchaus auch definitiver Charakter für den Geltungsbereich des "Federal Indian Law" zu.

a) Indianerstämme

Gängigste Antwort auf die Frage, wer auf Seiten der Indianer Beteiligter der *trust relationship* sei, ist der Verweis auf die mittlerweile 293 von der Bundesregierung anerkannten Indianerstämme (sog. *recognized tribes*). So enthält der *Indian Self-Determination and Education AssistanceAct*[753] in § 450b(e) folgende Bestimmung:

"'Indian Tribe' means any Indian tribe, band, nation, or other organized group or community (...) which is recognized as eligible for the special programs and services provided by the United States to Indians because of their status as Indians."[754]

---

[751] Vgl. Michael Roy, *Indians May Sue for Breach of Federal Trust Relationship: United States v. Mitchell*, 26 Boston College Law Review, S. 809, 842 (1985).

[752] Vgl. Cohen, Handbook, aaO., S. 1; Deskbook, aaO., S. 28.

[753] 88 Stat. 2203 (1975), kodifiziert in 25 U.S.C. §§ 450-450n (1988).

[754] In ähnlicher Weise treffen die allgemeinen Verwaltungsvorschriften der Vereinigten Staaten bezüglich der Beziehung zu Indianerstämmen folgende Regelung: "[A]cknowledgement of tribal existence by the Department is a prerequisite to the protection, services, and benefits from the Federal Government

Dabei wird die Klassifizierung als "Indianer" nicht als ein an rassischen Gesichtspunkten orientierter Vorgang, sondern als Konsequenz der mit dieser Bevölkerungsgruppe bestehenden besonderen Beziehungen verstanden. Die Unterscheidung in Indianer und Nicht-Indianer ist also vielmehr politischer Natur, so daß eine Ungleichbehandlung beider Gruppen durchaus mit der "equal protection clause", dem Gleichbehandlungsgebot der U.S.-Verfassung vereinbar ist.[755] Dies hat der Supreme Court in *Morton v. Mancari*[756] für den Fall der bevorzugten Einstellung oder Beförderung von Indianern im BIA auf eine Klage von zwei nicht-indianischen Angestellten des BIA hin entschieden:

"The preference, as applied, is granted to Indians not as a discrete racial group, but, rather, as members of quasi-sovereign tribal entities (...). As long as the special treatment can be tied rationally to the fulfillment of Congress' unique obligation toward the Indians, such legislative judgments will not be disturbed."[757]

In gleicher Weise hat der Supreme Court in *United States v. Antelope*[758] eine Klage von Mitgliedern des *Coeur d'Alene Tribe* abgewiesen, welche aufgrund ihres Status als Indianer in Anwendung des *Major Crimes Act* von einem Bundesgericht zu einer härteren Strafe verurteilt worden waren, als dies nach dem Recht im Staate Idaho möglich gewesen wäre, welchem sie unter Außerachtlassung ihrer indianischen Identität unterlägen wären. Die Unterwerfung unter die Bundesgerichtsbarkeit beruhe nicht auf einer rassisch motivierten Ungleichbehandlung, sondern auf der Mitgliedschaft der Angeklagten in besagtem Indianerstamm, sei also Ausdruck der besonderen (politischen) Beziehung zwischen Vereinigten Staaten und den (anerkannten) Indianerstämmen.[759]

Besteht somit die *trust relationship* grundsätzlich nur zu den von der Bundesregierung anerkannten Indianerstämmen, so stellt sich die Frage, welchen Status die Indianerstämme haben, zu welchen die Beziehungen während der *termination* Ära abgebrochen und später nicht wieder von der Bundesregierung aufgenommen worden sind (sog. *terminated tribes*). In Entscheidungen wie *Menominee Tribe v. United States*[760]

---

available to Indian tribes." 25 C.F.R. § 83.2 (1991).

755 Vgl. Sharon O'Brien, *Tribes and Indians*, aaO., S. 1467.

756 417 U.S. 535 (1974).

757 Ebd., S. 545f..

758 430 U.S. 641 (1977).

759 Ebd., S. 645f..

760 391 U.S. 404 (1967).

und *Kimball v. Callahan*[761] stellten die Gerichte der Vereinigten Staaten jedoch fest, daß vertraglich garantierte Jagd- und Fischereirechte der Indianer nicht von der Terminationsgesetzgebung erfaßt worden sind, so daß diesbezüglich weiterhin von einer treuhänderischen Verpflichtung der Vereinigten Staaten zum Schutz dieser Rechte ausgegangen werden kann.[762] Daneben hat der Kongreß zunehmend auch die "terminated tribes" in den Anwendungsbereich von Programmen zugunsten der "recognized tribes" eingeschlossen: So sind Programme nach dem *Indian Child Welfare Act*, den *Health Care Improvement Act*, und dem *Indian Education Act* ebenfalls auf die "terminated tribes" anzuwenden.[763]

Eine weitere Gruppe bilden daneben die Indianerstämme, welche noch nie von der Bundesregierung als solche anerkannt waren (sog. *non-recognized tribes*). Bekanntester Fall dafür ist *Passamaquoddy Tribe v. Morton*[764]: Die vom Supreme Court zu klärende Vorfrage war schon, ob die *Passamaquoddy* als nicht offiziell anerkannter Indianerstamm überhaupt in den Anwendungsbereich der hier einschlägigen Bestimmungen des *Trade and Intercourse Act* von 1790[765] fallen. Unter Bezugnahme auf *Montoya v. United States*[766] stellte das Gericht fest, daß die Passamaquoddy tatsächlich einen Indianerstamm bildeten, auf welchen die Bestimmungen des *Trade and Intercourse Act* unabhängig von einer offiziellen Anerkennung durch die Bundesregierung Anwendung fänden. Folglich bestehe auch zu ihnen eine *trust relationship*. Natürlich beschränkt sich diese Treue- und Schutzbeziehung nur auf den speziell in dem Gesetz geregelten Schutzbereich, hier also die Fragen der Veräußerbarkeit indianischen Landes. In Folge von *Passamaquoddy* läßt sich somit feststellen, daß bezüglich der Fragen indianischer Gebiete die Vereinigten Staaten auch gegenüber nicht anerkannten Indianerstämmen aufgrund der allgemein anwendbaren Landschutzbestimmungen in einer *trust relationship* stehen.[767]

---

[761] 493 F.2d 564 (9th Cir.).

[762] Vgl. Cohen, Handbook, aaO., S. 812 Fn. 11: "[T]he federal trust responsibility to protect these [tribal] resources seems to continue, like the [treaty] rights themselves, despite the termination legislation."

[763] Vgl die einschlägigen Verwaltungsvorschriften 25 C.F.R. § 23.1 (1991); 42 C.F.R. § 36.301 (1990); 34 C.F.R. " 250.1 (1990)

[764] Dazu schon oben, S. 185f..

[765] 1 Stat. 138 (1790), kodifiziert in 25 U.S.C. § 177 (1988).

[766] 180 U.S. 261 (1901).

[767] Vgl. O'Brien, aaO., Fn. 63.

b) Indianer individuell

Fraglich ist, ob die *trust relationship* der Vereinigten Staaten auch gegenüber den Indianern als Einzelpersonen besteht. Dies war anfangs aufgrund des souveränen Status der Indianerstämme nicht klar.[768] Der Schirm dieser Souveränität gegenüber den Einzelpersonen wurde jedoch mit Entscheidungen wie *United States v. Rogers*[769] und *United States v. Holliday*[770] durchbrochen. Heute wird allgemein die Ansicht vertreten, daß letztlich Begünstigte der gegenüber den Indianerstämmen bestehenden trust relationship die dahinterstehenden einzelnen Indianer sind. Somit stehen auch diese aufgrund ihres Status als Indianer in einer besonderen Beziehung zu den Vereinigten Staaten. Ob sich diese individuelle *trust relationship* jedoch auf sämtliche Indianer im ethnischen Sinn, oder wieder nur auf eine bestimmte Auswahl von diesen erstreckt, ist damit noch nicht geklärt.

Die Entscheidungen in *Mancari* und *Antelope* legen nahe, daß nur Indianer, welche einem der *recognized tribes* angehören, in dieser speziellen trust relationship stehen. Entsprechend werden Fürsorge- und Wohlfahrtsleistungen der Vereinigten Staaten primär auf die offiziellen Mitglieder der anerkannten Indianerstämme beschränkt. Damit ist jedoch ein großer Teil von ethnisch ebenfalls als Indianer zu qualifizierenden Personen von der Fürsorge der Vereinigten Staaten im Rahmen der *trust relationship* ausgeschlossen.

Im Einzelfall kann sich jedoch der Anwendungsbereich eines Gesetzes über die Gruppe der Mitglieder von *federally recognized tribes* hinaus erstrecken. So bezieht sich der *Snyder Act*[771] hinsichtlich der in diesem gewährten Begünstigungen schlicht auf "Indians throughout the United States" ohne eine weitere Einschränkung zu treffen. Ebenso spricht der *Johnson O'Malley Act*[772] einschränkungslos von "Indians in such State or Territory", während der *Major Crimes Act*[773] allgemein "any Indian" erfassen

---

[768] Vgl. *Elk v. Wilkins*, 112 U.S. 94 (1884).

[769] 45 U.S. (4 How.) 567 (1846). Nach dieser Entscheidung galt der Schirm indianischer Souveränität nicht für die nicht-indianischen Bewohner des Stammesgebietes.

[770] 70 U.S. (3 Wall.) 407 (1865). In dieser Entscheidung stellte der Supreme Court dann fest, daß sich die Hoheitsgewalt der Vereinigten Staaten zumindest auf die außerhalb einer Reservation lebenden Indianer erstrecke.

[771] 42 Stat. 208 (1921), kodifiziert in 25 U.S.C. § 13 (1988).

[772] 48 Stat. 208 (1934), kodifiziert in 25 U.S.C. §§ 452ff..

[773] 18 U.S.C. § 1153.

soll. Somit ist vom Gesetzgeber für bestimmte Zwecke eine Beziehung von wechselseitigem Unterworfensein und Fürsorgepflicht auch zu Indianern über die Grenzen der staatlichen Anerkennung ihres Stammes hinaus angeordnet. Als Eingrenzungskriterien dienen dann bisweilen außer der Zugehörigkeit zu einem der *recognized tribes* häufig der Grad der indianischen Abstammung, die Akzeptierung innerhalb der Gruppe der Indianer selber oder der Aufenthalt in einer bestimmten Region.[774]

Ex parte Pero entschied, daß es unter Umständen auf eine tatsächliche Mitgliedschaft in einem Indianerstamm dann gar nicht mehr ankommen muß:

"We are convinced that the overwhelming weight of authority, both judicial and statutory, requires the conclusion that a child of an Indian mother and half-blood father where both parents are recognized as Indians and maintain tribal relations, who himself lives on the reservation and maintains tribal relations and is recognized as an Indian, is *to be considered an Indian within the protection of the federal guardian-ward relationship* and within the meaning of "Indian" as used in the [Major Crimes Act]. The lack of enrollment (...) is not determinative of status. Only Indians are entitled to be enrolled for the purpose of receiving allotment and the fact of enrollment would be evidence that the enrollee is an Indian. But the refusal of the Department of Interior to enroll a certain Indian as a member of a certain tribe is not necessarily an administrative determination that the person is not an Indian."[775]

Ob folglich ein Indianer als Einzelperson in den Genuß bestimmter Wohlfahrtsprogramme der Vereinigten Staaten kommt, entscheidet sich damit nach dem Wortlaut des entsprechenden Gesetzes. In vielen Fällen kommt es nicht mehr auf die Mitgliedschaft in einem der *recognized tribes* an.

Angesichts der Tatsache, daß heute ungefähr die Hälfte aller Indianer außerhalb einer Reservation lebt,[776] stellt sich die Frage, ob sich die *trust responsibility* der Vereinigten Staaten auch auf diese bezieht. Auf die Klage eines Indianers, welcher 15 Meilen außerhalb einer Reservation lebte und deshalb, als seine Gewerkschaft streikte,

[774] Vgl. z.B. die Definition von "Indian" im *Indian Reorganization Act*: "The term 'Indian' (...) shall include all persons of Indian descent who are members of any recognized Indian tribe now under federal jurisdiction, and all persons who are descendants of such members who were, on June 1, 1934, residing within the present boundaries of any Indian reservation, and shall further include all other persons of one-half or more Indian blood." 25 U.S.C. § 1152 (1988).

[775] 99 F.2d 28, 31 (7th Cir. 1938). (Hervorhebung vom Verf.) "Enrollment" bedeutet hier die Eintragung in die vom Innenministerium im Zuge des *Indian Reorganization Act* eingeführten Stammesverzeichnisse. Dieser Entscheidung zufolge kommt den entsprechenden Stammesverzeichnissen zwar eine unwiderlegbare Vermutung hinsichtlich des Status als Indianer zu, jedoch kann es sich hierbei nicht um eine abschließende Aufzählung sämtlicher als Indianer zu qualifizierenden Personen handeln. Wenn in der Entscheidung von "recognized" gesprochen wird, so ist damit nicht die bereits erwähnte Anerkennung (z.B. eines Indianerstammes) durch die Bundesregierung, sondern die Anerkennung innerhalb der Gruppe der Indianer selber gemeint, d.h. die betreffende Person wird von anderen Indianern ebenfalls als Indianer angesehen.

[776] Vgl. oben, S. 120.

sowohl vom Bundesstaat aufgrund seiner indianischen Identität keine Unterstützung bekam, als auch vom BIA aufgrund seines Wohnortes außerhalb der Reservation von entsprechenden Wohlfahrtsprogrammen ausgeschlossen wurde, entschied der Supreme Court in *Morton v. Ruiz*[777], daß das BIA ihn nicht mit dem bloßen Hinweis auf seine Ansässigkeit von vorneherein von Wohlfahrtsleistungen ausschließen könne, die für "Indians throughout the United States" geschaffen worden seien.[778] Jedes infolge Knappheit der Mittel erforderliche weitere Auswahlkriterium, welches sich dann durchaus auch auf den Wohnsitz beziehen könne, müsse jedoch vom BIA vorher veröffentlicht werden, was hier nicht der Fall war. Somit besteht nach *Ruiz* für die Exekutive jedoch grundsätzlich die Möglichkeit, für sämtliche Indianer gedachte Regelungen in ihrer Anwendung - im Rahmen der vom Kongreß gesteckten Grenzen - auf einen ausgewählten Kreis zu beschränken.[779] Will sie jedoch den Kreis der Begünstigten enger ziehen, so erfordert dies eine entsprechende vorherige Bekanntmachung ihrer Auswahlkriterien.

Festzuhalten bleibt, daß Dreh- und Angelpunkt der *trust relationship* grundsätzlich die offizielle Anerkennung als Indianerstamm durch die Bundesregierung ist. Auch wenn vom Erfordernis der Anerkennung Ausnahmen bestehen, stellt der anerkannte Status als Indianerstamm oder Indianer in der Regel eine Grundvoraussetzung für die Gewährung von Leistungen im Rahmen der *trust relationship* dar. Wird den Indianerstämmen diese Anerkennung entzogen, verlieren nicht nur sie selbst, sondern auch deren Mitglieder den Anspruch auf die vom Kongreß zur Erfüllung der innerhalb der *trust relationship* den Vereinigten Staaten obliegenden Fürsorgepflicht gewährten Leistungen.[780]

Seit der Einführung eines formellen Verfahrens zur Anerkennung eines Indianerstammes durch die Bundesregierung[781] zeichnet sich auch in der Rechtsprechung der Trend ab, der universellen Wirkung dieses Anerkennungsaktes den Vorrang einzuräumen: Sofern es um Fragen der Identität als indianischer Stamm geht, kommt dem BIA die

---

[777] 415 U.S. 199 (1973).

[778] Ebd., S. 236.

[779] Mittlerweile hat der Kongreß aber auch Gesetze erlassen, die spezielle Fürsorgeleistungen für die oft besonders bedürftigen Stadtindianer anordnen, z.B. im Rahmen des *Indian Health Care Improvement Act*, 25 U.S.C. § 1601 (1988) das sog. *Urban Health Services Program*, welches die Gewährung ambulanter medizinischer Versorgung für Indianer in 37 Städten der U.S. sicherstellen soll.

[780] Vgl. Deskbook, aaO., S. 34.

[781] Vgl. 25 C.F.R. § 83, welcher 1978 eingeführt wurde.

primäre Entscheidungskompetenz im Rahmen dieses besonderen Verfahrens zu. Will somit ein Indianerstamm in den Genuß der besonderen Fürsorge der Vereinigten Staaten kommen, so ist Voraussetzung dafür das erfolgreiche Durchlaufen des Anerkennungsverfahrens nach 25 C.F.R. § 83.[782]

Nach der Darstellung der Grundprinzipien des "Federal Indian Law" sollen die konkreten Ausprägungen im folgenden eine detailliertere Erörterung erfahren. Eine direkte Manifestation indianischer Souveränität stellt zum Beispiel die Rechtsprechungsgewalt innerhalb der indianischen Gebiete dar.

E. Probleme der Rechtsprechungsgewalt in indianischen Gebieten

In unmittelbarem Zusammenhang mit Fragen der Souveränität stehen die Probleme der Rechtsprechungsgewalt in indianischen Gebieten: Grundsätzlich bedingt das eine das andere, weil die Jurisdiktion in der Regel dem Inhaber der Personal-, bzw. Territorialhoheit als Souverän zukommt. Daher kann die Verteilung der Rechtsprechungsgewalt in und außerhalb des Indianergebietes als konkreter Maßstab für den Grad indianischer Souveränität in der heutigen amerikanischen Rechtsordnung gesehen werden. Da sich die Rechtsprechungsgewalt in Fragen des Strafrechts anders verteilen kann als in zivilrechtlichen Streitigkeiten, wird auch im folgenden entsprechend unterschieden werden müssen. Dennoch gibt es für beide Bereiche allgemeine Grundsätze, die der gesonderten Erörterung vorangestellt werden sollen.

I. Allgemeines

Entsprechend den konkurrierenden Souveränitätsansprüchen geht es auch in Fragen der indianischen Jurisdiktion darum, die konfligierenden Ansprüche der Indianerstämme, der einzelnen Bundesstaaten und der Vereinigten Staaten auf Ausübung der Rechtsprechungsgewalt zu harmonisieren. Dabei sind vor allem zwei Ordnungsprinzipien von vorrangiger Bedeutung: Dies ist zum einen die territoriale Komponente, wonach der Ort des Geschehens für die Frage der Jurisdiktion von konstitutiver Bedeutung ist. In diesem Zusammenhang kommt dem Begriff "Indian country" zentrale Bedeutung zu.

---

[782] William W. Quinn, *Federal Acknowledgment of American Indian Tribes: Authority, Judicial Interposition, And 25 C.F.R. § 83*, 17 AMERICAN INDIAN LAW REVIEW, S. 37, 68 (1992).

Zum anderen führt die Anerkennung der ursprünglichen Souveränität der Indianerstämme zu der Vermutung der Allzuständigkeit der Indianerstämme in Fragen der Jurisdiktion innerhalb des "Indian country". Eine Ausnahme von dieser Universalkompetenz kommt nur dann in Betracht, wenn die Souveränität der Indianerstämme mittels der *plenary power* des Kongreß eingeschränkt worden ist. Aufgrund dieses Wechselspiels geht es daher hauptsächlich um die Verteilung der Jurisdiktion zwischen den Stämmen und den Vereinigten Staaten.

1. "Indian Country"

Für die Gerichtshoheit der Indianerstämme ist es von konstitutiver Bedeutung, ob der Anlaß für die Gerichtstätigkeit innerhalb oder außerhalb des sog. "*Indian Country*" entstanden ist. Eine Legaldefinition des "Indian Country" findet sich in 18 U.S.C. § 1151 (1988). Trotz der Stellung dieser Definition innerhalb des *U.S. Criminal Code* wird sie auch in Fragen zivilrechtlicher Jurisdiktion grundsätzlich für anwendbar gehalten[783]:

"(...) [T]he term 'Indian country' (...) means
(a) all land within the limits of any Indian reservation under the jurisdiction of the United States Government, notwithstanding the issuance of any patent, and, including rights-of-way running through the reservation,
(b) all dependent Indian communities within the borders of the United States whether within the original or subsequently acquired territory thereof, and whether within or without the limits of a state, and
(c) all Indian allotments, the Indian titles to which have not been extinguished, including rights-of-way running through the same."

Den weitaus größten Anwendungsbereich weist § 1151(a) auf, welcher sich auf sämtliche innerhalb der äußeren Grenzen einer Reservation befindliche Gebiete bezieht, unabhängig von der Eigentumslage im Einzelfall.[784] Insoweit ist lediglich zu fragen, ob

[783] Vgl. *California v. Cabazon Mission Indians*, 480 U.S. 202, 207 Fn. 5 (1987); *DeCoteau v. District County Court*, 420 U.S. 425, 427 Fn. 2 (1975) m.w.N..

[784] Dies gilt somit auch für auf der Reservation befindlich Siedlungsgebiete der Weißen, vgl. *Seymour v. Superintendent*, 351 U.S. 351, 357f. (1962), sofern diese nicht ausdrücklich durch einen Gesetzgebungsakt des Kongreß von der Indianerreservation ausgeschlossen worden sind, wie dies z.B. für die Stadt *Hardin*, welche sich innerhalb der *Crow I.R.* in Montana befindet, der Fall war, 50 Stat. 884 (1937). Diese Gebiete fallen dann nicht unter die Definition von § 1151(a), *State v. Bad Horse*, 605 P.2d 1113, 1118 (Mont. 1980). Ob allein die Tatsache, daß der Kongreß eine Reservation für die Besiedlung durch Weiße geöffnet hat, Rückschlüsse auf eine entsprechende Beendigung des Reservationsstatus der betroffenen Gebiete zuläßt, ist zweifelhaft, da sich ein entsprechender Beendigungswille des Kongreß aus dem entsprechenden Gesetz eindeutig ergeben muß: "[A] congressional determination to terminate must be expressed on the face of the Act or be clear from the surounding circumstances and legislative history." *Mattz v. Arnett*, 412 U.S. 481, 505 (1973).

das betroffene Gebiet ursprünglich Reservationsstatus erlangt hat und ob dieser bezüglich des betroffenen Gebietes im fraglichen Zeitpunkt noch fortbestand.[785]

Eine "dependent Indian community" i.S.v. § 1151(b) bezieht sich auf indianische Siedlungsgebiete, denen von der Bundesregierung kein offizieller Reservationsstatus zuerkannt worden ist.[786] Allgemein ist für eine entsprechende Qualifikation auf folgende indizielle Faktoren abzustellen: Die Bereitstellung des betreffenden Gebietes durch die Vereinigten Staaten für den Gebrauch durch eine bestimmte Gruppe von Indianern, die Art der Nutzung des Gebietes, das rechtliche Verhältnis zwischen Bewohnern und Indianerstämmen, bzw. der Bundesregierung, die Behandlung des betroffenen Gebietes durch die Bundesbehörden und die Geschlossenheit der indianischen Siedlung.[787]

Unter "Indian allotments" i.S.v. § 1151(c) sind all die Gebiete zu verstehen, die im Individualeigentum der Indianer stehen und entweder treuhänderisch von den Vereinigten Staaten verwaltet werden, oder deren Veräußerbarkeit anderweitig durch Gesetz eingeschränkt ist.[788] Dies gilt unabhängig von der Belegenheit des Gebietes.[789] Mit Ende der treuhänderische Verwaltung verlieren diese Gebiete allerdings auch ihren Status als "Indian Country".[790]

---

[785] Vgl. Robert N. Clinton, *Criminal Jurisdiction over Indian Lands: A Journey through a Jurisdictional Maze*, 18 ARIZONA LAW REVIEW, S. 503, 513 (1976).

[786] § 1151(b) wird allgemein als Kodifikation der Entscheidung *United States v. Sandoval*, 231 U.S. 28 (1913), angesehen. Darin entschied der Supreme Court, daß die Rechtsprechung über einen Verstoß gegen das Verbot des Imports von Spirituosen in das Siedlungsgebiet der *Santa Clara Pueblo* Indianer in New Mexico den Vereinigten Staaten zukomme. Auch wenn den Pueblos das uneingeschränkte Eigentum an ihren Gebieten zukomme, so seien diese aufgrund ihrer faktischen Abhängigkeit und Schutzbedürftigkeit von den Vereinigten Staaten als "dependent communities", und folglich auch deren Siedlungsgebiet als "Indian Country" anzusehen, ebd. S. 47.

[787] Vgl. *United States v. South Dakota*, 665 F.2d, 837, 839 (8th Circ. 1981), wo ein von einer Kirche an die Vereinigten Staaten zum Zwecke der Durchführung eines Wohnprojektes zugunsten eines bestimmten Indianerstammes übereignetes Gebiet vom Gericht als "Indian Country" i.S.v. § 1151(b) qualifiziert wurde. Ebenso wurde in *United States v. LeVesque*, 681 F.2d 75 (1st Circ.) ein fast ausschließlich von *Passamaquoddy* besiedeltes Gebiet in Maine als "dependent Indian community" angesehen.

[788] COHEN, HANDBOOK, aaO., S. 40. Diese Charakterisierung als "allotted land" geht auf *United States v. Pelican*, 232 U.S. 442, 449 (1914), zurück, wonach im Rahmen der Landzuteilung nach dem *General Allotment Act* für die Dauer der weiteren treuhänderischen Verwaltung auch im Individualeigentum stehendes Land noch als "Indian land" anzusehen ist. Vgl. auch *Unites States v. Ramsey*, 271 U.S. 467, 470ff. (1926), wo sowohl treuhänderisch gehaltenes als auch sonstigen Veräußerungsbeschränkungen unterliegendes Landeigentum indianischer Personen als "Indian Country" qualifiziert wurde.

[789] CANBY, aaO., S. 103.

[790] DESKBOOK, aaO., S. 37f..

2. Rechtsprechungsgewalt als Souveränitätsrecht

Ausgangspunkt der Jurisdiktion innerhalb des "Indian Country" ist die Allzuständigkeit der Indianerstämme hinsichtlich sämtlicher auf ihrem Gebiet erwachsenden Rechtsfragen. Dies ist eine Folge ihrer ursprünglich bestehenden Souveränität. Diese Rechtsprechungsgewalt besteht jedoch nur insoweit, als sie nicht durch einen entsprechenden Gesetzgebungsakt des Kongreß beschränkt ist.

War die Rechtsprechung der Indianerstämme zu Zeiten der Kolonialherrschaft innerhalb ihres Terri- toriums noch völlig uneingeschränkt, so wurde ihnen diese bereits mit den ersten *Trade and Intercourse Acts*[791] hinsichtlich der von Nicht-Indianern begangenen Verbrechen zugunsten der Bundesgerichtsbarkeit entzogen. Mit Erlaß des *Federal Enclaves Act*[792] wurde die Rechtsprechungsgewalt des Bundes hinsichtlich sämtlicher an Nicht-Indianern begangener Verbrechen ausgedehnt, also auch wenn der Täter ein Indianer war.

Nächster größerer gesetzgeberischer Einschnitt war der Erlaß des *Major Crimes Act*[793]: Danach unterlagen bestimmte, im Indian country begangene Verbrechen selbst dann der Bundesgerichtsbarkeit, wenn sowohl Täter als auch Opfer Indianer waren. Dies war der erste systematische Einbruch in die bis dahin unangefochtene Souveränität der Indianer hinsichtlich ihrer internen Angelegenheiten.[794] Eine weitere maßgebliche Einschränkung erfolgte mit der Verabschiedung des *Indian Civil Rights Act*[795]: Danach unterlag zum einen die Jurisdiktion der Indianerstämme einer inhaltlich an die *Bill of Rights* angelehnten Beschränkung[796], zum anderen war die Rechtsprechungsgewalt der Indianerstämme nun auf die Verhängung von Strafen bis zu $ 5.000 oder einem Jahr Gefängnis, also die Aburteilung von bloßen Vergehen beschränkt.[797]

---

791 1 Stat. 138 (1790); 1 Stat. 743 (1799); 2 Stat. 139 (1802).

792 3 Stat. 383 (1817), kodifiziert in 18 U.S.C. § 1152 (1988); auch bekannt als *General Crimes Act*.

793 23 Stat. 335 (1835), kodifiziert in 18 U.S.C. § 1153 (1988).

794 CANBY, aaO., S. 107.

795 25 U.S.C. § 1301ff..

796 Die Rechtsgarantien der Bill of Rights sind auf die Indianerstämme aufgrund deren ursprünglicher Souveränität für nicht anwendbar erklärt worden, vgl. *Talton v. Mayes*, 163 U.S. 376 (1896). Vgl. auch oben, S. 173.

797 CANBY, aaO., S. 108.

II. Strafgerichtsbarkeit

Der indianischen Rechtsprechungsgewalt auf dem Gebiet des Strafrechts unterliegen dem eben Gesagten zufolge sämtliche Straftaten, welche innerhalb des "Indian country" begangen wurden, und für die noch nicht aufgrund Bundesgesetzes eine anderweitige Zuständigkeit begründet worden ist. Somit ist vorrangig zu prüfen, ob hinsichtlich einer bestimmten Straftat nicht ein Gericht der Vereinigten Staaten oder eines Bundesstaates zuständig ist.

1. Bundesgerichte

Die Zuständigkeit von Bundesgerichten kann für Verbrechen, die auf Indianergebiet begangen worden sind, hauptsächlich durch zwei Gesetze begründet werden: Den *Federal Enclaves Act*[798] und den *Major Crimes Act*[799].

a) Federal Enclaves Act, 18 U.S.C. § 1152

Mit Einführung des *Federal Enclaves Act* wurde der Grundsatz der Zuständigkeit der Bundesgerichte für sämtliche im Indianergebiet begangenen Straftaten begründet. Insoweit wurden die Indianergebiete genauso wie die ausschließlicher Bundeshoheit unterstehende Gebiete behandelt. Gleichzeitig waren von dieser Bundeszuständigkeit gewisse Ausnahmen angeordnet:

> "Except as otherwise expressly provided by law, the general laws of the United States as to the punishment of offenses committed in any place within the sole and exclusive jurisdiction of the United States (...) shall extend to the Indian country.
>
> This section shall not extend to offenses by one Indian against the person or property of another Indian, nor to any Indian committing any offense in the Indian country who has been punished by the local law of the tribe or to any case where, by treaty stipulations, the exclusive jurisdiction over such offenses is or may be secured to the Indian tribes respectively."[800]

Damit war nun der Ausgangspunkt indianischer Rechtsprechungszuständigkeit vollständig umgekehrt: Der *Federal Enclaves Act* bestimmte nun, daß Regel die

---

[798] S. oben Fn. 792.

[799] S. oben Fn. 793.

[800] 18 U.S.C. § 1152 (1988).

Zuständigkeit der Bundesgerichte sei und Ausnahme die der Indianerstämme. Innerhalb des Indian country war damit grundsätzlich das gesamte Bundesstrafrecht anwendbar.[801]

Da jedoch die Strafgerichtsbarkeit in den Vereinigten Staaten primär Aufgabe der einzelnen Bundesstaaten ist, war zu diesem Zeitpunkt der Umfang des eigentlichen Bundesstrafrechtes relativ begrenzt.[802] Um die dadurch bedingten Lücken in der Strafverfolgung innerhalb des eigenen Zuständigkeitsbereiches zu schließen, wurde vom Kongreß im Jahr 1825 der sog. *Assimilative Crimes Act*[803] verabschiedet. Dadurch wurde nahezu das gesamte Strafrecht des Bundesstaates, innerhalb dessen Gebiet der Ort der Tatbegehung belegen ist, für die Zwecke des *Federal Enclaves Act* in das Bundesstrafrecht inkorporiert. Somit war von den Bundesgerichten hinsichtlich der innerhalb eines Indianergebietes begangenen Straftaten im Rahmen ihrer Zuständigkeit das Strafrecht des jeweiligen Bundesstaates als Bundesrecht anzuwenden.[804]

Der *Federal Enclaves Act* formuliert ausdrücklich drei bedeutungsvolle Ausnahmen von der Bundeszuständigkeit: (1) Straftaten, welche von Indianern an Indianern begangen worden sind. (2) Straftaten von Indianern, welche bereits von einem Gericht des Indianerstammes abgeurteilt worden sind. (3) Fälle, in denen dem Indianerstamm aufgrund Vertrages die ausschließliche Gerichtsbarkeit zusteht.

Den größten Anwendungsbereich findet die erste Ausnahme, welche eine Anerkennung des Selbstregierungsrechtes der Indianer in Angelegenheiten der Strafrechtspflege normiert. Interpretiert man diese Ausnahme als allgemeine Anerkennung der Gerichtshoheit der Indianer über indianerintern begangene Straftaten, so wird man auch für Straftaten, welche z.B. als schlichte Tätigkeitsdelikte keines Opfers bedürfen, ebenfalls unter diese Ausnahme subsumieren können, da es insoweit ebenfalls an der

---

[801] Gem. *United States v. Cowboy*, 694 F.2d 140, 141 Fn. 1 (10th Cir. 1982) sind "general laws (...) those laws commonly known as federal enclave laws, which are criminal statutes enacted by Congress under its admiralty, maritime, and property powers, governing enclaves such as national parks."

[802] Beispiel für eine Regelung des Bundesstrafrechtes ist 18 U.S.C. § 1111, der Totschlag auf Bundesgebiet unter Strafe stellte. Aufgrund des bis dahin geringen Anwendungsbereiches, welcher sich z.B. auf Nationalparks, Bundeskasernen oder andere Einrichtungen des Bundes beschränkte, unterblieb jedoch eine umfassende Kodifizierung des Bundesstrafrechtes.

[803] 18 U.S.C. § 13 (1988).

[804] *Williams v. United States*, 327 U.S. 711, 713 (1946).

Beeinträchtigung eines Nicht-Indianers fehlt und es sich somit um eine das Selbstregierungsrecht der Indianer unmittelbar betreffende Angelegenheit handelt.[805]

In *Duro v. Reina*[806] beschränkte der Supreme Court in einer völlig überraschenden Entscheidung die erste Ausnahme des *Federal Enclaves Act* ausschließlich auf stammesintern begangene Straftaten, so daß auch ein an einem stammesfremden Indianer begangenes Verbrechen in die Zuständigkeit der Bundesgerichte fallen würde. Zur Begründung verwies der Supreme Court darauf, daß die Bestrafung von Nicht-Stammesmitgliedern nicht vom Selbstregierungsrecht der Indianerstämme gedeckt sei. In Reaktion auf diese Entscheidung stellte der Kongreß mittels eines Gesetzes ausdrücklich klar, daß sich die Gerichtshoheit der Indianerstämme auch auf Straftaten beziehe, welche an Indianern eines anderen Stammes begangen wurden.[807] Insoweit ist also für die erste Ausnahme allein auf den generellen Status als Indianer im Sinne der mittlerweile im *Major Crimes Act* kodifizierten Definition abzustellen.

Der selbständige Anwendungsbereich der zweiten Ausnahme ist neben dem der ersten relativ gering: Demnach sind von der Bundeszuständigkeit auch die Straftaten von Indianern an Nicht-Indianern ausgenommen, sofern diese bereits von einem Stammesgericht abgeurteilt worden sind.[808] Nachdem der *Federal Enclaves Act* ausdrücklich von der Bestrafung des Angeklagten ausgeht,[809] scheint für den Fall eines *Freispruches* vor dem Stammesgericht weiterhin die Zuständigkeit der Bundesgerichte gegeben zu sein, sofern nicht eine der anderen Ausnahmen greift.[810]

Die dritte Ausnahme von der Bundeszuständigkeit, nämlich die explizite vertragliche Regelung der Rechtsprechungsgewalt des Indianerstammes, ist von völlig

[805] Vgl. *United States v. Blue*, 722 F.2d 383, 386 Fn. 4 (8th Cir. 1983): "[T]he Indian against Indian exception has been read very broadly to include 'victimless' crimes affecting only Indians." S. auch *United States v. Quiver*, 241 U.S. 602 (1916), wo der Supreme Court die Zuständigkeit der Bundesgerichte für einen auf der Reservation begangenen Ehebruch verneinte, da das Erfordernis eines indianischen Opfers keine unabdingbare Voraussetzung für die Subsumtion unter die erste Ausnahme darstelle.

[806] 495 U.S. 276 (1990).

[807] P.L. 101-511, § 8077, 104 Stat. 1856, 1892f. (1990) war zunächst als zeitlich befristete Regelung verabschiedet worden, wurde jedoch durch P.L. 102-137, § 1, 105 Stat. 646 (1991) zur dauerhaften Regelung

[808] Gerichtsentscheidungen bezüglich dieser Ausnahme liegen noch nicht vor.

[809] Vgl. den Wortlaut "... who has been *punished*...", 18 U.S.C. § 13 Abs. 2, 2. Alt. (Hervorhebung vom Verf.).

[810] Vgl. DESKBOOK, aaO., S. 88. Das Verbot der Mehrfachbestrafung nach dem 5th Amendment ("double jeopardy clause") ist auf diese Konstellation nicht anwendbar, *United States v. Wheeler*, 435 U.S. 313, 322ff. (1978)

untergeordneter Bedeutung: Zum einen war deren selbständiger Anwendungsbereich nie besonders groß, da den Indianern nur in Ausnahmefällen vertraglich die Jurisdiktion über von Nicht-Indianern begangene Straftaten zuerkannt worden war. Zum anderen wurden die wenigen vertraglichen Regelungen entweder vom Kongreß einseitig aufgehoben[811], oder die Ausübung entsprechender Gerichtsgewalt wurde vom betreffenden Indianerstamm faktisch aufgegeben.[812]

b) Major Crimes Act, 18 U.S.C. § 1153

Äußeren Anlaß für die Verabschiedung des *Major Crimes Act* durch den Kongreß bot das Urteil in *Ex parte Crow Dog.*[813] Dort entschied der Supreme Court, daß die Verurteilung des Sioux-Indianers *Crow Dog* für den Mord an seinem Stammesbruder *Spotted Tail* durch ein Bundesgericht rechtswidrig war, da sie der ersten Ausnahmeregelung des *Federal Enclaves Act* (indianerinterne Tatbegehung) widersprach.

Der *Major Crimes Act* stellt in seiner heutigen Form insgesamt 13 Straftaten[814] unter die ausschließliche Gerichtsbarkeit der Vereinigten Staaten. Dabei ist die Identität des Opfers unerheblich. Zwar würde eine entsprechende Begehung an einem Nicht-Indianer bereits nach dem *Federal Enclaves Act* die Zuständigkeit der Bundesgerichte begründen, doch wird der *Major Crimes Act* in seinem Anwendungsbereich allgemein als vorrangig angesehen.[815] Die Frage, inwieweit durch den *Major Crimes Act* die Rechtsprechungsgewalt der Indianerstämme für die darin aufgelisteten Verbrechen verdrängt ist, ist noch nicht abschließend geklärt. Jedoch spricht die Entscheidung in *United States v. Wheeler*[816], wonach eine entsprechende Strafverfolgung durch den Indianerstamm für ein Verfahren vor den Bundesgerichten noch keinen Strafklageverbrauch begründet, für eine entsprechende konkurrierende Rechtsprechungsgewalt der Indianerstämme.[817]

---

[811] Vgl. zur diesbezüglichen *plenary power* oben, S. 177ff.

[812] Canby, aaO., S. 128.

[813] 109 U.S. 556 (1883). Tatsächlich versuchte das BIA erstmals 1874 , ein derartiges Gesetz durch den Kongreß zu bringen, scheiterte aber jedesmal. Erst die öffentliche Empörung nach *Crow Dog* schuf die erforderliche Mehrheit. Vgl. Harring, *Crow Dog's Case*, aaO., S. 223.

[814] Mord, Totschlag, Entführung, beabsichtigte schwere Körperverletzung, Vergewaltigung, Blutschande, versuchter Mord, gefährliche Körperverletzung, schwere Körperverletzung, Brandstiftung, Einbruchsdiebstahl, Raub, Diebstahl in einem schweren Fall. 18 U.S.C. § 1153(a) (1988).

[815] *Henry v. United States*, 432 F.2d 114 (9th Cir. 1970).

[816] 435 U.S. 313 (1978). Vgl. dazu schon oben, S. 175.

[817] Zur Frage der konkurrierenden Rechtsprechungsgewalt vgl. auch weiter unten, S. 200f..

Ein unter Anwendung des *Major Crimes Act* verbleibendes Problem ist, inwieweit dem Angeklagten vor den Bundesgerichten das Recht verbleibt, eine Verurteilung nach einer geringeren, nicht in dem Verbrechenskatalog des § 1153 enthaltenen Straftat zu verlangen. In *Keeble v. United States*[818] entschied der Supreme Court, daß sich auch ein "*Major Crimes*-Verfahren" gem. 18 U.S.C. § 3242 nach den allgemeinen Regeln des für die Bundesgerichte geltenden Strafprozeßrechtes richte. Somit sei es möglich, auf Antrag des Angeklagten diesen auch wegen eines weniger schweren, nicht von § 1153 erfaßten Deliktes zu verurteilen.[819] *United States v. Demarrias*[820] erweiterte diese Entscheidung zur allgemeinen Regel, wonach eine Verurteilung durch ein Bundesgericht wegen eines minder schweren Verbrechens auch ohne Antrag des Angeklagten möglich sei, solange dieses ein minus zu einem der Katalogverbrechen des *Major Crimes Act* darstelle. Jedoch ist eine Anklageerhebung vor einem Bundesgericht nur wegen eines in § 1153 ausdrücklich erwähnten Verbrechens möglich.[821]

2. Stammesgerichte

Unter Bezugnahme auf die eben dargestellte Bundeszuständigkeit in Strafsachen verbleibt für die Zuständigkeit der Gerichte der Indianerstämme vor allem der Bereich der nicht vom *Major Crimes Act* erfaßten, innerhalb des "Indian Country" begangenen Straftaten.

Straftaten, die von Indianern an Indianern im "Indian Country" begangen werden und nicht unter den Katalog des § 1153 fallen, sind weder vom *Federal Enclaves Act*, noch vom *Major Crimes Act* erfaßt. Somit fallen diese aufgrund der ursprünglichen Souveränität der Indianerstämme in die ausschließliche Zuständigkeit der Indianergerichte.[822] Das gleiche muß, wie bereits erwähnt, für reine Tätigkeitsdelikte gelten, da es sich aufgrund der Opferlosigkeit dieser Straftaten ebenfalls nur um eine rein interne Angelegenheit Indianer handelt.[823]

---

[818] 412 U.S. 205 (1973).

[819] Ebd., S. 214.

[820] 876 F.2d 674, 675f..

[821] *United States v. Narcia*, 776 F.Supp. 491 (D. Ariz. 1991). Eine Aushöhlung der Rechtsprechungshoheit der Indianerstämme durch eine Scheinanklage nach dem *Major Crimes Act* erscheint unwahrscheinlich, da diese als Zuständigkeitsanmaßung gegen die *due process*-Gewährleistung der U.S. Constitution verstoßen würde.

[822] Vgl. *Ex Parte Crow Dog*, 109 U.S. 556 (1883).

Fällt ein indianerintern begangenes Verbrechen in den Anwendungsbereich des *Major Crimes Act*, so spricht der Wortlaut dieser Vorschrift für eine Verdrängung der Zuständigkeit der Stammesgerichte.[824] Trotzdem wird teilweise unter Verweis auf die Entstehungsgeschichte eine konkurrierende Rechtsprechung der Indianergerichte angenommen.[825] Der Supreme Court hat bisher eine Entscheidung bezüglich dieser Frage vermieden.[826] Allein ein District Court in Colorado hat die konkurrierende Rechtsprechungsgewalt der Indianergerichte über Verbrechen des *Major Crimes Act* bejaht.[827] Für eine Bejahung der verbleibenden Jurisdiktion der Stammesgerichte über die Katalogverbrechen spricht auch eine offenbare Überlastung der Bundesanwälte bei der Strafverfolgung innerhalb der Indianerreservationen,[828] so daß eine entsprechende "Arbeitsteilung" sinnvoll wäre und nicht im Widerspruch zu zwingenden Verfassungsnormen stünde.[829] Mit Verabschiedung des *Indian Civil Rights Act* im Jahre 1968 wurde jedoch die Rechtsprechungsgewalt der Stammesgerichte auf die Verhängung von Geldstrafen oder Freiheitsstrafe nicht über einem Jahr beschränkt,[830] so daß das Konkurrenzproblem hinsichtlich der "major crimes" lediglich nur noch theoretischer Natur sein dürfte. Faktisch steht den Indianergerichten noch die Möglichkeit offen, die Verurteilung wegen einer bei Begehung eines "major crime's" mit verwirklichten geringeren Straftat auszusprechen.

Bezüglich der innerhalb des "Indian country" an Nicht-Indianern begangenen Verbrechen, welche nicht unter § 1153 fallen, besteht eine konkurrierende Zuständigkeit von Bundesgerichten nach dem *Federal Enclaves Act* und den ihr souveränes Recht ausübenden Stammesgerichten. Dies ergibt sich auch aus der zweiten Ausnahme des *Federal Enclaves Act*, welche für Straftaten mit nicht-indianischen Opfern ausdrücklich von der Möglichkeit der Verurteilung durch ein Gericht des betreffenden Indianerstammes ausgeht.[831]

---

[823] S. oben, S. 298f..

[824] "... within the *exclusive* jurisdiction of the United States." 18 U.S.C. § 1153(a), (Hervorhebung vom Verf.).

[825] Clinton, *Criminal Jurisdiction*, aaO., S. 559 Fn. 295.

[826] Vgl. *Wheeler*, aaO., S. 325 Fn. 22; *Antelope*, aaO., S. 642 Fn. 1; *Duro*, aaO., S. 279 Fn. 1.

[827] *People v. Morgan*, 785 P.2d 1294, 1298f. (1990).

[828] Vgl. CANBY, aaO., S. 132.

[829] Vgl. *Wheeler*, aaO..

[830] 25 U.S.C. § 1302 (7).

[831] Vgl. oben, S. 197ff.

Auch wenn kein Gesetz den Indianerstämmen die Rechtsprechung über von Nicht-Indianern innerhalb des Stammesgebietes begangene Straftaten ausdrücklich vorenthält[832], hat es der Supreme Court in *Oliphant v. Suquamish Indian Tribe*[833] als mit dem abhängigen Status der Indianerstämme unvereinbar angesehen, wenn diese über Nicht-Indianer zu Gericht sitzen würden.[834] Somit steht den Gerichten der Indianerstämme grundsätzlich keine Rechtsprechungsgewalt über die von Nicht-Indianern begangenen Straftaten zu, selbst wenn sich der Ort der Begehung innerhalb des "Indian country" befindet.[835]

3. Staatengerichte

Außerhalb der Reservationen obliegt die Strafverfolgung über sämtliche Straftaten den Gerichten des jeweiligen Bundesstaates, auch wenn der Täter Indianer ist.[836]

Innerhalb der Reservationen steht den einzelnen Bundesstaaten dagegen grundsätzlich keinerlei Rechtsprechungsgewalt zu, sobald ein Indianer entweder als Täter oder als Opfer in die Straftat verwickelt ist. Insoweit ist die Jurisdiktion abschließend zwischen den Gerichten der Vereinigten Staaten und denen der Indianerstämme verteilt.[837]

---

[832] Allein die Begründung einer Bundeszuständigkeit führt noch nicht zu einem Ausschluß einer parallel gegebenen Zuständigkeit des Stammesgerichte, solange nicht ein derartiger Ausschlußwille des Kongreß eindeutig zu ermitteln ist.

[833] 435 U.S. 191 (1978).

[834] Für diese Interpretation spricht auch die zweite Ausnahme des *Federal Enclaves Act*, die allein Indianern Schutz vor einer erneuten Verurteilung vor den Bundesgerichten einräumt, wenn diese bereits von einem Stammesgericht verurteilt worden sind. Ebenso scheint der *Major Crimes Act* von der Zuständigkeit der Stammesgerichte allein zur Verfolgung der von Indianern begangenen Straftaten auszugehen, da er die von Nicht-Indianern begangenen "major crimes" nichteinmal erwähnt. Vgl. CANBY, aaO., S. 138.

[835] Einzige Möglichkeit zur Bestrafung eines Nicht-Indianers durch ein Stammesgericht scheint die Verhängung von Ordnungsmitteln wegen Störung einer Verhandlung vor dem Stammesgericht zu sein. CANBY, aaO., S. 139.

[836] GETCHES ET AL., aaO., S. 570.

[837] Eine Ausnahme von diesem Grundsatz stellt die Regelung in P.L. 280, 67 Stat. 588 (1953), kodifiziert in 18 U.S.C. § 1162 (1988), dar: In diesem Gesetz übertrug der Kongreß auf insgesamt sechs Bundesstaaten (Alaska, Kalifornien, Minnesota, Nebraska, Oregon, Wisconsin) die Jurisdiktion für innerhalb des Indian country begangene Straftaten: "Each of the States (...) shall have jurisdiction over offenses committed by or against Indians in the areas of Indian country (...) to the same extent that such State (...) has jurisdiction over offenses committed elsewhere within the State (...)." 18 U.S.C. § 1162 (a). Damit geht der nach P.L. 280 bestehende Umfang der Rechtsprechung über den einer reinen Delegation der Bundeszuständigkeit hinaus: In von P.L. 280 erfassten Indianergebieten haben die Staaten auch über rein indianerintern begangene Straftaten die Rechtsprechungsgewalt. Gleichzeitig sind in diesen Gebieten der *Federal Enclaves Act* und *Major Crimes Act* nicht anwendbar, 18 U.S.C. § 1162 (c). Daneben enthält P.L. 280 eine Öffnungsklausel, wonach weitere Bundesstaaten die Jurisdiktion über in-

Sofern jedoch alleine Nicht-Indianer in die Straftat verwickelt sind, hat der Supreme Court in Ausnahme zu der Regelung des *Federal Enclaves Act* eine ausschließliche Zuständigkeit der Staatengerichte auch für innerhalb des Indian country begangene Straftaten angenommen: In *United States v. McBratney*[838] und *Draper v. United States*[839] hatte der Supreme Court jeweils über Straftaten zu entscheiden, welche auf einer Indianerreservation von einem Nicht-Indianer an einem Nicht-Indianer begangen worden waren. Das Gericht stellte fest, daß in derartigen Konstellationen keinerlei Interessen der Indianer tangiert seien, so daß auch die den Vereinigten Staaten gegenüber den Indianern obliegende *trust responsibility* nicht eine dermaßen weitgehende, die Zuständigkeit der Einzelstaaten verdrängende Jurisdiktion des Bundes erfordere. Nach der daraus entwickelten *McBratney/Draper*-Doktrin steht somit die Rechtsprechung über Straftaten, welche von Nicht-Indianern an Nicht-Indianern begangen worden sind, auch im Fall der Tatbegehung innerhalb des Indian country ausschließlich den Gerichten des betreffenden Bundesstaates zu. Diese Regel wurde später entsprechend auch auf von Nicht-Indianern begangene reine Tätigkeitsdelikte, d.h. opferlose Straftaten ausgeweitet.[840] Insoweit ist der *Federal Enclaves Act* einschränkend auszulegen.

4. Sonderproblem:Strafverfolgung und Verhaftung im Indian country

Grundsätzlich steht die Strafverfolgung demjenigen zu, dem auch die Jurisdiktion über das verfolgte Verbrechen zukommt. Somit werden Verbrechen, die unter den *Major Crimes Act* fallen, von Polizeikräften des BIA als Bundesbehörde verfolgt, im Indian country indianerintern begangene Vergehen von der Stammespolizei[841] Für

---

nerhalb ihres Territorium befindliche Indianergebiete (in geographischer und inhaltlicher Hinsicht teilweise) übernehmen konnten (ab 1968 war dazu die Zustimmung der betroffenen Indianerstämme erforderlich). Davon haben z.T. Arizona, Florida, Idaho, Iowa, Montana, Nevada, North Dakota, Utah und Washington Gebrauch gemacht. Daneben steht den Staaten auch die Möglichkeit offen, die ihnen übertragene Rechtsprechungsgewalt auch wieder (teilweise) zurückzuübertragen, 25 U.S.C. § 1323 (a). Inwieweit den Gerichten der Indianerstämmen neben den Staaten eine konkurrierende Rechtsprechungsgewalt zukommt, ist noch nicht abschließend geklärt. S. allgemein Carole E. Goldberg, *Public Law 280: The Limits of State Jurisdiction over Reservation Indians*, 22 U.C.L.A. LAW REVIEW, S. 535ff. (1975).

[838] 104 U.S. 621 (1881).

[839] 164 U.S. 240 (1896).

[840] Vgl. *Solem v. Bartlett*, 465 U.S. 463, 465 Fn. 2 (1984): "Within Indian country, state jurisdiction is limited to crimes by non-Indians against non-Indians (...) and victimless crimes by non-Indians." Ferner *Williams v. United States*, 327 U.S. 711, 714 (1945).

[841] Oft nimmt die sog. "Indian police" des BIA gleichzeitig die Strafverfolgung für den Bund und für den Stamm war. CANBY, aaO., S. 143.

Verbrechen, die von und an Nicht-Indianern oder außerhalb des Indian country begangen wurden, übernimmt der betreffende Bundesstaat die Strafverfolgung.

Das Recht, eine Verhaftung des Delinquenten zu bewirken, ist jedoch an dessen Identität und den Ort der Verhaftung gebunden. Eine daran anknüpfende Streitfrage ist die Autorität der Polizei eines Bundesstaates zur Verhaftung eines Indianers innerhalb des Indian country wegen eines außerhalb begangenen Verbrechens. Da es insoweit an einschlägigen Bundesgesetzen mangelt, wird von den Gerichten bei der Beurteilung der Rechtmäßigkeit einer entsprechenden Verhaftung auf die Existenz eines Auslieferungsabkommens zwischen dem Indianerstamm und dem betreffenden Bundesstaat abgestellt. Nur sofern ein entsprechendes Abkommen existiert, haben sich die Behörden des Staates an das darin geregelte Verfahren zu halten.[842] Existiert kein Auslieferungsabkommen, wird jedoch allgemein von der Befug- nis der Polizei des Bundesstaates zur Bewirkung der Verhaftung ausgegangen, ohne daß es eines Einverständnis des Indianerstammes bedürfte.[843]

III. Grundzüge der Jurisdiktion in Zivilsachen

Während im Bereich des Strafrechts die Rechtszuständigkeiten weitgehend geklärt sind, gibt es hinsichtlich der Jurisdiktion in Zivilsachen nicht zuletzt aufgrund der Mannigfaltigkeit der möglichen Konstellationen viel größere Graubereiche. Daher sollen im folgenden nur die Grundzüge der Verteilung der Rechtszuständigkeit unter den Zivilgerichten der Indianerstämme, der Bundesstaaten und der Vereinigten Staaten dargestellt werden.

1. Prämisse indianischer Souveränität

[842] Vgl. *Arizona ex rel. Merrill v. Turtle*, 413 F.2d 683 (9th Cir. 1969); *Benally v. Marcum*, 553 P.2d 1270, 1271f. (N.M. 1976). Zu beachten ist jedoch, daß selbst eine rechtswidrig bewirkte Verhaftung dem Gericht des Bundesstaates bei Vorliegen der sonstigen Voraussetzung nicht die Jurisdiktion über die betreffende Straftat nimmt. Vgl. *State v. Spotted Horse*, 462 N.W.2d 463, 469f, wo das Gericht die Zuständigkeit zur Bestrafung eines Indianers für eine außerhalb des Indian country erfolgte Trunkenheitsfahrt bejahte, gleichzeitig aber die im Zusammenhang mit der Verfolgung durch einen Polizeibeamten des Bundesstaates in das Indian country hinein und der daran anschließenden Verhaftung erlangten Beweise für unverwertbar erklärte, da sie auf einer rechtswidrigen Verhaftung beruhten.

[843] *State ex rel. Old Elk v. District Court*, 552 P.2d 1394 (Mont. 1976); *Fournier v. Roed*, 161 N.W.2d 458, 464ff. (N.D. 1968). Ähnlich hat auch der Supreme Court im Fall eines von Agenten der *Drug Enforcement Administration* aus Mexiko entführten mexikanischen Staatsbürgers entschieden: Da die Entführung nicht den diesbezüglich keine Regelung treffenden Auslieferungsvertrag mit Mexiko verletzt habe, sei die Jurisdiktion der Gerichte der Vereinigten Staaten über die dem Angeklagten angelastete Ermordung eines DEA-Agenten gegeben. *United States v. Alvarez-Machain*, 112 S.Ct. 2188 (1992).

Auch bezüglich der Jurisdiktion in Zivilsachen ist die Prämisse indianischer Souveränität für die Verteilung der Rechtszuständigkeit von zentraler Bedeutung. Eine diesbezüglich grundlegende Entscheidung hat der Supreme Court in *Williams v. Lee*[844] gefällt: Danach darf die Ausübung der Jurisdiktion durch die Staaten nicht zu einer Beeinträchtigung des Selbstregierungsrechtes der Indianerstämme führen. Folglich ist eine Zuständigkeit der Staatengerichte nur dort zuzulassen, "where essential tribal relations were not involved and where the rights of Indians would not be jeopardized (...)."[845]

Standen sich bei der Verteilung der Zuständigkeiten in Strafsachen hauptsächlich die Bundes- und Stammesebene gegenüber, bestehen in Fragen der Zivilgerichtsbarkeit primär Konkurrenzen zwischen den Gerichten der Bundesstaaten und der Indianerstämme. Den Bundesgerichten kommt hier nur ausnahmsweise, und dann auch nur aufgrund allgemeiner Regeln, die Rechtsprechungsgewalt zu. Die *plenary power* des Kongreß hat sich also in diesem Bereich weit weniger ausgewirkt als dies im Rahmen der Zuständigkeit in Strafsachen der Fall war.

Für die Regelung der allgemeinen Zuständigkeiten kommt der Identität der Parteien (Indianer oder Nicht-Indianer) und dem Ort der Entstehung der Streitigkeit (innerhalb oder außerhalb des Indian country) entscheidende Bedeutung zu.

2. Stammeszuständigkeit bei indianischem Beklagten

Sofern eine Streitigkeit innerhalb des Indian country entstanden ist und die Klage sich gegen einen Indianer richtet, kommt den Gerichten des Indianerstammes die ausschließliche Gerichtsbarkeit zu. Dies gilt nach *Williams v. Lee*[846] selbst für den Fall, daß es sich bei dem Kläger um einen Nicht-Indianer handelt. Folglich muß dies erst recht für Fälle gelten, in denen sowohl Kläger als auch Beklagter Indianer sind und die Streitigkeit innerhalb des Indian country entstanden ist.

---

[844] 358 U.S. 217 (1959).

[845] Ebd., S. 219f.

[846] AaO..

Ist die Streitigkeit jedoch außerhalb des Indian country entstanden, so sind grundsätzlich die Gerichte des entsprechenden Bundesstaates zuständig.[847] Sofern die beteiligten Parteien Indianer sind und sich deren Wohnsitz innerhalb des Indian country befindet, kommt daneben (theoretisch) eine konkurrierende Zuständigkeit der Stammesgerichte in Betracht.[848]

3. Staatenzuständigkeit bei nicht-indianischem Beklagten

Für Streitigkeiten zwischen zwei Nicht-Indianern kommt den Gerichten des Bundesstaates unabhängig von dem Entstehungsort die ausschließliche Jurisdiktion zu. Insoweit fehlt es an einer Beeinträchtigung des Selbstregierungsrechtes des betroffenen Indianerstammes, so daß auch keine konkurrierende Zuständigkeit der Indianergerichte in Betracht kommt.[849]

Ist allein der Beklagte Nicht-Indianer, so kommt für innerhalb des Indian country entstandene Streitigkeiten eine konkurrierende Rechtsprechung der Indianergerichte in Betracht. Insoweit ist die Entscheidung in *Oliphant v. Suquamish Indian Tribe*[850], welche die Rechtsprechungsgewalt von Stammesgerichten über von Nicht-Indianern begangene Straftaten verneinte, nicht einschlägig.[851] Für eine entsprechende Zuständigkeit spricht nach Ansicht des Supreme Court eine an der Souveränität der Indianerstämme orientierte Vermutung:

"Tribal authority over the activities of non-Indians on reservation lands is an important part of tribal sovereignty. (...) Civil jurisdiction over such activities presumptively lies in the tribal courts unless affirmatively limited by a specific treaty provision or federal statute."[852]

Auch wenn hinsichtlich der Konstellation indianischer Kläger - nicht-indianischer Beklagter - Entstehung der Streitigkeit im Indian country keine abschließende Entscheidung des Supreme Court ergangen ist, so wurde diesbezüglich die Zuständigkeit der Stammesgerichte vereinzelt doch als primär angesehen.[853] Folglich wäre ein

---

[847] *Smith Plumbing Co. v. Aetna Casualty & Surety Co.*, 720 P.2d 499, 506 (Ariz. 1986).

[848] Nach Canby, aaO., S. 158 wird diese Rechtsprechungsgewalt jedoch von den wenigsten Stämmen tatsächlich ausgeübt.

[849] Canby, aaO., S. 161.

[850] 435 U.S. 191 (1978).

[851] *National Farmers Union Ins. Cos. v. Crow Tribe*, 471 U.S. 845 (1985).

[852] *Iowa Mutual Insurance Co. v. LaPlante*, 480 U.S. 9, 18 (1987).

[853] Vgl. *Wellman v. Chevron, U.S.A., Inc.*, 815 F.2d 577 (1987), wo ein Berufungsgericht der Vereinigten Staaten im Fall einer Klage eines Indianers gegen einen Nicht-Indianer aufgrund eines innerhalb

entsprechendes Verfahren vor den Gerichten des Bundesstaates im Fall der parallelen Anhängigkeit vor einem Indianergericht zumindest solange auszusetzen, bis eine rechtskräftige Entscheidung vorliegt.[854] Dies ergibt sich nicht zuletzt auch aus dem in *Williams v. Lee* geregelten Erfordernis, daß die Ausübung der Gerichtsbarkeit durch die Staaten nicht mit dem Selbstregierungsrecht der Indianerstämme in Konflikt treten dürfe.[855]

4. Zuständigkeit der Bundesgerichte

Der Zuständigkeit der Bundesgerichte sind für den Bereich des Zivilrechts relativ enge Grenzen gesetzt. Damit ein Gericht der Bundesebene in Zivilsachen tätig werden kann, muß nach den allgemeinen Regeln des Rechts der Vereinigten Staaten entweder eine Rechtsnorm des Bundesrechtes streitentscheidend sein (sog. "federal question jurisdiction", 28 U.S.C. § 1331[856]), oder der Prozeß muß zwischen Angehörigen zweier verschiedener Staaten geführt werden (sog. "diversity of citizenship jurisdiction", 28 U.S.C. § 1332). Diese Regeln sind innerhalb des Indian country in gleicher Weise anwendbar wie außerhalb.

a) "Federal question jurisdiction"

Damit ein Streitgegenstand zur "federal question" wird, reicht es nicht aus, daß eine der beteiligten Parteien ein Indianer oder Indianerstamm ist, oder daß die Streitigkeit innerhalb des Indian country entstanden ist. Insoweit fehlt es an der Voraussetzung,

---

des Indian country erwachsenen Streits zuerst die Erschöpfung des Rechtsweges vor den Gerichten des Indianerstammes verlangte.

[854] CANBY, aaO., S. 149. Dem scheint *Three Affiliated Tribes of the Fort Berthold Reservation v. Wold Engineering*, 467 U.S. 138, 156 (1948), zu widersprechen: "This court (...) repeatedly has approved the exercise of jurisdiction by state courts over claims by Indians against non-Indians, even when those claims arose in Indian country (...). The interests implicated in such cases are very different from those present in *Williams v. Lee*, where a non-Indian sued an Indian in state court for debts incurred in Indian country." Mit dieser generellen Bejahung der Zuständigkeit von Gerichten der Bundesstaaten für Klagen gegen Nicht-Indianer ist jedoch keine Aussage über das Rangverhältnis zu einer durchaus möglichen konkurrierenden Zuständigkeit der Stammesgerichte in derselben Angelegenheit getroffen.

[855] Vgl. oben, S. 206.

[856] In 28 U.S.C. § 1362 (1988) ist eine spezielle Ausprägung dieser "federal question jurisdiction" für die zivilrechtlichen Klagen offiziell anerkannter Indianerstämme enthalten: "The district courts shall have original jurisdiction of all civil actions, brought by any Indian tribe or band with a governing body duly recognized by the Secretary of the Interior, wherein the matter in controversy arises under the Constitution, laws, or treaties of the United States." Die Formulierung des "federal question"-Kriteriums ist jedoch völlig mit der in § 1331 identisch. Allerdings besteht die Zuständigkeit nach § 1331 unabhängig von der Identität des Klägers.

daß einer Norm des Bundesrechtes streitentscheidende Wirkung zukommt. Allerdings hat der Supreme Court in *National Farmers Union Ins. Cos. v. Crow Tribe*[857] entschieden, daß ein Streit darüber, ob die Jurisdiktion eines Stammesgerichtes infolge eines Bundesgesetzes eingeschränkt ist oder nicht, eine "federal question" i.S.v. § 1331 beinhalte.[858] Hauptsächlichen Anwendungsbereich der "federal question"-Jurisdiktion bilden Rechtstreitigkeiten über von den Vereinigten Staaten treuhänderisch gehaltenes Vermögen der Indianer(stämme).[859]

b) "Diversity of citizenship jurisdiction"

Die "diversity of citizenship"-Jurisdiktion der Bundesgerichte erfordert mehr, als daß eine der beteiligten Parteien innerhalb und die andere außerhalb des Indian country ansässig ist, oder daß die eine Mitglied eines Indianerstammes, die andere Nicht-Indianer ist. Aufgrund des *U.S. Citizenship Act*[860] besitzen seit 1924 sämtliche Indianer die Staatsbürgerschaft der Vereinigten Staaten und sind somit gem. dem *14th Amendment* der U.S. Constitution gleichzeitig Bürger ihres Wohnsitzstaates. Somit liegt bei einer Streitigkeit zwischen einem Reservatsindianer und einem außerhalb der Reservation lebenden Weißen keine "diversity of cititzenship" vor, wenn dieser in dem gleichen Staat ansässig ist, in welchem sich auch die Reservation befindet.[861] Sofern die andere Partei jedoch in einem anderen Bundesstaat ansässig ist, ist die Zuständigkeit der Bundesgerichte nach § 1332 grundsätzlich gegeben.

---

857 471 U.S. 845 (1985).

858 Ebd., S. 853: "Because petitioners contend that federal law has divested the Tribe of this aspect of sovereignty, it is federal law on which they rely as a basis for the asserted right of freedom from Tribal court interference. They have, therefor, filed an action 'arising under' federal law within the meaning of § 1331." Allerdings hat der Supreme Court wenige Seiten später entschieden, daß es der Respekt vor der Gerichtshoheit der Indianerstämme erfordere, daß zunächst das ersuchte Gericht des Indianerstammes über seine Zuständigkeit selber entscheide und das Bundesgericht solange das Verfahren aussetze. Ebd., S. 856.

859 Diesbezüglich finden sich jedoch auch Sonderregelungen, welche eine ausschließliche Zuständigkeit der Bundesgerichte speziell anordnen, vgl. 25 U.S.C. § 345f., 28 U.S.C. § 1353.

860 43 Stat. 253 (1924); 8 U.S.C. § 1401(b).

861 Insofern werden also die Reservatsindianer auch nach dem Bundesrecht mit den "gewöhnlichen" Bürgern eines Bundesstaates völlig gleichgesetzt. Daraus lassen sich jedoch keine Rückschlüsse für eine etwaige Leugnung einer eigenständigen indianischen Existenz herleiten: Damit eine "diversity of citizenship jurisdiction" gegeben ist, dürfen zwischen den Beteiligten *keinerlei* Übereinstimmungen hinsichtlich ihrer Staatsbürgerschaft bestehen. Daß neben der kongruenten Staatsbürgerschaft gleichzeitig auch noch eine andere nationale Identität gegeben ist, vermag nicht die Jurisdiktion der Bundesgerichte nach § 1332 zu begründen. Gleichzeitig wird in der entsprechenden Verneinung der "diversity of citizenship" deutlich, daß die Reservationen nicht auf der gleichen Stufe wie die einzelnen Bundesstaaten stehen, sondern einen nicht in das föderale Gefüge der Vereinigten Staaten einzuordnenden Status besitzen.

Da § 1332 allein an das Kriterium der Ansässigkeit in verschiedenen Staaten anknüpft, wäre die Zuständigkeit der Bundesgerichte auch dann zu bejahen, wenn es sich bei dem Beklagten um einen Angehörigen eines Indianerstammes handelte und der Streit im Indian country entstanden wäre und der Kläger in einem anderen Bundesstaat wohnhaft wäre. Wie bereits dargestellt[862] fiele der Rechtsstreit in dieser Konstellation jedoch ohne das Vorliegen der Voraussetzungen des § 1332 in die ausschließliche Zuständigkeit der Stammesgerichte. Deshalb wurde zunächst auch § 1332 für innerhalb des Indian country entstandene Streitigkeiten unter der *Williams*-Doktrin einschränkend ausgelegt, so daß die Jurisdiktion des Bundes nicht weiter als die der Staaten gehen kann.[863]

In *Iowa Mutual Insurance Co. v. LaPlante*[864] entschied der Supreme Court jedoch, daß sich die Beschränkung einer grundsätzlich gegebenen Bundeszuständigkeit nicht nach den gleichen Kriterien richten muß wie bei den Gerichten der einzelnen Bundesstaaten: Folglich führt ein Ausschluß der Zuständigkeit der Gerichte der Bundesstaaten nicht automatisch zu einer Verneinung auch der Zuständigkeit der Bundesgerichte, wenn diese nach § 1332 grundsätzlich gegeben ist. Eine Einschränkung könne sich jedoch auch hier aus dem Selbstregierungsrecht der Indianerstämme ergeben:

"In diversity cases, as well as federal-question cases, unconditional access to the federal forum would place it in direct competition with the tribal courts, thereby impairing the latter's authority over reservation affairs."[865]

Somit sei in Klagen gegen Indianer wegen eines im Indian country erwachsenen Streites das Verfahren vor den Bundesgerichten zumindest solange auszusetzen, bis das zuständige Stammesgericht darüber abschließend entschieden habe. Danach sei der Weg zu den Bundesgerichten zwar grundsätzlich offen, allerdings sei in diesen Fällen eine Überprüfung der Entscheidung in tatsächlicher Hinsicht nicht möglich, weil der Gerichtsautonomie der Indianerstämme grundsätzlich auch gegenüber der Bundesgerichtsbarkeit der Vorrang zu geben sei.[866] Der Entscheidung in *Wellmann v. Chevron,*

---

[862] S. oben, S. 206f..

[863] Vgl. *Hot Oil Service, Inc. v. Hall*, 366 F.2d 295 (9th Cir. 1965).

[864] 480 U.S. 9 (1987).

[865] Ebd., S. 16. Vgl. auch S. 18: "Tribal authority over the activities of non-Indians on reservation lands is an important part of tribal sovereignty. (...) Civil jurisdiction over such activity presumptively lies in tribal courts unless affirmatively limited by a specific treaty provision of federal statute."

[866] Ebd., S. 19: "Unless a federal court determines that the Tribal Court lacked jurisdiction, (...) proper deference to the tribal court system precludes relitigation [of the merits]."

U.S.A, Inc.[867] zufolge soll dies selbst dann gelten, wenn vor dem Stammesgericht noch gar kein Verfahren anhängig ist. Dies setzt natürlich das Bestehen eines entsprechenden Gerichtes bei dem Indianerstamm voraus.[868] Demzufolge kommt der Ausübung der Bundesgerichtsbarkeit in diesen Fällen dann lediglich der Charakter einer Revisionsinstanz zu.

Von dem Recht, über bestimmte Sachverhalte zu Gericht zu sitzen ist das Recht, bestimmte Sachverhalte durch Gesetz regeln zu können, zu unterscheiden. Beide Rechte sind unmittelbarer Ausdruck von Hoheitsgewalt und stehen miteinander auch in einem engen Zusammenhang. Dennoch kann sich im Einzelfall der Umfang der Gerichtshoheit von dem der Gesetzgebungshoheit unterscheiden.

F. Steuererhebungsrecht als Beispiel der Gesetzgebungsgewalt

Exemplarisch für die Verteilung der Gesetzgebungskompetenzen zwischen Indianerstämmen, Bundesstaaten und den Vereinigten Staaten ist das Recht, durch den Erlaß von Gesetzen für bestimmte Sachverhalte in und außerhalb der Reservationen Steuern zu erheben: In der Regel deckt sich der Umfang des Steuererhebungsrechtes mit dem der allgemeinen Gesetzgebung.[869] Da insbesondere die Staaten an einer Ausdehnung ihrer Steuerhoheit in das Indian country hinein ein erhebliches finanzielles Interesse haben, ist der Bereich des Steuerrechtes in besonderem Maße geeignet, die Grenzen der jeweiligen Gesetzgebungskompetenzen von Stämmen, Staaten und Vereinigten Staaten aufzuzeigen.

I. Besteuerungsrecht des Bundes

Der *Internal Revenue Code*, das Steuergesetzbuch der Vereinigten Staaten, kennt keine Steuerpflicht der Indianerstämme selber, so daß die Einkünfte aus stammeseigenen Betrieben auf Bundesebene nicht der Besteuerung unterliegen.[870] Von dieser

[867] 815 F.2d 577 (9th Cir. 1987).

[868] Vgl. *Richardson v. Malone*, 762 F.Supp. 1463, 1464 (D. Mont. 1991).

[869] Vgl. CANBY, aaO., S. 221 u. 227.

[870] Vgl. GETCHES ET AL., aaO., S. 656. Darüberhinaus stellt der *Indian Tribal Governnment Tax Status Act of 1982*, P.L. 97-473, kodifiziert in 26 U.S.C. § 7871, die Stammesregierungen in steuerrechtlicher Hinsicht weitgehend den Bundesstaaten und Bezirksregierungen gleich: Danach war die an Stammesregierungen zu entrichtende Steuer von Steuerpflichtigen im Rahmen ihrer Einkommensteuererklärung

Steuerfreiheit nicht erfaßt sind dagegen die Indianer als Einzelpersonen.[871] Aufgrund der *plenary power* des Kongreß kann sich die Steuerhoheit der Vereinigten Staaten auf sämtliche Vorgänge erstrecken, egal ob sich diese in oder außerhalb des Indian country ereignen, oder ob daran Indianer oder Nicht-Indianer beteiligt sind. Der Steuergewalt der Vereinigten Staaten unterliegen grundsätzlich auch die Indianer, selbst wenn sie sich innerhalb des Indian country befinden.

Allerdings hat sich der Kongreß entschieden, bestimmte Sachverhalte nicht der Besteuerung zu unterwerfen. Wichtigste diesbezügliche Ausnahme ist die Steuerfreiheit der Einkünfte, welche unter Einsatz des individuell an die Indianer zugeteilten, jedoch noch unter treuhänderischer Verwaltung stehenden Landes erzielt werden.[872] Danach sind sämtliche Einkünfte aus der Verpachtung dieser Grundstücke, aber auch entsprechende Einkünfte aus Land- und Forstwirtschaft von der Besteuerung durch die Vereinigten Staaten befreit. Dies gilt jedoch nicht für Einkünfte, welche im Rahmen eines auf dem treuhänderisch gehaltenen Grundstück betriebenen Gewerbebetriebes erzielt werden, da diese nicht aus dem Grundstück, sondern aus dem Einsatz von Arbeit und Kapital erwachsen.[873] Das gleiche gilt für die mit steuerfreien Einnahmen erzielten Zinserträge.[874]

An sich steuerfreie Einkünfte, die unter Einsatz von Grund und Boden erzielt worden sind, sind jedoch steuerpflichtig, sobald sie aufgrund eines Pacht- oder ähnlichen

auf Bundesebene voll abzugsfähig, ebenso wie an die Stammesregierung gezahlte Spendengelder. 26 U.S.C. § 7871(a)(1) u. (3).

[871] Insoweit gibt es also keine allgemeine Steuerbefreiung allein aufgrund der Identität als Indianer, wie dies bisweilen angenommen wird. Vgl. *Lafontaine v. Commissioner*, 533 F.2d 382 (8th Cir. 1976). Eine Steuerbe- freiung auch von Indianern individuell kann sich allenfalls aufgrund spezieller vertraglicher oder gesetzlicher Regelung ergeben. Diese wurden von den Finanzgerichten der Vereinigten Staaten jedoch sehr restriktiv ausgelegt. Vgl. z.B. *Dillon v. United States*, 792 F.2d 849 (9th Cir. 1986), wo sich der Inhaber eines Tabakladens zur Begründung der Befreiung von der Bundeseinkommensteuer vergeblich auf den 1854 geschlossenen Vertrag von *Medicine Creek* berufen hat.

[872] Diese Ausnahme war im *General Allottment Act* ausdrücklich angeordnet, wonach die verteilten Gebiete "free of all charge or incumbrance whatsoever" bleiben sollten, 25 U.S.C. § 348. *Squire v. Capoeman*, 351 U.S. 1 (1956). Es ist jedoch nicht zwingend, aus dieser Anordnung der Lastenfreiheit der verteilten Gebiete gleichzeitig die Anordnung einer Steuerfreiheit der aus dem Grund und Boden erzielten Einkünfte zu folgern. Eine darauf erhobene Steuer würde nicht den Grund und Boden selber besteuern, sondern lediglich den davon zu trennenden Sachverhalt der Einkunftserzielung, wäre also keine Belastung des Bodens. Dennoch wurde diese Steuerfreiheit später auch auf andere Grundstücke, welche nicht infolge des GAA verteilt worden waren, ausgeweitet. Vgl. *Stevens v. Commissioner*, 452 F.2d 741 (9th Cir. 1971).

[873] *Dillon v. United States*, 792 F.2d 849 (9th Cir. 1986).

[874] *Superintendent of Five Civilized Tribes v. Commissioner*, 295 U.S. 418 (1935).

Nutzungsverhältnisses erzielt worden sind. In diesem Fall besteht kein Grund, die Nutzung von Grund und Boden steuerfrei zu stellen.[875]

Die Steuerfreiheit gilt jedoch nur solange, wie auch die treuhänderische Verwaltung über das Land besteht. Fällt diese weg, so unterliegen damit auch sämtliche aus der Nutzung des Landes erzielten Einkünfte in vollem Umfang der Besteuerung durch die Bundesregierung.[876]

II. Steuerhoheit der Bundesstaaten

Ausgangspunkt für die Steuerhoheit der Bundesstaaten über die Indianer ist der in *McClanahan v. Arizona State Tax Commission*[877] formulierte Grundsatz, wonach das Besteuerungsrecht der Staaten innerhalb des Indian country von dem Willen des Kongresses abhängt: Sofern der Bundesgesetzgeber mit seinem Tätigwerden einen Sachverhalt abschließend regeln wollte, scheidet eine Besteuerung durch die Staaten aus. Folglich ist den Bundesstaaten die Erhebung von Steuern gegenüber Indianerstämmen oder deren Mitgliedern grundsätzlich verwehrt.[878] Befindet sich jedoch der Anknüpfungspunkt für die Besteuerung außerhalb des Indian country, unterstehen auch die Indianer in gleicher Weise wie jeder andere Staatsbürger der Steuerhoheit des jeweiligen Bundesstaates.[879]

1. Einkünfte von Indianern im Indian country

Mc Clanahan begründete den Ausschluß der Steuergewalt der Staaten innerhalb des Indian country allerdings nicht primär mit dem in *Williams* maßgeblichen Gedanken, eine Beeinträchtigung des indianischen Selbstregierungsrechtes so weit als möglich zu vermeiden. Entscheidend komme es darauf an, ob der Bundesgesetzgeber mit seinem

---

875 *Holt v. Commissioner*, 364 F.2d 38 (8th Cir. 1966); *United States v. Anderson*, 625 F.2d 910 (9th Cir. 1980). Die Unterscheidung zwischen der Nutzung des Landes aufgrund Eigentums und der aufgrund Überlassungsvertrages erscheint jedoch zweifelhaft. Geht es im ersten Fall darum, das Land frei von sämtlichen Belastungen zu halten, wie dies im GAA formuliert ist (vgl. oben Fn. 875), so ist eine Steuerfreiheit der daraus erzielten Einkünfte im ersten wie im zweiten Fall genauso(wenig) zwingend. In beiden Fällen werden die Einkünfte aufgrund völlig vergleichbarer Nutzung des Landes selbst erzielt.

876 *Choteau v. Burnet*, 283 U.S. 691 (1931).

877 411 U.S. 164 (1973).

878 Ebd., S. 168ff.. Vgl. auch *Brian v. Itasca County*, 426 U.S. 373 (1976); *Moe v. Confederated Salish & Kootenai Tribes*, 425 U.S. 463 (1976).

879 *Mescalero Apache Tribes v. Jones*, 411 U.S. 145, 148f. (1973).

Tätigwerden das Besteuerungrecht der Einzelstaates ausschließen wollte (sog. *federal preemption*). Sofern also der Bund einen Sachverhalt (in steuerlicher Hinsicht) nach seinem Willen abschließend geregelt hat, kommt also ein Tätigwerden der Bundesstaaten nicht mehr in Betracht. Läßt sich der Wille des Bundesgesetzgebers nicht eindeutig ermitteln, so sind die Bundesstaaten im Zweifel nicht zur Besteuerung der Indianerstämme und ihrer Mitglieder befugt.[880] In diesem Zusammenhang kommt dann dem in *Williams* maßgeblichen Gedanken der indianischen Souveränität wieder Bedeutung zu: Die Souveränität und das Selbstregierungsrecht der Indianerstämme verbietet es nach *McClanahan* den Staaten, Reservatsindianer hinsichtlich der auf der Reservation erzielten Einkünfte der Besteuerung zu unterwerfen.[881]

2. Einkünfte von Nicht-Indianern im Indian country

Nicht so klar ist der Ausschluß der Steuerkompetenz der Einzelstaaten im Fall der Besteuerung von im Indian country erzielten Einkünften, wenn der Steuerpflichtige ein Nicht-Indianer ist. Hier kommt es dem Supreme Court zufolge auf eine umfassende Abwägung der im Einzelfall betroffenen Interessen des Bundesstaates, der Vereinigten Staaten und des Indianerstammes an, um festzustellen, ob eine Besteuerung durch den Bundesstaat im Widerspruch zu Bundesrecht stünde und daher ausgeschlossen ist.[882] Das Interesse des Indianerstammes an einer Besteuerung ist dann am stärksten, wenn die steuerbaren Einkünfte aufgrund einer im Zusammenhang mit dem Stamm stehenden Tätigkeit erzielt worden sind und der Steuerpflichtige Empfänger von Leistungen des Stammes ist. Entsprechend kommt dem Besteuerungsinteresse des Bundesstaates dann am meisten Gewicht zu, wenn sich die Steuer auf außerhalb der Reservation erzielte Einkünfte bezieht und der Steuerpflichtige Leistungen des Bundesstaates in Anspruch nimmt.[883]

---

[880] *Cotton Petroleum Corp. v. New Mexico*, 490 U.S. 163, 177. (1989): "(...) although state interests must be given weight and courts should be careful not to make legislative decisions in the absence of congressional action, ambiguities in federal law are, as a rule, resolved in favor of tribal independence."

[881] Vgl. auch *White Mountain Apache Tribe v. Bracker*, 448 U.S. 136, 142 (1980). Dementsprechend unterliegt der Ausschluß einzelstaatlicher Gesetzgebungskompetenz durch den Bundesgesetzgeber nicht den gleichen strengen Anforderungen wie in anderen Bereichen: "The unique historical origins of tribal sovereignty make it generaly unhelpful to apply to federal enactments regulating Indian tribes those standards of pre-emption that have emerged in other areas of the law." Ebd., S. 143.

[882] Ebd., S. 144f..

[883] *Washington v. Confederated Tribes of the Colville Indian Reservation*, 447 U.S. 134, 156f. (1980).

Danach ist es den Staaten grundsätzlich möglich, bei Beteiligung von Nicht-Indianern auch Sachverhalte der Besteuerung zu unterwerfen, welche sich innerhalb des Indian country verwirklicht haben. Dies ist insbesondere für den Verkauf von Zigaretten auf der Reservation entschieden: So können die Staaten für den Verkauf von Zigaretten durch einen Indianer an einen Nicht-Indianer Umsatzsteuer erheben, auch wenn die Lieferung im Indian country stattgefunden hat. Belastet mit dieser Umsatzsteuer ist nämlich nicht der indianische Verkäufer, sondern der nicht-indianische Käufer. Auf Verkäufe an Stammesmitglieder kann der Staat allerdings keine Umsatzsteuer erheben. Für die Erhebung der Umsatzsteuer ist folglich danach zu unterscheiden, ob der Käufer ein Stammesmitglied ist oder nicht. Nur im letzten Fall steht dem Staat ein Besteuerungsrecht zu.[884]

Trotzdem kann auch die Besteuerung von Nicht-Indianern im Einzelfall durch bundesrechtliche Regelungen ausgeschlossen sein: Dies entschied der Supreme Court zum Beispiel in *Warren Trading Post Co. v. Arizona Tax Commission*[885], wonach die umfassenden bundesrechtlichen Regelungen bezüglich des Betriebes eines auf der *Navajo I.R.* befindlichen Gemischtwarenhandels eine Besteuerung der daraus erzielten Einkünfte durch den Staat ausgeschlossen haben. Neben diesen bundesrechtlichen Vorschriften verbleibe kein Raum für gesetzliche Regelungen des Staates, durch welche das Handelsgewerbe innerhalb der Reservation zusätzlich belastet würde.[886] Jedoch reicht alleine die Befürchtung, daß infolge der zusätzlichen Steuer des Staates für den Indianerstamm mittelbar wirtschaftliche Nachteile entstehen, für einen Ausschluß der Steuergewalt der Staaten nicht aus.[887] Auch die Tatsache, daß derselbe Sachverhalt bereits einer eigenen Steuer des Indianerstammes unterliegt, schließt ein paralleles Besteuerungsrecht der Staaten grundsätzlich nicht aus.[888]

---

[884] *Moe v. Confederated Salish &. Kootenai Tribes*, 425 U.S. 463 (1976). In diesem Zusammenhang können die Staaten allerdings auch dem indianischen Verkäufer die Verpflichtung auferlegen, die Steuer für sie einzuziehen und an sie abzuführen. Vgl. auch *Washington v. Confederated Tribes of the Colville Reservation*, 447 U.S. 134 (1980). Die zwangsweise Erfüllung dieser Verpflichtung scheitert jedoch oft an der Immunität der Indianerstämme, vgl. *Oklahoma ex rel. Oklahoma Tax Commission v. Graham*, 822 F.2d 951 (10th Cir. 1987).

[885] 380 U.S. 685 (1965).

[886] Ebd., S. 690. Ebenso hat der Supreme Court für die aus dem Verkauf von Maschinen innerhalb der Reservation erzielten Einkünfte eines Nicht-Indianers entschieden, obwohl der Sitz des Maschinenhandels sich außerhalb der Reservation befand, *Central Machinery Co. v. Arizona State Tax Commission*, 448 U.S. 160 (1980)

[887] Vgl. *Agua Caliente Band of Mission Indians v. County of Riverside*, 442 F.2d 1184 (9th Cir. 1971).

[888] *Washington v. Confederated Tribes of the Colville Reservation*, 447 U.S. 134, 159 (1980): "There is no direct conflict between the state and tribal schemes, since each government is free to impose its ta-

3. Status stammesfremder Indianer

Im Unterschied zu Fragen der Jurisdiktion wird bei der Steuererhebung innerhalb des Indian country zwischen Stammesmitgliedern und in der Reservation ansässigen Indianern anderer Stämme unterschieden. Die generelle Freiheit von einer Besteuerung durch den Staat erstreckt sich dabei allein auf die Stammesmitglieder. Somit kann sich der Entscheidung in *Colville* zufolge das Besteuerungsrecht der Staaten auch auf Indianer erstrecken, welche einem anderen Stamm als dem Reservationsstamm angehören:

"Federal statutes, even given the broadest reading to which they are reasonably susceptible, cannot be said to pre-empt Washington's power to impose its taxes on Indians not members of the Tribe. [Das Gericht führt im folgenden aus, daß die einheitliche Subsumtion auch dieser "non-member Indians" unter die Definitionen des *Major Crimes Act* und *Indian Reorgainzation Act* nicht für einen Ausschluß eines Besteuerungsrechtes durch den Staat zwingend sei. Insoweit sei für Zwecke der Besteuerung eine weitere Differenzierung in Stammesmitglied und Nicht-Mitglied möglich.] Nor would the imposition of Washington's tax on these purchasers contravene the *principle of tribal self-government*, for the simple reasons that non-members are not constitutents of the governing Tribe. For most practical purposes those Indians stand *on the same footing as non-Indians* resident on the reservation."[889]

Maßgeblicher Gesichtspunkt ist also, daß eine Besteuerung von Mitgliedern fremder Indianerstämme keinen Eingriff in das Selbstregierungsrecht des Reservatsstammes darstellen könne, weil sich dieses ja denknotwendig nur auf die Regelung der Angelegenheiten bezüglich der eigenen Mitglieder erstrecken kann. Insoweit steht also auch der (mutmaßliche) Wille des Bundesgesetzgebers, die Autonomie der Indianerstämme zu stärken, nicht entgegen.

4. Fiskalische Interessen der Indianerstämme als Grenze

Mit der Entscheidung in *Crow Tribe of Indians v. Montana*[890] kam dem Selbstregierungsrecht der Indianerstämme im Sinne einer finanziellen Autarkie als Schranke für das Besteuerungsrecht der Staaten wieder eine stärkere Funktion zu, als dies noch in *Moe* und *Colville*[891] angenommen wurde. In dieser Entscheidung hielt das Gericht die Besteuerung von innerhalb einer Reservation gewonnen Erträgen durch den Staat

---

xes without ousting the other. (...) we perceive no intent on the part of Congress to authorize the Tribes to pre-empt otherwise valid state taxes."

[889] 447 U.S. 134, 160f. (1980). (Hervorhebungen vom Verf.).

[890] 819 F.2d 895 (9th Cir. 1987) *aff'd mem.*, 484 U.S. 997 (1988).

[891] Vgl. Fn. 884.

Montana für rechtswidrig, da diese Steuer erhebliche ökonomische Nachteile für den Indianerstamm nach sich ziehe und somit diesen in seinem Recht auf finanzielle Selbständigkeit faktisch beeinträchtige:

"Congress attaches great significance to the firm federal policy of promoting tribal self-sufficiency and economic development. (...) If the Tribe demonstrates that the taxes imposed by the state interfered with the policies underlying the 1938 Act [*Indian Mineral Leasing Act*, 25 U.S.C. §§ 396a-g], the taxes will be subject to preemption."[892]

Die besondere Relevanz dieser Entscheidung liegt darin, daß dem Selbstregierungsrecht der Indianer, konkretisiert in dem Recht, sich über Steuererhebungen selber finanzieren und die eigene wirtschaftliche Fortentwicklung bestimmen zu können, als Ausschlußgrund für ein Besteuerungsrecht der Staaten wieder selbständige Bedeutung zukommt. Folglich kann auch in Bereichen, in denen es an einer umfassenden bundesrechtlichen Regelung fehlt, der Gesichtspunkt des Selbstregierungsrechtes der Indianerstämme bereits zum Ausschluß staatlicher Steuerkompetenz führen.[893]

III. Besteuerungsrecht der Indianerstämme

Als Manifestation ihrer Souveränitätsrechte steht den Indianerstämmen innerhalb ihrer Reservationen grundätzlich ein umfassendes Besteuerungsrecht zu. Dieses kann allein aufgrund der *plenary power* des Kongreß eingeschränkt werden. Soweit dies noch nicht geschehen ist, steht damit den Indianerstämmen innerhalb ihres Gebietes auch über Nicht-Indianer die Steuerhoheit zu. Die Entscheidung in *Oliphant v. Suquamish Indian Tribe*[894], welche die Strafgewalt von Indianern gegenüber Nicht-Indianern verneinte, ist für die Frage der Besteuerung nicht präjudiziell: Vom Supreme Court wurde in *Washington v. Confederated Tribes of Colville Reservation* eindeutig festgestellt, daß sich das ureigene Recht der Indianerstämme zur Regelung ihrer eigenen Angelegenheiten innerhalb ihrer Gebiete nicht ausschließlich auf den stammesinternen Bereich beschränke, sondern daß auch die Besteuerung von Personen außerhalb ihres eigenen Stammes selbstverständlicher Bestandteil ihrer Souveränitätsrechte sei. Grenze der Ausübung dieses Rechtes sind lediglich eine entsprechende Beschränkung durch

---

892 Ebd., S. 898.

893 Vgl. Susan Williams / Kevin Gover, *State and Indian Tribal Taxation on Indian Reservations - Is it too Taxing?* 1989 Harvard Indian Law Symposium, S. 165, 180.

894 435 U.S. 191 (1978).

den Bundesgesetzgeber oder eine etwaige Unvereinbarkeit des Steuererhebungsrechtes mit deren abhängigen Status.[895]

In *Merrion v. Jicarilla Apache Tribe*[896] betonte der Supreme Court ein weiteres Mal, daß Ursprung dieser Steuerhoheit die ursprüngliche Souveränität der Indianerstämme sei:

"The power to tax is an essential attribute of Indian sovereignty because it is a necessary instrument of self-government and teritorial management. This power enables a tribal government to raise revenues for its essential services. The power does not derive solely from the Indian tribe's power to exclude non-Indians from tribal lands. Instead, it derives from the tribes general authority, as sovereign, to control economic activity within its jurisdiction, and to defray the cost of providing governmental services by requiring contributions from persons or enterprises engaged in economic activities within that jurisdiction."[897]

Sofern also der Tatbestand, an welchen die Steuerpflicht anknüpft, innerhalb des indianischen Gebietes verwirklicht wird, unterliegen auch Nicht-Indianer der Besteuerung durch den Indianerstamm, unabhängig davon, ob ihr Wohnort oder der Sitz ihres Unternehmens sich außerhalb der Reservation befindet. Insoweit ist folglich der Aspekt der indianischen Gebietshoheit ausschlaggebend. Inwieweit eine stammeseigene Steuerpflicht auch an außerhalb des Indian country verwirklichte Tatbestände anknüpfen kann, ist unklar. Jedoch spricht der Gedanke der Personalhoheit über die eigenen Stammesmitglieder dafür, daß zumindest diese auch hinsichtlich ihrer außerhalb der Reservation erzielten Einkünfte der Besteuerung durch ihren Stamm unterliegen.[898]

Wie der Supreme Court in *Kerr-McGee Corporation v. Navajo Tribe of Indians*[899] festgestellt hat, bedarf die von einem Indianerstamm innerhalb seiner Befugnis

---

[895] 447 U.S. 134, 152 (1980): "The power to tax transactions occuring on trust lands and significantly involving a tribe or its members is a fundamental attribute of sovereignty which the tribes retain unless divested of it by federal law or necessary implication of their dependent status." Bisher hat der Supreme Court jedoch noch keinen Fall entschieden, in welchem das Besteuerungsrecht des Indianerstammes aufgrund seines "dependent status" implizit ausgeschlossen war. Allerdings legt die Entscheidung in *Montana v. United States*, 450 U.S. 544 (1981) nahe, daß dies bezüglich der Besteuerung von Aktivitäten innerhalb der im nicht-indianischen Eigentum stehenden Gebiete des Indian country der Fall sein könnte, soweit die fragliche Tätigkeit keine unmittelbare Auswirkung auf den Bestand des Indianerstammes als autonome Entität habe. Vgl.Williams / Gover, aaO., S. 170f..

[896] 455 U.S. 130 (1982).

[897] Ebd., S. 137.

[898] De facto spielt dieses exterritoriale Steuerrecht der Indianerstämme bisher kaum eine Rolle, da zum einen der Bereich der Steuern als Einnahmequelle von den Stämmen erst in jüngerer Zeit entdeckt worden ist, und sich dabei hauptsächlich auf die Besteuerung von nicht-indianischen Unternehmen innerhalb des Stammesgebietes beschränkt, vgl. Canby, aaO., S. 215; Williams / Gover, aaO., S. 166.

[899] 471 U.S. 195 (1985).

erhobene Steuer zu ihrer Wirksamkeit weder einer Billigung durch den Kongreß noch einer Genehmigung seitens des Innenministers der Vereinigten Staaten. Dies läßt sich einerseits mit dem Charakter der Steuerhoheit als ursprünglichem Recht der Indianerstämme, andererseits mit dem Fehlen eines entsprechenden gesetzlich angeordneten Genehmigungsvorbehaltes durch ein Organ des Bundes erklären.

Die Erörterung der indianischen Hoheitsrechte zur Jurisdiktion und Rechtsetzungsgewalt hat die konstitutive Bedeutung des "Indian country" für die Ausübung indianischer Hoheitsgewalt deutlich gemacht. Daher soll im folgenden Abschnitt der Frage nachgegangen werden, inwieweit das Recht der Indianerstämme an ihren eigenen Gebieten nach amerikanischem Recht geschützt ist.

G. Rechte der Indianer an ihrem Land

Wie bereits festgestellt, war es von Anbeginn der Beziehungen zwischen Weißen und Indianern eine zentrale Frage, inwieweit die Indianerstämme noch Rechte an den von der neuen Nation beanspruchten Gebieten geltend machen konnten, und inwieweit die Vereinigten Staaten mit dem innerhalb seiner Grenzen gelegenen Indianergebieten nach freiem Ermessen verfahren konnte.[900] Daran anschließend stellt sich die Frage, inwieweit die Landnahme durch die Vereinigten Staaten oder deren Einzelstaaten wirksam war und ob den Indianerstämmen im Fall der Wirksamkeit Entschädigungsansprüche zustehen.

In der amerikanischen Rechtslehre wird heute allgemein bezüglich der Rechte der Indianerstämme an von ihnen bewohnten Gebieten zwischen dem sog. "original Indian title" (auch als "aboriginal title" bezeichnet) und dem sog. "recognized title" unterschieden, welche beide sowohl hinsichtlich ihrer Entstehung unterschiedliche Voraussetzungen aufweisen, als auch im Fall ihres Erlöschens unterschiedliche Rechtsfolgen nach sich ziehen.

I. Original Indian title

Das grundlegendste Recht der Indianerstämme an den von ihnen besiedelten Gebieten ist der sog. "original Indian title". Dieser beruht nicht auf einer Verleihung durch

[900] Vgl. dazu schon oben, S. 129f.

einen anderen Rechtsträger, sondern kommt den Indianern aufgrund eigenen Rechtes von vornherein zu.

1. Rechtsnatur

Erste juristische Anerkennung fand die Berechtigung der Indianerstämme an den von ihnen besiedelten Gebieten in der Entscheidung *Johnson v. McIntosh*[901]: Dort befaßte sich der Supreme Court mit der grundlegenden Frage nach den Rechten an und auf dem Gebiet der Vereinigten Staaten. In Anerkennung der vorherigen Existenz der Indianerstämme auf dem von dem neuen Staat beanspruchten Territorium schuf Chief Justice *Marshall* in Anlehnung an die Lehren *Francisco de Vitoria's*[902] das Fundament für die Harmonisierung der konkurrierenden Ansprüche. Die zur damaligen Zeit unumstrittene völkerrechtliche Lehre des Rechts der Entdeckung diente dem Supreme Court dazu, die Vereinigten Staaten in Rechtsnachfolge zur Britischen Krone als absolute Eigentümerin sämtlicher innerhalb ihrer Grenzen befindlicher Gebiete anzusehen. Die Berechtigung der indianischen Ureinwohner wurde zum bloßen Besitzrecht an den von ihnen besiedelten Gebieten herabgestuft.[903] Als sog. "equitable interest"[904] lastete dieses Besitzrecht der Indianerstämme wie eine Gerechtigkeit von Anfang an auf dem Eigentum der Vereinigten Staaten an ihren Gebieten.

Aus diesem Zusammenspiel von Eigentum der Vereinigten Staaten und Besitzrecht der indianischen Stämme ergaben sich zweierlei Schlußfolgerungen: Zum einen waren die Indianerstämme nicht in der Lage, anderen das Eigentum an den von ihnen besiedelten Gebieten zu verschaffen. Es war ihnen nicht- einmal möglich, das ihnen zustehende Besitzrecht ohne Zustimmung der Vereinigten Staaten auf andere zu übertragen.[905] Somit oblag den Vereinigten Staaten die ausschließliche Zuständigkeit, über eine Veräußerung der indianischen Gebiete zu entscheiden. Dies sollte sich zum Beispiel im Rahmen der sog. "Eastern Land Claims" als ein für die Sache der Indianerstämme überaus vorteilhafter Umstand erweisen: Dort stützten zahlreiche Indianerstämme ihre Rückübereignungs-, bzw. Entschädigungsansprüche auf die Unwirksamkeit von

---

[901] 21 U.S. (8 Wheat.) 543 (1823).

[902] Dazu vgl. oben, S. 5.

[903] *Johnson v. McIntosh*, aaO., S. 587f..

[904] Ebd., S. 588.

[905] Ebd., S. 591. Insoweit läßt sich der "Indian title" wohl am ehesten mit einer beschränkten persönlichen Dienstbarkeit oder einem Nießbrauchsrecht nach deutschem Recht vergleichen.

seinerzeit an die Einzelstaaten ohne Beteiligung der Bundesregierung erfolgten Landabtretungen.[906]

Zum anderen blieb jedoch dieses Besitzrecht auch von einer etwaigen Übertragung des Eigentums durch die Vereinigten Staaten auf einen Dritten grundsätzlich unbeeinträchtigt. Der Dritte erwarb somit nur ein mit dem Besitzrecht der Indianer belastetes Eigentum.[907] Dies ergab sich nicht zuletzt aus der eigentumsähnlichen Ausgestaltung dieses Besitzrechtes: In *Cherokee Nation v. Georgia*[908] hielt der Supreme Court das Recht der Indianer an ihren Gebieten für ähnlich unverletzlich wie das Eigentum der Vereinigten Staaten daran: "[The Indian title is] as sacred as the fee simple, absolute title of the whites."[909] Dennoch ist dieses bloße Besitzrecht deutlich von dem Eigentumsrecht der Vereinigten Staaten zu unterscheiden: Wenngleich es in seiner Nutzungsfunktion weitgehend dem Eigentum gleichkommt, so ist es diesem doch eindeutig nachgeordnet, was sich auch in der Möglichkeit dessen einseitiger Aufhebung durch den übergeordneten Rechtsinhaber, die Vereinigten Staaten, zeigt.[910]

Berechtigter aus diesem "Indian title" ist grundsätzlich der Indianerstamm in seiner Gesamtheit. Folglich können sich einzelne Mitglieder nicht auf das ihrem Stamm zustehende Besitzrecht berufen, solange dessen Ausübung nicht aufgrund stammesinterner Vereinbarung auf diese übertragen ist.[911] Aufgrund dieses kollektiven Bezugs des

---

[906] So z.B. *Oneida Indian Nation v. County of Oneida*, 414 U.S. 661 (1974), wo die Oneida Indianer die Unwirksamkeit von großflächigen Landabtretungen an den Staat New York geltend machten. Ebenso *Joint Tribal Council of Passamaquoddy Tribe v. Morton*, 528 F.2d 370 (1st Cir. 1975), wo die Passamaquoddy Indianer einen Großteil der Fläche von Maine zurückverlangten, da die Bundesregierung seinerzeit an dem Abtretungsvertrag nicht beteiligt gewesen war. Diese Streitigkeit wurde schließlich mit der Verabschiedung des *Maine Indian Claims Settlement Act*, 25 U.S.C. §§ 1721ff., durch legislativen Akt des Kongreß beigelegt.Danach wurde der "Indian title" und somit die Grundlage für die Rückübereignungsklage einseitig aufgehoben, gleichzeitig wurden aber Mittel zum Ankauf von Gebieten zugunsten von drei Indianerstämmen Maine's bereitgestellt. Ähnlich wurde im *Florida Indian Land Claims Settlement Act*, 25 U.S.C. §§ 1741ff. und im *Connecticut Indian Land Claims Settlement Act*, 25 U.S.C. §§ 1751ff., verfahren. Vgl. dazu CANBY, aaO, S. 260ff..Zur Möglichkeit der einseitigen Aufhebung des "Indian title" gleich im Anschluß.

[907] Vgl. *Buttz v. Northern Pacific Railroad Co.*, 119 U.S. 55, 67 (1886). Zur Möglichkeit des Erlöschens dieses Besitzrechtes gleich im folgenden.

[908] 30 U.S. (5 Pet.) 1 (1831).

[909] Ebd. S. 48.

[910] Dazu gleich unten.

[911] Vgl. *Prairie Band of Potawatomi Indians v. United States*, 165 F.Supp. 139, 147 (Ct. Cl. 1958). Vereinzelt erkannte der Supreme Court jedoch auch einen sog. "individual aboriginal title" an, vgl. *United States v. Dann*, 470 U.S. 39, 50 (1985), ohne jedoch die entsprechenden Voraussetzungen für eine entsprechende individuelle Begründung klarzustellen. Vgl. auch *Cramer v. United States*, 261 U.S. 219 (1923), wo der Supreme Court bereits eine Individualisierung des "Indian title" für grundsätzlich möglich hält.

"Indian title" fehlt es an einer hinreichend verfestigten Rechts- position des einzelnen Stammesmitgliedes, so daß z.B. auch eine Vererbung einer vom Stamm abgeleiteten Besitzposition auf eine außerhalb des Stammes stehende Person nicht möglich ist.[912] In gleicher Weise verliert jede Einzelperson mit Beendigung ihrer Mitgliedschaft in dem Indianerstamm ihre Berechtigung auf Teilnahme an diesem kollektiven Besitzrecht.[913]

2. Entstehung und Beendigung

Begründet werden kann dieses ursprüngliche Besitzrecht allein im Wege der tatsächlichen und andauernden Ausübung des Besitzes über ein bestimmtes Gebiet.[914] Der "Indian title" muß jedoch nicht bereits vor Gründung der Vereinigten Staaten entstanden gewesen sein (wenngleich dies oft der Fall ist), sondern kann von den Indianerstämmen im Wege einer Art Erwirkung auch erst später erworben worden sein.[915]

Für eine derartige Erwirkung ist Voraussetzung, daß der Indianerstamm über das fragliche, im Rahmen des "Indian title" beanspruchte Gebiet den tatsächlichen, ausschließlichen und langwährenden, auf die Vorfahren des Indianerstammes zurückgehenden Besitz ausgeübt hat.[916] Ein bloßer Mitbesitz mit einem anderen Stamm ist jedoch nicht ausreichend.[917] Die tatsächliche Besitzausübung setzt jedoch nicht zwingend eine permanente Besiedlung des betreffenden Landstriches voraus, sondern muß vielmehr im Rahmen des normalen Alltagslebens des Stammes erfolgt sein. Dadurch bedingt kann der "original title" sowohl an Gebieten dauerhafter Siedlungen, als auch an nur während einer bestimmten Saison genutzten Jagdgründen entstanden sein, sofern diesbezüglich eine entsprechende Regelmäßigkeit und Dauer zu bejahen ist.[918]

---

912 *Minnesota Chippewa Tribe v. United States*, 315 F.2d 906, 913 (Ct. Cl. 1963).

913 *Journeycake v. Cherokee Nation*, 28 Ct. Cl. 281, 302 (1893).

914 Ralph Erickson, *Aboriginal Land Rights in the United States and Canada*, 60 NORTH DAKOTA LAW REVIEW, S. 107 (1984).

915 Vgl. *Turtle Mountain Band of Chippewa v. United States*, 490 F.2d 935, 941f (Ct. Cl. 1974).

916 Vgl. *Sac & Fox Tribe of Indians v. United States*, 383 F.2d 991, 998 (Ct. Cl. 1967).

917 *United States v. Santa Fe Pacific Railroad*, 314 U.S. 339, 345 (1941). Allerdings haben die Gerichte in Einzelfällen auch einen sog. "joint aboriginal title" anerkannt, welcher mehreren Stämmen zugleich zukommt. Dies ist z.B. dann der Fall, wenn zwei oder mehr Indianerstämme dasselbe Gebiet aufgrund gegenseitiger Übereinkunft gemeinsam nutzen, ohne daß es dabei auf eine vollständige Vereinigung beider Stämme ankäme. Vgl. *Confederated Tribes of Warm Springs Reservation v. United States*, 177 Ct. Cl. 184, 194 Fn. 6 (1966); *United States v. Pueblo of San Ildefonso*, 513 F.2d 1383, 1395 (Ct. Cl. 1975).

918 Vgl. *Spokane Tribe of Indians v. United States*, 163 Ct. Cl. 58, 66 (1966); *United States v. Seminole Indians of Florida*, 180 Ct. Cl. 375, 385 (1967).

Was die Dauer der tatsächlichen Ausübung des Besitzes angeht, gibt es keine feste Größe. Sie muß jedoch lang genug sein, damit der Indianerstamm als in diesem Gebiet beheimatet angesehen werden kann.[919] Als grober Richtwert dient dabei ein Zeitraum von 50 Jahren.[920]

Dieses Besitzrecht konnte jedoch der Entscheidung des Supreme Court in *United States v. Alcea Band of Tillamooks*[921] zufolge jederzeit von den Vereinigten Staaten beendet werden:

"As against any but the sovereign, original indian title was accorded the protection of complete ownership; but it was vulnerable to affirmative action by the sovereign, who possessed *exclusive power to extinguish the right of occupancy at will*. Termination of the right by the sovereign action was complete and left the land free and clear of Indian claims."[922]

Dies war eine konsequente Anwendung der *plenary power*-Doktrin[923], wonach dem Kongreß die umfassende Hoheitsgewalt auch über die Indianerstämme und deren Rechtsposition innerhalb der Vereinigten Staaten zukommt. Folglich ist auch eine einseitige Beendigung des "Indian title" mit entsprechender Ermächtigung des Kongreß möglich.[924] Dies kann entweder durch Aufhebung in Gestalt eines Gesetzes, durch Zwang (u.U. ursprünglich auch Eroberung), durch eine mit dem "Indian title" völlig unvereinbare Verfügung über das entsprechende Gebiet, aber auch durch die Ratifizierung eines entsprechenden Vertrages erreicht werden. Die Art und Weise der Aufhebung des Besitzrechts des betroffenen Indianerstammes ist dabei als "political question" vor den Gerichten der Vereinigten Staaten nicht justitiabel.[925] Grundsätzlich ist jedoch stets erforderlich, daß der Wille des Kongreß zur Beseitigung des "Indian title" klar und eindeutig zumindest aus den Umständen heraus zu ermitteln ist.[926] Liegt ein derartiger Beendigungswille vor, so ist damit das Besitzrecht der Indianer an den betroffenen Gebieten erloschen.

---

[919] *Confederated Tribes*, aaO., S. 194.

[920] *Seminole Indians*, aaO., S. 387.

[921] 329 U.S. 40 (1946).

[922] Ebd., S. 46.

[923] Dazu schon oben, S. 193ff..

[924] COHEN, HANDBOOK, aaO., S. 489. Inwieweit eine entsprechende Aufhebung eine zur Entschädigung verpflichtende Enteignung i.S. d. 5th Amendment darstellt, s. weiter unten.

[925] Vgl. *United States v. Santa Fe Pacific Railroad*, 314 U.S. 339, 347 (1941)

[926] Ebd., S. 346.

3. Entschädigungspflicht

Inwieweit eine derartige Beendigung des Besitzrechtes die Vereinigten Staaten zur Entschädigung der Indianerstämme für den erlittenen Rechtsverlust verpflichtet, war anfangs unklar. In *United States v. Alcea Band of Tillamooks*[927] befaßte sich der Supreme Court mit der Frage, "whether the Indians have a cause of action for compensation arising out of an involuntary taking of lands held by original Indian title"[928] und kam - ohne die genaue Anspruchsgrundlage dafür zu bezeichnen - zu dem Ergebnis, daß in diesem Fall die Wegnahme des Landes ohne Entschädigung mit den "high standards for fair dealing required of the United States in controlling Indian affairs"[929] unvereinbar, und daher eine Entschädigungsverpflichtung der Vereinigten Staaten zu bejahen sei. In einer erneuten Befassung mit derselben Sache stellte der Supreme Court jedoch klar, daß Grundlage des Entschädigungsanspruches nicht die Enteignungsregelung des *5th Amendment* sei, sondern daß es sich um einen auf spezialgesetzlicher Regelung beruhenden Sonderfall gehandelt habe.[930]

Klarheit schuf der Supreme Court dann in der Entscheidung *Tee-Hit-Ton Indians v. United States.*[931] Hier hatten die *Tee-Hit-Ton* Indianer die Vereinigten Staaten wegen der Entfernung von Holzbeständen aus Gebieten verklagt, an welchen ihnen der "Indian title" zustand. In dieser Sache konnte der Entschädigungsanspruch allein auf das *5th Amendment* gestützt werden, wurde aber vom Supreme Court mit der Begründung verneint, daß der "Indian title" kein Eigentumsrecht i.S.d. *5th Amendment* sei.[932] Dieser stelle ein bloßes Besitzrecht dar, welches jederzeit von den Vereinigten Staaten als übergeordnetem Rechtsinhaber ausgelöscht werden kann, ohne daß sich daran eine entsprechende Entschädigungsverpflichtung anknüpfen würde.[933] Eine Entschädigung für die Beendigung eines bloßen Besitzrechtes der Indianerstämme kann folglich allenfalls aufgrund spezieller Regelung durch den Kongreß verlangt und geleistet werden.[934]

---

927 329 U.S. 40 (1946).

928 Ebd., S. 47.

929 Ebd., S. 49.

930 *United States v. Alcea Band of Tillamooks*, 341 U.S. 48, 49 (1951) ("*Tillamooks II*").

931 348 U.S. 272 (1955).

932 Ebd., S. 279.

933 Insoweit steht diese Entscheidung auch im Einklang mit *Johnson v. McIntosh*, welche die Rechte der Indianerstämme an ihren Gebieten ebenfalls zur völligen Disposition der Vereinigten Staaten stellte, vgl. 21 U.S. 543, 587 (1823).

Eine entsprechend spezielle Regelung wurde mit dem *Indian Claims Commission Act*[935] im Jahre 1946 geschaffen. Durch dieses Gesetz wurde die *Indian Claims Commission* errichtet, welche über die nach dem ICCA von Indianerstämmen oder vergleichbaren Gruppen erhobenen Ansprüche zu entscheiden hatte. Gegen diese Entscheidungen standen den Betroffenen die Berufung zum *Court of Claims*, und bei entsprechender Zulassung, die Revision zum Supreme Court zu.[936]

Unter anderem sah der ICCA eine Entschädigung auch für die Wegnahme von Indianerland vor, welches sich im bloßen Besitz des Indianerstammes befand.[937] Die Höhe der Entschädigung richtete sich dabei nach dem Wert der Gebiete im Zeitpunkt der Wegnahme, wobei jedoch in Anwendung allgemeiner Grundsätze eine Verzinsung dieses gegen die Vereinigten Staaten gerichteten Entschädigungsanspruches nicht in Frage kam.[938] Somit blieben die Entschädigungen häufig weit hinter dem Verkehrswert der Grundstücke zum Zeitpunkt der Entscheidung zurück. Mit Gewährung der entsprechend geringen Entschädigung galten dann sämtliche Rechte des Indianerstammes an dem betreffenden Gebiet als erloschen.[939] Dies führte dazu, daß heute nahezu sämtliche, ursprünglich auf dem "Indian title" beruhenden Besitzansprüche von Indianerstämmen an ihren ehemaligen Gebieten infolge der Gewährung einer minimalen Entschädigung erloschen sind.[940]

II. Recognized Indian title

Auch wenn der "original Indian title" in der Vergangenheit für die Geltendmachung indianischer Besitzrechte oder damit verknüpfter Entschädigungsforderungen von

934 Vgl. *Tee-Hit-Ton*, aaO., S. 282.

935 60 Stat. 1049 (1946), kodifiziert in 25 U.S.C. §§ 70-70v (1988).

936 Vgl. Canby, aaO., S. 265.

937 25 U.S. § 70a (4): "The Commission shall hear and determine (...) claims arising from the taking by the United States, whether as the result of a treaty of cession or otherwise, of lands owned or occupied by the claimant without the payment for such lands of compensation agreed to by the claimant (...)".

938 *United States v. Sioux Nation*, 448 U.S. 371, 387 (1980); vgl. auch Getches et al, S. 313f..

939 25 U.S.C. § 70v (1988); vgl. auch *United States v. Dann*, 470 U.S. 39 (1985); *Western Shoshone National Council v. Molini*, 951 F.2d 200 (9th Cir. 1991).

940 Insoweit waren also Klagen auf die Wiedereinräumung des Besitzes an den betroffenen Gebieten ausgeschlossen, selbst wenn der "Indian title" in der Vergangenheit tatsächlich noch nicht von der Bundesregierung beseitigt worden war. Für viele Indianerstämme erschien die Aussicht auf hohe Entschädigungsleistungen jedoch vielversprechender als die Geltendmachung einer erneuten Besitzeinräumung aufgrund eines noch bestehenden "Indian title". Zu spät erkannten sie, daß letzteres häufig gegenüber der Suche nach dem schnellen Geld für sie vorteilhafter gewesen wäre. Vgl. Getches et al., aaO., S. 316f.

großem Nutzen war, so spielt dieser heute nahezu keine Rolle mehr.[941] Soweit heutzutage indianische Besitzrechte zur Debatte stehen, gehen diese in der Regel auf einen von den Vereinigten Staaten oder einem ihrer Rechtsvorgänger abgeleiteten Erwerb des sog. "recognized title" zurück. [942]

Die Unterscheidung zwischen "original title" und "recognized title" ist aber vor allem für die Frage der Entschädigungspflicht relevant. Während die Beendigung des ersteren - wie eben dargestellt - grundsätzlich keinerlei Entschädigungsansprüche des betroffenen Indianerstammes begründet, stellt die Wegnahme von Land, an welchem ein "recognized title" besteht, eine nach dem *5th Amendment* entschädigungspflichtige Enteignung dar. Die danach zu gewährende Entschädigung unterliegt ausnahmsweise der Verzinsung ab dem Zeitpunkt der Anspruchsentstehung, d.h. der Enteignung oder dem einer Enteignung gleichstehenden Akt.[943]

In der Regel geht der "recognized title" auf eine vertragliche oder gesetzliche Regelung zurück, in welcher die Vereinigten Staaten das Besitzrecht des Indianerstammes über ein bestimmtes Gebiet ausdrücklich anerkannt und bestätigt haben. Dies ist regelmäßig mit der Errichtung einer Reservation gegeben, welche dem ausschließlichen Gebrauch des Indianerstammes dienen soll.[944] Somit kann für den Fall der Reservationen grundsätzlich von dem Bestehen eines "recognized title" ausgegangen werden. Besteht an dem Land eines Indianerstammes eine derartige Anerkennung des Besitzrechtes, so erstreckt sich die Berechtigung nicht nur auf den bloßen Grund und Boden, sondern genauso auf die dazugehörigen Rohstoffe, sofern sich aus den Umständen der Errichtung der Reservation nichts Gegenteiliges ergibt. Folglich ist auch eine bloße Beschränkung der Rechte eines Indianerstammes an den auf seinem Gebiet befindlichen Holz- oder Bodenschatzvorkommen auf der Reservation entschädigungspflichtig.[945]

---

[941] Felix S. Cohen, *Original Indian Title*, 32 MINNESOTA LAW REVIEW S. 28, 34 (1947).

[942] Von dieser Rechtsverleihung ist die Situation zu unterscheiden, in welcher die Indianerstämme als Käufer wie jedes andere Rechtssubjekt Eigentümer bestimmter Gebiete im Wege des rechtsgeschäftlichen Erwerbs geworden sind. Auch wenn Verkäufer derartiger Gebiete die Vereinigten Staaten sind, so ist damit kein *recognized title* des Indianerstammes an diesem Land entstanden. Vielmehr steht diesem - wie jedem anderen Erwerber auch - das sog. *fee simple absolute*, also das schlichte Eigentumsrecht daran zu.

[943] *Shoshone Tribe of Indians v. United States*, 299 U.S. 476, 492 (1937). Der Regelzinssatz beträgt 5 %. Die Gewährung von Zinseszinsen ist jedoch ausgeschlossen, s. GETCHES ET AL., aaO., S. 314.

[944] Eine gute Darstellung der verschiedenen Methoden zur Reservationsbildung findet sich bei FRANTZ, aaO., S. 53ff.

[945] *United States v. Shoshone Tribe*, 304 U.S. 111 (1938).

Für die Existenz eines "recognized title" ist es nicht erforderlich, daß es sich um einen traditionellen Siedlungsraum der Indianerstämme handelt. Insofern unterliegt der "recognized title" nicht den gleichen Einschränkungen an seine Entstehung wie der "original title". Alleinige Voraussetzung für die Bejahung eines "recognized title" ist die von den Vereinigten Staaten ausgesprochene Anerkennung des aus- schließlichen Besitzrechtes eines Indianerstammes an einem bestimmten Gebiet. Insoweit kommt es nicht darauf an, ob an dem betreffenden Gebiet vorher bereits ein "original title" bestanden hatte oder nicht.

Die offizielle Anerkennung des Besitzrechtes der Indianerstämme an bestimmten Landstrichen führt jedoch nicht dazu, daß jede Wegnahme der betreffenden Gebiete durch die Vereinigten Staaten nach dem *5th Amendment* zu entschädigen wäre. Diesbezüglich ist nach der Entstehung der jeweiligen Reservation zu unterscheiden. Geschah dies durch Vertrag oder Gesetz, so stellt der "recognized title" ein hinreichend verfestigtes Besitzrecht dar, und jede Beschneidung dieses Rechtes ist nach dem 5th Amendment kompensationspflichtig.[946] Bis zum Jahr 1919 konnten Reservationen allerdings auch durch schlichte Erlasse des Präsidenten (sog. *executive orders*) geschaffen werden.[947] Diese Zuweisung bestimmter Landstriche an die Indianerstämme hatte in diesem Fall aber mehr den Charakter einer Leihgabe, welche der Präsident oder der Kongreß jederzeit wieder rückgängig machen konnte.[948] Sofern derartig entstandene Reservationen in der Folgezeit nicht eine weitergehende Anerkennung in Form eines Gesetzes erfuhren, konnte auch dieser "recognized title" ebenso wie der "original Indian title" ohne die Rechtsfolge der Entschädigungspflicht einseitig von den Vereinigten Staaten wieder beendet werden.[949]

Einen von den Bodenrechten zu unterscheidenden Bereich, der für das alltägliche Leben der Indianerstämme jedoch von außergewöhnlicher Bedeutung ist, betrifft die Rechte der Indianer auf eine bestimmte quantitative Nutzung der ihre Gebiete durchquerenden Gewässer. Darauf soll im nächsten Teil näher eingegangen werden.

---

[946] *Confederated Bands of Ute Indians v. United States*, 330 U.S. 169, 176 (1947).

[947] In diesem Jahr beendete der Kongreß diese Praxis per Gesetz, vgl. 43 Stat. 3, 34 (1919), kodifiziert in 43 U.S.C. § 150 (1988).

[948] FRANTZ, aaO., S. 55.

[949] *Sioux Tribe v. United States*, 316 U.S. 317 (1942).

H. Wassernutzungsrechte der Indianerstämme

Die Berechtigung der Indianerstämme an den ihre Reservationen durchquerenden oder diesen angrenzenden Gewässern stellt eine Besonderheit des Bundesrechtes dar, welche selbständig neben die für Nicht-Indianer geltenden Regelungen der Einzelstaaten tritt.[950] Dieses System der sog. "*Indian Reserved Water Rights*" ist jedoch vom Supreme Court in Anlehnung an die in den Einzelstaaten gebräuchlichen Systeme zur Verteilung knapper Wasservorräte auf die in Frage kommenden Nutznießer entwickelt worden. Um zu verstehen, warum es in der Vergangenheit immer wieder zu erbitterten gerichtlichen Auseinandersetzungen zwischen Indianerstämmen und Einzelstaaten oder nicht-indianischen Einzelpersonen um das Recht an vorhandenem Wasser gekommen ist, ist es erforderlich, sich zunächst das System der Einzelstaaten zur Wasserverteilung zu vergegenwärtigen. Dann wird es auch deutlich, warum der Umfang der nach Bundesrecht garantierten Wasserrechte der Indianerstämme mit einer Regelmäßigkeit zu Konflikten mit nicht-indianischen Wasserkonsumenten geführt hat.

I. Wasserzuteilung nach dem Recht der Einzelstaaten

Insbesondere in den semi-ariden Zonen des Westens der Vereinigten Staaten, kommt dem Recht zur Nutzung vorhandenen Wassers häufig eine existenzielle Bedeutung zu. Insbesondere in Dürrezeiten mit entsprechender Knappheit des Wassers wird die besondere Wichtigkeit einer garantierten Mindestversorgung mit Wasser deutlich: Wasser dient nicht nur der Versorgung mit Trinkwasser, sondern stellt auch für die gesamte Landwirtschaft und industrielle Produktion eine unabdingbare Voraussetzung dar. Deshalb wurden in den Vereinigten Staaten bereits sehr früh zwei unterschiedliche Systeme für die Verteilung natürlicher Wasservorkommen auf die (potentiellen) Verbraucher entwickelt: Das sog. "*riparian system*" und das sog. "*appropriative system*".

1. "Riparian system"

Die wasserreichen Staaten der Ostküste normierten in der Regel das sog. "*riparian system*", wonach jedem Anrainer eines Binnengewässers das Recht auf einen angemessenen Gebrauch des vorhandenen Wassers zusteht. Dieses Recht ist wesentlicher Bestandteil des an das Wasser angrenzenden Grundstückes und kann somit nur in

[950] Vgl. DESKBOOK, aaO., S. 167.

Verbindung mit dem Eigentum am Grundstück bestehen. Der Bestand des Wassernutzungsrechtes ist unabhängig von der tatsächlichen Inanspruchnahme, so daß es nicht verwirkt werden kann. Welcher Wassergebrauch "angemessen" ist, bestimmt sich grundsätzlich nach den Umständen des Einzelfalls, wobei der Umfang primär durch die berechtigten Interessen der übrigen Anrainer des Gewässers auf einen gleichfalls ihren Verhältnissen angemessenen Gebrauch des Wassers beschränkt ist. Damit steht jedem Anrainer eine an seinen konkreten Bedürfnissen orientierte Quote am gesamten Wasservorkommen zu, so daß sich in Zeiten der Wasserknappheit die absolute Menge des ihm zustehenden Wassers entsprechend seinem Anteil vermindert.[951]

2. "Appropriative system"

Von diesem System der Nutzung des vorhandenen Wassers durch die Gesamtheit der angrenzenden Verbraucher unterscheidet sich das vor allem in westlichen Staaten gebräuchliche "*appropriative system*".[952] Vor dem Hintergrund der allgemeinen Wasserknappheit im Westen und der Tatsache, daß die Erschließung von Wasservorräten häufig hohe Investitionen erforderte, welche nur dann wirtschaftlich sinnvoll waren, wenn damit eine ständige Versorgung mit einem Mindestquantum an Wasser garantiert war, ohne daß hinzutretende Bedürfnisse Dritter zu berücksichtigen wären, stellten die Staaten des Westens ihr System der Wasseraufteilung auf die Grundlage von Aneignung und zeitlichem Erwerb. Im Unterschied zum "riparian system" sind danach Wassernutzungsrechte sonderrechtsfähig, also unabhängig von dem Eigentum an einem an das Gewässer angrenzenden Grundstück. Das Recht zur Nutzung einer bestimmten Wassermenge wird grundsätzlich allein durch den tatsächlichen Vorgang der Nutzung begründet, das heißt im Wege einseitiger Aneignung. Berechtigter an bestimmten Wasservorkommen ist damit derjenige, welcher als erster das Wasser einer nützlichen Verwendung zuführt. Der Umfang der Berechtigung erstreckt sich dabei auf die tatsächlich verbrauchte Menge Wasser, deren Nutzung dann auch für die Zukunft garantiert ist. Sofern sich jedoch der Umfang der genutzten Wassermenge

---

[951] CANBY, aaO., S. 277.

[952] Insgesamt verwenden heute 19 Staaten das "appropriative system". In seiner Reinform ist dieses System auch als die *"Colorado doctrine"* bekannt und ist heute in Alaska, Arizona, Colorado, Idaho. Montana, Nevada, New Mexico, Utah und Wyoming gebräuchlich. Daneben steht die in zehn weiteren Staaten gebräuchliche *"California doctrine"*, welche das "appropriative system" mit Elementen des "riparian system" modifiziert. Diese "California doctrine" gilt heute in Kalifornien, Kansas, Mississippi, Nebraska, North Dakota, Oklahoma, Oregon, South Dakota, Texas und Washington. Vgl. DESKBOOK, aaO., S. 168 Fn. 5.

verringert, vermindert sich auch der Umfang der Berechtigung. Daher galt unter dem *appropriative system* der Grundsatz: "Use it or loose it."[953]

Im Umfang des tatsächlichen Gebrauchs ging der sog. "first user" sämtlichen anderen vor. Damit kam dem Zeitpunkt der Begründung der Wasserberechtigung entscheidende Wirkung zu. Jedes zeitlich später begründete Recht steht den früher entstandenen im Range nach, mit der Folge daß der nachrangige Berechtigte nur insoweit seinen Wasserbedarf decken kann, als dies die vorrangigen bereits getan haben. Reicht die gesamte Wassermenge nicht mehr, um den Bedarf aller zu decken, so sind davon die im Rang ganz hinten stehenden Berechtigten als erste betroffen. Die Wasserversorgung des erstrangig Berechtigten kann dagegen als ziemlich gesichert angesehen werden. Damit war das Alter der Berechtigung zur Wassernutzung direkter Maßstab für deren Sicherheit: Je älter, desto besser.

II. Indianische Wassernutzungsrechte: Die *Winters doctrine*

Vor dem Hintergrund des *appropriative system* begannen die Gerichte der Vereinigten Staaten hinsichtlich der den Indianerstämmen zustehenden Wassernutzungsrechte die sog. "*implied reservation of water doctrine*" zu entwickeln.

1. Entstehung

Die eigentliche Begründung der indianischen Wassernutzungsrechte erfolgte mit *Winters v. United States*[954]. Dieser Entscheidung zufolge waren infolge einer Vereinbarung aus dem Jahr 1888, durch welche die *Fort Belknap Reservation* in Montana errichtet worden war, auch das Nutzungsrecht des Indianerstammes an dem Wasser des Milk River zum Zwecke der Bewässerung der Reservation vorbehalten. Dieses vorbehaltene Recht blieb grundsätzlich auch von den Ansprüchen unbeeinträchtigt, welche Nicht-Indianer nach dem Recht des Staates Montana an dem Wasser des Milk River erworben hatten.

Dieser Vorrang der indianischen Wassernutzungsrechte sollte die damals vorherrschende Politik unterstützen, wonach die Indianer innerhalb der Reservationen eine

---

[953] CANBY, aaO., S. 278.

[954] 207 U.S. 564 (1908).

bäuerliche Existenz begründen sollten, was nicht möglich wäre, wenn es an den entsprechenden Wassernutzungsrechten fehlen würde.[955] Demnach bedingte die Reservation eines bestimmten Gebietes mit der Zielsetzung einer landwirtschaftlichen Nutzung notwendigerweise gleichzeitig den Vorbehalt von Rechten an entsprechenden Wasservorräte, um eine entsprechende Nutzung auch faktisch zu ermöglichen.

Im Unterschied zur Sachlage in *Winters* betraf *Arizona v. California*[956] die Wassernutzungsrechte von Indianerstämmen auf Reservationen entlang des *Colorado*, welche durch Gesetz oder durch eine *executive order* des Präsidenten errichtet worden waren. Dabei stellte der Supreme Court auf die jeweilige Absicht bei der Errichtung der Reservation ab und kam zu dem Ergebnis, daß diese neben der Bereitstellung von Land auch den Vorbehalt von ausreichend Wasser zur Bewässerung und Bewirtschaftung desselben beinhalte.[957]

2. Rangverhältnis

Wie bereits zu erkennen, orientierte sich der Supreme Court in Winters an dem System des Vorranges von Wassernutzungsrechten, wie es für das *appropriative system* kennzeichnend ist. Hinsichtlich des Ranges der indianischen Wassernutzungsrechte kommt es jedoch nicht auf den Zeitpunkt der tatsächlichen Inanspruchnahme einer bestimmten Wassermenge an, sondern auf den Zeitpunkt der Entstehung der Reservation.[958] Dies bedeutet jedoch auch, daß die Winters-Rechte der Indianerstämme den zu diesem Zeitpunkt bereits begründeten Wassernutzungsrechten Dritter im Range nachgehen.[959] Allerdings gilt es zu beachten, daß der Zeitpunkt der tatsächlichen Entstehung der Reservation durchaus vor deren formeller Errichtung durch Vertrag, Gesetz oder Präsidialerlaß liegen kann.[960] Es kommt lediglich auf die tatsächliche Bereitstellung eines bestimmten Gebietes, begleitet von dem Willen, daß dieses Gebiet

---

955 Ebd., S. 576.

956 373 U.S. 546 (1963).

957 Demnach hängt der Vorbehalt von Wassernutzungsrechten oft eng mit der Zweckbestimmung des Reservationslandes zusammen: "The purpose of federal reservation of land defines the scope and nature of impliedly reserved water rights." *United States v. Adair*, 723 F.2d 1394, 1419 (9th Cir. 1983).

958 *Winters v. United States*, 207 U.S. 564, 572 (1908).

959 Ebd., S. 575ff..

960 Vgl. *Minnesota v. Hitchcock*, 185 U.S. 373, 390 (1902): "[I]n order to create a reservation, it is not necessary that there should be a formal act setting aside a particular tract. It is enough that from what has been done there results a certain defined tract appropriated to certain purposes."

auschließlich als Reservation für den Stamm genutzt werden solle, an.[961] Handelt es sich dabei gleichzeitig um ein Gebiet, an welchem ein sog. "Indian title" besteht,[962] dann geht das Wassernutzungsrecht des entsprechenden Indianerstammes sämtlichen anderen im Range vor.[963]

3. Umfang

In *Arizona v. California* äußerte sich der Supreme Court auch erstmals zu dem Umfang der vorbehaltenen Wassernutzungsrechte der Indianerstämme, indem er den sog. "*practicably irrigable acreage*" (PIA) Standard einführte.[964] Danach war im Unterschied zum "appropriative system" nicht auf den tatsächlichen (historischen) Verbrauch abzustellen, vielmehr war der Umfang zukunftsorientiert zu ermitteln: Von den vorbehaltenen Nutzungsrechten war soviel Wasser erfaßt, wie erforderlich ist, um die Reservation dem mit ihrer Errichtung beabsichtigtem Zweck zuzuführen. Dies war in der Regel eine Nutzung im Rahmen einer bäuerlichen Existenz der reservationsansässigen Indianer. Somit kam es darauf an, wieviel Wasser für die Bewässerung der entsprechend nutzbaren Fläche erforderlich war.

Sofern jedoch die Zweckbestimmung der Reservation über eine landwirtschaftliche Nutzung hinausging (z.B. Fischzucht o.ä.), war der Wasserbedarf entsprechend anzupassen.[965] Gleichzeitig war jedoch der Indianerstamm durch diese Zweckbestimmung bei der Verwendung des ihm diesbezüglich zustehenden Wassers nicht gebunden. Demnach konnte eine anhand landwirtschaftlicher Bedürfnisse ermittelte Wassermenge auch für die Nutzung im Rahmen industrieller Produktion verwendet werden, ohne daß sich der Umfang des entsprechend zugeteilten Wasseraufkommens veränderte.[966]

---

[961] Vgl. DESKBOOK, aaO., S. 184f..

[962] Dazu vgl. oben, S. 219ff..

[963] Vgl. *United States v. Adair*, 723 F.2d 1394, 1412ff. (9th Cir. 1983).

[964] 373 U.S. 546, 600f. (1963). Mit der Entscheidung *In re The General Adjudication of All Rights to Use Water in the Big Horn River System and All Other Sources, State of Wyoming*, 753 P.2d 76, 101 (Wyo. 1988), wurde dieser PIA Standard folgendermaßen konkretisiert. Danach kam es auf dreierlei an: (1) Bestimmung der landwirtschaftlich nutzbaren Fläche. (2) Technische Realisierbarkeit einer entsprechenden Bewässerung. (3) Erstellung einer Kosten-Nutzen-Analyse zur Bestimmung der wirtschaftlichen Vertretbarkeit einer entsprechenden Bewässerung. Infolge dieses viel großzügigeren Standards wurde den betroffenen Indianerstämmen insgesamt ein um 72 % höherer Wasserverbrauch zugestanden, als sie bisher tatsächlich in Anspruch genommen hatten. Vgl. DESKBOOK, aaO., S. 180.

[965] *United States v. Adair*, 723 F.2d 1394, 1408ff. (9th Cir. 1983).

[966] Vgl. *Colville Confederated Tribes v. Walton*, 647 F.2d 42, 48 (9th Cir. 1981).

Somit war eine tatsächliche Nutzung des Wassers für den bestimmten Zweck und in dem bestimmten Umfang für den Erhalt dieser *Winters*-Rechte nicht erforderlich.[967]

Während sich die *Winters*-Rechte grundsätzlich nur auf die Gewässer innerhalb oder angrenzend der Reservation (einschließlich des Grundwassers) beziehen, ist es fraglich, ob derartige Rechte auch an von der Reservation entfernten Gewässern begründet werden können. Unter dem *appropriative system* wäre dies ohne weiteres zu bejahen. Aufgrund der Tatsache, daß die indianischen Wasserrechte aber ohnehin innerhalb dieses Verteilungssystems der Staaten einen erheblichen Fremdkörper darstellen, ist für eine entsprechende Ausdehnung ein dahingehender ausdrücklicher Wille des Gesetzgebers oder Präsidenten bei der Errichtung der Reservation erforderlich, sofern nicht ein entsprechender "original title" des Indianerstammes an den betroffenen abgelegenen Wasservorkommen besteht.[968]

4. Individuelle *Winters*-Rechte

Bisher wurden die Wassernutzungsrechte immer in Bezug auf das im Stammeseigentum befindliche Land diskutiert. Nicht behandelt wurde die Frage, was mit den *Winters*-Rechten geschieht, wenn Stammesland in Individualeigentum umgewandelt wird, was in der Regel im Zuge offizieller Landzuteilung (sog. *allotment*[969]) geschieht. Nach allgemeiner Ansicht bleiben an diesen individuell zugeteilten Grundstücken die Wasserbezugsrechte auch weiterhin bestehen. Dabei ist es zunächst gleichgültig, ob die Zuteilung an einen Indianer oder Nicht-Indianer erfolgt ist. In beiden Fällen entspricht der Umfang des Wassernutzungsrechtes dem Anteil der Fläche des Grundstückes an der gesamten für die Bemessung der PIA zu berücksichtigenden Fläche.[970] Diese individuellen *Winters*-Rechte stellen dann einen wesentlichen Bestandteil des Grundstückes dar, so daß sie auch im Fall der Veräußerung mit auf den Erwerber übergehen.[971] Für den Rang dieser Wassernutzungsrechte bleibt auch in diesem Fall stets das Datum der Reservationsentstehung entscheidend.[972]

---

[967] Dies ist ein bedeutender Unterschied zu den Wassernutzungsrechten nach dem "appropriative system", wo bei Nichtnutzung die Berechtigung an der entsprechenden Wassermenge verloren ging.

[968] CANBY, aaO., S. 284.

[969] Vgl. dazu oben, S. 143ff..

[970] *Colville Confederated Tribes v. Walton*, 752 F. 2d 398, 401 (9th Cir. 1985); vgl. auch *United States v. Powers*, 305 U.S. 527, 532 (1939).

[971] *Skeem v. United States*, 273 F. 93 (9th Cir. 1921); *United States v. Hibner*, 27 F.2d 909 (D. Idaho 1928).

Hinsichtlich des Erlöschens dieser individuellen *Winters*-Rechte ist jedoch zwischen indianischen und nicht-indianischen Landeigentümern zu unterscheiden: Ist bei einem Indianer eine fehlende Nutzung dieser Rechte für deren Bestand unerheblich, geht der nicht-indianische Berechtigte im Umfang der Nichtnutzung seiner Rechte verlustig. Insoweit richtet sich also die Wassernutzungsberechtigung eines Nicht-Indianers immer nach seinem tatsächlichen Bedarf.[973]

5. Zusammenfassung

Somit sind die Wassernutzungsrechte der Indianerstämme grundsätzlich in zweierlei Hinsicht gegenüber den nicht-indianischen, nach dem Recht der Einzelstaaten begründeten Berechtigungen an den Wasservorkommen begünstigt: Zum einen bemißt sich deren Umfang nicht nach dem in der Vergangenheit gezeigten tatsächlichen Bedarf, sondern nach der (theoretischen) Größe des PIA-Standards. Zum anderen genießen sie aufgrund des frühen Zeitpunkts ihrer Entstehung (nämlich zusammen mit der Reservationsgründung) gegenüber den allermeisten anderen Wassernutzungsrechten Priorität.[974]

Canby faßt die Kennzeichen der den Indianerstämmen vorbehaltenen Wassernutzungsrechte folgendermaßen zusammen:

1. *Winters* rights are creatures of federal law, which defines their extent.
2. Establishment of a reservation by treaty, statute or executive order includes an implied reservation of water rights in sources within or bordering the reservation.
3. The water rights are reserved as of the date of creation of the applicable portion of the reservation. Competing users with prior appropriation dates under state law take precedence over the Indian rights, but those with later dates are subordinate.
4. The quantity of water reserved for Indian use is that amount sufficient to irrigate all the practicably irrigable acreage of the reservation.
5. *Winters* rights to water are not lost by non-use.[975]

Insoweit genießen die Wassernutzungsrechte von Indianerstämmen und ihren Mitgliedern gegenüber nicht-indianischen Berechtigten eine eindeutig privilegierte Stellung, was als konkrete Ausprägung der *trust responsibility* der Vereinigten Staaten

---

[972] CANBY, aaO., S. 287.

[973] *Colville Confederated Tribes v. Walton*, 647 F.2d 42 (9th Cir. 1981).

[974] Reid Peyton Chambers, *Indian Water Rights After The Wyoming Decision*, HARVARD 1989 INDIAN LAW SYMPOSIUM, S. 153, 154.

[975] AaO., S. 282.

gegenüber den Indianern angesehen werden kann. Insoweit besteht eine Verpflichtung, den Indianerstämmen innerhalb ihrer Gebiete eine dauerhafte Existenz zu ermöglichen, wozu ein ausreichender Vorrat an Wasser unabdingbare Voraussetzung ist. Dies bedeutet gleichzeitig, daß die *Winters*-Rechte zwar zusammen mit dem Land an Nicht-Indianer verpachtet werden können (wie bereits festgestellt sind die Indianer in der Art der Nutzung ihrer Wasserberechtigung nicht festgelegt), eine endgültige Veräußerung dieser Rechte ist jedoch genausowenig wie die des Landes mit dem aus der *trust relationship* erwachsenen Veräußerungsverbot vereinbar.

Werden einem Indianerstamm von der Bundesregierung diesem zustehende *Winters*-Rechte einseitig wieder entzogen, so richtet sich die Frage einer Entschädigung nach den gleichen Kriterien wie bei der Enteignung von Land. Beruhen die Wassernutzungsrechte des Indianerstammes auf einer vertraglichen oder gesetzlichen Anerkennung (recognized title), so sind diese im Fall der Wegnahme nach dem *5th Amendment* zu entschädigen. In allen anderen Fällen kam allenfalls eine Entschädigung nach dem *Indian Claims Commission Act* in Betracht.[976]

Von ähnlich zentraler Bedeutung für das alltägliche Leben der Indianer auf ihren Reservationen wie die Berechtigung an den dortigen Wasservorkommen ist das Recht zu jagen und dem Fischfang nachzugehen. Dies ist Gegenstand der nun folgenden Erörterung.

I. Jagd- und Fischereirechte der Indianerstämme

Für die Indianer - wie für die meisten indigenen Kulturen - ist der Fischfang und die Jagd nicht nur eine Möglichkeit der Nahrungsversorgung, sondern eine Aktivität von großer kultureller und spiritueller Wichtigkeit. Daher behielten sich die Indianerstämme in den Verträgen mit den Vereinigten Staaten oft ausdrücklich besondere Jagd- und Fischereirechte vor. Daneben hat aber der mit den Jagd- und Fischereirechten verbundene wirtschaftliche Aspekt für die Indianer heute zunehmend an Bedeutung gewonnen: Mittlerweile zählt der Fischfang vor allem im pazifischen Nordwesten der Vereinigten Staaten zum bedeutendsten Faktor für die ökonomische Entwicklung der dortigen Indianerstämme. Aber auch das bloße Recht, Lizenzen für den Fischfang durch

---

[976] Vgl. oben, S. 225f.

Nicht-Indianer innerhalb ihrer Gebiete zu erteilen, hat sich für etliche Stämme als ergiebige Einnahmequelle erwiesen.

Sowohl ökonomische als auch ökologische Beweggründe ließen den Fisch- und Wildfang vor allem zwischen den Indianerstämmen und den einzelnen Bundesstaaten zum hart umkämpften Streitpunkt werden. Während die Indianer unter Berufung auf ihre ursprüngliche Souveränität zumindest innerhalb ihrer Reservationen das ausschließliche Recht zur Regelung von Jagd und Fischfang in Anspruch nahmen, bestritten die Staaten wiederum genau diese Befugnis: Anfangs verwiesen sich noch darauf, daß sie Eigentümer sämtlicher Fisch- und Wildbestände seien und daher auch dessen Bestand innerhalb der Reservationen kontrollieren könnten.[977] Dieser undifferenzierten Argumentation wurde jedoch in *Missouri v. Holland*[978] eine Grenze gesetzt: Aufgrund der "*supremacy clause*" in Art. VI S. 2 U.S. Constitution stehen die als Bestandteil des Bundesrechtes angesehenen indianischen Vorbehalte hinsichtlich der Jagd- und Fischereirechte in der Normenhierarchie über dem Staatenrecht.[979] Daneben versuchten die Staaten über die Belange des Artenschutzes innerhalb der Reservationen Einfluß auf die Regelung des Wild- und Fischfanges zu erlangen. Darauf wird weiter unten noch näher einzugehen sein.[980]

Die ausgeprägt starke territoriale Komponente der indianischen Souveränität legt es nahe - ähnlich wie in Fragen der Jurisdiktion - auch bei der Darstellung der Jagd- und Fischereirechte der Indianer nach dem Ort des Geschehens zu unterscheiden. Weiter ist es von Relevanz, ob von dem Regelungskomplex des jeweiligen Hoheitsträgers sowohl Indianer als auch Nicht-Indianer in gleicher Weise erfaßt sind.

I. Ursprung und Ausmaß indianischer Jagd- und Fischereirechte

Ursprung der Jagd- und Fischereirechte der Indianerstämme ist - ähnlich wie bei den Landrechten[981] - der sog. "original Indian title", welcher nicht nur ein Recht zum Besitz an den betroffenen Gebieten verschaffte, sondern auch das Recht zur Jagd und

---

977 *Geer v. Connecticut*, 161 U.S. 519 (1896).

978 252 U.S. 416 (1920).

979 Vgl. auch *Hughes v. Oklahoma*, 441 U.S. 322 (1979), womit die Entscheidung in *Geer* ausdrücklich außer Kraft gesetzt wurde.

980 S. unten, S. 245f..

981 Dazu vgl. oben, S. 219ff..

zum Fischfang innerhalb dieser Gebiete mit einschloß.[982] Im Zuge der weitflächigen Landabtretungen in den Verträgen mit den Vereinigten Staaten wurden regelmäßig nicht nur die Besitzrechte der Indianer, sondern gleichzeitig auch deren entsprechenden Jagd- rechte beendet. In Ausnahmefällen behielten sich jedoch die Indianerstämme ausdrücklich das Recht vor, auf den abgetretenen Gebieten auch weiterhin der Jagd und dem Fischfang nachgehen zu können.[983] In diesen Fällen bestanden die Jagd- und Fischereirechte der Indianer auch auf Gebieten außerhalb ihres zurückbehaltenen Stammesterritoriums fort.

Oft sahen die vertraglichen Bestimmungen das Recht der Indianer vor, auf den von der Abtretung betroffenen Gebieten solange weiter der Jagd und dem Fischfang nachgehen zu können, wie diese noch nicht von Nicht-Indianern zur Ansiedlung benötigt würden ("open and unclaimed"). In diesem Fall ist jedoch dann die Jagd auf *Privatgrund* außerhalb der Reservation nicht mehr von dem Wortlaut des Vertrages gedeckt, so daß die Indianer diesbezüglich in vollem Umfang den Regelungen des jeweiligen Bundesstaates unterliegen[984]. Inwieweit die Jagd auf *öffentlichem Grund* der Vereinigten Staaten weiterhin zulässig ist, ist unklar. Die Rechtsprechung tendiert dahin, nach der Art der Widmung des jeweiligen öffentlichen Landes zu unterscheiden: Besteht keine konkrete Zweckbestimmung, wie z.B. bei den sog. *National Forest*, so handelt es sich weiterhin um "open and unclaimed lands".[985] Ist das Land jedoch einer bestimmten Nutzung zugeführt, wie dies u.a. auch für die *National Parks* angenommen wird, so sind damit die vorbehaltenen Jagdrechte auf diesem Gebiet erloschen.[986]

In Abwesenheit eines entsprechenden vertraglichen Vorbehaltes gelten jedoch mit Beendigung des "Indian title" an Grund und Boden sämtliche anderen Rechte der Indianerstämme diesbezüglich ebenfalls als erloschen.[987]

---

[982] *State v. Coffee*, 556 P.2d 1185, 1188 (1976).

[983] Vgl. *Oregon Department of Fish and Wildlife v. Klamath Indian Tribe*, 473 U.S. 753, 773 (1985).

[984] Vgl. *State v. Coffee*, 556 P.2d 1185 (1976).

[985] vgl. *State v. Stasso*, 563 P.2d 562, 565 (Mont. 1977).

[986] vgl. *United States v. Hicks*, 587 F.Supp. 1162 (W.D. Wash. 1984).

[987] Theoretisch wäre natürlich auch hinsichtlich der ursprünglichen Jagd- und Fischereirechte der Indianerstämme denkbar, daß der einmal wirksam begründete "original title" bis heute nicht von der Bundesregierung ausgelöscht ist, und somit weiterhin fortbesteht. Vgl. *United States v. Dann*, 865 F.2d 1528, 1533f (9th Cir. 1989). Dies ist jedoch ähnlich wie bei den Landrechten sehr unwahrscheinlich, da diesbezüglich vielfältige Erlöschenstatbestände in Frage kommen (z.B. einseitige Aufgabehandlung der Indianerstämme, Beendigungsgesetz des Kongreß, Entschädigungszahlung der Bundesregierung i.R.d. *Indian Claims Commission Act* oder durch eine mit dem Fortbestand ausschließlicher indianischer Rechte unvereinbare Ausübung der Herrschaftsgewalt über das Gebiet). Vgl. oben, S. 224f..

Der Umfang der indianischen Rechte zur Jagd und zum Fischfang sind jedoch von der konkreten Regelung im Einzelfall abhängig. Zum Teil wurde den Indianern vertraglich das Recht zugesichert, bei der Ausbeutung der Fisch- und Wildbestände im Rahmen ihrer Bedürfnisse Priorität gegenüber allen anderen Interessenten zu genießen. Folglich konnten Nicht-Indianer dann lediglich die nicht von den Indianern benötigten Bestände erjagen und fischen.[988] Andere Verträge sahen dagegen eine gemeinschaftliche Ausübung des Jagd- und Fischereirechtes von Indianern mit dem der Nicht-Indianer vor: Danach steht beiden Gruppen gleichermaßen das Recht zur Ausbeutung der vorhandenen Wild- und Fischbestände zu. Diese Gleichheit wurde vom Supreme Court auch quantitativ interpretiert, so daß den Indianerstämmen - unabhängig von der tatsächlichen Größe der jeweiligen Gruppen - in derartigen Fällen maximal 50 % der Fischernte zustehen.[989]

Sofern sich die Indianerstämme das Recht zu jagen und zu fischen vorbehalten haben, beschränkt sich dieser Vorbehalt allerdings nicht auf die zur damaligen Zeit gebräuchlichen Jagd- und Fischereimethoden, sondern betrifft allein das Recht an sich. Somit können sich die Indianer heute im Rahmen ihrer alten Rechte auch moderner Methoden des Fischfanges und der Jagd befleißigen.[990]

Unabhängig von den konkreten Umständen des Vorbehaltes unterliegen die indianischen Jagd- und Fischereirechte der immanenten Beschränkung, daß diese dem Zweck dienen, den Indianerstämmen eine bescheidene Lebensführung und Sicherung ihres Auskommens zu ermöglichen.[991] Folglich bestimmt sich der Umfang dieser Rechte im Einzelfall auch nach der allgemeinen ökonomischen Situation und den entsprechenden Bedürfnissen des Indianerstammes.[992]

---

[988] Vgl. *United States v. Michigan*, 505 F.Supp. 467, 473 (W.D. Mich. 1980).

[989] *Washington v. Washington State Commercial Passenger Fishing Vessel Association*, 443 U.S. 658, 685ff. (1979). Diese Quotelung ist grundsätzlich unabhängig von der Größe des Indianerstammes. Allerdings sind bei sehr kleinen Stämmen Abstriche von der 50 %-Grenze vorzunehmen. Für die Ermittlung des jeweiligen Fischfanges von Indianern und Nicht-Indianern kommt es nicht darauf an, ob die Fische in- oder außerhalb der Reservation gefangen wurden.

[990] *United States v. Washington*, 384 F. Supp. 312, 402 (9th Cir. 1975).

[991] *Fishing Vessel*, 443 U.S. 658, 685f.

[992] Ebd., S. 687.

II. Befugnis zur Regelung des Fisch- und Wildfanges

Im folgenden wird auf die jeweilige Befugnis der Indianerstämme, der einzelnen Bundesstaaten und der Vereinigten Staaten zur Regelung des Fisch- und Wildfanges von Indianern und Nicht-Indianern auf den und außerhalb der Reservationen näher eingegangen werden. Dabei wird deutlich werden, inwieweit diesbezüglich die Prämisse indianischer Souveränität konkrete Auswirkung auf die unterschiedlichen Regelungskompetenzen hat.

1. Regelungskompetenz der Indianerstämme

Hinsichtlich der Kompetenz der Indianerstämme zur Regelung von Jagd und Fischfang ist einerseits zwischen Stammesmitgliedern und anderen Personen, und andererseits nach dem Bezugsort der Regelung (in oder außerhalb der Reservation) zu unterscheiden.

a) Über Stammesmitglieder

(1) Innerhalb der Reservation

Grundsätzlich steht das Jagd- und Fischereirecht innerhalb der Reservationen dem Indianerstamm in seiner Gesamtheit zu.[993] Die Ausübung desselben ist jedoch den einzelnen Stammesmitgliedern überlassen.[994] Allerdings kann die Stammesregierung die Art und Weise dieser Rechtsausübung durch die Stammesmitglieder bestimmen und kontrollieren. Dies ergibt sich nicht nur aus der Stellung als eigentlicher Rechtsinhaber, sondern ist auch Konsequenz der den Stämmen zukommenden Hoheitsgewalt über ihre eigenen Mitglieder. Verletzungen entsprechend erlassener Bestimmungen durch Stammesmitglieder unterliegen dann der (grundsätzlich) ausschließlichen Zuständigkeit der Stammesgerichte.[995]

---

[993] *Whitefoot v. United States*, 293 F.2d 658, 663 (Ct. Cl. 1961).

[994] *United States v. Felter*, 546 F.Supp. 1002, 1022ff. (D. Utah 1982)

[995] *United States v. Jackson*, 600 F.2d 1283, 1286 (9th Cir. 1979). Wie der Supreme Court in *McClanahan v. Arizona State Tax Commission*, 411 U.S. 164 (1973) festgestellt hat, fehlt den Bundesstaaten grundsätzlich jegliche Kompetenz zur Regelung des Verhaltens von Indianern innerhalb ihres eigenen Territoriums. Dies gilt sogar auch für Staaten, die unter der Geltung von P.L. 280 die Jurisdiktion über die Indianerreservationen an sich gezogen haben (vgl. oben Fn. 837), da davon ausdrücklich die indianischen Jagd- und Fischereirechte ausgenommen waren, 18 U.S.C. § 1162(b).

(2) Außerhalb der Reservation

Außerhalb der eigenen Reservation ist die Regelungskompetenz der Indianerstämme hinsichtlich ihrer eigenen Mitglieder sehr begrenzt. Zwar ist es grundsätzlich möglich, daß sich ein Indianerstamm auch außerhalb seines jetzigen Gebietes Jagd- und Fischereirechte vertraglich vorbehalten hat und somit ein entsprechendes Recht der einzelnen Stammesmitglieder bejaht werden kann. Aber hier schlägt die territoriale Begrenztheit der indianischen Souveränität voll durch, wonach sich diese allein auf die Verwaltung der Angelegenheiten innerhalb der Reservation bezieht.[996]

Dennoch wird vereinzelt angenommen, daß die Stämme aufgrund des kommunalen Charakters auch dieser exterritorialen Jagd- und Fischereirechte zur Regelung des entsprechenden Verhaltens ihrer Mitglieder befugt seien, da diese sich mit der Ausübung des Stammesrechtes freiwillig entsprechenden Vorschriften des Stammes unterwerfen würden.[997] In Einzelfällen vertraten die Gerichte die Ansicht, daß der Vorbehalt der Fischereirechte, welcher sich auf seit altersher von den Indianern zum Fischfang genutzte Gebiete außerhalb der Reservation bezieht, gleichzeitig als Vorbehalt der entsprechenden Jurisdiktion der Indianerstämme über ihre eigenen Mitglieder anzusehen sei.[998] Dies kommt jedoch stets auf den konkreten Wortlaut des Vertrages und die damit beabsichtigte Reichweite der vorbehaltenen Rechte an, so daß sich eine allgemeine Feststellung verbietet. Sofern jedoch die Jurisdiktion der Indianerstämme über ihre Mitglieder auch außerhalb des eigenen Territoriums bejaht werden kann, steht diese konkurrierend neben der Jurisdiktion der ansonsten zuständigen Bundesstaaten.[999] Dabei können die Bundesstaaten entsprechende Aktivitäten nur dann regeln, wenn dies aus Gründen des Arten- schutzes erforderlich und angemessen ist, und die entsprechenden Regelungen des Indianerstammes diesbezüglich unzureichend sind.[1000]

---

[996] *New Mexico v. Mescalero Apache Tribe*, 462 U.S. 324, 335 (1983).

[997] DESKBOOK, aaO., S. 246; vgl. auch *United States v. Michigan*, 505 F.Supp. 467, 475f. (W.D. Mich. 1980).

[998] *Settler v. Lameer*, 507 F.2d 231 (9th Cir. 1974); *United States v. Washington*, 520 F.2d 676 (9th Cir. 1975).

[999] Vgl. *United States v. Michigan*, 653 F.2d 277 (6th Cir. 1981).

[1000] Vgl. DESKBOOK, aaO., S. 247f.

b) Über Nicht-Mitglieder innerhalb der Reservation

Eine Regelungskompetenz der Indianerstämme über den Jagd- und Fischfang von Nicht-Mitgliedern kommt allenfalls für Aktivitäten innerhalb der Reservationen in Betracht. Dabei ist jedoch - anders als bei den Stammesmitgliedern - weiter danach zu differenzieren, ob es sich bei dem jeweiligen Ort des Geschehens um "reguläres" Stammesgebiet, d.h. der treuhänderischen Verwaltung der Vereinigten Staaten unterliegendes Gebiet, oder aber ob es sich um ein im Privateigentum Dritter befindliches Gebiet[1001] handelt.

(1) Auf Treuhandsgebieten

Die Befugnis der Indianerstämme zur Regelung des Verhaltens von Nichtmitgliedern innerhalb ihres eigenen Stammesterritoriums ergibt sich als Folge des den Stämmen inhärenten Rechtes, Fremden den Zutritt zu ihren Gebieten entweder gänzlich zu verwehren oder nur unter bestimmten Bedingungen zu gestatten.[1002] Folglich kann der Stamm (konkludent) auch die Einhaltung seiner eigenen Jagd- und Fischereibestimmungen zur Bedingung für das Betreten und Verbleiben auf seinem Territorium machen. Die möglichen Sanktionen beschränken sich jedoch allein auf den Verweis von der Reservation oder die Entziehung einer bereits erteilten Erlaubnis zum Fisch- oder Wildfang innerhalb der Reservation. Eine strafrechtliche Verfolgung von Nicht-Indianern ist - wie bereits dargestellt - ist den Indianerstämmen jedoch nicht möglich.[1003]

(2) Auf Gebieten im Eigentum Dritter

Die Regelungskompetenz der Indianerstämme ist deutlich eingeschränkt, wenn es um das Verhalten von Nicht-Indianern auf Gebieten geht, welche sich nicht im Eigentum des Indianerstammes befinden, auch wenn diese innerhalb der Reservation belegen sind.[1004] Im Grundsatz wird eine Regelungskompetenz der Indianerstämme über das Verhalten von Nicht-Indianern auf Privatgrundstücken Dritter abgelehnt.

[1001] Zur Entstehung von derartigen "Sonderrechtsgebieten" innerhalb der Reservation vgl. oben, S. 119f.

[1002] Vgl. *Williams v. Lee*, 358 U.S. 217, 219 (1959).

[1003] Vgl. oben, S. 203. Dieses Verbot bezieht sich auch auf Maßnahmen der Beschlagnahme von Jagdwaffen oder Fischereiwerkzeugen, da es sich dabei um strafrechtsähnliche Sanktionen handelt, *Quechan Tribe of Indians v. Rowe*, 531 F.2d 408, 411 (9th Cir. 1976).

Es kann auch nicht angenommen werden, daß ein Nicht-Indianer, welcher auf einem im Privateigentum stehenden Grundstück fischt, sich freiwillig der Geltung der Stammesregelungen über den Fischfang unterworfen habe, da es insoweit an einem entsprechenden Ausschlußrecht des Indianerstammes von dem betreffenden Gebiet fehlt. Etwas anderes kann nur dann gelten, wenn durch die Jagd- und Fischaktivitäten auf dem Privatgelände die wirtschaftliche Existenz des Indianerstammes nachhaltig beeinträchtigt würde oder für den Indianerstamm sonst schädliche Wirkungen von dem zu regelnden Verhalten ausgingen.[1005] Ist dies jedoch nicht der Fall, so kann sich der Indianerstamm gegen eine von dem auf diesen Privatgrundstücken stattfindenden Verhalten ausgehende Beeinträchtigung seiner eigenen Jagd- und Fischereirechte nur mit entsprechenden Unterlassungsklagen zur Wehr setzen.[1006]

2. Regelungskompetenzen der Staaten

Daß die Staaten zur Regelung des von Nicht-Indianern außerhalb von Reservationen ausgeübten Wild- und Fischfanges zuständig sind, ist eine Selbstverständlichkeit. Fraglich ist jedoch, inwieweit indianische Fischer und Jäger in und außerhalb einer Reservation dem regelnden Zugriff der Bundesstaaten ausgesetzt sind.

a) Indianer außerhalb der Reservation

Außerhalb der Reservationen steht den Staaten grundsätzlich auch gegenüber indianischen Fischern und Jägern eine umfassende Regelungskompetenz zu. Dies ist eine Folge der ursprünglichen Annahme, daß sämtliche Fisch- und Wildbestände innerhalb der Staatsgrenzen im Eigentum des Staates stehen, und dieser zu deren Erhalt verpflichtet und somit auch zu entsprechenden Regelungen im Rahmen seiner allgemeinen Polizeigewalt befugt ist.[1007]

In jüngerer Zeit wich diese Ansicht zugunsten einer differenzierteren Betrachtung, wonach die allgemeine Polizeigewalt sich grundsätzlich zwar auch auf die Regelung des Fisch- und Wildfanges erstrecke, dabei jedoch nicht die Ausübung bundesrechtlich

---

[1004] Vgl. *Montana v. United States*, 450 US. 544, 565f. (1981).

[1005] Vgl. ebd., S. 566 Fn. 16.

[1006] *Brendale v. Yakima Indian Nation*, 492 U.S. 408, 430f. (1989).

[1007] *Lacoste v. Department of Conservation*, 263 U.S. 545, 549 (1924).

geschützter Rechte Dritter beeinträchtigen dürfe.[1008] Somit unterliegen Indianer, welche außerhalb ihrer Reservation der Jagd nachgehen grundsätzlich der uneingeschränkten Hoheitsgewalt der Staaten, sofern ihnen nicht aufgrund eines Vertrages mit den Vereinigten Staaten ein entsprechendes exterritoriales Jagd- und Fischereirecht vorbehalten ist.[1009] In letzterem Fall stellen die entsprechenden vertraglichen Regelungen die Grenze der Regelungskompetenz der Staaten dar, sofern diese noch nicht durch einen einseitigen Beendigungsakt seitens der Vereinigten Staaten außer Kraft gesetzt worden sind.[1010] Ähnlich verhält es sich für den (seltenen) Fall des Bestehens eines exterritorialen Jagd- und Fischereirechtes der Indianer aufgrund unverändert fortbestehenden "original Indian title".[1011]

b) Indianer innerhalb ihrer Reservationen

Wie bereits festgestellt sind die Stammesmitglieder innerhalb der Grenzen ihrer Reservation grundsätzlich nicht den Jagd- und Fischereigesetzen der Bundesstaaten unterworfen, da der bundesrechtliche Charakter des Errichtungsaktes von Reservation und damit verbundenen Jagd- und Fischereirechten die Anwendung einzelstaatlichen Rechts ausschließt.[1012] Dabei ist es unerheblich, ob sich das betreffende Gebiet im Stammeseigentum oder im Privateigentum Dritter befindet, da auch auf Privatgrundstücken die bundesrechtliche Anerkennung indianischer Jagd- und Fischrechte gegenüber den Staaten ihre ausschließende Wirkung entfaltet.[1013]

[1008] *Baldwin v. Montana Fish and Game Commission*, 436 U.S. 371, 386 (1978).

[1009] Dazu vgl. schon oben, S. 240.

[1010] Vgl. *New Mexico v.Mescalero Apache Tribe*, 462 U.S. 324, 335 Fn. 18 (1983). Ein derartiger vertraglicher Vorbehalt muß nicht ausdrücklich erfolgen. Dennoch wird in den meisten Fällen der Landabtretungen aufgrund der umfassenden Formulierung ("all their claim, right, title, and interest in and to") auch eine Abtretung der Jagd- und Fischereirechte anzunehmen sein, *Oregon Department of Fish and Wildlife v. Klamath Indian Tribe*, 473 U.S. 753, 774 (1985).

[1011] Dazu vgl. schon oben, S. 236.

[1012] *United States v. Dion*, 476 U.S. 734, 736 (1986). Vgl. auch schon oben, Fn. 995.

[1013] Etwas anderes gilt nur für den Fall, daß entsprechende Jagd- und Fischrechte nicht ausdrücklich den Indianern vorbehalten waren, oder die Vereinigten Staaten vor der Veräußerung der Grundstücke an die nicht-indianischen Privatpersonen sämtliche indianischen Rechte daran gelöscht haben. *Blake v. Arnett*, 663 F.2d 906, 911 (9th Cir. 1981). Unklar ist, inwieweit die Indianer zur Ausübung ihrer Jagd- und Fischrechte auf dem Privatgrund auch gegen den Willen des Eigentümers befugt sind: Auch wenn diese Frage (merkwürdigerweise) bisher noch nicht entschieden ist, scheint die Ausschlußbefugnis des Eigentümers gegen eine derartige Ausübung zu sprechen. Stellt man jedoch darauf ab, daß die Berechtigung der Indianer - ähnlich den Besitzrechten - wie eine Art Dienstbarkeit auf dem Eigentum lastet, und daß die Vereinigten Staaten auf den Dritten nicht mehr Rechte übertragen können, als sie selber haben, so wäre ein Jagdrecht der Indianerauf Privatgrund innerhalb der Reservationen (mangels eines anderweitigen Erlöschensgrundes) ebenfalls zu bejahen. Vgl. zu dieser Frage *Antoine v. Washington*, 420 U.S. 194, 207 Fn. 11 (1975).

Von diesem Grundsatz wird jedoch eine Ausnahme gemacht, wenn die Ausdehnung staatlicher Gesetze auf die Reservationen für den Erhalt einer bedrohten Tierart unbedingt erforderlich ist. Dies hat der Supreme Court für einen Fall angenommen, in welchem die schrankenlose Ausübung des indianischen Fischereirechtes innerhalb der *Puyallup I.R.* zum Aussterben sämtlicher Bestände an Lachs- und Stahlkopfforellen geführt hätte, und dadurch gleichzeitig auch der den Nicht-Indianern zustehende Anteil an der Fischernte in dem betroffenen Fluß vernichtet worden wäre.[1014] Jedoch soll dieses Regelungsrecht der Staaten auf besondere Ausnahmefälle beschränkt bleiben.[1015]

In gleicher Weise wie die Errichtung einer Reservation die Hoheitsgewalt der Staaten innerhalb des betroffenen Gebietes grundsätzlich ausschließt, kann sich aus dem Errichtungsakt selber ergeben, daß die Ausübung des Jagd- und Fischfanges innerhalb der Reservation der Regelung durch die Staaten unterliegen solle. Aufgrund des den Indianerstämmen zukommenden Selbstregierungsrechtes hinsichtlich reservatsinterner Angelegenheiten bedarf es jedoch einer entsprechend ausdrücklichen bundesrechtlichen Ermächtigung der Staaten.[1016]

c) Nicht-Indianer innerhalb der Reservationen

Innerhalb der Reservationen unterliegen Nicht-Indianer insoweit der Hoheitsgewalt der Bundesstaaten, als dies nicht eine Beeinträchtigung des indianischen Selbstregierungsrechtes oder sonstiger von der Bundesregierung den Indianerstämmen garantierter Rechte darstellen würde.

In *Montana v. United States*[1017] entschied der Supreme Court, daß die staatliche Regelung des Fischfanges und der Jagd von Nichtindianern auf stammesfremden Gebiet innerhalb der Reservation, keine Verletzung der Souveränitätsrechte des Indianerstammes darstelle, und somit wirksam sei.[1018]

[1014] *Puyallup Tribe v. Washington Game Department*, 433 U.S. 165, 175ff. (1977) (*Puyallup III*). Das vollständige Ausfischen der Bestände dieser im Süßwasser laichenden und zum Meer wandernden Fische hätte unwiederbringlich zu deren Ausrottung in dem betroffenen Fluß geführt. Die Quotelung der Fischernte ergab sich hier aufgrund bundesbehördlicher Aufteilung zwischen Indianern und Nicht-Indianern .

[1015] *New Mexico v. Mescalero Apache Tribe*, 462 U.S. 324, 331f. (1983).

[1016] DESKBOOK, aaO., S. 238.

[1017] 450 U.S. 544 (1981).

Größeres Konfliktpotential beinhaltet dagegen die Regelung des Fischfanges von Nicht-Indianern auf Stammesgebiet im eigentlichen Sinn, welches von den Vereinigten Staaten treuhänderisch gehalten wird, da diesbezüglich sowohl die Souveränität der Indianerstämme als auch der Vorrang bundesrechtlicher Regelungen einer Anwendung der Staatengesetze entgegenstehen kann. Allgemein wird jedoch angenommen, daß den Staaten diesbezüglich eine mit den Indianerstämmen konkurrierende Regelungskompetenz zukommt, sofern diese nicht durch Sinn und Zweck der einschlägigen Bundesgesetze vollkommen ausgeschlossen ist.[1019]

Ähnlich wie bei Fragen der allgemeinen Jurisdiktion wird dabei eine umfassende Abwägung der jeweiligen Interessen im Einzelfall vorgenommen. Dem Interesse der Indianerstämme und der Bundesregierung an einer Förderung indianischer Souveränität und ökonomischer Autarkie steht insbesondere in den Fällen ein gewichtiges Interesse der Staaten an einer Regelung gegenüber, wenn zum einen der Staat selber Leistungen im Zusammenhang mit der Aktivität innerhalb der Reservation erbringt, oder wenn diese Aktivitäten spürbare Auswirkungen außerhalb der eigentlichen Reservation nach sich ziehen, welche eine staatliche Regelung erforderlich machen.[1020] Dies wäre zum Beispiel der Fall, wenn der Staat selber Maßnahmen zur Aufzucht der betroffenen Wild- und Fischbestände getroffen hat, oder wenn es sich um über die Reservatsgrenzen hinaus wandernde Bestände handelt.[1021]

Selbst für den Fall, daß eine Kompetenz der Staaten zur Regelung des Fischfanges und der Jagd von Nicht-Indianern innerhalb des Stammesgebietes bejaht wird, tritt diese jedoch regelmäßig nur neben die entsprechenden Stammesregelungen. Folglich sind nicht-indianische Fischer und Jäger dann innerhalb der Reservationen einem doppelten Normenkomplex ausgesetzt. Sofern die jeweiligen Bestimmungen voneinander abweichen, findet im Zweifel die strengere Regelung Anwendung.[1022] Auf diese Weise können einerseits die Bestimmungen der Indianerstämme zur Regelung des Fisch- und Wildfanges nicht durch eine entsprechend liberalere Normierung seitens der Staaten

---

1018 Ebd., S. 564; vgl. ebenso *Brendale v. Yakima Indian Nation*, 492 U.S. 408, 429 (1989).

1019 *New Mexico v. Mescalero Apache Tribe*, 462 U.S. 324, 333 (1983).

1020 Ebd., S. 336 (1983).

1021 Vgl. *White Mountain Apache Tribe v. Arizona*, 649 F.2d 1274, 1283 (9th Cir. 1981); *Puyallup III*, 433 U.S. 165 (1973).

1022 *United States v. Montana*, 604 F.2d 1162, 1171 (9th Cir. 1979).

unterlaufen werden, gleichzeitig bleibt die Effektivität von Gesetzen der Bundesstaaten für den Artenschutz gewährleistet.

3. Regelungskompetenz der Vereinigten Staaten

Bezüglich der Regelungskompetenz der Vereinigten Staaten für Jagd und Fischfang innerhalb der Reservationen ist nach dem jeweils betroffenen Personenkreis zu unterscheiden, je nachdem ob es sich um Angehörige des Indianerstammes handelt oder nicht.

a) Über Indianer innerhalb der Reservation

Grundsätzlich können die Vereinigten Staaten aufgrund ihrer *plenary power* auch die Ausübung der Jagd- und Fischrechte von Indianern innerhalb ihrer Reservationen regeln und beschränken. Wie allgemein jedes Souveränitätsrecht der Indianerstämme, stößt auch deren grundsätzlich uneingeschränkte Berechtigung zu Jagd und Fischfang innerhalb ihrer Reservationen an die Grenze eines bundesstaatlichen Beendigungsaktes.[1023] Eine derartige Einschränkung oder Modifizierung wird jedoch nicht von vornherein bereits bei entsprechendem Tätigwerden auf Bundesebene vermutet, sondern erfordert einen eindeutig feststellbaren dahingehenden Willen des Bundesorgans.[1024] Somit genügt nicht schon die bloße Existenz einer Bundesregelung über jagd- oder fischrechtliche Fragen, um deren Anwendbarkeit auf die Indianerstämme bejahen zu können. Vielmehr muß eine entsprechend qualifizierte Regelung vorliegen, bei welcher der Beendigungswille des handelnden Bundesorgans eindeutig erkennbar ist.

Derartige qualifizierte Regelungen stellen heute zum einen der *Eagle Protection Act*[1025] und der *Endangered Species Act*[1026] dar. Nach dem *Eagle Protection Act* ist das Erjagen der sog. "Bald Eagle", des Nationalsymbols der Vereinigten Staaten, auf dem Gebiet der Vereinigten Staaten (und somit auch innerhalb der Reservationen) allgemein verboten. Von diesem Verbot wären die Indianer innerhalb ihrer Reservationen allerdings nur dann betroffen, wenn der EPA das grundsätzlich den Indianern

---

[1023] Vgl. oben, S. 177ff..

[1024] *Menominee Tribe v. United States*, 391 U.S. 404, 412f. (1968).

[1025] 16 U.S.C. §§ 668ff. (1988).

[1026] 16 U.S.C. § 1538 (1988).

zustehende Recht, auch die nunmehr geschützten Bald Eagle zu jagen, einschränken wollte.

Eine derartige Einschränkung müßte sich entweder aus der Entstehungsgeschichte oder direkt aus dem Wortlaut des EPA eindeutig ergeben. Nachdem der EPA in § 668a ausdrücklich das Fangen eines Bald Eagle für religiöse Zwecke der Indianerstämme von dem Verbot ausnimmt, ergibt sich aus dem Wortlaut, daß im übrigen die Jagdrechte der Indianerstämme bezüglich der Bald Eagle ausgeschlossen sein sollen.[1027]

In ähnlicher Weise hat ein Gericht die Rechte der Indianerstämme zur Jagd auf die in der *Seminole I.R.* befindlichen Panther durch den Erlaß des *Endangered Species Act* für beendet angesehen.[1028] Dagegen beinhalten die Regelungen des sog. *Migratory Bird Treaty Act*[1029] keine entsprechende Einschränkung der indianischen Jagdrechte, so daß ein Indianer, welcher innerhalb seiner Reservation einen Zugvogel der geschützten Art fängt, nicht wegen Verstoßes gegen den MBTA belangt werden kann.[1030]

Sofern dies für den Erhalt des Fisch- oder Wildbestandes innerhalb der Reservationen erforderlich ist, kann auch die Exekutive der Vereinigten Staaten im Wege von Rechtsverordnungen die Jagd- und Fischrechte der Indianerstämme modifizieren. Dies wird allgemein als Ausdruck der im Rahmen der *trust responsibility* der Bundesregierung obliegenden Aufgabe zur Pflege des indianischen Wildbestandes gesehen und somit für rechtmäßig gehalten, auch wenn es im Einzelfall an dem erforderlichen Beendigungs- oder Beschränkungswillen des Kongresses fehlen sollte.[1031]

[1027] Vgl. *U.S. v. Dion*, 476 U.S. 734 (1986).

[1028] *United States v. Billie*, 667 F.Supp. 1485, 1490f. (S.D. Fla. 1987).

[1029] 16 U.S.C. § 703 (1988, Supp. 1990).

[1030] *United States v. Bresette*, 761 F.Supp. 658 (D. Minn. 1991).

[1031] Vgl. *United States v. Eberhardt*, 789 F.2d 1354 (9th Cir. 1986), womit ein zeitlich beschränktes Verbot des kommerziellen Fischfanges auf der *Hoopa Valley I.R.* in Kalifornien aufrechterhalten wurde. In gleicher Weise wurde in *Northern Arapahoe Tribe v. Hodel*, 808 F.2d 741 (10th Cir. 1987), eine zeitweilige Einschränkung der indianischen Jagdrechte auf der *Wind River I.R.* in Wyoming bestätigt, da mit dieser Beschränkung eine weitere Dezimierung des dortigen Wildbestandes verhindert werden sollte, bis eine entsprechende stammeseigene Schutznorm verabschiedet worden ist.

b) Über Nicht-Indianer innerhalb einer Reservation

Fraglos steht der Bundesregierung das Recht zu, die Jagd und den Fischfang von Nicht-Indianern innerhalb der Reservation einer speziellen Regelung zu unterwerfen, auch wenn dies bisher weitgehend unterblieben ist. Von dieser Regelungskompetenz haben die Vereinigten Staaten jedoch in 18 U.S.C. § 1165 (1988) und mit dem sog. *Lacey Act*[1032] Gebrauch gemacht.

Nach § 1165 ist es nach Bundesrecht strafbar, indianisches Gebiet zum Zwecke der Jagd, des Fallenstellens oder des Fischfanges ohne Besitz einer entsprechenden, vom Indianerstamm erteilten Erlaubnis zu betreten.[1033] Allerdings stellt dies keine direkte Regelung der nicht-indianischen Jagd innerhalb der Reservationen dar, sondern war vielmehr ein Versuch, die sich bei der Ahndung von möglichen Verletzungen indianischer Gebietshoheit ergebenden Lücken zu schließen.[1034]

Der *Lacey Act* untersagt jeglichen Besitz oder Handel mit Fisch, Wild oder Pflanzen, welche unter Verletzung von Gesetzen der Vereinigten Staaten, eines Bundesstaates[1035] oder eines Indianerstammes erlangt worden sind. Allerdings ist auch insoweit der Regelungscharakter an entsprechende jagd- oder fischrechtliche Normen der Indianerstämme oder Bundesstaaten angekoppelt, so daß es auch diesbezüglich an einer selbständigen Regelung des von Nicht-Indianern innerhalb der Reservationen ausgeübten Fisch- oder Wildfanges fehlt.[1036]

Als nächster Punkt soll im Rahmen der Darstellung des "Federal Indian Law" auf die Besonderheit der indianischen Religion und Weltanschauung und den diesbezüglich von Seiten der Vereinigten Staaten gewährten Schutz eingegangen werden.

[1032] 16 U.S.C. §§ 3371ff. (1988).

[1033] Von der Regelung ausgenommen ist das Betreten von im nicht-indianischen Privateigentum stehender Grundstücke, vgl. *Montana v. United States*, 450 U.S. 544, 561 (1981).

[1034] Diese Lücken resultierten daraus, daß zum einen die Indianerstämme über Nicht-Indianer keine Strafrechtsgewalt besitzen, zum anderen aber die staatlichen Vorschriften über das unbefugte Betreten fremder Gebiete hinsichtlich der Indianerreservationen unvollständig waren. Vgl. DESKBOOK, aaO., S. 257.

[1035] Der Verstoß gegen Recht der Einzelstaaten stellt jedoch nur dann eine Verletzung des *Lacey Act* dar, wenn der Handel mit der "heißen Ware" die Grenzen eines Bundesstaates überschritten hat. Denn allein in diesem Fall ist der Kongreß i.R.d. sog. "interstate commerce clause" in Art. I, § 8 cl. 3 U.S. Verfassung zur Gesetzgebung befugt.

[1036] Vgl. CANBY, aaO., S. 313f..

J. Religionsfreiheit der Indianer

Die Besonderheit der indianischen Weltanschauung bringt es mit sich, daß der Schutz ihrer Religionsfreiheit nicht nur die Freiheit zur Bildung und Bewahrung einer eigenen religiösen Überzeugung und dessen Bekenntnis in Wort und Tat einschließt. Die Tatsache, daß das gesamte Leben der Indianer viel stärker von einer religiösen und spirituellen Realität durchdrungen ist, als dies bei westlich geprägten Menschen der Fall ist, läßt die Religionsfreiheit nicht nur zu einem Universalrecht auf die Bewahrung einer eigenständigen indianischen Kultur und Tradition werden, welches eine facettenreichere Problematik beinhaltet, als dies der "Normalfall" der Religionsfreiheit aufweisen dürfte.

Oftmals spielt sich das religiöse Leben der Indianer unabhängig von der Existenz einer ortsfesten Kirche samt zugehöriger Gemeinde mit regelmäßigen Zusammenkünften, eigener Liturgie und festgefügter Glaubenslehre ab. Religiöses Leben der Indianer bedeutet in der Regel, das Leben im Einklang mit der gesamten Natur zu leben und sich als ein Teil einer großen Menschengemeinde zu verstehen.[1037] Die dadurch

[1037] Dieses naturreligiöse Verständnis ist mehr oder weniger sämtlichen indianischen Kulten gemein. Im konkreten Einzelfall sind jedoch auch bei den einzelnen Indianerstämmen Unterschiede festzustellen: Unter den subarktisch angesiedelten *Algonkin*-Indianern hat der pantheistische Glaube an eine omnipotente Macht, welche "Manitu" genant wurde zu einem weit verbreiteten Schamanentum und Geheimbundwesen geführt. In gleicher Weise ist dieser Glaube an eine übernatürliche Kraft bei den Indianerstämmen der Plains anzutreffen: Die *Dakotas* nennen sie "Wakan Tanka", die *Crow* "Maxpe". Dieser Glaube ist jeweils mit einem starken Geisterkult gepaart, in dessen Mittelpunkt die mit magischen Kräften ausgestatteten Schamanen als eine Art Heilpraktiker und die Medizinmänner als priesterähnliche Wächter über den Kult standen. Zu den archaischsten Kulten zählt das viertägige Okipa-Zeremoniell der *Mandan*, welches ein mit Marterungen verbundenes Reinigungszeremoniell ist, wobei sich die Tänzer mit Holzpfeilen durchbohren und daran in die Höhe ziehen lassen. Im ebenfalls vier Tage dauernden Sonnentanz der Plains-Indianer versuchten sich die Tänzer im Rahmen eines festgelegten Zeremoniells in Trance zu versetzen und so in Kontakt mit den übernatürlichen Kräften zu treten. Die von den Tänzern so geweihte Erde wurde von den Schamanen zu Heilzwecken verwendet. Neben den gewöhnlichen Geistervorstellungen findet sich bei den *Irokesen* des nordöstlichen Waldlandes ein ausgeprägtes Götterpantheon samt einer den Jahresrhythmus widerspiegelten Liturgie und einem dichotomisch geprägten Weltbild. Der bis heute bestehende sog. "Falschgesichterbund" der Irokesen zählt mit zu den bekanntesten Geheimbünden der Indianer. Bei den Indianerstämmen der Nordwestküste stehen im Mittelpunkt ihres religiösen Kultes Tiergeister aller Art, vor allem aber die sog. "Lachsgeister", da der Lachs bei diesen aufgrund seines jährlichen Aufwärtsschwimmen in den Flüssen als Sinnbild der Erneuerung des Lebens gilt. Auch hier gab es zahlreiche, vor allem in den Wintermonaten praktizierende Geheimbünde, von denen der erlesenste der "Hamatsa"-Bund der *Kwakiutl* war und deren Mitgliedern das Recht zustand Menschenfleisch zu essen. In Südkalifornien war das sog. Toloache-Ritual verbreitet, bei welchem heranwachsende Männer über die durch die Einnahme eines aus Stechapfelwurzeln gewonnenen Getränkes in Trance ihrem persönlichen Schutzgeist begegnen sollten und damit in die Gemeinschaft der Männer des Stammes aufgenommen waren. In Zentralkalifornien dominierte die Vorstellung von Kuksu als großem Heiler und Herrscher des Totenreiches das Aufnahmeritual der Jünglinge der Indianerstämme, welche ihm zu Ehren bei kultischen Feiern in gefiederten Kostümen und mit bemalten Gesichtern Tänze aufführten. Bei den *Pueblo* Indianern im Südwesten gab es ein strenges rituelles Regelwerk zur Erhaltung des harmonischen Gleichgewichtes zwischen den Kräften der Natur, welches ein bedingte "Konturlosigkeit" des religiösen Bereiches führt jedoch gleichzeitig zu Schwierigkeiten bei der Bestimmung des Schutzbereiches der Religionsfreiheit, welcher sich grundsätzlich am Modell westlich geprägter Religionen orientiert, die sich in der Regel durch eine hierarchische Struktur sowohl hinsichtlich der Institutionalisierung als auch hinsichtlich der Glaubenswahrheiten kennzeichnen. Indianerstämme weisen dagegen eine geringere "Konzentration" ihrer Religiosität auf, so daß unter Umständen ein Eingriff in ihre Religioinsfreiheit weniger evident ist und dennoch nachhaltigere Folgen aufweist, als dies bei westlichen Religionsgemeinschaften der Fall wäre.[1038]

Generell lassen sich im Zusammenhang mit der Religionsfreiheit der Indianer vor allem drei Problembereiche lokalisieren: Zum einen - wie bei jeder anderen Religion auch - der Schutz der herkömmlichen Formen religiöser Betätigung, zum anderen aber auch der Schutz der kultischen Stätten der Indianer und der freie Zugang zu diesen zum Zwecke religiöser Betätigung, und schließlich der Gebrauch besonderer religiöser Symbole und Objekte als wesentlicher Bestandteil indianischer Religion.

I. Religionsbetätigung im klassischen Sinn

Nachdem im 19. Jahrhundert im Zuge allgemeiner Assimilationsbemühungen rituelle Betätigungen der Indianer, wie z.B. der sog. "Sonnen-" oder der sog. "Geistertanz"[1039], weitgehend verboten war, wurde seit Erlaß des *U.S. Citizenship Act 1924*, welcher

Leben des Menschen im Einklang mit dieser Harmonie sicherstellen sollte. Über die Einhaltung dieser Regeln wachte eine eigene Priesterklasse. Der Kult konzentrierte sich hier auf besondere, teilweise in die Erde eingelassene Kulträume, wobei eine zentrale Rolle das Regenzeremoniell bildete, was nicht zuletzt auf das aride Klima im Südwesten zurückzuführen ist. In ähnlicher Weise verstanden die *Navajo* Indianer das Universum als eine Ganzheit, welche es zu bewahren galt. Die Krankenheilung erfolgte hauptsächlich durch von den Medizinmännern speziell verordnete Heilgesänge, deren Fundus die Schamanen bewahrten und hüteten. Das am meisten institutionalisierte Priestertum findet sich bei den sog. "Fünf zivilisierten Nationen" des südöstlichen Waldlandes (*Cherokee, Choctaw, Creek, Chickasaw* und *Seminole*). Doch auch hier gab es einen breiten Unterbau von Medizinmännern und Schamanen als Hilfspersonen bei der Krankenheilung und Zukunftsvorhersage. LINDIG / MÜNZEL, aaO., S. 43f., 60ff., 73f., 100ff., 121f., 165ff., 209ff..

[1038] W. Cole Durham, *Indian Law in the Continental United States: An Overview*, 2 LAW AND ANTHROPOLOGY, S. 93, 107 (1987).

[1039] Der "ghost dance" der Sioux, welcher von den Indianern der westlichen Tiefebene 1880 begonnen wurde und die Rückkehr der Vorfahren der Indianer und ihrer Lebensweise herbeiführen sollte, weckte innerhalb der weißen Gesellschaft das irrationale Gefühl einer Bedrohung: Man fürchtete weniger die tatsächliche Rückkehr all der in der Vergangenheit dahingerafften indianischen Toten, als vielmehr das Ausbrechen eines überraschenden Aufstandes der Indianer gegen die weiße Gesellschaft. In dieser gespannten Atmosphäre kam es im Dezember 1890 zu dem tragischen Massaker der U.S. Kavallerie an mehr als 200 Indianern, welche am *Wounded Knee* lagerten. Vgl. PETER NABOKOV, NATIVE AMERICAN TESTIMONY, S. 253 (1991).

sämtlichen Indianern die Staatsbürgerschaft der Vereinigten Staaten verlieh, die im *First Amendment* verankerte Religionsfreiheit zum Dreh- und Angelpunkt der indianischen Religionsfreiheit.[1040] Danach haben die Indianer in gleicher Weise wie alle anderen Bürger der Vereinigten Staaten die Freiheit, eine religiöse oder spirituelle Überzeugung zu bilden, diese zu bewahren, zu äußern und entsprechend sich zu betätigen. Während der gesamte Bereich der Bildung einer religiösen Überzeugung schrankenlos gewährleistet wird, stößt die Betätigung derselben an die Schranke der öffentlichen Sicherheit und kann durch Gesetze eingeschränkt werden.[1041]

Im Jahr 1978 wurde diese prinzipielle Religionsfreiheit der Indianer mit Verabschiedung des *American Indian Religious Freedom Act* (AIRFA)[1042] nochmals ausdrücklich normiert, wobei das gesetzgeberische Ziel folgendermaßen formuliert war:

"That henceforth it shall be the policy of the United States to protect and preserve for American Indians their inherent right of freedom to believe, express, and exercise the traditional religions of the American Indian (...), including but not limited to access to sites, use and possession of sacred objects, and the freedom to worship through ceremonies and traditional rights."[1043]

Die Stoßkraft des AIRFA wurde jedoch zehn Jahre nach seiner Verabschiedung entscheidend geschwächt, als der Supreme Court in *Lyng v. Northwest Indian Cemetery Protective Ass.*[1044] ausdrücklich feststellte, daß aus den Bestimmungen des AIRFA keinerlei subjektive Rechte abgeleitet werden könnten: "Nowhere in the law is there so much as a hint of any intent to create a cause of action or any judicially enforceable individual rights."[1045]

Vielmehr erschöpft sich die Bedeutung des AIRFA darin, die Bundesbehörden bei der Planung von Projekten anzuhalten, sich auch mit den Auswirkungen der Durchführung des fraglichen Projektes auf die religiöse Betätigung der betroffenen Indianer zu befassen.[1046] Der geforderten Einbeziehung ist jedoch bereits mit einer schlichten Anhörung

---

[1040] Die sog. "free exercise clause" des *First Amendment* lautet: "Congress shall make no law respecting an establishment of religion, or prohibiting the free exercise therof (...)." Über das *14th Amendment* unterliegen die einzelnen Staaten der gleichen Bindungswirkung hinsichtlich der Gewährleistung der Religionsfreiheit.

[1041] Vgl. *Oney v. Oklahoma City*, 120 F.2d 861, 865.

[1042] P.L. 95-341, 92 Stat. 469 (1978), kodifiziert in 42 U.S.C. § 1996 (1988).

[1043] Zitiert nach GETCHES ET AL., aaO., S. 750.

[1044] 485 U.S. 439 (1988).

[1045] Ebd., S. 455.

[1046] Vgl. bereits *Standing Deer v. Carlson*, 831 F.2d 1525 (9th Cir. 1987).

über die von der Projektdurchführung beeinträchtigten religiösen Belange und Betätigungen der Indianer Genüge getan. Jenseits dieser formellen Verfahrens- vorschriften wurden vom AIRFA keinerlei gerichtlich durchsetzbare, materielle Rechtspositionen geschaffen.[1047] Dadurch wird deutlich, daß der AIRFA nicht etwa ein Abwehrrecht der Indianer gegenüber einer ihre besondere Religionsbetätigung beeinträchtigenden Maßnahme schaffen wollte, sondern lediglich sicherstellt, daß die Entscheidung einer Behörde für die Durchführung dieser beeinträchtigenden Maßnahme auch hinsichtlich der betroffenen religiösen Interessen der Indianer bewußt erfolgt.

II. Schutz indianischer Kultstätten

Eine Besonderheit der indianischen Religionen ergibt sich aus deren starker spiritueller Verbundenheit mit der sie umgebenden Natur. Anders als in den westlichen Religionen sind daher oftmals ganze Waldgebiete, Berge oder Seen als heilige Stätten für die indianischen Religionen von zentraler Bedeutung. Daher stellt eine Beeinträchtigung dieser Örtlichkeiten durch den Bau von Straßen oder Staudämmen gleichzeitig einen Eingriff in die religiöse Betätigung der Indianer dar. Sofern diese Stätten außerhalb des eigentlichen Reservationsgebietes belegen sind, verbleibt den Indianern als einziges mögliches Abwehrrecht oftmals nur der Schutz ihrer Religionsfreiheit. Inwieweit sich die Indianer gegen eine Entweihung ihrer Kultstätten durch eine säkulare Nutzung auf die *free exercise clause* berufen können, war ebenfalls Gegenstand der Entscheidung in *Lyng*.

Anlaß des Rechtsstreites war die Entscheidung des U.S. Forest Service, durch den Six Rivers National Forest im Norden Kaliforniens eine Zufahrtsstraße für den Schwerlastverkehr zu bauen, um die gefällten Mammutbäume aus dem Wald abtransportieren zu können. Dabei sollte die Straße auch durch das sog. "High Country" der *Yurok, Karok* und *Tolowa* Indianer führen, welches für diese ein geheiligter Ort ist, an welchem sie regelmäßig eine Zeremonie zur Erneuerung der Erde veranstalteten.

Nachdem der AIRFA den Indianerstämmen keinerlei einklagbare Rechte gewährt, kam im Streitfall allenfalls eine Verletzung des *First Amendments* in Betracht. Dabei gelangte der Supreme Court in Abkehr von der Rechtsprechung der untergeordneten Gerichte zu einer äußerst restriktiven Auslegung des Schutzbereiches der *free exercise*

[1047] Vgl. GETCHES ET AL., aaO., S. 751.

clause. Hielten die unteren Gerichte im Konfliktfall zwischen den Interessen der Bundesregierung an einer wirtschaftlichen Entwicklung und Nutzung des öffentlichen Grund und Bodens und den religiösen Interessen der Indianerstämme hinsichtlich des betroffenen Gebietes eine Abwägung zwischen beiden Interessen erforderlich[1048], so verneinte der Supreme Court das Erfordernis einer Interessenabwägung gänzlich: Die *free exercise clause* schütze allein gegen direkte und zielgerichtete Eingriffe in die religiöse Betätigung, nicht aber gegen bloße mittelbare Beeinträchtigungen. Daher stelle es keine Verletzung des *First Amendment* dar, wenn sich eine auf die Nutzbarmachung von Waldbeständen gerichtete Entscheidung als Nebeneffekt auch auf die Religionsausübung der Indianer auswirke, selbst wenn diese Auswirkungen von beträchtlichem Ausmaß sein sollten. Eine bloße faktische Beeinträchtigung der Religionsfreiheit durch die fragliche Maßnahme reiche nicht aus: Solange die Entscheidung der Regierung zur Förderung eines öffentlichen Zweckes nicht zu einem zielgerichteten Verbot der betroffenen religiösen Betätigung führe, könne der entsprechenden Maßnahme nicht die *free exercise clause* entgegengehalten werden: "(...) government simply could not operate if it were required to satisfy every citizen's religious needs and desires."[1049] Da somit nach Ansicht des Supreme Court schon gar kein Eingriff in den Schutzbereich der *free exercise clause* gegeben war, kam es auch nicht auf eine entsprechende Interessenabwägung an. Die bloße faktische Beeinträchtigung reiche allein noch nicht aus.[1050]

Damit erwies sich auch die *free exercise clause* nicht als ein effektives Instrument zum Schutz der heiligen Stätten der Indianer vor Beeinträchtigung durch Maßnahmen der Bundesregierung.[1051] Um diesen Mißstand zu beheben, formierte sich im Jahr 1988 die *American Religious Freedom Coalition*, deren erklärtes Ziel eine umfassende Neuformulierung des AIRFA von 1978 war.[1052] Auf ihre Initiative ging der 1993 in den Kongreß eingebrachte Gesetzesentwurf des *American Indian Religious Freedom Act of*

[1048] Diese Interessenabwägung fiel jedoch regelmäßig zugunsten der öffentlichen Interessen der Vereinigten Staaten aus: So waren die Unterlassungsklagen im Fall der Überschwemmung heiliger Stätten zweier Indianerstämme durch den Bau eines Staudammes jedesmal erfolglos, *Badoni v. Higginson*, 638 F.2d 172 (10th Cir. 1980); *Sequoyah v. TVA*, 620 F.2d 1159 (6th Cir. 1980). Ebenso bliebe auch die Klage gegen die Ausweitung eines Skigebietes auf einen den Indianern heiligen Berg erfolglos, *Wilson v. Block*, 708 F.2d 735 (D.C. Cir. 1983).

[1049] *Lyng v. Northwest Indian Cemetery Protective Association*, 485 U.S. 439, 452 (1988).

[1050] Ebd., S. 450: "(...) government programs, which may make it more difficult to practice certain religions, but which have no tendency to coerce individuals into acting contrary to their religious beliefs, require government to bring forward a compelling justification for its otherwise lawful actions."

[1051] Vgl. Herz, *Legal Protection of Indigenous Cultures*, aaO., S. 707.

[1052] S. dazu Art Davison, Endangered Peoples, S. 48 (1993).

1993 zurück, welcher unter anderem auch den einen einklagbaren Schutz heiliger Stätten der Indianer vorsah.[1053] Allerdings blieb von diesem Gesetz nur die im *Religious Freedom Restoration Act*[1054] enthaltene Rumpffassung übrig.[1055] Ein ausdrücklicher Schutz der heiligen Stätten der Indianer ist bisher gesetzlich noch nicht verankert worden.

III. Besondere kultische Betätigungen der Indianer

Nachdem das Verbot kultischer Tänze der Indianer aus dem letzten Jahrhundert spätestens mit Verabschiedung des IARFA im Jahre 1978 überwunden worden war,[1056] geriet in den letzten Jahren vor allem der Gebrauch von *Peyote*, einer drogenähnlichen Sustanz, zu religiösen Zwecken durch Mitglieder der *Native American Church* in den Mittelpunkt der Diskussion über die Religionsfreiheit der Indianer. Die zu klärende Fragestellung war dabei, inwieweit kultisch motivierte Handlungen der Indianer verfolgt werden können, wenn sie gegen ein allgemeines Gesetz der Vereinigten Staaten oder eines Bundesstaates verstoßen, wie dies zum Beispiel bei der Einnahme von Peyote als sog. "controlled substance" der Fall ist.

1. *Peyote*-Rechtsprechung vor "*Employment-Division v. Smith*"

Bevor sich der Supreme Court zu dieser Frage im Jahr 1990 äußerte, war die Entscheidung des obersten Gerichtes Kaliforniens in *People v. Woody*[1057] für den religiösen Gebrauch von Peyote maßgebend, welche eine wegen illegalen Drogenkonsums erfolgte Verurteilung eines Mitgliedes der *Native American Church* unter Verweis auf die im *First Amendment* garantierte Religionsfreiheit revidierte, weil ansonsten jegliche religiöse Betätigung der Angeklagten zur bedeutungslosen Farce degradiert wäre: "The statutory prohibition of the use of peyote results in a virtual inhibition of the practice of defendants' religion. To forbid the use of peyote is to remove the theological heart of Peyotism."[1058] Das Gericht verneinte auch ein überragendes Interesse Kaliforniens an der Verhinderung eines zu befürchtenden Drogenmißbrauchs, da insoweit

[1053] Herz, aaO., Fn. 121; Getches et al., aaO., S. 752.
[1054] P.L. 103-141; 107 Stat. 1488 (16.11.1993).
[1055] Vgl. dazu weiter unten, S. 257f..
[1056] Vgl. dazu Davidson, aaO., S. 44.
[1057] 394 P.2d 813 (1964).
[1058] Ebd., S. 818.

dem Interesse an der Erhaltung einer einzigartigen, eine kulturelle Besonderheit darstellenden Religion der Vorrang einzuräumen sei.[1059] Dieser Entscheidung folgten auch zahlreiche Gerichte anderer Staaten.[1060]

Die Bundesgerichte stellten zusätzlich darauf ab, ob es sich um ein Mitglied der *Native American Church* handelte, was nach den eigenen Regeln dieser Kirche nur bei einem Anteil von mindestens 25 % indianischen Blutes möglich ist, oder nicht. Der Gebrauch von *Peyote* durch Nicht-Mitglieder war danach als Drogenmißbrauch strafbar, auch wenn dieser während einer religiösen Veranstaltung der NAC stattgefunden hat.[1061]

2. *Employment Division v. Smith*

In *Employment Division v. Smith*[1062] befaßte sich dann der Supreme Court zum ersten Mal mit der Frage, inwieweit die staatliche Sanktionierung religiös motivierter Einnahme von Peyote einen Verstoß gegen die *free exercise clause* darstelle.[1063] In gleicher Weise wie schon in *Lyng* stellte der Supreme Court in seiner Entscheidung auf die Finalität des fraglichen Eingriffs in die Religionsfreiheit ab. Solange die staatliche Maßnahme nicht eine gezielte Beschränkung der Religionsausübung zum Gegenstand habe, sonderen diese Beschränkung lediglich mittelbare Folge einer allgemeinen und generellen Regelung ist (wie hier die Drogengesetze im Staate Oregon), kann einer an den Verstoß gegen diese generelle Regelung anknüpfenden Sanktionierung auch nicht die *free exercise clause* entgegengehalten werden.[1064] Damit stellt nach Ansicht des

---

[1059] Ebd., S. 821f..

[1060] Vgl. *State v. Whittingham*, 504 P.2d 950 (1973; Arizona); *Whitehorn v. State*, 561 P.2d 539 (1977; Oklahoma). In *State v. Soto*, 537 P.2d 142 (1975), hielt ein Berufungsgericht des Staates Oregon jedoch den Gebrauch von Mescalin durch ein Mitglied der *Native American Church* für nicht vom Schutzbereich der *free exercise clause* gedeckt.

[1061] *United States v. Warner*, 595 F.Supp. 595 (D.N.D. 1984); vgl. auch *Peyote Way Church of God v. Meese*, 698 F.Supp. 1342 (N.D.Tex. 1988). Allerdings ist die Ausnahmeregelung hinsichtlich des religiösen Gebrauchs von Peyote auch auf andere Kirchen der Indianer anzuwenden, wenn diese die Droge tatsächlich in gleicher Weise für ihre religiösen Zwecke instrumentalisieren, *Native American Church of New York v. United States*, 468 F.Supp. 1247 (S.D.N.Y. 1979). S. allgemein John Stewart Nelson, *Native American Religious Freedom and the Peyote Sacrament: The Precarious Balance Between State Interests and the Free Exercise Clause*, 31 ARIZONA LAW REVIEW, S. 423 (1989).

[1062] 494 U.S. 872 (1990).

[1063] Im Fall klagten zwei Mitglieder der NAC auf die Gewährung von Arbeitslosenunterstützung, nachdem sie von ihrem Arbeitgeber, einer privaten Drogenberatungsstelle, wegen des Konsums von Peyote während einer religiösen Zeremonie gekündigt waren. Die Verweigerung der Arbeistlosenunterstützung erfolgte mit der Begründung, daß die Kündigung aufgrund eines mit dem Anstellungsverhältnis unvereinbaren, nach dem Recht des Staates Oregon strafbaren Drogenkonsums erfolgt sei.

Supreme Court eine bloße faktische Beeinträchtigung der Religionsbetätigung durch ein allgemeines Gesetz des jeweiligen Bundesstaates keine Verletzung des *First Amendment* dar und ist somit wirksam.

3. Weitere Inzidentbeschränkungen der Religionsfreiheit

Ein ähnlich gelagerter Konfliktbereich zwischen Bundesrecht und religiöser Betätigung der Indianer ist bei der sakralen Verwendung von Federn unter Naturschutz stehender Adler gegeben. Grundsätzlich ist das Fangen und der Besitz von "Bald Eagles" und "Golden Eagles" nach dem *Bald Eagle Protection Act* verboten.[1065] Allerdings ermächtigt dieses Gesetz ausdrücklich den Innenminister der Vereinigten Staaten, für religiöse Zwecke der Indianerstämme von diesem Verbot Ausnahmen zu machen, solange dies mit dem Zweck des Artenschutzes vereinbar sei.[1066]

Eine Verletzung der Religionsfreiheit wurde von den Indianern auch in dem Verbot gesehen, in bestimmten öffentlichen Einrichtungen ihre traditionelle Haartracht zu tragen. In *New Rider v. Board of Education*[1067] wurde eine Klage von Schülern der *Pawnee Indian School* und ihrer Eltern gegen eine Schulvorschrift, welche den männlichen Schülern das Tragen langer Haare verbot, als unbegründet abgewiesen, da die Haartracht weniger eine spezifisch religiöse Bedeutung habe, als vielmehr Ausdruck einer allgemeinen Verbundenheit mit dem kulturellen Erbe der Stammesvorfahren darstelle, so daß die fragliche Schulregelung nicht die *free exercise clause* verletze.[1068]

[1064]Kurze Zeit nach der Entscheidung verabschiedete Oregon ein Gesetz, wonach der Gebrauch von Peyote im Zusammenhang mit einer religiösen Zeremonie straflos gestellt wird, Ore.Rev.Stat. 475.992(5) (1991). Gem. 21 C.F.R. § 1307.31 (1989) hatte bereits die Bundesregierung den Gebrauch von Peyote während einer religiösen Zeremonie zu religiösen Zwecken durch Mitglieder der NAC von den Regelungen bezüglich des Gebrauches illegaler Drogen ausgenommen. Ebenso war bereits in elf Bundesstaaten der religiös motivierte Gebrauch von Peyote von der Strafbarkeit des Drogenmißbrauchs ausgenommen. Ähnliche Gesetze existierten in elf weiteren Staaten. Vgl. GETCHES ET AL., aaO. S. 763.

[1065]Vgl. dazu schon oben, S. 246f..

[1066]16 U.S.C. § 668A (1988); vgl. auch die dazugehörende Rechtsverordnung in 50 C.F.R. § 22.22 (1985), welche sicherstellen soll, daß die Adlerfedern und sonstigen Teile ausschließlich für religiöse Zwecke verwendet werden.

[1067]480 F.2d 693 (10th Cir. 1973).

[1068]Ebd., S. 700f.: "Hair styles (...) have traditional but variable significance to the Pawnee according to the trend of modern custom or a desire to renew or popularize the style of their forefathers. Their present contention of religious oppression rises no higher under this record than a desire to express pride in their heritage through wearing long braided hair. Their desire so to do is understandable but not a constitutionally protected right."

Hinsichtlich des Rechtes indianischer Strafgefangener, ihre traditionelle Haartracht zu tragen besteht keine einheitliche Linie: In *Teterud v. Burns*[1069] wurde das Verbot langer Haare in einem Staatsgefängnis Iowa's für verfassungswidrig erklärt, während in *Pollock v. Marshall*[1070] die vergleichsweise geringe Beeinträchtigung der Religionsfreiheit durch eine entsprechende Regelung des Strafvollzuges hinter den triftigen Gründen für diese Regelung zurückzutreten hätten. Somit ist es zwar grundsätzlich möglich, daß auch das Tragen einer bestimmten Haartracht vom Schutzbereich der *free exercise clause* umfaßt wird, jedoch scheint es allein eine Frage entsprechender Begründung zu sein, ob die entsprechende Regelung am *First Amendment* scheitert oder nicht.[1071]

In einem Fall der Betreuung sämtlicher indianischer Strafgefangener mit nur einem einzigen offiziellen Medizinmann, dessen Überzeugung und Heilmethoden auch nach Kenntnis der Gefängnisleitung deutlich von dem religiösen Bekenntnis des klagenden Sioux-Indianers abwich, wurde eine Verletzung der Religionsfreiheit bejaht.[1072]

4. Religious Freedom Restoration Act 1993

Dieser gesamte Bereich der Inzidentbeschränkungen der Religionsfreiheit durch allgemeine Gesetze wurde jedoch vom Gesetzgeber vor allem anläßlich der stark kritisierten Entscheidung des Supreme Court in *Employment Division v. Smith*[1073] vom Kongreß in dem am 16. November 1993 verabschiedeten *Religious Freedom Restoration Act*[1074] abschließend geregelt. In Anerkennung der Tatsache, daß auch an sich "neutrale" Gesetze einen belastenden Eingriff in die Religionsfreiheit darstellen können, sind nun derartige Inzidenteingriffe grundsätzlich verboten, solange eine gewisse Erheblichkeit gegeben ist. Eine Ausnahme kann nur in den Fällen gemacht werden, in welchen ein übergeordnetes Allgemeininteresse für den Eingriff zur Rechtfertigung herangezogen werden kann, und der Eingriff zur Verwirklichung dieses übergeordneten

---

[1069] 522 F.2d 357 (8th Cir. 1975).

[1070] 845 F.2d 656 (6th Cir. 1988).

[1071] Vgl. auch *Standing Deer v. Carlson*, 831 F.2d 1525 (9th Cir. 1987), wonach eine Gefängnisvorschrift, welche den Indianern das Tragen von Stirnbändern im Speisesaal verbietet, zwar einen Eingriff in die Religionsfreiheit indianischer Strafgefangener darstelle, jedoch insoweit keinen Verfassungsverstoß begründe, als für diese Regelung sachliche Gründe angeführt werden können.

[1072] *SapaNajin v. Gunter*, 857 F.2d 463 (8th Cir. 1988).

[1073] 494 U.S. 872 (1990); vgl. oben, S. 255.

[1074] P.L. 103-141; 107 Stat. 1438 (1993).

Interesses erforderlich war, das heißt das schonendste Mittel zur Erreichung des angestrebten Zweckes darstellte. Ist dies nicht der Fall, so kann sich der Betroffene gegen die Maßnahme der Regierung mit der Berufung auf deren Verfassungswidrigkeit zur Wehr setzen.[1075]

5. Zusammenfassung

Zusammenfassend läßt sich feststellen, daß es die Eigenart des indianischen religiösen Selbstverständnisses mit sich bringt, daß der an westlich geprägten Religionen orientierte Schutz der Religionsfreiheit oftmals die Spiritualität der Indianer nur unzureichend zu erfassen vermag. So ist es nicht nur ein Problem unterschiedlicher Werthierarchien in der weißen und indianischen Gesellschaft, sondern auch des grundlegenden Verständnisses über die Reichweite religiöser Belange, wenn eine für das Verständnis der Weißen völlig "unverdächtige" Regelung die religiösen Gefühle von Indianern fundamental erschüttert: Während zum Beispiel für einen Weißen die Überschwemmung seiner Gebiete infolge eines Staudammprojektes, oder die Erschließung seines Grundstückes für Zwecke des Fremdenverkehrs allein auf der Dimension des Eigentumsschutzes angesiedelt ist, steht für Indianer vielmehr die religiöse Dimension im Vordergrund: Die Mißachtung ihrer religiösen Stätten und Einrichtungen ist für diese gleichbedeutend mit der Mißachtung ihrer gesamten Lebensweise und spirituell durchdrungenen Existenz.

6. Exkurs: Schutz indianischen Kulturgutes[1076]

In Reaktion auf jahrelange Bemühungen auf Seiten der Indianerstämme und deren Interessenvertreter zum Schutz indianischer Kulturgüter hat der Kongreß 1989 den *National Museum of the American Indian Act*[1077] verabschiedet, wodurch die Errichtung eines eigenen, der bekannten *Smithsonian Institution* eingegliederten Museums über die Ureinwohner der Vereinigten Staaten und deren Kultur beschlossen wurde. Weiter verpflichtet dieses Gesetz die sich bereits im Besitz der *Smithsonian Institution* befindlichen menschlichen Überreste und Grabbeigaben der indianischer Ureinwohner auf Verlangen an die Nachfahren der betreffenden Indianer zurückzugeben.

[1075] Ebd., § 3.

[1076] Vgl. hierzu GETCHES ET AL., aaO., S. 772f..

[1077] 20 U.S.C. §§ 80q ff. (Supp. 1990).

Im November 1990 wurde der *Native American Graves Protection and Repatriation Act*[1078] vom Kongreß verabschiedet. Vorrangiges Ziel des NAGPRA ist es, die Grabstätten der Indianer durch das Verbot der Entfernung der sterblichen Überreste und der dazugehörenden Grabbeigaben vor deren Entweihung im Namen der archeologischen Forschung zu schützen. Weiter begründet dieses Gesetz die Verpflichtung, ein Inventar sämtlicher im Besitz von Bundeseinrichtungen befindlicher indianischer Leichen und Grabbeigaben zu erstellen und diese dann an ihren Ursprungsort zurückzuführen. Damit wird die primäre Berechtigung der einzelnen Indianerstämme an den entsprechenden Reliquien anerkannt. Das erstellte Inventar soll den Indianerstämmen die Möglichkeit geben, ihre Rechte daran auch tatsächlich durchsetzen zu können.[1079]

Daneben dient auch der *Archeological Resources Protection Act*[1080] und der *Indian Arts and Crafts Act*[1081] dem Schutz indianischen Kulturgüter. Außerdem betont der *Native American Language Act*[1082] aus dem Jahr 1990 die herausragende Bedeutung indianischer Kultur und Sprache und verpflichtet die Vereinigten Staaten, zusammen mit den Indianerstämmen Maßnahmen zum Schutz des Gebrauchs und zur Förderung der indianischen Sprachen zu ergreifen. Dazu gehört auch die Verwendung der entsprechenden indianischen Sprachen als Unterrichtssprache in den jeweiligen Indianerschulen der Vereinigten Staaten.

Zum Abschluß der Darstellung des auf nationaler Ebene gewährten Schutzes der Indianerstämme soll aufgrund der zentralen Bedeutung des Lebensraumes und der Ökologie für die indigenous peoples[1083] auch noch auf die Aspekte des nach amerikanischem Recht gewährten Umweltschutzes innerhalb der Reservationen eingegangen werden.

1078 25 U.S.C. §§ 3001ff. (Supp. II 1990).

1079 Vgl. June C. Bush Raines, *One is Missing: Native American Graves Protection and Repatriation Act: An Overview and Analysis*, 17 AMERICAN INDIAN LAW REVIEW, S. 639, 642 (1992).

1080 16 U.S.C. §§ 470aa ff (1988).

1081 18 U.S.C. §§ 1158 f., 25 U.S.C. § 305 (Supp. 1992).

1082 25 U.S.C. §§ 2901 ff. (Supp. II 1990).

1083 Dazu vgl. oben, S. 16f..

K. Probleme des Umweltschutzes im Indian country

Der Schutz der Umwelt ist mittlerweile weltweit als eine der zentralen Aufgaben der Zukunft erkannt worden: Von dem Erhalt einer intakten Biosphäre und dem Schutz wertvoller Ökosysteme hängt langfristig der Fortbestand der gesamten Menschheit ab. Stellen Umweltschäden für westlich geprägte Kulturen jedoch primär nur eine mittel- oder langfristige Gefährdung des Überlebens der nachfolgenden Generationen dar, so ist für die Indianer der Vereinigten Staaten (wie für sämtliche indigenous peoples der Welt) die existentielle Bedrohung durch die Schädigung der sie umgebenen Umwelt unmittelbar und heute gegeben: Indianische Gemeinschaften verstehen ihre gesamte Existenz in einer untrennbaren Einheit mit der Natur, welche sämtliche Aspekte ihres Lebens durchdringt. Dadurch sind sie in noch stärkerem Ausmaß auf den Erhalt und Schutz ihrer Umwelt angewiesen.

Auf der anderen Seite zeigt sich gerade auf den Reservationen, welche den Anschluß an ein modernes Wirtschaftsleben suchen, ein besonderer Bedarf nach einem wirkungsvollen Umweltschutz: Oft fehlt es an einem funktionierenden Kanalisationssystem und umweltfreundlichen Mitteln der Müllbeseitigung. Luft- und Gewässerverunreinigungen durch Reservationsbetriebe nehmen bisweilen krasse Ausmaße an, ebenso die Belastung der Umwelt mit Pestiziden. Die Ausbeutung der vorhandenen Bodenschätze und sonstige intensive Landnutzung zeitigt ebenfalls verheerende Umweltschäden.[1084]

Im Zuge einer weltweiten Ökologiebewegung wurden auch in den Vereinigten Staaten innerhalb der letzten Jahrzehnte zahlreiche Gesetze zum Schutz der Umwelt erlassen. Dabei handelte es sich jedoch stets um allgemeine, landesweit anwendbare Gesetze, welche unter anderem auch den Lebensraum der Indianer in ihren Geltungsbereich mit einschlossen. Der besonderen ökologischen Abhängigkeit der Indianer wurde allerdings nicht durch speziell auf ihre Bedürfnisse zugeschnittene materielle Regelungen Rechnung getragen, weil man die Effektivität des Umweltschutzes generell durch die Umsetzung der entsprechenden Regelung in der konkreten Situation bedingt sah. Danach war auch der besondere Schutz der Reservationsumgebung weniger eine Frage der materiellen Regelungen, als vielmehr der Kompetenz zur Umsetzung der vorhandenen Vorschriften. Daher war es in den letzten Jahren vordringliches Anliegen der

[1084] Vgl. GETCHES ET AL., aaO., S. 730.

Indianerstämme, vor allem gegenüber den einzelnen Bundesstaaten die ausschließliche Kompetenz zum Vollzug der Umweltschutznormen innerhalb ihrer Reservationen zu erlangen. Demgegenüber nahm der Erlaß stammeseigener Regelungen zum Schutz der Umwelt aufgrund seines begrenzten Anwendungsbereiches eine eher untergeordnete Rolle ein.[1085]

Der Bedeutung angemessen sollen im folgenden die Umweltschutzregelungen der Vereinigten Staaten zunächst kurz dargestellt werden, um dann auf die den Indianern eingeräumte Kompetenz bei der Umsetzung dieser Regelungen innerhalb ihrer eigenen Gebiete einzugehen.

I. Umweltgesetze der Vereinigten Staaten

Die Umweltgesetze der Vereinigten Staaten legen allgemeine Grenzwerte und Richtlinien für die Kontrolle von Schadstoffemissionen verschiedenster Art fest. Durch deren bundesweite Anwendung soll auf dem gesamten Gebiet der Vereinigten Staaten ein möglichst einheitliches Niveau von Umweltqualität erreicht werden. Fast alle Umweltgesetze werden von der *U.S. Environmental Protection Agency* (EPA) vollzogen, wobei diese regelmäßig zur Delegation ihrer Befugnisse auf die einzelnen Bundesstaaten ermächtigt ist. Im Fall einer entsprechenden Übertragung von Befugnissen sind dann die Umweltbehörden der Einzelstaaten sowohl zur Durchsetzung der Mindeststandards des Bundesrechtes, als auch - im gegebenen Fall - ihrer eigenen, strengeren Umweltstandards befugt. Inwieweit eine Übertragung von Befugnissen auch auf Indianerstämme erfolgen kann, ist Gegenstand der anschließenden Erörterung.

Der *Federal Water Pollution Control Act*[1086], auch als *Clean Water Act* bekannt, ermächtigt die EPA zur Festlegung von Grenzwerten für die Einleitung von Schadstoffen in Binnengewässer der Vereinigten Staaten. Das Ziel, bis zum Jahr 1983 sämtliche Gewässer in einen Zustand zu bringen, der den Aufenthalt darin für Mensch und Fisch unbedenklich erscheinen läßt, sollte primär dadurch erreicht werden, daß für jede Einleitung von Schadstoffen eine, von der zuständigen Stelle (entweder EPA oder

---

[1085]Größtes Hindernis für eine effektive Umweltgesetzgebung durch die Indianerstämme ist deren begrenzte Gesetzgebungskompetenz hinsichtlich der im Privateigentum von Nicht-Indianern stehenden Grundstücke innerhalb der Reservation, vgl. dazu schon oben, S. . *Montana v. United States*, 450 U.S. 544 (1981); *Brendale v. Yakima Indian Nation*, 492 U.S. 408 (1989).

[1086]P.L. 92-500; 86 Stat. 816 (1972); kodifiziert in 33 U.S.C. §§ 1251ff. (1988).

jeweiliger Delegationsempfänger) zu erteilende Erlaubnis erforderlich ist. Die Erlaubniserteilung ist dabei sowohl von der Höhe der einzuleitenden Schadstoffe als auch dem Grad der Belastung des jeweiligen Gewässers abhängig zu machen.[1087]

Mithilfe des *Safe Drinking Water Act*[1088] soll die Qualität des Trinkwassers vor allem durch den Schutz vor Verunreinigung des Grundwassers erhalten bleiben. Auch hier soll das Ziel sowohl durch die Aufstellung bestimmter Grenzwerte für die Trinkwasserqualität, als auch durch die Kontrolle der Schadstoffeinleitungen in Grund und Boden erreicht werden.

Der *Clean Air Act*[1089] ermächtigt die EPA zur Festlegung bindender Grenzwerte der Belastung der Luft mit Ozon, Blei, Schwefeldioxid, Kohlenmonoxid und Schwebstoffen. Für die Gebiete, deren Luftverunreinigung noch unter den festgelegten Grenzwerten liegt, sieht der CAA eine Klassifizierung in sog. "Class I"- und "Class II"-Gebiete vor, um eine Verschlechterung der dort vorhandenen Luftqualität zu verhindern. In "Class I"-Gebieten, zu welchen Nationalparks und ähnlich unberührt gebliebene Gebiete gehören, ist nur eine äußerst geringe Schadstoffemission zulässig.[1090]

Der *Resources Conservation and Recovery Act*[1091] betrifft die Behandlung und Entsorgung sowohl von Sondermüll, als auch gewöhnlichem Hausmüll. Der *Comprehensive Environmental Response, Compensation and Liability Act* (CERCLA)[1092] befaßt sich mit der Dekontamination verunreinigter Gebiete und regelt die Entschädigung im Fall der Verunreinigung von Gebieten mit umweltgefährdenden Sondermüll.

Der *Surface Mining Control and Reclamation Act* (SMCRA)[1093] sieht bundesweite Maßnahmen für die Eindämmung der negativen Auswirkungen des Kohletagbaus auf die Umwelt und die betroffenen Menschen vor. Die durch den Kohletagbau angerichteten Umweltschäden sind aufgrund des großräumigen Oberflächenabtrags und des

---

[1087] Ebd., § 1313.

[1088] P.L. 93-523; 88 Stat. 1660 (1974); kodifiziert in 42 U.S.C. §§ 300f ff. (1988).

[1089] P.L. 88-206; 77 Stat. 392 (1963); kodifiziert in 42 U.S.C. §§ 7401 ff. (1988).

[1090] Ebd., §§ 7470 ff.. Dabei sind die Maßstäbe in "Class I"-Gebieten strenger als in "Class II"-Gebieten. Einen Fall, in welchem ein Indianerstamm eine Umqualifizierung seines "Class II"-Gebietes in ein "Class I"-Gebiet gerichtlich durchsetzte, betrifft *Nance v. EPA*, 645 F.2d 701 (9th Cir. 1981).

[1091] P.L. 94-580; 90 Stat. 2795 (1976); kodifiziert in 42 U.S.C. §§ 6901 ff. (1988).

[1092] P.L. 96-510; 94 Stat. 2767 (1980); kodifiziert in 42 U.S.C. 9601 ff. (1988).

[1093] P.L. 95-87; 91 Stat. 447 (1977); kodifiziert in 30 U.S.C. §§ 1201 ff. (1988).

dabei entstehenden Abraums am offensichtlichsten. Der SMCRA will dabei zum einen das Ausmaß der dabei entstehenden Schäden von vornherein begrenzen, zum anderen ordnet er aber auch die umgehende Wiederherstellung der geschädigten Landstriche an. Die Zuständigkeit für den Vollzug des SMCRA liegt beim *U.S. Office of Surface Mining* (OSM), welches dem Innenministerium eingegliedert ist.

Ein weiteres wichtiges Umweltgesetz ist der *National Environmental Policy Act* (NEPA)[1094], der auch als "basic national charter for protection of the environment"[1095] bezeichnet wird. Allerdings enthält der NEPA keine materiellen Rechtsbestimmungen im Sinne eines den U.S.-Bürgern verbrieften Rechtes auf konkrete Umweltschutzmaßnahmen. Er erschöpft sich vielmehr in der Gewährung verfahrensrechtlicher Positionen, wonach die Einbeziehung und Anhörung von staatlichen oder kommunalen Behörden, Indianerstämmen, betroffenen Bürgern und allgemeinnützigen Interessenverbänden in diverse Entscheidungsprozesse von Bundesbehörden sicherzustellen ist.[1096] Zentraler Bestandteil der Regelung des NEPA ist das Erfordernis, ein sog. "environmental impact statement" zu erstellen, sobald von einer Maßnahme einer Bundesbehörde ausgehende negative Umwelteinwirkungen zu befürchten sind.[1097] Relevanz erlangt der NEPA für die Indianerstämme vor allem im Fall der der Verpachtung von Indianerland: Aufgrund der *trust responsibility* ist eine (Nutzungs-)Überlassung von Land durch die Indianerstämme nur mit Genehmigung der Bundesregierung möglich.[1098] Diese hat den Vorschriften des NEPA zufolge in die Prüfung der Voraussetzungen der Genehmigungserteilung auch sämtliche negative Umwelteinwirkungen mit einzubeziehen, welche von der Nutzung im Rahmen des Pachtvertrages ausgehen können.[1099]

[1094] Ursprünglich verabschiedet im Jahr 1969 als P.L. 91-190; 83 Stat. 852 (1969); kodifiziert in §§ 4321 ff. (1988).

[1095] Dean B. Suagee, *The Application of the National Environmental Policy Act to "Development" in Indian Country*, 16 AMERICAN INDIAN LAW REVIEW 377, 379 (1991).

[1096] Ebd.

[1097] 42 U.S.C. § 4332(2)(c) (1988).

[1098] 25 U.S.C. § 415 (1988).

[1099] Die Anwendbarkeit des NEPA auf die von der Bundesregierung lediglich treuhänderisch verwalteten Indianergebiete wurde in *Davis v. Morton*, 469 F.2d 593 (10th Cir. 1972) ausdrücklich bejaht. Der von der Bundesregierung geltendgemachten Einwand, daß dadurch die Indianerstämme gegenüber privaten Landverpächtern in einen Wettbewerbsnachteil gerieten, da im Vorfeld jeder Verpachtung zeit- und kostenintensive Nachforschungen über etwaige negative Umweltfolgen anzustellen sind, wurde vom Gericht mit dem Hinweis auf den klaren gesetzgeberischen Willen abgelehnt, wonach der NEPA auf sämtliche Bundesbehörden anzuwenden sei, ebd. S. 597f..

II. Vollzugskompetenz der Indianerstämme

Nachdem der Kongreß in den 80er Jahren die Rolle der Stammesregierungen beim Vollzug und der Betreuung von Umweltprogrammen der Vereinigten Staaten erheblich gestärkt hatte, kommt heute innerhalb der Reservationen den Indianerstämmen im Bereich des Umweltschutzes eine zentrale Rolle zu. Danach ist grundsätzlich die Übernahme der Aufgaben der EPA durch die Stammesregierungen möglich, sofern bestimmte Voraussetzungen erfüllt sind: Es muß sich um einen von der Bundesregierung anerkannten Indianerstamm mit funktionierender Regierungsstruktur handeln, welcher zum Vollzug und zur Betreuung des zu übernehmenden Umweltprogrammes auf seinem Gebiet tatsächlich in der Lage ist, und das fragliche Programm darf sich ausschließlich auf Gebiete beziehen, welche unter der Hoheitsgewalt des Indianerstammes stehen.[1100]

Sofern diese Voraussetzungen erfüllt sind, sind die Indianerstämme, was die Frage der Delegation von EPA-Befugnissen betrifft, grundsätzlich den Bundesstaaten gleichzustellen. Dies ist für den *Clean Water Act*, den *Safe Drinking Water Act*, den *Clean Air Act* und den CERCLA ausdrücklich gesetzlich normiert. Hinsichtlich der übrigen Gesetze fehlt es an einer entsprechenden Regelung, jedoch wird allgemein angenommen, daß die EPA in diesen Fällen eine Übertragung der Befugnisse nach ihrem freien Ermessen vornehmen kann, um auf diesem Weg die Selbstregierung der Indianerstämme innerhalb ihrer eigenen Gebiete zu stärken.[1101]

Dabei bezieht sich nach Ansicht der EPA die Vollzugskompetenz bezüglich der einschlägigen Umweltgesetze der Vereinigten Staaten auch auf Grundstücke, welche im Privateigentum von Nicht-Indianern stehen, sofern sie innerhalb der Reservationsgrenzen belegen sind. Dies ist zum Beispiel für den Fall der Durchsetzung des *Clean Water Act* hinsichtlich der in diesen Gebieten befindlichen Binnengewässer von Bedeutung. Der Eigenart des Regelungsgegenstandes angemessen, sieht der *Clean Air Act* ausdrücklich die Kompetenz der Indianerstämme hinsichtlich sämtlicher innerhalb der

---

[1100] DESKBOOK, aaO., S. 281. Diese Voraussetzungen für die analoge Behandlung zu den Einzelstaaten erscheinen wie eine Konkretisierung der Staatsdefinition nach internationalem Recht (Staatsvolk, Staatsmacht, Staatsgebiet, Fähigkeit und Bereitschaft zur Aufnahme internationaler Beziehungen) für den Bereich des Umweltrechtes.

[1101] GETCHES ET AL., aaO., S. 732ff..

Reservatsgrenzen befindlicher Gebiete vor, solange diese nicht von der EPA davon ausgenommen sind.[1102]

Diese Verwaltungskompetenz bedeutet im Fall des *Clean Air Act* die Befugnis, auf die Einhaltung der von der EPA festgesetzen Luftgrenzwerte innerhalb der Reservationen zu achten und die Durchführung entsprechender Luftreinhalteprogramme zu beaufsichtigen.[1103] Nach dem *Clean Water Act* haben die Indianerstämme unter anderem die Befugnis, Qualitätsstandards für die in ihrem Gebiet befindlichen Gewässer aufzustellen, die Einhaltung dieser Standards durchzusetzen, Wasserreinigungsprogramme durchzuführen und die Genehmigungen für Einleitungen in ihre Gewässer zu erteilen.[1104] Nach dem *Safe Drinking Water Act* obliegt den Indianerstämmen die Kontrolle über sämtliche Einleitungen in das Grundwasser.[1105] Der *CERCLA* gibt den Indianerstämmen die Möglichkeit, einerseits für die Verseuchung ihrer Gebiete mit Giftmüll Schadensersatz zu verlangen,[1106] andererseits können sie aber auch mit der Bundesregierung Vereinbarungen über die Beseitigung von Altlasten auf ihren Gebieten und deren anschließende Wiederherstellung treffen.[1107]

Der Vollzug des SMCRA liegt zwar auch innerhalb des Gebietes der Indianer in den Händen des OSM, welches dabei die gleichen Standards wie für das "gewöhnliche" öffentliche Land der Vereinigten Staaten anwendet. Allerdings hat das OSM bereits mit einigen Indianerstämmen Abkommen über die Gewährung von technischer und finanzieller Unterstützung geschlossen, um Stammesmitgliedern die für eine Übernahme der OSM-Aufgaben erforderlichen Fähigkeiten beizubringen. Bis zu dem Zeitpunkt, in welchem der Kongreß die Delegation der SMCRA-Befugnisse auf die Indianerstämme ermöglicht, behält das OSM die Verantwortung für die Überwachung des Tagebergbaus, wobei es aber auf eine weitestmögliche Beteiligung der betroffenen Indianerstämme Wert legt.[1108]

[1102] Vgl. DESKBOOK, aaO., S. 283f..

[1103] 42 U.S.C. § 7601(d)(2)(B).

[1104] 33 U.S.C. § 1377.

[1105] 42 U.S.C. § 300h-1(e).

[1106] 42 U.S.C. § 9607(f)(1).

[1107] Ebd., § 9604(c)(3).

[1108] GETCHES ET AL., aaO., S. 734f..

III. Politik der EPA bezüglich des Indian country

Gegenwärtige Politk der EPA ist es, die Übernahme sämtlicher auf die Reservationen bezogener Umweltprogramme durch die Indianerstämme voranzutreiben und - wo dies noch nicht der Fall ist - selber den Vollzug der Umweltgesetze in den Reservationen in die Hand zu nehmen. Damit sollen die Staaten weitestgehend von einer Einmischung in die inneren Angelegenheiten einer Reservationen abgehalten werden.[1109]

Um einem allgemeinen Trend in der Indianerpolitik der 80er Jahre Rechnung zu tragen, welcher eine Neudefinierung der Beziehung zwischen der Bundesregierung und den Indianerstämmen als "government-to-government relationship" beinhaltete,[1110] entwickelte die EPA im Jahr 1984 einen 9-Punkte-Plan, welcher die Übernahme der Verantwortung für die Umsetzung der Umweltpolitik innerhalb der Reservationen durch die Indianerstämme selbst gezielt fördern und etwaige gesetzliche Hindernisse für eine reibungslose Zusammenarbeit von Bundesregierung und Indianerstämmen ausräumen sollte.[1111]

Die Wahrnehmung von Aufgaben des Umweltschutzes innerhalb der Reservationen durch die Indianerstämme stellt einen weiteren Baustein in der Stärkung ihrer Selbstregierung dar. Damit ist es ihnen nun möglich, auch hinsichtlich der Qualität des sie umgebenden Lebensraumes maßgebliche Entscheidungen selber zu treffen. Die Reservationen werden dadurch aus ihrem Status als bloßer, von der Bundesregierung verwalteter Aufenthaltsraum der Indianer zu einem Bereich, dessen ökologische Bewahrung in der Verantwortung seiner eigenen Bewohner liegt. Diese gewachsene

---

[1109] DESKBOOK, aaO., S. 286. Grund für eine derartige "Tabuisierung" der Reservationen für die Bundesstaaten ist die nicht nur von den Indianerstämmen getragenen Befürchtung, daß anderenfalls die Reservationen von den Staaten als willkommene Deponien für ihren anderweitig nur schwer zu entsorgenden Sondermüll mißbraucht würden, vgl. *Washington Department of Ecology v. United States Environmental Protection Agency*, 752 F.2d 1465 (9th Cir. 1985).

[1110] Vgl. dazu oben, S. 168.

[1111] Die neun Punkte des Programms betrafen unter anderem die direkte Zusammenarbeit mit den Stammesregierungen auf der Grundlage einer "government-to-government"-Beziehung, die Berücksichtigung der Stammesregierungen als primäre Ansprechpartner für Umweltfragen innerhalb der Reservationen, die besondere Förderung der Verantwortungsübernahme durch die Indianerstämme in Fragen des Umweltschutzes innerhalb der Reservationen, die Beseitigung bestehender gesetzgeberischer und verwaltungstechnischer Hindernisse für eine unmittelbare und direkte Zusammenarbeit mit den Stammesregierungen, die Anregung der Zusammenarbeit der Regierungen von Indianerstämmen, Bundesstaaten und Kommunen auf dem Gebiet des Umweltschutzes und die Sicherstellung der Einhaltung von Umweltstandards auf den Reservaten. OFFICE OF THE ADMINISTRATOR, UNITED STATES ENVIRONMENTAL PROTECTION AGENCY, EPA POLICY FOR THE ADMINISTRATION OF ENVIRONMENTAL PROBLEMS ON INDIAN RESERVATIONS (1984).

Verantwortung ermöglicht gleichzeitig ein erneutes und gesteigertes Gefühl der Verbundenheit der Indianer mit ihrem eigenen Lebensraum.

Im dritten und letzten Teil der Arbeit soll nun die Vereinbarkeit der Regelung des "Federal Indian law" mit den im ersten Teil erörterten internationalen Standards für den Schutz der indigenous peoples untersucht und anschließend eine Bewertung der völkerrechtlichen Stellung der Indianerstämme innerhalb der Vereinigten Staaten vorgenommen werden.

3. TEIL: VERKNÜPFUNG DES INTERNATIONALEN SCHUTZES MIT DEM NATIONALEN SCHUTZ DER INDIANERSTÄMME IN DEN USA

Die Tatsache, daß die Indianerstämme der Vereinigten Staaten ebenso wie nahezu alle indigenous peoples auf der Welt heute vollständig in Nationalstaaten eingegliedert sind, macht es erforderlich, die internationalen Bemühungen um einen effektiven Schutz der indigenous peoples mit entsprechenden nationalen Regelungen zu Verknüpfen. Dabei können die Schutzbestimmungen der einzelnen Staaten in einer mehr oder weniger direkten Umsetzung der einschlägigen internationalen Normen bestehen. Dies geschieht regelmäßig durch eine Ratifikation der entsprechenden internationalen Abkommen zum Schutz der indigenous peoples, wie zum Beispiel der ILO Konvention No. 169 oder in Zukunft der (noch im Entwurfsstadium befindlichen) U.N. Deklaration über die Rechte der indigenous peoples. Unter Umständen ist jedoch der nationale Schutz der indigenous peoples (nahezu) vollständig abgekoppelt von jeglichen internationalen Bemühungen. Die Regierung des Beherbergungsstaates wird in derartigen Fällen ihre ausschließliche Zuständigkeit für die Behandlung "ihrer" indigenous peoples betonen und sich diesbezüglich gegen jegliche Einmischung durch internationale Gremien in ihre internen Angelegenheiten verwahren.

Der nun folgende und letzte Teil beschäftigt sich mit dieser Frage, nämlich inwieweit die in den Verei- nigten Staaten beheimateten Indianerstämme von diesen als Gegenstand internationaler Sorge gesehen werden, oder ob sie jegliche internationale Zuständigkeit für deren Schutz ablehnt. Unabhängig von der Anerkennung einer internationalen Zuständigkeit stellt sich daneben die Frage, ob die konkreten Regelungen der Vereinigten Staaten hinsichtlich der Rechtsstellung der Indianerstämme den internationalen Anforderungen entsprechen, und ob das nationale Schutzsystem der Vereinigten Staaten in diesem Zusammenhang als ein Modell für die Gewährung in internationalen Konventionen geforderter Rechte dienen kann. Schließlich soll auch der Frage nachgegangen werden, inwieweit den Indianerstämmen der Vereinigten Staaten ein eigener Rechtsstatus nach internationalem Recht zukommt und dieser auch anerkannt wird.

A. Indianerstämme der Vereinigten Staaten als Gegenstand internationaler Sorge

Einen Anhaltspunkt dafür, inwieweit sich die Vereinigten Staaten hinsichtlich der Behandlung der Indianerstämme auf ihrem Gebiet bereitwillig internationaler Kontrolle unterwerfen, bietet die Tatsache, inwieweit diese entsprechenden Konventionen und sonstigen internationalen Regelungen beigetreten sind.

I. Ratifikationen internationaler Schutznormen

Gem. Art. II, § 2 cl. 2 U.S. Verfassung kann der Präsident mit Zustimmung von zwei Dritteln der Senatoren völkerrechtliche Verträge abschließen, die die Vereinigten Staaten direkt verpflichten und berechtigen. Die Bindungswirkung völkerrechtlicher Normen im Recht der Vereinigten Staaten ist in Art. VI cl. 2 U.S. Verfassung geregelt. Danach stehen die völkerrechtlichen Verträge der Vereinigten Staaten auf der Ebene von Bundesrecht als "supreme Law of the Land", welches allerdings durch Bestimmungen der Verfassung oder durch zeitlich nachfolgendes Bundesrecht jederzeit beschränkbar ist.[1112] Dieser Bestimmung zufolge gilt in den USA das sog. "monistische System", welches im Grundsatz das Völkerrecht zusammen mit dem nationalen Recht als Bestandteil eines einzigen einheitlichen Rechtssystems versteht.[1113] Daher ist im Regelfall[1114] eine gesonderte Transformation völkerrechtlicher Verträge nicht erforderlich, um diesen auf nationaler Ebene rechtliche Geltung zu verleihen.

[1112] Vgl. auch § 111 Abs. 1 A.L.I. Restatement of Foreign Relations Law: Danach sind die internationalen Abkommen der Vereinigten Staaten geltendes Recht der Vereinigten Staaten. Gem. Abs. 2 befindet dieses sich auf dem Rang von Bundesrecht, welches durch Regelungen der Bundesverfassung oder zeitlich nachrangige Gesetze des Kongreß eingeschränkt werden kann.

[1113] Vgl. IPSEN, aaO., § 72 Rn. 2ff..

[1114] Vgl. § 111 Abs. 3 Restatement, der hinsichtlich der Geltung zwischen sog. "self-executing" und "non-self-executing agreements" unterscheidet. Während ersteren bereits mit wirksamen Abschluß unmittelbare Gültigkeit auf dem Gebiet der USA zukommt, entfalten letztere erst mittels eines erforderlichen Transformationsgesetzes auf nationaler Ebene Bindungswirkung. Abs. 4 zufolge ist ein Abkommen als "non-self-executing" anzusehen, wenn eine unmittelbare Geltung auf nationaler Ebene bei Abschluß der völkerrechtlichen Vereinbarung nicht gewollt war, der Senat bei Erteilung der gem. Art. II, § 2 cl. 2 U.S. Verfassung erforderlichen Zustimmung eine entsprechende Umsetzung in nationales Recht ausdrücklich fordert oder wo die Verfassung eine ausschließlich Regelungskompetenz des Kongreß ausdrücklich vorgesehen hat (dies ist z.B. bei allen völkerrechtlichen Verträgen, die eine Zahlungspflicht der Vereinigten Staaten begründen, der Fall). Dieser Formulierung als Ausnahmeregelung ist jedoch zu entnehmen, daß in der Regel die völkerrechtlichen Verträge der Vereinigten Staaten bereits mit ihrem wirksamen Abschluß unmittelbare Geltung auf ihrem Gebiet entfalten, vgl. CARTER / TRIMBLE, aaO., S. 151.

Die Vereinigten Staaten hatten jedoch in der Vergangenheit weder ILO Konvention No. 107 unterzeichnet[1115], noch sind sie bisher deren Nachfolgekonvention No. 169 beigetreten. Dadurch vermieden sie es von vornherein, diesen bei ihrer Verabschiedung als fortschrittlich und für den Schutz indigener Rechte wirkungsvollen internationalen Instrumenten auf ihrem Gebiet direkte Bindungswirkung zu verleihen.

Wie bereits weiter oben erörtert, wurden von den indigenous peoples zunehmend die Bestimmungen des IPBPR als Mittel zur Durchsetzung ihrer Rechte und Interessen auf internationaler Ebene entdeckt.[1116] Dabei sind für ihre Zwecke insbesondere die Garantie des Selbstbestimmungsrechtes in Art. 1, der politischen Mitwirkungsrechte in Art. 25, und des Schutzes ihrer kulturellen Rechte in Art. 27 IPBPR von besonderem Interesse. Die Vereinigten Staaten traten mit Wirkung zum 8. September 1992 dem bereits 1976 verabschiedeten IPBPR als 116. Staat bei.[1117]

Im Zuge der Ratifikation erklärte jedoch der Senat die Bestimmungen der Art. 1 - 27 ausdrücklich für "not self-executing", so daß für deren Wirksamkeit und Anwendbarkeit als nationales Recht der Vereinigten Staaten ein spezielles Transformationsgesetz erforderlich ist.[1118] Da dies bis zum heutigen Tage unterblieben ist, besteht hinsichtlich dieser Rechtsgewährungen bislang nur eine völkerrechtliche Gebundenheit der Vereinigten Staaten, ohne daß sich die Indianerstämme vor den Bundesgerichten auf die im IPBPR gewährten Rechte auf Selbstbestimmung und Mitwirkung bei politischen Entscheidungen berufen könnten.

Von besonderem Interesse ist diesbezüglich das Verständnis der Vereinigten Staaten im Hinblick auf das von Art. 1 IPBPR garantierte Selbstbestimmungsrecht. Während die Vereinigten Staaten der Bekräftigung des Selbstbestimmungsrechtes von in ihrem Einflußbereich befindlichen Gebieten i.S.d. Art. 73(e) U.N. Charta (Guam, American Samoa und Virgin Islands[1119]) durch Resolutionen der Vereinten Nationen[1120] nicht

[1115]Mit Inkrafttreten der revidierten Fassung in ILO Konvention No. 169 im Jahre 1991 ist ein Beitritt zur Vorgänger-Konvention No. 107 auch nicht mehr möglich.

[1116]Vgl. oben, S. 65ff..

[1117]Dazu allgemein: David Stewart, *U.S. Ratification of the Covenant on Civil and Political Rights. The Significance of the Reservations, Understandings and Declarations*, 14 HUMAN RIGHTS LAW JOURNAL, S. 77ff. (1993).

[1118]Oben, Fn. 1114.

[1119]Puerto Rico gliederte sich 1952 in einem Status sog. "estado libre asociado" (Commonwealth) den Verei- nigten Staaten an, was nach Ansicht der U.N. Vollversammlung eine wirksame Ausübung seines Selbstbestimmungsrechtes darstellte, so daß seitdem Puerto Rico bei den Vereinten Nationen nicht mehr entgegengetreten sind und diesen Gebieten das Recht zugestehen, über die Ausgestaltung und Art ihrer Beziehung zu den Vereinigten Staaten frei zu entscheiden, sind sie hinsichtlich der verschiedenen Indianerstämme auf ihrem Gebiet zurückhaltender. Aufgrund des "domestic dependent status" der Indianerstämme ist die Bereitschaft der Vereinigten Staaten, diese als Rechtsträger des Selbstbestimmungsrechtes i.S.v. Art. 1 IPBPR anzuerkennen, geringer als bei geographisch getrennten Gebieten.

Die Politik der Vereinigten Staaten hinsichtlich der indigenous peoples innerhalb ihrer Grenzen zielt eher auf eine Stärkung ihrer internen Selbstregierungsrechte (self-government) als ihres externen Selbstbestimmungsrechtes (self-determination) ab: Noch fehlt es an einer Bereitschaft der Vereinigten Staaten, den Indianerstämmen die freie Wahl hinsichtlich ihres eigenen Status in den Beziehungen zu den USA zuzugestehen. Die *plenary power* der Vereinigten Staaten über die Indianerstämme gehört zu den Fundamenten des "Federal Indian Law". Inwieweit sich dadurch die Vereinigten Staaten in Verletzung von Art. 1 IPBPR befinden, läßt sich aufgrund der mit dem Begriff des Selbstbestimmungsrechtes verbundenen Unklarheiten nicht mit Sicherheit feststellen. Die Gewährung weitreichender Autonomierechte der Indianer innerhalb ihrer eigenen Gebiete spricht jedoch eher gegen einen Verstoß der Vereinigten Staaten gegen Art. 1 IPBPR. Die genaue Reichweite des Selbstbestimmungsrechtes, hängt letztlich jedoch von der Entwicklung eines eigenständigen Begriffs der Selbstbestimmung von indigenous peoples im Zuge der Working Group ab.[1121]

II. Position der Vereinigten Staaten innerhalb der Working Group

Einen weiteren Anhaltspunkt für die Bereitschaft der Vereinigten Staaten, die Indianerstämme innerhalb ihres Gebietes der internationalen Sorge zu unterstellen, bietet die Position des Vertreters der Vereinigten Staaten während der Sitzungen der Working Group on Indigenous Populations. Die Regierung der USA nahm von Anfang an an sämtlichen Sitzungen der Working Group teil, so daß deren Berichte eine gute Quelle für die entsprechenden Überzeugungen der U.S.-Regierung darstellen.

als Gebiet ohne Selbstregierung geführt wird, U.N. G.A. Res. 748, Doc. A/2630 (1953).

[1120]Vgl. z.B. U.N.G.A. Res. 43/42 (Guam); Res. 43/43 (American Samoa); Res. 43/44 (1988) (Virgin Islands) (alle 1988).

[1121]Hurst Hannum / Dana D. Fischer (Hrsg.), U.S. Ratification of the International Covenants on Human Rights (1993), S. 82ff..

Allein die Tatsache der regelmäßigen Beteiligung der Vereinigten Staaten an diesem internationalen Gremium, dessen Aufgabe in den letzten Jahren hauptsächlich in der Ausarbeitung eines Deklarationsentwurfes über die Rechte der indigenous peoples bestand, legt die Schlußfolgerung nahe, daß von den Vereinigten Staaten der internationalen Sorge um die Situation der indigenous peoples eine grundlegende Berechtigung beigemessen wird, und daß sie ebenfalls die Ausarbeitung internationaler Standards für den Schutz der indigenous peoples für erforderlich halten. Dem steht jedoch die Tatsache gegenüber, daß die Vereinigten Staaten auf keiner der bisher 13 Sitzungen der Working Group eigenes Material über die Situation der indigenous peoples auf ihrem Gebiet zugänglich gemacht haben. Motiv für diesen Mangel an Kooperation könnte zum einen sein, daß die Vereinigten Staaten die Situation der indigenous peoples innerhalb ihrer Grenzen für irrelevant hinsichtlich der von der Working Group identifizierten weltweiten Probleme halten, oder daß nach ihrer Überzeugung deren Situation in den nationalen Regelungen der Vereinigten Staaten bereits vollauf Rechnung getragen ist.[1122]

Der Deklarationsentwurf der Working Group fand - soweit dies aus den Sitzungsberichten hervorgeht - hinsichtlich der Normierung des Rechtes der indigenous peoples auf Gleichheit vor dem Gesetz und auf Erhaltung und Entwicklung ihrer eigenen Identität die volle Unterstützung der Vereinigten Staaten. Nach ihrer Ansicht ist die Gewährung dieser Rechte für den Schutz der indigenous peoples von grundlegender Bedeutung.[1123]

Eine ähnliche Wertschätzung hinsichtlich des Rechtes auf Selbstbestimmung fehlt. In diesem Zusammenhang kritisierten die Vereinigten Staaten vielmehr die Adressierung der indigenous peoples als "peoples" und regten für den Fall der Beibehaltung dieser Bezeichnung an, durch eine entsprechende "Irrelevanz-Erklärung" ähnlich wie in Art. 1 Abs. 3 ILO Konvention No. 169 diesem Begriff jegliche völkerrechtliche Bedeutung zu nehmen.[1124]

Darüberhinaus schlug der Vertreter der Vereinigten Staaten vor, das Recht auf Selbstbestimmung und die Bodenrechte nicht als subjektive Rechte, sondern vielmehr als

---

[1122]Diesbezüglich geben die Sitzungsberichte keinen näheren Aufschluß.

[1123]Bericht über die 10. Sitzung der Working Group, E/CN.4/Sub.2/1992/33, § 52.

[1124]Ebd., § 73.

bloße Zielvorgaben zu formulieren, um den einzelnen Staaten nicht unnötig schwere und unrealistische Pflichten aufzuerlegen.[1125] Hintergrund dieser konservativen Vorschläge ist der kompromißlose Schutz der territorialen Integrität der betroffenen Beherbergungsstaaten, indem den indigenous peoples jegliche Möglichkeit einer Sezessionsdrohung oder Durchsetzung ihrer ausschließlichen Hoheitsgewalt innerhalb ihrer eigenen Gebiete abgeschnitten wird. Vielmehr solle der Deklarationsentwurf klare Vorgaben hinsichtlich des Spannungsverhältnis zwischen dem territorialen Einflußinteresse der Beherbergungsstaaten und der Kontrolle der indigenous peoples über ihre eigenen Gebiete samt der darauf befindlichen Naturschätze treffen. Berücksichtigung solle dabei insbesondere der Aspekt der Beschränkbarkeit indigener Kontrollrechte über ihr Gebiet durch Regelungen des nationalen Rechts finden.[1126]

Charakteristisch für diese Anregungen ist, daß sie letztlich eine bloße Übertragung des in denVereinigten Staaten bereits geltenden Rechts hinsichtlich der Indianerstämme als "domestic dependent nations" vorschlagen: Die Intention geht darauf, den Schutz der indigenous peoples weitgehend im nationalen Bereich zu belassen und die Obergewalt der jeweiligen Beherbergungsstaaten über diese zu sichern.

All dies spricht gegen eine Bereitschaft der Vereinigten Staaten, den indigenous peoples internationale Relevanz zuzugestehen und die Überwachung und Durchsetzung ihrer Rechte in die Zuständigkeit internationaler Organe zu geben. Demzufolge sehen die Vereinigten Staaten auch den Schutz der in ihrem Gebiet ansässigen indigenous peoples primär als eine Frage des nationalen Rechtes und weniger als Gegenstand internationaler Sorge an.

B. Kongruenz nationaler Regelungen mit internationalen Maßstäben

Allein mit der Feststellung hinsichtlich der Entscheidung der Vereinigten Staaten, die indigenous peoples auf ihrem Gebiet lediglich als Gegenstand nationaler Sorge anzusehen, ist jedoch noch keine Aussage über die Vereinbarkeit der nationalen Regelungen mit den geforderten internationalen Standards gemacht. Hinsichtlich dieses Vergleichs wird im folgenden insbesondere auf die Bestimmungen des Deklarationsentwurfes 1993 der Working Group abgestellt, da dieses Instrument mit hinreichender

---

[1125] Ebd., § 52.

[1126] Ebd..

Wahrscheinlichkeit innerhalb der nächsten Jahre von der Generalversammlung verabschiedet werden wird und dann als das progressivste und umfassendste Schutzinstrument für die Rechte der indigenous peoples allgemeine Gültigkeit beanspruchen kann.

Im folgenden soll nun zunächst auf die Kongruenz der nationalen Regelungen der Vereinigten Staaten mit internationalen Standards in einigen speziellen Kernbereichen des Schutzes der indigenous peoples untersucht werden. Im Anschluß daran erfolgt eine Erörterung, inwieweit der in den Vereinigten Staaten gewährte Grad an Selbstbestimmung und Autonomie dem internationalen Verständnis vom Selbstbestimmungsrecht der indigenous peoples entspricht.

I. Spezielle Regelungskomplexe

Kernprobleme der Diskussion über den internationalen Schutz der indigenous peoples betrafen vor allem das kollektive Recht auf Existenz, Schutz ihrer kulturellen Identität, die Garantie ihrer Bodenrechte und die Gewährung politischer Mitwirkungsrechte auf nationaler Ebene dar.

1. Recht auf Existenz

Die kollektive Existenz von Indianerstämmen auf dem Gebiet der Vereinigten Staaten ist heute eine grundsätzlich nicht mehr in Frage gestellte Tatsache. Nachdem die Politik der Zwangsassimilation der einzelnen Indianer in die amerikanischen Gesellschaft restlos aufgegeben worden ist, steht heute jeder indianischen Gruppe das Recht zu, bei Erfüllung der in 25 C.F.R § 83.7(a) aufgezählten Kriterien[1127] offiziell als Indianerstamm anerkannt zu werden (sog. federally recognized tribe).

Das Erfordernis einer besonderen Anerkennung durch die Regierung des Beherbergungsstaates ist ein weitläufig gebräuchliches Kriterium, um die Beziehungen zu den einzelnen indigenous peoples auf eine geordnete Basis zu stellen.[1128] Die Kriterien für eine entsprechende Anerkennung dürfen jedoch nicht über eine bloße

[1127] Vgl. oben, Fn. 436.

[1128] So spricht man in Kanada z.B. von den sog. "Status Indians", vgl. BURGER, aaO., S. 203f., und in Indien von den sog. "scheduled tribes", ebd. S. 123; ebenso kennt Indonesien das System offizieller Anerkennung, ebd. S. 142. All diese Klassifizierung dienen jedoch letztlich dem Zweck, die Existenz von "indigenous peoples" innerhalb des eigenen Staates, welche stets einen Fremdkörper im Gemeinwesen darstellen, möglichst begrenzt und gering zu halten.

Mißbrauchskontrolle hinausgehen, wenn der Anerkennungsprozeß nicht Mittel für eine faktische Vorenthaltung des Status als indigenous people sein soll. Insoweit erscheinen die Kriterien, welche vom U.S. Bureau of Federal Acknowledgement anzuwenden sind,[1129] zu sehr an externen Vorgängen orientiert, so daß dem sowohl in Art. 1 Abs. 2 ILO Konvention No. 169 als auch in § 7 Deklarationsentwurf 1993 geforderten Recht der indigenous peoples auf Selbstidentifikation nicht angemessen Rechnung getragen ist. Dieses Recht muß sowohl kollektiv als auch individuell gewährt werden, d.h. eine Selbstbezeichnung der einzelnen Gruppe als "indigenous" muß grundsätzlich von der Bundesregierung als verbindlich akzeptiert werden, wie auch die Zugehörigkeit einer Individualperson zu dieser indigenen Gruppe grundsätzlich allein eine Frage der individuellen Entscheidung und der Akzeptanz durch die betroffene Gruppe ist. Eine Regelung, welche nicht von dem Recht auf Selbstidentifikation als "indigenous" als statusbestimmend ausgeht, stellt leicht eine faktische Verweigerung einer eigenständigen kollektiven Existenz als indigene Gruppe dar. Insoweit müßte folglich auch die Anerkennung als Indianerstamm durch die Regierung der Vereinigten Staaten primär von der Selbstbezeichnung als Indianerstamm ausgehen, was jedoch bei der Regelung des 25 C.F.R. § 83.7(a) nicht der Fall ist. Daß die statusbestimmende Befugnis der Vereinigten Staaten mit diesem Recht auf Selbstidentifikation wenig vereinbar ist, zeigt sich auch an der relativ hohen Anzahl der vom Federal Bureau of Acknowledgement abgelehnten Anträge auf offizielle Anerkennung als Indianerstamm.[1130]

Hinsichtlich der offiziell anerkannten Indianerstämme haben sich die Vereinigten Staaten spätestens seit den 70er Jahren bedingungslos zur Anerkennung ihrer eigenständigen Existenz bekannt, indem sie die bis dahin betriebene Politik der *termination* ersatzlos aufgaben. An die Stelle der *termination* ist nun eine Betonung der zwischen den Vereinigten Staaten und den einzelnen Indianerstämmen bestehenden *trust relationship* getreten. Da diese besondere Schutz- und Obhutsbeziehung jedoch nicht nur auf die offiziell anerkannten Indianerstämme beschränkt ist, sondern auch - zumindest für bestimmte Zwecke - gegenüber "non-recognized tribes" bestehen kann,[1131] genießen letztlich doch sämtliche Indianerstämme der Vereinigten Staaten ein Recht auf kollektive Existenz, in welcher sie sich auch auf den Schutz der Vereinigten Staaten berufen können. Somit besteht mittels der *trust responsibility* im Endeffekt gegenüber

[1129] Vgl. dazu oben, Fn. 436.

[1130] Von den seit 1978 gestellten 138 Anträgen auf offizielle Anerkennung als Indianerstamm wurden bis zum Frühjahr 1993 lediglich 8 positiv beschieden und 13 abgelehnt, GETCHES ET AL., aaO., S. 12.

[1131] Vgl. oben, S. 189.

sämtlichen Indianerstämmen eine (zumindest inoffizielle) Anerkennung durch die Bundesregierung. Dadurch ist faktisch die unabhängig von einer offiziellen Anerkennung bestehende *trust relationship* zu den einzelnen Indianerstämmen für deren Status als "indigenous people" bestimmend.[1132]

2. Schutz kultureller Identität

Nachdem die Bemühungen vor allem des vergangenen Jahrhunderts, die Indianer verstärkt an die dominante Gesellschaft zu assimilieren, als falsch erkannt worden sind, ist Leitbild der heutigen Indianerpolitik der Vereinigten Staaten die kulturelle Eigenständigkeit der Indianerstämme, welche es zu erhalten und zu fördern gilt.[1133] Dies zeigt sich zum Beispiel in der verstärkten Förderung indianischer Schulen auf den Reservationen, welche sich vor allem auf die Vermittlung des stammeseigenen Kulturgutes konzentrieren.[1134]

Ebenso dient das mit Erlaß des *Religious Freedom Restoration Act* normierte Verbot der Inzidentbeschränkungen indianischer Religionsfreiheit einem effektiven Schutz indianischer Religionsausübung und stellt damit ein wirkungsvolles Instrument zur Bewahrung der religiösen und spirituellen Identität der Indianerstämme dar. Insoweit entspricht die Indianerpolitik der Vereinigten Staaten grundsätzlich dem von § 11 Deklarationsentwurf 1993 geforderten Recht der indigenous peoples auf Betätigung und Pflege ihres eigenen kulturellen Erbes.

Soweit es jedoch um die Gewährung des freien Zugangs zu kulturellen Stätten geht, befinden sich die Vereinigten Staaten nach dem Scheitern entsprechender Gesetzgebungsbemühungen weiterhin im "internationalen obligo": Sofern den Indianerstämmen an den entsprechenden Gebieten kein "aboriginal" oder "recognized title" zusteht, können sie sich auch nicht auf ein Recht berufen, welches ihnen den erforderlichen Zugang ermöglicht.[1135] Die im First Amendment garantierte Religionsfreiheit vermag aufgrund ihrer individuellen Zielrichtung auch nicht, die religiösen Stätten der

---

[1132] Vgl. DESKBOOK, aaO., S. 34.

[1133] Vgl. oben, S. 127f. u. allgemein S. 153ff..

[1134] Vgl. ebd.

[1135] Weitergehend ist der Schutz kultureller Stätten in Australien: Das neugefasste, Anfang 1994 in Kraft getretene Landgesetz verbietet Grundstückseigentümern frei über ihre Grundstücke zu verfügen, wenn es sich dabei um eine religiöse Kultstätte der Aborigines handelt, die bereits deren Vorfahren heilig war; Süddeutsche Zeitung v. 20.09.1994, S. 9.

Indianer effektiv vor einer Entweihung durch eine säkulare Nutzung zu schützen.[1136] Insoweit erfordert gerade die Spiritualität der Indianerstämme eine bedingungslose Anerkennung ihrer Verbundenheit mit bestimmten Plätzen und kann nur wirkungsvoll geschützt werden, wenn auch dem Kollektiv als Träger entsprechender Rechte Möglichkeiten zur Durchsetzung und Geltendmachung an die Hand gegeben werden.

Was jedoch die im *Lovelace*-Fall[1137] problematisierte Frage des Rechtes auf ein Leben in Gemeinschaft mit dem eigenen Stamm betrifft, besteht innerhalb der Vereinigten Staaten kein Handlungsbedarf, da es entsprechende "Ausbürgerungsregelungen" wie im kanadischen *Indian Act* oder schwedischen Rentier-Wirtschaftsgesetz im Rechtssystem der USA nicht gibt. Folglich steht es jedem Indianer frei, die Gemeinschaft mit seinem Stamm zu suchen und gemeinsam mit diesem nach dessen überlieferter Tradition zu leben. Ein etwaiger Ausschluß kann allenfalls auf einer Entscheidung des Stammes selbst beruhen, was jedoch - jenseits gewisser legislativer Möglichkeiten wie dem *Indian Civil Rights Act*[1138] - außerhalb des Einflußbereichs der Bundesregierung liegt.

3. Bodenrechte

Die Anerkennung der indianischen Bodenrechte durch die Vereinigten Staaten erfolgte von Anfang an auf einer sehr zwiespältigen Basis: Einerseits galt es, die Einheitlichkeit des Territoriums des neu formierten staatlichen Gemeinwesens sicherzustellen. Diesem Zweck diente die Inkorporation der völkerrechtlichen Doktrin der Entdeckung in das nationale System der Vereinigten Staaten. Damit stand das Eigentum an sämtlichen Gebieten innerhalb ihrer äußeren Grenzen von Anfang an den Vereinigten Staaten als legitimer Rechtsnachfolgerin der vormaligen britischen und französischen Kolonialmächte zu.[1139] Angesichts ihrer absoluten Berechtigung an ihrem Territorium konnten die Vereinigten Staaten den Indianerstämmen ohne weitere Gefährdung ihrer eigenen territorialen Integrität gewisse dingliche Besitzrechte an deren angestammten Gebieten zugestehen. Diese Besitzrechte basierten ursprünglich auf dem sog. "original

---

[1136] Herz, aaO., S. 704.

[1137] Vgl. oben, S. 79ff..

[1138] Dazu vgl. oben, S. 172ff..

[1139] Vgl. oben, S. 136f..

Indian title", welcher jedoch jederzeit durch die Obergewalt der Vereinigten Staaten beschränkt oder gar beendet werden konnte.[1140]

Dadurch daß dieser "Indian title" den Indianerstämmen an ihren historischen Gebieten ein Ausschließlichkeitsrecht gegenüber allen Dritten gewährte, war er faktisch stark dem Eigentum angenähert. Die zweite Komponente des Eigentums, nämlich nach eigenem Gutdünken über Grund und Boden zu verfügen, war jedoch von Beginn an ausgeschlossen, nachdem die Indianerstämme zur Wirksamkeit einer entsprechenden Verfügung stets der Einwilligung der Bundesregierung bedurften. Gleichzeitig genießt dieser "Indian title" nicht den Eigentumsschutz des Fifth Amendment[1141], so daß auch auf verfassungsrechtlicher Ebene die untergeordnete Bedeutung ursprünglicher indianischer Bodenrechte zum Tragen kommt.

Das System indianischer Bodenrechte wandelte sich jedoch im Laufe der Zeit: An die Stelle von angestammten Rechten als Grundlage indianischer Besitzrechte trat zunehmend die spezielle Anerkennung dinglicher Rechte der Indianer an gewissen Landstrichen durch die Bundesregierung. Grundlage dieser Bodenrechte ist somit heute in den allermeisten Fällen der "recognized title", welcher in der Regel im Zusammenhang mit der Errichtung einer Reservation den Indianern vertraglich oder gesetzlich zugesichert wurde. Zwar gilt auch hinsichtlich dieser Bodenrechte die gleiche Verfügungsbeschränkung wie für den bloßen "Indian title", jedoch sind auf dem "recognized title" beruhende Bodenrechte unter verfassungsrechtlichen Aspekten weitgehend dem Eigentum gleichgestellt.[1142]

Damit ist der "Ist-Bestand" indianischer Rechte an ihrem Grund und Boden weitgehend im Einklang mit den internationalen Standards.[1143] Der in Form von Reservationen heute gegebene Bestand an indianischen Gebieten kann, nach entsprechender Dezimierung der vormals besessenen Gebiete, als gesicherte territoriale Basis der einzelnen Indianerstämme angesehen werden.

[1140] Vgl. oben, S. 219ff..

[1141] Vgl. oben, S. 224ff.

[1142] Vgl. oben, S. 225ff..

[1143] Vgl. § 24 Deklarationsentwurf 1993; Art. 14 ILO Konvention No. 169.

Was die Art der Nutzung ihrer Gebiete angeht, ist die Entscheidungsbefugnis seit den 70er Jahren zunehmend von den Indianerstämmen selber wahrgenommen worden, auch wenn die allermeisten Gebiete unter der treuhänderischen Verwaltung des BIA als Bundesbehörde stehen. Mit der "Self-determination-Ära" der amerikanischen Indianerpolitik wurden auch die territorialen Entscheidungskompetenzen zunehmend auf die Indianerstämme zurückübertragen. Eine Verwaltung der Gebiete gegen den Willen oder zum Nachteil der Indianerstämme wäre ein Verstoß gegen die bestehende *trust responsibility* der Vereinigten Staaten, welcher unter Umständen eine entsprechende Schadensersatzverpflichtung nach sich ziehen würde.[1144]

Was die Berechtigung der Indianerstämme an ihren ehemaligen Gebieten betrifft, führte die Arbeit der Indian Claims Commission zu einer weitgehenden faktischen Klärung, indem den betroffenen Indianerstämmen gegen Abtretung sämtlicher ursprünglicher Rechte eine Geldentschädigung zugesprochen wurde.[1145] Allerdings entspricht der Modus, die Entschädigung auf der Basis des Verkehrswertes der Gebiete im Zeitpunkt der Wegnahme ohne Verzinsung zu berechnen, nicht dem in § 25 Deklarationsentwurf geforderten Prinzip der "just and fair compensation": Zum einen reflektiert dieser Betrag nicht einmal im Ansatz den adäquaten gegenwärtigen Wert der fraglichen Gebiete, zum anderen fordern die internationalen Standards das Primat der Naturalrestitution durch Bereitstellung mindestens gleichwertiger Gebiete, wenn nicht dieselben Gebiete zurückgegeben werden können.[1146]

In ähnlicher Weise wurden Ansprüche der Indianerstämme an ehemaligen Gebieten wie zum Beispiel in Maine internationalen Maßstäben zuwider schlicht durch die Verabschiedung eines entsprechenden Gesetzes kraft überragender Hoheitsgewalt der Vereinigten Staaten abschließend geregelt, wobei sämtliche Rechte der Indianerstämme mit der Bereitstellung von Geld zum Neuankauf von Land als abgegolten galten.[1147] Diese Möglichkeit einseitiger Beendigung indianischer Bodenrechte durch Ausübung entsprechender Hoheitsgewalt ist mit der in internationalen Normen geforderten Anerkennung der historischen Berechtigung der indigenous peoples nicht

---

[1144] Vgl. oben, S. 184ff..

[1145] Vgl. oben, S. 225.

[1146] Vgl. auch Art. 16 ILO Konvention No. 169.

[1147] Zum *Maine Claims Settlement Act* vgl. oben, Fn. 906.

vereinbar, da diese für ein Erlöschen der fraglichen Rechte auf Seiten der indigenous peoples zumindest die Erklärung eines entsprechenden Einverständnisses fordern.[1148]

Der Komplexität der Beziehung der indigenous peoples zu ihren Gebieten, deren Anerkennung in den internationalen Regelungen Eingang gefunden hat, welche einen besonderen Schutz der Umwelt auf ihren Gebieten erfordert[1149], ist in den Vereinigten Staaten nicht ausdrücklich Rechnung getragen. Dennoch bieten die allgemeinen Umweltgesetze Möglichkeiten, besonders unberührter Landstriche, worunter auch bestimmte Indianerreservationen fallen, vor schädigenden Umwelteinwirkungen zu schützen.[1150] Daneben ist auch die Wiederherstellung von in der Vergangenheit geschädigten Gebieten vorgesehen, was sich auch auf die allgemeine ökologische Situation in vielen Indianerreservationen positiv auswirken wird.

Generell soll im Rahmen der allgemeinen Umweltpolitik der Vereinigten Staaten die Zuständigkeit für die Durchführung der Umweltgesetze zunehmend auf die Regierungen der einzelnen Indianerstämme verlagert werden, so daß diese mit geeigneten Maßnahmen einen adäquaten Umweltschutz auf den Reservationen selber sicherstellen können.[1151] Insoweit erübrigt sich dann eine "affirmative action" der Bundesregierung hinsichtlich der besonderen Interessen der Indianerstämme an einer intakten Umwelt.

4. Politische Mitwirkungsrechte

Inwieweit sich ein politisches Mitwirkungsrecht der Indianerstämme auf dem Gebiet der Vereinigten Staaten tatsächlich, wie in der *Mikmaq*-Entscheidung[1152], auf Art. 25(a) IPBPR gründen läßt, ist fraglich, da jedem einzelnen Indianer als Staatsbürger der USA in gleicher Weise wie jedem anderen Staatsbürger auch das Recht gewährt ist, in Form von Wahlen und entsprechendem "lobbying" beim Kongreß die politische Meinungsbildung zu beeinflussen. Ob sich ein "Sonder-Mitwirkungsrecht" als indigenous people gerade auf Art. 25(a) IPBPR gründen läßt, ist - trotz der positiven Entscheidung in *Mikmaq* - zum einen aufgrund dessen individualistischer Formulierung, zum anderen aufgrund des zweifelhaften Status der Indianerstämme als eigenständige

[1148] Vgl. § 25 Deklarationsentwurf 1993, Art. 16 ILO Konvention No. 169.

[1149] Vgl. § 26 Deklarationsentwurf 1993; Art. 13 Abs. 2 ILO Konvention No. 169.

[1150] So z.B. die Regelungen des *Clean Air Act*, vgl. oben, S. 262.

[1151] Vgl. oben, S. 264f..

[1152] Vgl. oben, S. 73ff..

Gruppe innerhalb des politischen Gefüges der Vereinigten Staaten[1153] zumindest fraglich.

Dennoch entspricht eine Beteiligung der indigenous peoples als kollektive Einheiten innerhalb des staatlichen Gemeinwesens an der politischen Meinungsbildung mittlerweile dem internationalen Standard, wie er auch in §§ 17, 18 Deklarationsentwurf 1993 deutlich wird. Daran gemessen genügt das nationale System der Vereinigten Staaten nichteinmal im Ansatz den internationalen Anforderungen. Im Unterschied zu Ländern wie z.B. Norwegen, welche "indigenous-spezifische" Fragen in die Kompetenz eines eigens konstituierten Parlamentes der Samen legen[1154], gibt es im politischen System der Vereinigten Staaten keinerlei Ansatz für eine vergleichbare institutionalisierte Mitwirkung der Indianerstämme an Entscheidungsprozessen, welche deren Rechte oder sonstigen Angelegenheiten betreffen könnten. Auch besteht innerhalb der Vereinigten Staaten kein "Dachverband" der Indianerstämme wie zum Beispiel die "Assembly of First Nations" in Kanada, welcher deren Interessen gegenüber dem Kongreß und der Bundesregierung geschlossen vertreten könnte.

Insoweit besteht also akuter Handlungsbedarf. Dieser könnte zum Beispiel mit der Einrichtung einer speziellen "Indianerkammer" innerhalb des Senates erfüllt werden, deren Mitglieder von den einzelnen Stammesregierungen gewählt oder nach ihren eigenen Verfahren anderweitig bestimmt werden, und welcher in Fragen, die für die Indianerstämme von Bedeutung sind, im Gesetzgebungsverfahren konstitutive Mitwirkungsrechte[1155] eingeräumt sind.

II. Selbstbestimmungsrecht als Ausdruck souveräner Eigenständigkeit

Absolute Priorität kommt den Forderungen der indigenous peoples zufolge dem Selbstbestimmungsrecht der indigenous peoples als Völker unter Geltung des internationalen Rechtes zu. Während eine Anerkennung dieses Selbstbestimmungsrechtes in ILO Konvention No. 169 aufgrund des Druckes der Regierungsvertreter noch

---

[1153] Dazu vgl. unten, S. 298ff..

[1154] Vgl. oben, S. 77..

[1155] Diese Mitwirkungsrechte können bestehen in einem Gesetzgebungsinitiativrecht, einem "Veto-Recht", soweit die Auswirkungen auf die Indianerstämme betroffen sind, oder einem konstitutiven Mitwirkungsrecht als "Dritte Kammer" im Gesetzgebungsverfahren.

scheiterte, fand es im Deklarationsentwurf 1993 der Working Group grundsätzlich uneingeschränkt Eingang.[1156]

Welche Anforderungen an die Gewährung eines entsprechenden Selbstbestimmungsrechtes konkret zu stellen sind, ist jedoch nicht abschließend geklärt, insbesondere ob damit eine eigenständige Staatlichkeit der indigenous peoples gefordert ist, oder ob bereits die Einräumung interner Selbstregierungs- und Autonomierechte eine adäquate Rechtsgewährung[1157] darstellen. Nachdem die Forderungen der indigenous peoples in Zusammenhang mit der (abgeebten) Entkolonialisierungsdebatte erhoben wurden,[1158] bietet der Kontext der Dekolonialisierung einen passenden Hintergrund, vor dem sich dann auch des Selbstbestimmungsrecht der indigenous peoples Konturen gewinnt. Nachdem auch die unter dem Grundsatz des Selbstbestimmungsrechtes der Völker forcierte Dekolonialisierung nicht ausschließlich die Entstehung neuer und unabhängiger Staaten bezweckte, sondern als Option wirkungsvoller Ausübung des Selbstbestimmungsrechtes auch die Integration oder freie staatsrechtliche Assoziation des kolonisierten Volkes mit dem Kolonialstaat ansah,[1159] stehen die gleichen Wahlmöglichkeiten grundsätzlich auch im Rahmen der Selbstbestimmungsdebatte der indigenous peoples offen.

Eine besondere Modifikation des Selbstbestimmungsrechtes berücksichtigt jedoch auch der Deklarationsentwurf 1993, wenn vor dem Hintergrund der *U.N. Prinzipien-Deklaration* als primäre Option die Ausübung sog. "interner Selbstbestimmung" angeregt wird und die Sezession als (hypothetisches) Druckmittel gegenüber den Beherbergungsstaaten den indigenous peoples lediglich als ultima ratio offensteht.[1160]

Somit wird im folgenden zu untersuchen sein, inwieweit den Indianerstämmen der Vereinigten Staten die Ausübung interner Selbstbestimmung möglich ist, und im

---

[1156]Vgl. § 3 Deklarationsentwurf 1993: "Indigenous peoples have the right of self-determination, in accordance with international law, subject to the same criteria and limitations as apply to other peoples in accordance with the Charter of the United Nations." Vgl. auch oben, S. 100ff..

[1157]Zwar ist das Selbstbestimmungsrecht ein dem Rechtsträger immanentes Recht, dessen Entstehung nicht auf einem abgeleiteten Erwerb beruht. Dennoch ist für dessen wirksame, und vor allem friedvolle, Ausübung eine kongruentes "Gewährenlassen" durch den bisherigen Beherbergungsstaat erforderlich. Insoweit ist der Ausdruck "Rechtsgewährung" berechtigt.

[1158]Vgl. oben, S. 67ff..

[1159]Dieter Blumenwitz, *Das Sezessionsrecht innerstaatlicher Rechtsgemeinschaften*, in: VERFASSUNG UND RECHT IN ÜBERSEE, S. 429, 431 (1970).

[1160]Vgl. oben, S. 101f..

Anschluß daran, wie sich die Rechtsstellung der Indianerstämme unter Gesichtspunkten einer eigenständigen Staatlichkeit in das Gefüge der Vereinigten Staaten einordnen läßt.

1. "Self-determination" als interne Selbstbestimmung

Wie bereits dargestellt, erstreckt sich das Recht der Indianerstämme auf Selbstregierung und Autonomie in ihren eigenen Angelegenheiten auf sämtliche Bereiche, welche klassischerweise der Innenpolitik eines Staates zugeordnet werden. Sowohl der Rechtspflege auf dem Gebiet des Straf- und Zivilrechts, als auch dem Gesetzgebungs- und dem Steuererhebungsrecht liegt als Ordnungsfaktor die Prämisse von der ursprünglichen Souveränität der Indianerstämme zugrunde, welche es verbietet, den Indianern die Entscheidungskompetenz zumindest hinsichtlich des Kernbereiches ihrer eigenen Angelegenheiten zu nehmen.

Der Anknüpfungspunkt für die Bestimmung der "eigenen Angelegenheiten" ist dabei zweifach bestimmt. Primäres Ordnungsprinzip ist der Gedanke des sog. "Indian country", wonach die Indianerstämme über ihr eigenes Gebiet grundsätzlich die Hoheitsgewalt im Sinne einer Territorialautonomie ausüben. Folglich ist zunächst jede Person, unabhängig von ihrem Status als Angehörige des betreffenden Indianerstammes oder als Außenstehende, der Hoheitsgewalt des Indianerstammes unterworfen. Dem entspricht das Recht der Indianerstämme, Fremde von ihrem Gebiet auszuschließen.

Zweites (und modifizierendes) Ordnungsprinzip ist das der Personalautonomie: Grundsätzlich obliegt dem Indianerstamm die Hoheitsgewalt über seine eigenen Mitglieder unabhängig von deren Aufenthaltsort.[1161] Innerhalb ihres eigenen Gebietes wird zum Teil auch das Recht der Indianerstämme auf Regelung ihrer eigenen Angelegenheiten hinsichtlich der Angehörigen anderer Indianerstämme bejaht. Eine Ausübung von direkter Hoheitsgewalt über Nicht-Indianer wird jedoch zumindest für den Bereich der Strafrechtspflege verneint.[1162] Sofern im Bereich der Zivilrechtspflege auch Nicht-Indianer der Gerichtshoheit der Indianerstämme unterliegen, kann dies regelmäßig auf einem freiwilligen Unterwerfungsakt der betreffenden Partei zurückgeführt werden.[1163]

[1161] Vgl. für den Bereich der Steuerhoheit oben, S. 218.

[1162] Vgl. oben, S. 203.

Insoweit erscheint die Hoheitsgewalt der Indianerstämme als "Schnittmenge" der Territorial- und Personalhoheit. Somit kommt den Indianerstämmen innerhalb ihres eigenen Gebietes zumindest hinsichtlich ihrer eigenen Stammesmitglieder eine umfassende Hoheitsgewalt zu. Auch diese könnte zwar aufgrund der *plenary power* des Kongreß über die Indianerangelegenheiten grundsätzlich jederzeit beschränkt werden, was jedoch nicht mit der Verantwortung der Vereinigten Staaten vereinbar wäre, im Rahmen der *trust relationship* die Selbstverantwortung und Selbstregierung der Indianerstämme zu stärken und zu fördern. Dies widerspräche auch völlig der gegenwärtigen Indianerpolitik der Vereinigten Staaten. Diese bemühte sich insbesondere in den letzten Jahren, den 1975 mit Verabschiedung des *Indian Self-Determination and Education Assistance Act* eingeschlagenen Weg der Förderung eigenständiger Entscheidungen der Indianerstämme hinsichtlich ihrer eigenen Belange, konsequent fortzusetzen.

2. Modell der "Self-Governance"

Einen sehr vielversprechenden Ansatz zur Umsetzung der Autonomierechte der Indianerstämme stellt das "Self-Governance Demonstration Project" dar.[1164] Die Idee der Self-Governance der Indianerstämme ist eine Anerkennung des Primats indianischer Entscheidungsbildung in Bezug auf die Regierung ihres eigenen Volkes und ihres eigenen Gebietes, ohne daß gleichzeitig die Verantwortlichkeit der Vereinigten Staaten im Rahmen der *trust relationship* abgeschwächt würde. Insoweit bleiben die Vereinigten Staaten für die Bewahrung oder Erreichung eines gewissen Lebensstandards innerhalb der Reservationen auch weiterhin verantwortlich. Nachdem die Verantwortung für die Durchführung entsprechender Förderprogramme jedoch mit Abschluß eines "Self-Governance compacts" auf die jeweilige Stammesregierung übergeht, reduziert sich die Beteiligung der Vereinigten Staaten dann allein auf die Bereitstellung der erforderlichen technischen Unterstützung und finanziellen Mittel, solange diese noch nicht von dem Indianerstamm selber aufgebracht werden können, und die Kontrolle, daß erforderliche Mindestleistungen von den Stammesregierungen auch tatsächlich erbracht werden. Darüberhinaus gilt jedoch der Grundsatz, die Bundesregierung weitgehend aus den internen Entscheidungsprozessen der Indianerstämme herauszuhalten.[1165] Insoweit kommt den Vereinigten Staaten im Rahmen der *trust*

[1163] Vgl. z.B. für den Bereich der Fischereiregelung, S. 243.

[1164] Dazu im einzelnen oben, S. 158ff..

relationship dann nicht mehr die Rolle eines Vormundes[1166], sondern - um im Vergleich mit zivilrechtlichen Instituten zu bleiben - die eines Betreuers zu, dessen Zuständigkeit lediglich subsidiär zu den eigenen Entscheidungen des Betreuten treten, um diesem eine maximaler Eigenständigkeit in der Entscheidungsbildung zu erhalten.

Wenn also der Self-Governance Act 1994 wie geplant noch in der gegenwärtigen Legislaturperiode verabschiedet werden wird, und dadurch jährlich bis zu 20 Indianerstämme mit Abschluß eines entsprechenden "Self-Governance compacts" die Verantwortung für die bisher vom BIA verwalteten Programme auf ihren Reservationen übernehmen können, sind die Indianerstämme auf dem Gebiet der Vereinigten Staaten dem Zeitpunkt, in welchem sie ihre wirtschaftliche, soziale und kulturelle Entwicklung in Freiheit selbst gestalten[1167], und damit der Verwirklichung ihres Selbstbestimmungsrechtes einen entscheidenden Schritt näher gekommen. Insoweit kann die Idee der "Self-Governance" als konkrete Realisierung des Selbstbestimmungsrechtes der indigenous peoples auf dem Gebiet der Vereinigten Staaten angesehen werden.

C. Erklärungsmodell zum rechtlichen Status der Indianerstämme

Nachdem die Staatsrechtslehre innerhalb der Vereinigten Staaten generell eine untergeordnete Rolle spielt und als solche eher eine Domäne der europäischen Rechtswissenschaft ist, findet sich in der amerikanischen Literatur außer der Feststellung, daß es sich bei den Indianerstämmen um Staaten in völkerrechtlichem Sinne handelt[1168], keine Auseinandersetzung mit dem Problem, wie denn diese angenommene Staatlichkeit der Indianerstämme mit dem staatsrechtlichen Gefüge der Vereinigten Staaten und dem Grundsatz der Unverletzlichkeit der Grenzen zu vereinbaren ist.

I. Staatsqualität der Indianerstämme

Aber bereits die Annahme bezüglich der Staatlichkeit der Indianerstämme bedarf einer kritischen Betrachtung. Entsprechend der von *Jellinek* entwickelten "Drei-Elemente-

---

[1165] Vgl. das Interview mit Bill Lavell, Direktor des *Office of Self-Governance* im U.S. Innenministerium, 2(5) SOVEREIGN NATIONS (Mai 1993), S. 3: "(...) it's my job to get the Federal government out of the Tribes' way so they can govern effectively on the reservations."

[1166] Vgl. die *guardian-ward*-Diktion in *Cherokee Nation v. Georgia*, oben S. 137f.

[1167] Vgl. Art. 1 Abs. 1 IPBPR.

[1168] Clinebell / Thomson, aaO., S. 679.

Lehre" müssen für die Bejahung staatlicher Existenz drei Kriterien erfüllt sein: Es muß ein bestimmtes abgegrenztes Gebiet vorhanden sein (Staatsgebiet), innerhalb dessen ein auf Dauer angelegter Verbund von Menschen ansässig ist (Staatsvolk), und schließlich muß hinsichtlich des Gebietes und des Volkes eine nach außen völkerrechtsunmittelbare und nach innen autonome Organisationsgewalt (Staatsgewalt) gegeben sein.[1169]

1. Staatsvolk

Das Kriterium eines eigenen Staatsvolkes ist am eindeutigsten bei den Indianerstämmen gegeben: Jeder einzelne Stamm stellt einen historisch gewachsenen Verbund von Menschen dar, welcher eine gemeinsame Geschichte und Kultur aufweist und sich dieser Gemeinsamkeit auch bewußt ist. Insoweit kann von der Existenz eines Staatsvolkes ausgegangen werden. Diese Existenz als eigenständiges Volk wird von den Vereinigten Staaten auch grundsätzlich nicht in Frage gestellt.

2. Staatsgebiet

Schwieriger ist schon die Annahme eines eigenen Staatsgebietes. Da ein Staatsgebiet als solches grundsätzlich[1170] nicht gleichzeitig zwei verschiedenen Hoheitsträgern zugeordnet sein kann, kommt eine Zuordnung des Indianerterritoriums als Staatsgebiet entweder nur zu den betreffenden Indianerstämmen oder aber zu den Vereinigten Staaten als Hoheitsträger in Betracht.

Die Indianerstämme besaßen bereits vor der Ankunft der Weißen mehr oder weniger exakt abgegrenzte, ihnen zugeordnete Gebiete, innerhalb derer sie eine von Dritten unabhängige Hoheitsgewalt ausübten. Auch heute stehen den Indianerstämmen bestimmte, genau definierte Gebiete zu, welche ihrer Regierungsgewalt unterliegen. Insoweit könnte man versucht sein, von der Territorialautonomie auf die Zuordnung ihrer Gebiete als Staatsgebiet im völkerrechtlichen Sinn zu schließen.

Diese Territorialautonomie ist jedoch für die Frage des Staatsgebietes nicht determinativ. Parallel zu dieser Territorialautonomie der Indianerstämme existiert nämlich die

---

[1169] G. Jellinek, Allgemeine Staatslehre (1914^3), S. 396ff..

[1170] Zur Ausnahme des Kondominiums, bzw. Koimperiums vgl. Brownlie, Principles, aaO., S. 116f..

übergreifende Gebietshoheit der Vereinigten Staaten, weil sich nach amerikanischer Rechtslehre das sog. *fee simple absolute*, d.h. die absolute, dingliche Rechtsmacht der USA auch auf die Gebiete der Indianer erstreckt.[1171] Die auf dem inhärenten indianischen Besitzrecht beruhende Gebietshoheit der Indianer hat demnach zwar grundsätzlich Wirkung *erga omnes*. Davon ausgenommen sind jedoch die Vereinigten Staaten als übergeordnete Rechtsmacht. So können die Vereinigten Staaten zum Beispiel gegenüber den Indianerstämmen jederzeit die Anwesenheit eigener Regierungsbeamter, wie zum Beispiel Angehöriger des BIA, auf dem Gebiet der Indianer durchsetzen. Ebenso kann der Kongreß die Anwendbarkeit von Bundesrecht innerhalb des Indian country wirksam beschließen. Insoweit mangelt es den Indianerstämmen den Vereinigten Staaten gegenüber an der erforderlichen Gebietsausschließlichkeit, der zufolge grundsätzlich nur mit ihrer Zustimmung innerhalb des Indianergebietes Hoheitsakte gesetzt werden dürften.[1172] Demnach liegt es nahe, den Vereinigten Staaten aufgrund ihrer ultimativen Territorialgewalt auch die von den Indianerstämmen besiedelten Gebiete als Staatsgebiet zuzuordnen.

Dem können jedoch zweierlei Einwände entgegengehalten werden: Zum einen wird auch von den Vereinigten Staaten selber die Ausübung des Selbstregierungsrechtes innerhalb der Stammesgebiete als Ausfluß der ursprünglichen Souveränität der Indianerstämme angesehen, welche mit der Landnahme durch die Kolonialmächte nicht beseitigt worden ist und bis heute fortdauert.[1173] Diese Ausübung von Hoheitsmacht als Manifestation ihrer sog. "inneren Souveränität" erfordert als Pendent die Existenz eines eigenen Staatsgebietes, auf welches sich diese Ausübung bezieht, da es sich anderenfalls lediglich um einen Fall sog. Verwaltungszession handeln würde, welche dem Zedenten innerhalb des betroffenen Gebietes keinen souveränen Status verleihen würde.[1174]

[1171] Hinsichtlich des originären Erwerbs dieser absoluten territorialen Berechtigung der Vereinigten Staaten durch die Doktrin der Entdeckung, vgl. oben, S. 136.

[1172] Vgl. IPSEN, aaO., § 23 Rn. 6.

[1173] Vgl. oben, S. 169ff..

[1174] Vgl. die Vereinbarung hinsichtlich der Überlassung der Panamakanal-Zone an die Vereinigten Staaten im *Hay-Varilla-Vertrag* (18.11.1903): "The Republic of Panama grants to the United States all the rights, power and authority within the zone mentioned (...) which the United States would possess and exercise *if it were the sovereign of the territory* (...) to the entire exclusion of the exercise by the Republic of Panama of any such sovereign rights, power or authority." Zit. in: IPSEN, aaO., § 23 Rn. 13 (Hervorhebung vom Verf.). Die hypothetische Gleichstellung der Position eines Souveräns über die Kanal-Zone würde keinen Sinn machen, wenn allein die Übertragung souveräner Herrschaftsrechte der Übertragung von Souveränität über ein bestimmtes Gebiet gleichzusetzen wäre. Folglich erfaßt die Verwaltungszession allein die Ausübung der aus der Souveränität erwachsenen Rechte innerhalb eines Teils des Staatsgebietes, nicht aber die direkte Übertragung der Souveränität als "Stammrecht" .

Zum anderen behandelten die Vereinigten Staaten die Indianerstämme von Beginn an als unabhängige Nationen, mit welchen sie über den Abschluß völkerrechtlicher Verträge in Beziehung traten. Gegenstand dieser Verträge war in den meisten Fällen die Vereinbarung von Landabtretungen der Indianer an die Vereinigten Staaten. Derartige Gebietszessionen implizieren jedoch, daß auch die Vereinigten Staaten anfangs die Existenz eines "indianischen Staatsgebietes" anerkannten.[1175] War dies der Fall, so ist - mit Ausnahme der Zession - kein völkerrechtlich wirksamer Grund ersichtlich, wonach diese Gebietshoheit zugunsten der Vereinigten Staaten erloschen sein könnte.[1176]

Die Qualifizierung der nicht zedierten indianischen Gebiete als Staatsgebiet der Vereinigten Staaten läßt sich möglicherweise auch mit der umstrittenen Lehre von der historischen Konsolidierung[1177] rechtfertigen. Danach würde die tatsächliche, effektive und von Beginn an durch die Völkergemeinschaft gebilligte Kontrolle der Vereinigten Staaten über die Gebiete der Indianerstämme hinsichtlich deren Qualifizierung als Staatsgebiet der USA legitimierend wirken, auch wenn ursprünglich keine völkerrechtliche Lehre die Einverleibung des Indianerterritoriums in das Staatsgebiet der Vereinigten Staaten rechtfertigen konnte ("ex factis ius oritur"). Die ursprüngliche Völkerrechtswidrigkeit wäre demnach durch eine längerfristige internationale Akzeptanz des entsprechenden Zustandes entgegen der sog. *Stimson-Doktrin* ("ex iniuria ius non oritur") geheilt.[1178]

Gegen eine Qualifizierung der indianischen Siedlungsgebiete als "Staatsgebiet" spricht jedoch, daß die heutigen Siedlungsgebiete der allermeisten Indianerstämme nicht mehr mit ihren historischen, bei Ankunft der Weißen besiedelten Gebieten übereinstimmen. Vielmehr wurden die meisten Reservationen im Wege einer Bereitstellung von bestimmten Gebieten durch die Vereinigten Staaten andernorts errichtet.[1179] Insoweit ist es dann zu einer völkerrechtlich nicht möglichen Trennung von Siedlungsgebiet des

---

[1175] Vgl. *Cherokee Nation v. Georgia*, 30 U.S. (5 Pet.), S. 1, 16 (1831).

[1176] Hinsichtlich der nicht zedierten Gebiete kommt weder eine völkerrechtliche Ersitzung durch die Vereinigten Staaten in Betracht, weil es insoweit an dem Erfordernis der (von Seiten der Indianerstämme) unangefochtenen langfristigen und effektiven Herrschaftsgewalt über die betreffenden Gebiete fehlt. Auch eine einverständliche Eingliederung der Indianergebiete in das Territorium der USA kommt nicht in Betracht. Ebensowenig können sich die Vereinigten Staaten auf eine Zuerkennung der Hoheitsgewalt über die Indianergebiete im Wege verbindlicher Adjudikation durch eine völkerrechtliche Entscheidungsinstanz berufen. Vgl. Clinebell / Thomson, aaO., S. 692ff..

[1177] Vgl. R. JENNINGS, THE ACQUISITION OF TERRITORY IN INTERNATIONAL LAW (1963), S. 23, 27.

[1178] Vgl. IPSEN, aaO., § 23 Rn. 47.

[1179] Vgl. insbesondere zur Politik der Umsiedlung oben, S. 134ff..

Staatsvolkes und eigentlichem (ursprünglichen) Staatsgebiet gekommen.[1180] Auch eine völkerrechtliche Zession der Reservatsgebiete an die jeweiligen Indianerstämme mit der Folge einer Neubegründung von indianischem Staatsgebiet war von den Vereinigten Staaten dabei nicht beabsichtigt. Vielmehr wurde durch die Errichtung der Reservation lediglich ein bestimmtes Gebiet der (gegenüber Dritten) ausschließlichen Nutzung durch den Indianerstamm vorbehalten, innerhalb dessen dieser sein innewohnendes Recht zur Regelung der eigenen Angelegenheiten wahrnehmen sollte. Insoweit ist das "Indian country" gegenüber den Vereinigten Staaten nicht exterritorial.[1181]

Aus dem eben Gesagten wird zumindest deutlich, daß sich hinsichtlich der Indianergebiete keine eindeutige Zuordnung treffen läßt. Insoweit handelt es sich um ein untypisches Gefüge. Letztlich bestehen aufgrund der tatsächlichen Gegebenheiten heute zumindest große Zweifel an der Qualifizierung des Indian country als Staatsgebiet des jeweiligen Indianerstammes, auch wenn dieser innerhalb dessen Grenzen sein Selbstregierungsrecht und damit seine innere Souveränität ausübt.

3. Staatsgewalt

Diese Zweifel an der Staatlichkeit der Indianerstämme verstärken sich noch, wenn man das Erfordernis der unabhängigen Staatsgewalt genauer betrachtet. Diese hat sowohl einen internen Aspekt, welcher sich auf die Fähigkeit bezieht, im Sinne einer umfassenden Verfassungs- und Gesetzgebungsautonomie die Rechts- und Lebensverhältnisse der auf dem Staatsgebiet befindlichen Personen zu regeln, wobei dem Staat sämtliche Maßnahmen der gesetzgebenden, vollziehenden und rechtsprechenden Gewalt zur Verfügung stehen (sog. innere Souveränität). Daneben erfordert die Staatsgewalt auch die Fähigkeit, nach außen selbständig und von anderen Staaten rechtlich unabhängig im Rahmen und nach Maßgabe des Völkerrechts als völkerrechtsunmittelbares Subjekt zu handeln (sog. äußere Souveränität).[1182]

Was die Fähigkeit der Indianerstämme zur Selbstregierung hinsichtlich ihrer Angelegenheiten innerhalb ihrer Gebiete anbelangt, beruht diese auf ihrer ursprünglichen,

[1180] In derartigen Fällen fehlt es dann an der effektiven Ausübung der Herrschaftsgewalt über das Staatsgebiet, vgl. IPSEN, aaO., § 23 Rn. 30.

[1181] So würde z.B. eine (hypothetischer) bewaffneter Angriff auf das Gebiet einer Indianerreservation durch einen Drittstaat zweifellos gleichzeitig einen Angriff auf das Territorium der Vereinigten Staaten darstellen.

[1182] Vgl. IPSEN, aaO., § 5 Rn. 6f..

von den Vereinigten Staaten nicht beschränkten (internen) Souveränität. Die Regierungen der Indianerstämme sind zur umfassenden und verbindlichen Regelung der Belange ihrer Mitglieder und ihres Territoriums faktisch in der Lage und üben diese Kompetenz auch weitgehend aus. Folglich ist der interne Aspekt der Staatsgewalt bei ihnen durchaus gegeben.

Die äußere Souveränität der Indianerstämme stößt jedoch sofort an die Grenze der *plenary power* des Kongreß der Vereinigten Staaten. Insoweit sind die Indianerstämme der überragenden Hoheitsmacht der Vereinigten Staaten unterworfen, welche jederzeit in der Lage sind, vor allem die externen Aspekte der Souveränität zu beschränken: Dies zeigt sich zum Beispiel in den *Trade and Intercourse Acts*, welche die Fähigkeit der Indianerstämme zur Aufnahme von (Handels-)Beziehungen ausschließlich von dem Einverständnis der Vereinigten Staaten abhängig machte.[1183] Ebenso ist die in der Geschichte der Indianerpolitik zu Tage getretene Disponibilität hinsichtlich der Grenzen indianischer Gebiete ein Indiz für die fehlende Unabhängigkeit der Indianerstämme in externen Angelegenheiten.[1184]

Dieses Ergebnis verblüfft, führt man sich vor Augen, daß eine dogmatische Säule der amerikanischen Indianerpolitik die Annahme der im Grundsatz unverbrüchlichen Souveränität der Indianerstämme ist. Danach sind sämtliche, von den Indianerstämmen wahrgenommenen Hoheitsrechte Auswuchs ihrer ursprünglichen, vor der Ankunft der weißen Kolonialmächte uneingeschränkt bestehenden Souveränität.[1185] Wie bereits dargestellt, war es die rechtliche Konstruktion der *trust relationship*, welche als notwendiges Gegenstück zur Schutzverpflichtung der Vereinigten Staaten den Indianerstämmen gegenüber zur Annahme einer allumgreifenden Macht des Kongreß hinsichtlich der Indianerangelegenheiten führte.[1186] So stellt sich gerade die Begründung der *trust relationship*, deren Beibehaltung heute gerade von den Indianerstämmen im Rahmen des "Self-Governance Demonstration Project" mit allem Nachdruck gefordert wird, als genialer juristischer Schachzug dar, um die ursprünglich souveränen Indianerstämme in das Gemeinwesen der Vereinigten Staaten zu inkorporieren: So war es nicht eine militärische Eroberung, welche den Vereinigten Staaten faktisch die

[1183]Vgl. oben, S. 133f..

[1184]Dies zeigt sich insbesondere an der exzessiv und teilweise gegen den Willen der Indianerstämme betriebenen Umsiedlungspolitk im 19. Jahrhundert, vgl. oben, S. 134ff..

[1185]Vgl. oben, S. 169ff.

[1186]Vgl. oben, S. 175ff.

Oberhand über die Indianerstämme gab, sondern das (angebliche) Erfordernis einer besonderen Schutzgewährung. Zur wirkungsvollen Wahrnehmung dieser Aufgabe war es erforderlich, daß sich die Indianerstämme in die Obhut der Vereinigten Staaten begaben und damit der übergeordneten Souveränität der Vereinigten Staaten unterlagen. Insoweit erforderte die *trust relationship* ein besonderes Abhängigkeitsverhältnis der Indianerstämme von den Vereinigten Staaten, welches letztlich auch zur Einschränkung der völkerrechtlichen Handlungsfreiheit der Indianerstämme führte.

Wie sich jedoch gleich im Anschluß zeigen wird, steht selbst die Existenz eines derartigen Abhängigkeitsverhältisses nicht der Annahme einer eigenen Staatlichkeit des abhängigen Gemeinwesens entgegen. Zunächst bleibt jedoch festzuhalten, daß es sich bei der Staateneigenschaft der Indianerstämme - sofern sie denn bejaht werden kann - allenfalls um eine atypische Form eines bloßen "Innenstaates" handeln kann, da sämtliche Hoheitsbefugnisse auf ihre internen Aspekte beschränkt sind.[1187]

II. Rechtliche Qualifikation des Status der Indianerstämme

Bejaht man grundsätzlich die Staatenqualität der einzelnen Indianerstämme, so stellt sich die Frage nach ihrer rechtlichen Beziehung zu den Vereinigten Staaten. Der Zusammenschluß von Staaten kann dabei grundsätzlich auf der Basis der Völkerrechts oder auf der Grundlage des Staatsrechts erfolgen. Weiter ist danach zu differenzieren, ob der Zusammenschluß auf der Basis der Gleichheit oder der Ungleichheit erfolgt. Völkerrechtliche Staatenverbindungen auf der Ebene der Gleichheit wären zum Beispiel der Staatenbund oder die völkerrechtliche Assoziation, während es sich beispielsweise bei Protektorat, Treuhandsgebieten oder Gebieten ohne Selbstregierung um völkerrechtliche Zusammenschlüsse auf der Ebene der Ungleichheit handelt. Der Zusammenschluß von Staaten innerhalb eines Bundesstaates stellt dagegen grundsätzlich eine staatsrechtliche Staatenverbindungen auf der Basis der Gleichordnung dar. Staatsrechtliche Verbindungen mehrerer Staaten sind auch auf der Ebene der Ungleichheit möglich. Darunter fallen die aus der Zeit des Feudalismus als sog. Vasallenstaaten (Staatenstaaten oder Suzeränität) bekannten Staatenverbindungen. Diese sind heute von der sog. Binnenassoziation abgelöst worden.

[1187] Vgl. auch Sanders, *The Reemergence of Indigenous Questions in International Law*, 1 CANADIAN HUMAN RIGHTS YEAR BOOK, S. 3, 11 (1983), der den politischen Status der Indianerstämme ebenfalls als "anomalous" beschreibt.

Ausgangspunkt für die Qualifikation einer Rechtsgemeinschaft als völkerrechtliches oder staatsrechtliches Gemeinwesen ist jedoch stets die konkrete völkerrechtliche Lage. Insoweit ist also danach zu differenzieren, inwieweit den Indianerstämmen der Vereinigten Staaten Völkerrechtsunmittelbarkeit zukommt. Nur falls diese Frage bejaht werden kann, kommt den Indianerstämmen eine eigene Staatlichkeit im Sinne des Völkerrechts zu. Anderenfalls handelt es sich bei ihnen um rein innerstaatliche Rechtsgemeinschaften, deren Rechte und Pflichten allein im Staatsrecht der Vereinigten Staaten begründet sind.

1. Völkerrechtssubjektivität der Indianerstämme

Bei der Beurteilung des rechtlichen Status der Indianerstämme der Vereinigten Staaten mag man versucht sein, aus der Tatsache, daß auch von den Vereinigten Staaten die ursprüngliche Souveränität und Unabhängigkeit der Indianerstämme als eigenständige Gemeinwesen anerkannt wird, und daß sich sämtliche hoheitlichen Befugnisse der Indianerstämme innerhalb ihrer eigenen Gebiete bis zum heutigen Tag aus ihrem originären Recht zur Selbstregierung ableiten,[1188] auf deren Status als geborene Völkerrechtssubjekte Rückschlüsse zu ziehen.[1189] Allerdings richtet sich die Beurteilung der Völkerrechtssubjektivität[1190] der Indianerstämme weniger nach entsprechenden theoretischen Erwägungen als vielmehr nach ihrer konkreten Stellung innerhalb der Völkerrechtsgemeinschaft und ihrer entsprechenden Anerkennung durch die völkerrechtliche Praxis. Insoweit stellt sich also die Frage, inwieweit die konkrete Rechtsstellung der Indianerstämme Zeugnis dafür ablegt, daß ihre Rechte und Pflichten unmittelbar von der Völkerrechtsordnung geregelt werden.

[1188] Insoweit unterscheidet sich auch die theoretische Fundierung der Hoheitsbefugnisse der Indianerstämme in den USA fundamental von der der Indianerstämme in Kanada: Historisch hat Kanada stets die Souveränität der Indianerstämme auf seinem Gebiet verneint, so daß sämtliche Rechte, welche die "First Nations" geltendmachen können, allein auf einer entsprechenden Verleihung durch den kanadischen Staat beruhen; vgl. Patrick Macklem, *Distributing Sovereignty: Indian Nations and Equality of Peoples*, 45 STANFORD LAW REVIEW, S. 1311, 1320.

[1189] Vgl. zur Völkerrechtssubjektivität der Indianerstämme Nordamerikas als eigenständige Gemeinwesen Howard R. Berman, *Are Indigenous Peoples Entitled to International Juridical Personality?* 79 AMERICAN SOCIETY OF INTERNATIONAL LAW. PROCEEDINGS, S. 189, 190 ff. (1985).

[1190] Zum Begriff des Völkerrechtssubjektes vgl. auch BERBER, LEHRBUCH DES VÖLKERRECHTS, I. BAND: ALLGEMEINES FRIEDENSRECHT (1975[2]), S. 111 ff..

a) Ursprüngliche Völkerrechtsunmittelbarkeit

Wie bereits festgestellt, war der Beginn der Beziehungen zwischen Weißen und Indianerstämmen von der Anerkennung der Indianerstämme als unabhängige und völkerrechtsunmittelbare politische Rechtsgemeinschaften geprägt:

"European state practice varied widely, but in North America, American Indian peoples were diplomatically engaged as distinct nations by European and successor states well into the 19th century. Treaties were negotiated on subjects concerning a complete range of international relations. Certainly, the North American experience was not universal; however, despite European imperial claims there and elsewhere, indigenous peoples were juridically regarded as distinct peoples for centuries."[1191]

In Konsequenz dieser Anerkennung wurden auch von den Vereinigten Staaten nach ihrer Gründung die wechselseitigen Beziehungen zu den Indianerstämmen auf der Ebene formeller Verträge geregelt.[1192] Allerdings wurde bereits der völkerrechtlich Charakter dieser frühen Verträge von der Völkerrechtslehre bezweifelt.[1193]

b) Mediatisierung

Sofern man jedoch annimmt, daß es sich bei den Indianerstämmen im 18. Jahrhundert noch um völkerrechtsunmittelbare Rechtsgemeinschaften gehandelt habe, so hat sich deren rechtlicher Status spätestens im 19. Jahrhundert durch die faktische Etablierung der Vereinigten Staaten und Sicherung ihrer Vorherrschaft auf dem nordamerikanischen Kontinent grundlegend geändert. Folgerichtig wurden die Indianerstämme von der Völkerrechtslehre nur noch als sog. "koloniales Protektorat" angesehen, womit primär die faktische und vollständige Integration der Indianergebiete in das Staatsgebiet der Vereinigten Staaten umschrieben wurde.[1194]

[1191] Berman, aaO., S. 191. Vgl. auch oben, S. 130ff..

[1192] Vgl. oben, S. 132f..

[1193] JOSEF KUNZ, DIE STAATENVERBINDUNGEN, in: FRITZ STIER-SOMLO (Hrsg.), HANDBUCH DES VÖLKERRECHTS II/2 (1929), S. 187 vertritt die Ansicht, daß die mit den Häuptlingen eingeborener Stämme getroffenen Vereinbarungen keine völkerrechtlichen Verträge darstellten, sondern allenfalls die Funktion hätten, hinsichtlich des betroffenen Gebietes den Exklusivitätsanspruch des vertragsschließenden Staates gegenüber dritten Staaten unter Beweis zu stellen. Für diese Ansicht spricht oft auch der konkrete Wortlaut der jeweiligen Vereinbarung mit den Indianerstämmen. So regelt z.B. Art. 3 der *Articles of Peace, Amity and Alliance between the Superintendent of the British Crown and the Hurons/Niagara* (18. Juli 1764) die Exklusivitätsrechte der Englischen Krone hinsichtlich des Gebietes der Huronen: "That they will not from henceforth maintain any friendship with any of His Majesty's enemies, or maintain any intercourse with those who may promote war and troubles, but will oppose their designes, and treat them as common enemies (...); but if any matter or grievance arises, they are, either through the channel of the Commandant of Detroit, or by personal application to Sir William Johnson, to represent their complaints."

Der Prozeß der Mediatisierung der Indianerstämme durch die Vereinigten Staaten setzte zeitlich mit dem Erlaß des *Indian Removal Act* im Jahr 1830 ein.[1195] Von da an stand das Territorium der Indianerstämme einseitig zur Disposition der Vereinigten Staaten, ohne daß dieses unmittelbaren völkerrechtlichen Schutz genossen hätte oder die Staatengemeinschaft dieser Mediatisierung widersprochen hätte.

In die gleiche Zeit fällt die Charakterisierung der Indianerstämme als "domestic dependent nations" durch die Entscheidung des Supreme Court in *Cherokee Nation v. Georgia*[1196]. Damit war zweierlei festgestellt: Zum einen handelte es sich nach der Rechtsüberzeugung des Supreme Court bei den Indianerstämmen um eine Frage des internen Rechtes der Vereinigten Staaten ("domestic"), zum anderen wurden die Indianerstämme aber auch in einem faktischen Abhängigkeitsverhältnis zu den Vereinigten Staaten gesehen ("dependent nations"). Dies kann auch als damals geltende Rechtsüberzeugung der Staatengemeinschaft angesehen werden.

Entsprechend wiesen die Indianerstämme auch innerhalb internationaler Organisationen keine Präsenz als eigenständige Völkerrechtssubjekte auf, wobei diese völkerrechtliche "Abstinenz" auch bis heute noch andauert. Trotz der heute verbreiteten Überzeugung, daß auch im Kontext territorialer Kontiguität durchaus von historischer Kolonialisierung eines Volkes gesprochen werden könne,[1197] waren die Indianerstämme als innerstaatliche Rechtsgemeinschaften im Rahmen der Entkolonialisierung nach dem Zweiten Weltkrieg kein spezielles Schutzobjekt der Völkergemeinschaft.

Die Gebiete der einzelnen Indianerstämme waren auch weder als Treuhandgebiete i.S.v. Art. 75 U.N. Charta, noch als Hoheitsgebiete ohne Selbstregierung i.S.v. Art. 73 U.N. Charta bei den Vereinten Nationen registriert. Insoweit unterscheidet sich die völkerrechtliche Situation der Indianerstämme von

---

[1194]Vgl. KUNZ, aaO., S. 185. Die Konsequenz der Annahme eines kolonialen Protektorats ist nicht - wie der Name vermuten läßt - in Analogie zu dem völkerrechtlichen Protektorat die Anerkennung einer gewissen Völkerrechtssubjektivität der Indianerstämme, sondern vielmehr deren gänzliche Verneinung, nachdem das koloniale Protektorat als integrierender Bestandteil des Kolonialstaates angesehen wird, ebd..

[1195]Vgl. dazu oben, S. 135.

[1196]30 U.S. (5 Pet.) 1, 17 (1831).

[1197]Vgl. oben, S. 68f..

c) Vergleich mit anderen Assoziationsformen: Puerto Rico und Palau

Insoweit unterscheidet sich der völkerrechtliche Status der Indianergebiete von dem anderer mit den Vereinigten Staaten assoziierter Gebiete, wie zum Beispiel dem Commonwealth of Puerto Rico oder der Pazifischen Inselrepublik Palau:

Die Vergleichbarkeit der Indianerstämme mit dem Status Puerto Rico's leitet sich aus dem Umstand ab, daß beide Gemeinwesen in Bezug auf ihre internen Angelegenheiten heute eine Art von innerer Souveränität genießen, welche ihnen die Ausübung weitgehender Selbstregierungsrechte erlaubt. Hinsichtlich des im Status des Commonwealth mit den USA verbundenen Puerto Rico wird zwar eine rudimentäre Völkerrechtsfähigkeit bejaht, dennoch wird auch hier aufgrund dessen weitgehend beschränkter externer Souveränität nicht von einem Staat im Sinne des Völkerrechts gesprochen.[1198] Entscheidend fallen bei dieser Verneinung der Völkerrechtssubjektivität Puerto Rico's fehlende Kompetenzen zur Gestaltung einer eigenen Außen- und Verteidigungspolitik und dessen Unfähigkeit zum eigenverantwortlichen Abschluß völkerrechtlicher Abkommen ins Gewicht. Dieser gänzliche Mangel an Unabhängigkeit in externen Angelegenheiten verhindert auch die Einordnung Puerto Rico's in die (umstrittene) Kategorie der sog. halbsouveränen Staaten, bzw. Staaten mit beschränkter Souveränität.[1199] Die Bindungen Puerto Rico's an die Vereinigten Staaten sind lediglich staatsrechtlicher Natur, ohne daß ihnen eine völkerrechtliche Qualität zukommt.[1200]

Wenn nun aber schon Puerto Rico, welches aufgrund seines von den Vereinigten Staaten und der Völkergemeinschaft anerkannten Status als Gebiet ohne Selbstregierung gem. Art. 73 U.N. Charta zumindest bis 1952 eine gewisse Rolle im Völkerrecht gespielt hat, auch nach dessen freier Assoziierung mit den Vereinigten Staaten nicht als Völkerrechtssubjekt anzusehen ist, so kann dies für die Indianerstämme erst recht nicht gelten. Nach deren territorialer Integration in das Gebiet der Kontinental-USA erlangten diese nicht einmal als Gebiete i.S.v. Art. 73 U.N. Charta internationale Präsenz. Vielmehr ist deren Mediatisierung durch die Vereinigten Staaten bis zum heutigen Tag von der Völkergemeinschaft unangefochten geblieben.

[1198] Karin Klüpfel, Selbstbestimmung durch Assoziation. Die Assoziation als Verwirklichung des Selbstbestimmungsrechtes der Völker - dargestellt am Beispiel von Puerto Rico (1987), S. 203 f..

[1199] Ebd., S. 205 ff..

[1200] Ebd., S. 209.

Vor diesem Hintergrund verbietet sich aber erst recht ein Vergleich mit dem völkerrechtlichen Status der bislang in freier Assoziation mit den Vereinigten Staaten verbundenen Inselrepublik Palau, welche Teil des ehemaligen "Trust Territory of the Pacific Islands" (TTPI) als Treuhandgebiet der USA i.S.v. Art. 75 U.N. Charta war und deren Völkerrechtssubjektivität aufgrund ihres völkerrechtlichen Treuhandstatus und ihrer weitgehenden Befugnisse und Kompetenzen auch auf außenpolitischem Gebiet zu bejahen ist.[1201]

Anhand dieser beiden Beispiele wird deutlich, daß die Schwelle der Völkerrechtssubjektivität für die Indianerstämme der Vereinigten Staaten noch für lange Zeit nicht erreichbar sein wird. Auch wenn die Politik der Vereinigten Staaten in den letzten Jahren verstärkt ihr Recht auf Selbstregierung als ursprüngliche und souveräne Gemeinwesen betont hat, sich diesen im Rahmen der *trust relationship* verpflichtet fühlt und die Beziehungen zu ihren Regierungen offiziell als *"government-to-government relationship"* bezeichnet, ist es den Indianerstämmen auf internationaler Ebene bis heute jedoch weder gelungen, ihre Anerkennung als Hoheitsgebiete ohne Selbstregierung gem. Art. 73 U.N. Charta zu erreichen, geschweige denn gem. Art. 75 U.N. Charta unter das Treuhandsystem der Vereinten Nationen zu kommen.

d) Internationale Präsenz der Indianerstämme

Auch in sonstiger Weise sind die Indianerstämme der Vereinigten Staaten bislang nicht auf internationaler Ebene ausreichend in Erscheinung getreten. Zwar ist seit den 70er Jahren bei den indigenous peoples allgemein ein Trend hin zur Internationalisierung ihrer Probleme als eigenständige Rechtsgemeinschaften festzustellen,[1202] und gelegentlich finden sich auch bei Indianergemeinschaften der Vereinigten Staaten Attribute internationaler Staatlichkeit.[1203] Diese vereinzelt gebliebenen Manifesta-

[1201] Vgl. zum TTPI ebd., S. 187 f.. Nach der Entlassung von Palau aus dem Treuhandstatus Anfang November 1994 stimmte der Weltsicherheitsrat seiner Aufnahme als 185. Mitglied der Vereinten Nationen zu, wobei die förmliche Zustimmung der Vollversammlung nur noch als Förmlichkeit angesehen wird, vgl. Süddeutsche Zeitung v. 1.12.1994, S. 11. Damit hat Palau vollständige Unabhängigkeit und Völkerrechtssubjektivität als eigenständiger Staat erlangt.

[1202] Vgl. oben, S. 11f..

[1203] So stellt zum Beispiel die sog. *Six Nations Confederacy (Haudenosaunee)* für ihre eigenen Stammesmitglieder Reisepässe aus, welche bei deren Einreise in europäische Länder auch von den dortigen Behörden akzeptiert wurden, und gewährte zum Beispiel 1983 einer von den Behörden der Vereinigten Staaten mit zwei Haftbefehlen gesuchten Familie Asyl, welches von der U.S.-Regierung auch respektiert wurde. Vgl. Bericht von Oren Lyons, Häuptling der *Haudenosaunee*, in *Are Indigenous Peoples Entitled to International Juridical Personality?*, 79 AMERICAN SOCIETY OF INTERNATIONAL LAW. PROCEEtionen einer internationalen Präsenz reichen aber keinesfalls aus, um den Indianerstämmen eine Subjektsqualität im Sinne des Völkerrechtes zuzusprechen. Vielmehr ist den Indianerstämmen der Vereinigten Staaten der institutionalisierte Zugang zu internationalen Gremien generell verwehrt: Nachdem die Vereinigten Staaten 1993 den IPBPR ratifiziert haben ohne zugleich dem dazugehörigen Fakultativprotokoll beigetreten zu sein, ist es den Vertretern der Indianerstämme nichteinmal möglich, gegenüber dem Menschenrechtsausschuß Verletzungen der Rechte ihrer Rechtsgemeinschaften vor einem internationalen Gremium geltend zu machen. Von einer Parteifähigkeit der Indianerstämme vor dem Internationalen Gerichtshof kann erst recht nicht gesprochen werden. Auch sonst steht den Indianerstämmen keinerlei direkter Zugang zu internationalen Gremien offen.

Damit fehlt den Indianerstämmen der Vereinigten Staaten jegliche Völkerrechtssubjektivität. Aufgrund der ihnen fehlenden Völkerrechtsunmittelbarkeit sind sie nicht als Staaten im Sinne des Völkerrechts zu qualifizieren. Ihnen kann daher allenfalls ein Status als völkerrechtsmittelbare Staaten, bzw. Staaten im staatsrechtlichen Sinne zukommen.

2. Indianerstämme als innerstaatliche Rechtsgemeinschaften

Der Status der Indianerstämme als "domestic dependent nations" stellt sich somit aufgrund ihrer Mediatisierung durch die Vereinigten Staaten und dem dadurch erlittenen Verlust ihrer Völkerrechtsunmittelbarkeit spätestens seit dem 19. Jahrhundert als eine Frage des Verfassungsrechts der Vereinigten Staaten dar. Entscheidende Bedeutung kommt dabei der *Indian Commerce Clause*, Art. I sec. 8 cl. 3 U.S. Constitution, zu, welche dem Congress der Vereinigten Staaten die sog. *"plenary power"* über die Stämme der Indianer verleiht. Diese allumfassenden "Oberbefugnisse" haben die Vereinigten Staaten auch von Anbeginn über die Indianerstämme ausgeübt.[1204]

DINGS, S. 189, 204 (1985).

[1204]Zur *plenary power* vgl. oben, S. 177f.. An dieser übergreifenden Hoheitsgewalt der Bundesregierung in Angelegenheiten der Indianerstämme ändern auch die wiederholten Bekenntnisse der Vereinigten Staaten zur Souveränität der Indianerstämme nichts. Ausschlaggebend für den Status einer innerstaatlichen Rechtsgemeinschaft ist weniger deren euphemistische Denomination durch den Beherbergungsstaat, als vielmehr deren tatsächliche Entscheidungskompetenzen. Diesbezüglich ist zwar auf Seiten der Indianerstämme grundsätzlich eine weitgehende Verfassungsautonomie im Sinne "innerer Souveränität" gegeben, an der entsprechenden Unabhängigkeit in auswärtigen Angelegenheiten mangelt es den Indianerstämmen jedoch spätestens seit dem Erlaß der Trade and Intercourse Acts, welche auf einfachgesetzlicher Ebene die Exklusivität der Beziehung zwischen den Vereinigten Staaten und den Indianerstämmen ausdrücklich normierten. Vgl. dazu oben, S. 133f..

Gerade die durch die *plenary power* doctrine eröffnete Möglichkeit der einfachgesetzlichen Beschränkung indianischer Hoheitsgewalt innerhalb ihrer Gebiete zwingt aber zu der Schlußfolgerung, daß ihr Status als eigenständige Gemeinwesen eine Frage des Staatsrechtes der Vereinigten Staaten ist. Insoweit handelt es sich - will man die Staatsqualität der Indianerstämme grundsätzlich bejahen - allenfalls um Staaten im Sinne des Staatsrechtes.

Als innerstaatliche Rechtsgemeinschaft stehen für eine Klassifizierung des Status der Indianerstämme unter Annahme einer eigenen Staatlichkeit die Möglichkeit einer Assoziierung mit den Vereinigten Staaten im Rahmen eines bundesstaatlichen Gefüges oder die Konstruktion der sog. Binnenassoziation offen.

a) Bundesstaatliche Verbindung

Ein Zusammenschluß mehrerer Staaten im Sinne des Staatsrechtes auf der Ebene der Gleichheit entspricht dem Bild des klassischen Bundesstaates.[1205] Nach dem Verfassungsrecht der Vereinigten Staaten handelt es sich bei den Indianerstämmen jedoch um keine Mitglieder der Union. Diesen kommt im Gefüge der Vereinigten Staaten vielmehr eine atypische, von den übrigen Bundesstaaten zu unterscheidende Stellung zu.[1206] Insoweit fehlt es auch an jeglicher Eingliederung der Indianerstämme in das föderale Gefüge der Vereinigten Staaten, weil die Indianerstämme niemals ihren Beitritt zu den Vereinigten Staaten erklärt haben, oder sich in sonstiger Weise der Geltung der U.S. Verfassung unterworfen haben.[1207] Daneben haben die Indianerstämme nicht in gleicher Weise wie die einzelnen Bundesstaaten Einfluß auf die Entscheidungsfindung im Gesamtstaat, was für eine Qualifizierung als Bundesstaat erforderlich wäre.[1208]

b) Binnenassoziation

Als Erklärungsmodell für eine staatsrechtliche Verbindung auf der Ebene der Ungleichheit kannte die Rechtslehre bislang die Vasallität oder Suzeränität. Dabei kam dem sog. Vasallenstaat (auch Staatenstaat genannt) keinerlei völkerrechtliche

---

[1205] BERBER, LEHRBUCH DES VÖLKERRECHTS, I. BAND: ALLGEMEINES FRIEDENSRECHT (1975²), S. 145.

[1206] Vgl. diesbezüglich *Native American Church v. Navajo Tribal Council*, 272 F.2d 131, 134 (1959): "Indian tribes are not states.They have a status higher than that of states."

[1207] Collins, aaO., S. 372

[1208] Vgl. BERBER, aaO., S. 148.

Subjektsqualität zu. Vielmehr begründete sich dessen Rechtsstellung allein im Staatsrecht des Suzeräns, welcher folglich die Rechte des Vasallenstaates jederzeit wieder beschränken konnte.[1209]

Als Schöpfung des Feudalismus wird das Institut des Staatenstaats jedoch heute allgemein für geschichtlich überholt angesehen.[1210] An seine Stelle ist der von *Kloss* geprägte Begriff der Binnenassoziation getreten.[1211] Als Binnenassoziation wird "eine auf staatsrechtlicher Grundlage beruhende Verbindung zwischen einem souveränen Staat und einem oder mehreren zu seinem Hoheitsbereich gehörenden autonomen Staatsteilen" umschrieben, "deren besonderes Wesensmerkmal in dem Sonderstatus des assoziierten Teilverbandes (...) gegenüber den normalen (...) Gliedstaaten des Gesamtstaats zu erblicken ist."[1212] Wenn auch dem assoziierten Gebiet in der Regel größere Rechte eingeräumt sind,[1213] kann auch dann von einer Binnenassoziation gesprochen werden, wenn sich Mehr- und Minderberechtigung des assoziierten Gebietes die Waage halten.[1214] Primäres Kennzeichen bleibt jedoch die innere Souveränität des assoziierten Gemeinwesens im Sinne einer Verfassungsautonomie, um überhaupt dessen Staatlichkeit bejahen zu können.[1215] Ist dies nicht der Fall, kommt für die betroffene Rechtsgemeinschaft allein ein Status als autonome Provinz oder bloße Minderheit in Betracht.

Angesichts der signifikant unterschiedlichen Rechtsstellung der Gebiete der Indianerstämme gegenüber dem der einzelnen Bundesstaaten, läßt sich die staatsrechtliche Stellung der Indianerstämme in den Vereinigten Staaten möglicherweise mit der Figur der Binnenassoziation erklären. Dies liegt umso näher, als im Kontext der Dekolonisation die freie staatsrechtliche Assoziation einer kolonialen Rechtsgemeinschaft durchaus als Option für die wirksame Ausübung ihres Selbstbestimmungsrechtes angesehen

[1209]Diesbezüglich grundlegend KUNZ, aaO., S. 520.

[1210]BERBER, aaO., S. 150.

[1211]Heinz Kloss, *Die Assoziation - Eine von der UNO begünstigte neue Institution des Völkerrechts*, VEREINTE NATIONEN 1963, S. 168, 169f.

[1212]PETER FAHRNI, DIE ASSOZIATION VON STAATEN MIT ANDEREN STAATEN (1967), S. 75.

[1213]So KLOSS, aaO., S. 169.

[1214]FAHRNI, aaO., S. 75. Insoweit läßt sich auch feststellen, daß häufig eine Balance von Minderberechtigungen und Minderverpflichtungen des assoziierten Gemeinwesens gegenüber der übrigen Bevölkerung im Gesamtstaat besteht. Dies schlägt sich häufig in steuerlichen Vorteilen nieder, wie dies zum Beispiel beim Commonwealth of Puerto Rico der Fall ist ("no taxation without representation"), vgl. Dieter Blumenwitz, *Das Sezessionsrecht innerstaatlicher Rechtsgemeinschaften*, in: VERFASSUNG UND RECHT IN ÜBERSEE (1970), S. 429, 432.

[1215]Vgl. FAHRNI, aaO., S. 75 f..

wurde.[1216] Eine derartige freie Assoziation setzt jedoch die völlige innere Autonomie und das unbeschränkte Sezessionsrecht des assoziierten Staates voraus.[1217]

Hinsichtlich ihrer internen Angelegenheiten wurde die Souveränität der Indianerstämme stets auch von der Bundesregierung der Vereinigten Staaten respektiert und stellt einen Grundpfeiler des Federal Indian Law dar.[1218] Insoweit sind die Indianerstämme in ihrer Befugnis zur Rechtsetzung und Rechtsdurchsetzung allein durch die Bestimmungen des *Indian Civil Rights Act* normativ beschränkt.[1219] Die Beziehungen der Bundesregierung zu den Stammesregierungen werden daneben vor allem in den letzten Jahren zunehmend als *"government-to-government relationship"* charakterisiert. Dies rechtfertigt es, die Indianerstämme als Staaten im Sinne des Staatsrechtes zu qualifizieren. Welche Qualität jedoch ihrer staatsrechtlichen Einbindung in das Gesamtsystem der Vereinigten Staaten zukommt, läßt sich letztlich jedoch nicht genau bestimmen. Insoweit ist der Status der Indianerstämme richtigerweise "anomalous" bezeichnet worden.[1220] Ihre gegenüber den einzelnen Bundesstaaten herausgehobene Stellung spricht für die Figur einer Binnenassoziation.

Regelmäßig muß jedoch zwischen den beteiligten Staaten ein staatsrechtlicher Vertrag im Sinne eines Assoziationsabkommens gegeben sein,[1221] welches die wechselseitigen Beziehungen und Kompetenzen konkret regelt. In vielen Fällen können die anfangs mit den Indianerstämmen geschlossenen Abkommen der Vereinigten Staaten, in welchen den Indianerstämmen im Austausch für Land und Frieden die Schutzgewährung durch die USA versprochen wurde,[1222] als Begründung einer entsprechenden Binnenassoziation gesehen werden. Keineswegs kann jedoch diese Eingehung einer Binnenassoziation durch die Indianerstämme als wirksame Ausübung ihres Selbstbestimmungsrechtes angesehen werden, da dies allenfalls für den Fall einer freien Assoziation verbunden mit der Einräumung eines Sezessionsrechtes angenommen wird.[1223] Nach dem Staatsrecht der Vereinigten Staaten steht den Indianerstämmen jedoch de lege ferenda

---

[1216] Blumenwitz, *Sezessionsrecht*, aaO., S. 431.
[1217] Fahrni, aaO., S. 79.
[1218] Vgl. oben, S. 169ff.
[1219] Vgl. oben, S. 172ff..
[1220] Sanders, aaO., S. 11.
[1221] Klüpfel, aaO., S. 147.
[1222] Vgl. diesbezüglich Canby, aaO., S. 84 f..
[1223] Vgl. Blumenwitz, *Sezessionsrecht*, aaO., S. 431.

keine derartige Möglichkeit zur Sezession offen. Für eine implizite Gewährung eines Sezessionsrechtes fehlen in der Praxis der Vereinigten Staaten bislang jegliche Hinweise. Dies spiegelt sich auch in der Position der Vereinigten Staaten innerhalb der Working Group wider: Wer die Erforderlichkeit eines Selbstbestimmungsrechtes für indigenous peoples generell verneint,[1224] wird den auf seinem Gebiet befindlichen indigenous peoples schwerlich ein Recht zur Sezession zubilligen.

3. Völkerrechtssubjektivität sui generis als indigenous peoples

Zum Schluß sei noch kurz auf die Möglichkeit der künftigen Begründung einer Völkerrechtssubjektivität der Indianerstämme als konkretem Anwendungsfall für den internationalen Schutz der indigenous peoples eingegangen.

Die Bemühungen der Working Group um eine Formulierung eines speziell für den Schutz der indigenous peoples bestimmten internationalen Instrumentes können im Ergebnis nicht nur dazu führen, daß dem Katalog der Menschenrechte eine weitere normative Kategorie hinzugefügt wird. Darüberhinaus erscheint es zumindest möglich, daß die indigenous peoples als Träger eigener, aus dem Völkerrecht abzuleitender Rechte erneut eine gewisse Anerkennung als eigenständige Gruppe im Völkerrecht erfahren und somit zu Völkerrechtssubjekten sui generis werden. *Berman* drückt dies folgendermaßen aus:

"To speak of indigenous rights is to speak of the rights of the group as such, a conceptual category beyond the pale of existing instruments. The task before the working group, then, is to bridge the existing conceptual and substantive gap in international human rights standards to effectuate the protection of entities and rights here- tofore unaffected by the system. I would emphasize that this internationalizing of the indigenous issue, combined with movement toward international recognition of indigenous rights as group rights, irrespective of the laws of particular states, constitutes an important manifestation of international legal personality that is currently in process in the United Nations."[1225]

Angesichts der gegenwärtigen Lage der indigenous peoples erscheint es unwahrscheinlich und auch nicht wünschenswert, daß ihnen zur Sicherung ihrer künftige Existenz als eigenständige kulturelle Gruppen von der Völkergemeinschaft der Status von Staaten im Sinne des Völkerrechts zugebilligt wird. Diesbezüglich favorisiert selbst die Working Group offenbar innerstaatliche Lösungen, wenn sie die Ausübung des Selbstbestimmungsrechtes durch die indigenous peoples primär auf ihre interne

---

1224 Vgl. oben, S. 273f..

1225 Berman, aaO., S. 191.

Dimension beschränkt sieht.[1226] Dementsprechend wird der künftige völkerrechtliche Status der indigenous peoples auch einen Kompromiß zwischen dem Interesse der Staaten am Erhalt ihrer territorialen Integrität und dem Bedürfnis der indigenous peoples nach Anerkennung ihrer Existenzrechte als älteste Völker der Welt bilden. Eine von mehreren möglichen Optionen besteht darin, durch den Ausbau des Individual- und Gruppenschutzes der indigenous peoples für diese als spezielle Gruppe eine Völkerrechtssubjektivität eigener Art zu begründen. Letztlich entscheidend für das Überleben der indigenous peoples in unserer heutigen Welt wird jedoch weniger die Frage nach ihrer Völkerrechtssubjektivität sein, als vielmehr die Anerkennung ihrer Rechte, als eigenständige Gemeinwesen frei über ihr eigenes Schicksal entscheiden zu können. Dies kann aber in Anlehnung an das Vorbild der Indianerstämme der Vereinigten Staaten auch in Form einer innerstaatlichen Assoziation mit ihrem jeweiligen Beherbergungsstaat geschehen.

[1226] Vgl. oben, S. 101f..

ZUSAMMENFASSUNG UND AUSBLICK

Zusammenfassend lassen sich über den internationalen Schutz der indigenous peoples, den nationalen Schutz der Indianerstämme auf dem Gebiet der Vereinigten Staaten und deren völkerrechtlichen Status folgende Feststellungen treffen:

1. Nachdem die Rechte der indigenous peoples bereits zu Zeiten des klassischen Völkerrechts Gegenstand der internationalen Rechtslehre waren, sind sie erst in der Nachkriegszeit wieder in das Bewußtsein der Weltöffentlichkeit gelangt. Dies hängt sowohl damit zusammen, daß das Überleben der ältesten heute noch lebenden Völker der Erde in der modernen Welt infolge ihrer geschichtlich bedingten Verelendung und der rücksichtslosen Ausbreitung moderner Industriestaaten existentiell bedroht ist, als auch mit ihrem gesteigerten Selbstbewußtsein hinsichtlich der ihnen zukommenden Rechte, welches sie zu größerer Präsenz und kollektiver Vernetzung auf internationaler Ebene motivierte.

2. Unter indigenous peoples wird eine Mehrheit von Personen bezeichnet, die innerhalb ihrer Siedlungsgebiete (1) eine historische Kontinuität aufweist, welche bereits vor Entstehung der heutigen Staaten auf ihrem Gebiet bestand, (2) sich durch ihre kulturelle Identität, die Eigenart ihrer Subsistenzwirtschaft und ihre interne Sozialstruktur signifikant von der übrigen Bevölkerung unterscheiden und sich dieses Unterschiedes auch bewußt ist, (3) ein durch die starke Verwobenheit mit der sie umgebenden Natur geprägtes Leben führt, und die (4) innerhalb ihrer Beherbergungsstaaten regelmäßig eine nicht-dominante Rolle spielt, selbst wenn sie die zahlenmäßige Mehrheit der Gesamtbevölkerung bildet. Neuere Ansätze internationaler Organisationen betonen die Berechtigung der indigenous peoples zur Selbstidentifikation, welcher auf kollektiver und individueller Ebene konstitutive Bedeutung beigemessen wird.

3. Die indigenous peoples unterscheiden sich von den ethnischen Minderheiten durch ihre Vergangenheit als ehemals eigenständig organisierte und selbstregierte Gemeinwesen, die über ein eigenes (mehr oder weniger demarkiertes) Territorium verfügten. Ihre territorialen Rechte und ihre souveräne Existenz innerhalb ihrer eigenen Gebiete wurde von den Kolonialmächten zu Beginn noch anerkannt und respektiert. Deshalb wurden vor allem im nordamerikanischen Kontinent die Beziehungen der Kolonialmächte zu den indigenous peoples auf der Grundlage von formellen völkerrechtlichen Verträgen definiert. Erst im Zuge der Etablierung neuer Staaten auf ihren ehemaligen Gebieten gingen sie ihrer einstigen Territorien verlustig und wurden ohne ihre aktive Mitwirkung in die neu entstandenen Staaten eingebunden. Die von ihnen auch heute noch unverändert eingeforderte Anerkennung ihrer Souveränität unterscheidet sie vom Normalfall der ethnischen Minderheit.

4. Der Bezug der indigenous peoples zu ihren Gebieten hat nicht nur statusbestimmende Funktion, sondern ist essentielle Voraussetzung für ihre Existenz als eigenständige Kulturen. Insoweit stellen ihre Gebiete nicht nur einen Siedlungsraum im Sinne einer bloßen faktischen Zufälligkeit dar, sondern sind auch eine prägende Determinante ihrer gesamten kulturellen Existenz.

5. Entsprechend ihrem besonderen Status ist auch der Schutz der indigenous peoples im Rahmen der Vereinten Nationen von dem allgemeinen Minderheitenschutz abgekoppelt. Mit der Situation der indigenous peoples ist eine eigens vom Economic and Social Council eingerichtete Working Group befaßt, deren primäres Mandat in der Ausarbeitung eines speziellen Deklarationsentwurfes über die Rechte der indigenous peoples besteht.

6. Die Hauptaufgaben für den Schutz der indigenous peoples werden heute in der Anerkennung ihrer kollektiven Existenzberechtigung und ihres Rechtes zur eigenverantwortlichen Regelung ihrer eigenen Belange im Sinne eines (modifizierten) Selbstbestimmungsrechtes, dem Schutz vor kollektiver und individueller Diskriminierung, der Bestätigung ihrer Bodenrechte an ihren ursprünglichen Gebieten, der Bewahrung ihrer kulturellen Eigenart, der Anerkennung ihrer politischen Mitwirkungsrechte als eigenständige Gemeinschaften innerhalb ihrer Beherbergungsstaaten und der allgemeinen Förderung ihres Lebens- und Bildungsstandards gesehen.

7. Als spezielle internationale Instrumente zum Schutz der indigenous peoples existieren bislang lediglich zwei Konventionen der International Labour Organisation. ILO Konvention No. 107 aus dem Jahr 1957 wurde wegen ihrer antiquierten Zielrichtung auf Integration und Assimilation der indigenous peoples an die moderne Industriegesellschaft im Jahr 1989 durch ILO Konvention No. 169 revidiert.

8. Konvention No. 169 betont das Recht der indigenous peoples zur dauerhaften Existenz als eigenständige Kulturen. Eine Integration oder Angleichung an die dominante Gesellschaft dürfe allein im Ermessen der indigenous peoples selber stehen. Konvention No. 169 erkennt das Recht der indigenous peoples zur Verwaltung ihrer eigenen Angelegenheiten (Selbstverwaltung) an. In Entscheidungsprozesse der Regierung des Beherbergungsstaates müssen die indigenous peoples einbezogen werden, soweit ihre Belange davon betroffen sind. Die kollektive Berechtigung der indigenous peoples an ihren Gebieten einschließlich all ihrer Umweltaspekte und Bodenschätze wird anerkannt. Eine Entfernung der indigenous peoples von ihren Gebieten ist nur mit ihrem frei erteilten Einverständnis möglich. Im diesem Fall muß den indigenous peoples ein zumindest gleichwertiges Ersatzland zur Verfügung gestellt werden. Im Rahmen des Möglichen steht den indigenous peoples nach Wegfall des Grundes für ihre Entfernung das Recht auf Rückkehr in ihre ehemaligen Gebiete zu. Im Rahmen von Bildung und Erziehung legt Konvention No. 169 den Schwerpunkt auf die Unterrichtung der Kinder in ihrer eigenen Muttersprache, ihrer eigenen Geschichte und eigenen Kultur. Gleichzeitig soll auch die Möglichkeit zur Erlernung der Mehrheitssprache geboten werden. Schließlich erkennt Konvention No. 169 auch das Recht der indigenous peoples zur grenzüberschreitenden Zusammenarbeit untereinander an. Die Frage nach einem Selbstbestimmungsrecht der indigenous peoples im Sinne des Völkerrechts ließ Konvention No. 169 unbeantwortet.

9. Für ihren Schutz können sich die indigenous peoples auch auf allgemeine Menschenrechtsnormen berufen. Diese beinhalten neben ihrer individuellen Schutzrichtung zumindest in einzelnen Bereichen auch eine kollektive Dimension. So gewährt die Völkermord-Konvention den indigenous peoples das individuelle und kollektive Recht auf physische Existenz. Die Rassendiskriminierungs-Konvention schützt die indigenous peoples vor staatlichen Maßnahmen kollektiver und individueller Diskriminierung, und die Sklaverei-Konventionen verbieten auch Formen moderner Sklaverei wie

Schuldknechtschaft oder Leibeigenschaft, welche bis heute unter den indigenous peoples anzutreffen sind.

10. Von großem Nutzen für den Schutz der indigenous peoples ist auch der Internationale Pakt über die Bürgerlichen und Politischen Rechte. Aufgrund der Möglichkeit, Verletzungen der gewährten Rechte durch Mitteilungen an den U.N.-Menschenrechtsausschuß zu rügen, hat sich der IPBPR als effektives Instrument auch für den Schutz von Minderheiten und indigenous peoples erwiesen.

11. Das Erfordernis der Individualbeschwerde hat bisher jedoch verhindert, daß der Ausschuß eine verbindliche Entscheidung über das Recht der indigenous peoples auf Selbstbestimmung gem. Art. 1 Abs. 1 IPBPR getroffen hat. Im interamerikanischen Kontext wurde ein entsprechendes Recht jedoch unter Hinweis auf den Grundsatz territorialer Integrität bislang verneint.

12. Art. 25(a) IPBPR beinhaltet nach Ansicht des Menschenrechtsausschuß grundsätzlich auch das Recht der indigenous peoples, als Zusammenschluß einer Vielzahl von Einzelpersonen an politischen Entscheidungsprozessen innerhalb ihrer Beherbergungsstaaten beteiligt zu werden, soweit diese auf die indigenous peoples Auswirkungen haben. Die politische Beteiligung kann dabei in Form einer speziellen parlamentarischen Vertretung der indigenous peoples oder durch eine Einbindung offizieller Repräsentanten der indigenous peoples in relevante Entscheidungsprozesse erreicht werden.

13. Als zentrale Bestimmung des Minderheitenschutzes ist Art. 27 IPBPR in etlichen Fällen von den indigenous peoples für den Schutz ihrer kulturellen Identität angeführt worden. Die Auslegung des von Art. 27 IPBPR intendierten Schutzes hat über den individualistisch gehaltenen Wortlaut hinaus auch eine kollektive Dimension des Rechts auf kulturelle Integrität bejaht. Danach wird nicht nur das Recht des einzelnen Angehörigen der indigenous peoples geschützt, seiner kulturellen Prägung entsprechend in Gemeinschaft mit seinem Stamm zu leben. Vielmehr steht auch den indigenous peoples als Kollektiv ein Recht auf Schutz ihrer kulturellen Integrität zu, da die Existenz der Gruppe essentielle Voraussetzung für das Ausleben einer gemeinschaftsbezogenen Lebenskultur des Einzelnen darstellt. Aus Art. 27 IPBPR ist jedoch kein Recht auf besondere staatliche Förderung der indigenen Kulturen abzuleiten, weil diese Vorschrift die Staaten allenfalls zur egalitären Unterstützung sämtlicher kultureller Gruppen in seinem Hoheitsbereich verpflichtet.

14. Der Schutz der Bodenrechte der indigenous peoples ist in den allgemeinen Menschenrechtsnormen unzulänglich geregelt. Art. 27 IPBPR gewährt nur insoweit ein Recht der indigenous peoples an den von ihnen bewohnten Gebieten, als dieses für ihre kulturelle Identität eine unabdingbare Grundlage darstellt. Art. 17 der Allgemeinen Erklärung der Menschenrechte schützt zwar auch kollektives Eigentum, jedoch nur soweit dieses bereits besteht. Einen Anspruch der indigenous peoples auf Rückgewähr ihrer ehemaligen, rechtswidrig enteigneten Gebiete gewährt diese Vorschrift nicht.

15. Als Rechtsquelle für ihren Schutz können sich die indigenous peoples auch auf bestimmte Normen des Völkergewohnheitsrecht berufen. Dies ist in erster Linie das Recht auf kulturelle Integrität. Zum Teil leitet die Rechtslehre aus diesem Recht einen Anspruch auf gezielte staatliche Förderung ihrer Kulturen im Sinne einer "affirmative action" ab. Der gewohnheitsrechtliche Schutz der Bodenrechte ist nicht eindeutig. Als Mindestgarantie erkennen die meisten Staaten zumindest das Recht der indigenous

people an, innerhalb bestimmter zugewiesener Gebiete leben zu können (Reservatsgedanke). Eine gewohnheitsrechtliche Verankerung eines völkerrechtlichen Selbstbestimmungsrechtes der indigenous peoples scheiterte bislang an dem vehementen Widerstand der Staaten in Bezug auf eine entsprechende Rechtsgewährung. Jedoch ist ein allgemeiner Trend in Richtung auf Einräumung einer gewissen Autonomie der indigenous peoples innerhalb ihrer eigenen Gebiete festzustellen, so daß sich das Völkergewohnheitsrecht in Richtung auf ein internes Selbstbestimmungsrecht zu konkretisieren scheint.

16. Der 1993 vorgelegte Deklarationsentwurf der Working Group on Indigenous Populations betont die gleichberechtigte Stellung der indigenous peoples neben allen anderen Völkern und erkennt als Konsequenz daraus ausdrücklich das Selbstbestimmungsrecht der indigenous peoples an. Dieses ist zwar nur hinsichtlich seiner internen Aspekte konkretisiert, um im Einklang mit der Prinzipien-Deklaration die territoriale Integrität der Staaten weitgehend zu achten. Insoweit gewährt der Deklarationsentwurf 1993 den indigenous peoples innerhalb ihrer eigenen Gebiete umfassende Autonomie- und Selbstregierungsrechte. Darüber hinaus sind die indigenous peoples in allen sie betreffenden Entscheidungen im Rahmen eines geordneten Verfahrens mit einzubeziehen. Bei krasser Mißachtung der Rechte der indigenous peoples durch die Staaten kann die Ausübung des Selbstbestimmungsrechtes allerdings auch die Form einer Sezession oder Integration in einen anderen Staat annehmen.

17. Der Deklarationsentwurf 1993 bekräftigt daneben das kollektive und individuelle Recht der indigenous peoples auf Existenz, was u.a. das Verbot des sog. Ethnozids oder kulturellen Genozids umfaßt. Den indigenous peoples steht das Recht zu, ihre eigene kulturelle Identität zu bewahren und zu fördern. Dazu gehört eine Würdigung des kulturellen Erbes der indigenous peoples in der Schulausbildung und entsprechende Förderung ihrer eigenen Sprachen. Die Entscheidung für eine Existenz als indigenous peoples wird als Frage der kollektiven und individuellen Selbstidentifikation angesehen, welche für die Beteiligten mit keinerlei nachteiligen Folgen von Seiten der Staaten verbunden sein darf.

18. Dem Deklarationsentwurf 1993 zufolge soll sich die Anerkennung der Bodenrechte der indigenous peoples nicht auf bloße Besitzrechte erstrecken, sondern die Komplexität ihrer Beziehung zur gesamten sie umgebenden Natur schützen. Rechtswidrig enteignete Gebiete sind den indigenous peoples zurückzugewähren. Wo dies nicht möglich ist, haben diese Anspruch auf Bereitstellung von gleichwertigen Gebieten.

19. Die Indianerstämme innerhalb der Vereinigten Staaten stellen einen besonderen Anwendungs- fall des Schutzes von indigenous peoples auf nationaler Ebene dar. Dies berechtigt eine nähere Untersuchung mit dem Hintergrund einer Modellanalyse für die Umsetzung völkerrechtlicher Normen auf nationaler Ebene.

20. Mit Formierung der Vereinigten Staaten befanden sich die Indianerstämme ohne eigenes Zutun unvermittelt inmitten eines fremden Hoheitsgebietes. Die Bodenrechte der Indianerstämme an ihren bisherigen Gebieten wurden vom Supreme Court gleich zu Beginn zwar anerkannt, rechtlich jedoch als ein der absoluten Berechtigung der Vereinigten Staaten nachrangiges bloßes Besitzrecht qualifiziert. Folge dieser Nachrangigkeit war zunächst lediglich, daß sie ihre Rechte an ihren Gebieten wirksam allein an die Vereinigten Staaten übertragen konnten, bzw. zur Übertragung auf einen Dritten stets der Zustimmung der Vereinigten Staaten bedurften. Faktisch blieb ihr Besitzrecht dem

Eigentum gleichgestellt, weil die Indianer auch weiterhin ein Ausschließlichkeitsrecht an ihren Gebieten geltend machen konnten.

21. Anfangs übertrugen die Indianerstämme Teile ihrer Gebiete noch in förmlichen Verträgen an die Vereinigten Staaten. Der erdrutschartige Verlust ihres Landes begann erst mit der von den Vereinigten Staaten forcierten Umsiedlungspolitik in der ersten Hälfte des 19. Jahrhunderts und sollte im Zuge der sog. Allotment-Politik katastrophale Ausmaße annehmen. Heute beträgt die Fläche der Indianerreservationen nur noch knapp 2,5 % der Vereinigten Staaten.

22. Die ca. 500 Indianerstämme der Kontinental-USA (davon sind 293 offiziell anerkannt) umfassen heute ungefähr 1 % der Gesamtbevölkerung. Die Hälfte der Indianer lebt auf oder in der näheren Umgebung von Reservationen. Die Größenordnung der Reservationen variiert sowohl hinsichtlich der Einwohnerzahl als auch hinsichtlich der Größe sehr stark. Historisch bedingt reicht die Zusammensetzung der Reservationsbevölkerung von nahezu rein indianischer bis nahezu rein weißer Besiedlung. Über 3/4 aller Reservationsindianer leben westlich des Mississippi.

23. Die sozio-ökonomische Situation der Reservationsindianer spiegelt deren Situation der Verelendung wider: Gemessen an ihrer Einkommens-, Arbeits- und Wohnverhältnissen gehören sie zur ärmsten Bevölkerungsschicht der Vereinigten Staaten. Auch wenn sich das Gesundheits- und Bildungswesen innerhalb der Reservationen in den letzten Jahrzehnten erheblich verbessert hat, befinden sich die Indianer auch diesbezüglich noch erheblich unter dem nationalen Standard.

24. Diese Verelendung ist ein direktes Produkt der in der Vergangenheit von den USA betriebenen Indianerpolitik, die nach anfänglicher Respektierung des Status der Indianerstämme als gleichberechtigte und souveräne Gemeinwesen zunehmend dazu überging, die ursprünglichen Rechte der Indianerstämme zu mißachten, und versuchte, die einzelnen Indianer an die moderne Gesellschaft zwangsweise zu assimilieren.

25. Seit den 70er Jahren hat sich die U.S.-Regierung verstärkt dem Prinzip indianischer Selbstbestimmung verschrieben. Erster legislativer Schritt in diese Richtung war die Verabschiedung des Indian Self-Determination and Education Assistance Act von 1975. Dieses Gesetz ermöglichte eine weitreichende Beteiligung der Indianerstämme bei der Durchführung von offiziellen Regierungsprogrammen zur Verbesserung der Lage innerhalb der Reservationen. Dennoch blieb die Administration dieser Programme weiterhin in den Händen des U.S. Bureau of Indian Affairs.

26. Verschiedene Faktoren begünstigten in den 80er Jahren die Forcierung der begonnenen "Self-Determination": Zum einen wurden wiederholt Fälle krasser Mißwirtschaft des BIA und Verschwendung öffentlicher Mittel bei der Durchführung von Programmen auf den Reservationen bekannt. Zum anderen wehrten sich die Indianerstämme zunehmend gegen die Bevormundung durch das BIA in der Wahrnehmung ihrer eigenen Angelegenheiten. Dies führte 1988 zur Initiierung des sog. "Self-Governance Demonstration Project"

27. Im Rahmen des Self-Governance Demonstration Project werden anstelle des BIA den beteiligten Indianerstämme selbst die für die Durchführung der einbezogenen Reservationsprogramme bestimmten Haushaltsmittel des Kongreß direkt zur Verfügung gestellt. Damit obliegt die volle Verantwortung für die Durchführung der betroffenen Programme den Indianerstämmen selber. Diese sind berechtigt, die Schwerpunkte

innerhalb der einzelnen Programme neu zu setzen und Mittel entsprechend den konkreten Bedürfnissen ihres Stammes gezielt einzusetzen und Umschichtungen zwischen den einzelnen Programmen vorzunehmen. Hinsichtlich der Mittelverwendung sind sie lediglich dem Office of Self-Governance gegenüber rechenschaftspflichtig. Während der ersten drei Jahre beteiligten sich insgesamt 30 Indianerstämme am Self-Governance Demonstration Project.

28. Der vorläufige Erfolg des Demonstration Project wird von sämtlichen Beteiligten überaus positiv bewertet. Die positive Bewertung der Indianerstämme stützt sich vor allem auf ihre neugewonnene Flexibilität in der eigenverantwortlichen Gestaltung ihrer internen Angelegenheiten und Stärkung ihrer Selbstregierungsrechte. Daneben garantiert die effizientere Mittelallokation eine sinnvollere Verwendung der vom Kongreß bereitgestellten Haushaltsmittel. Aufgrund dieser positiven Erfahrungen wird die Idee der Self-Governance allgemein als ein gangbarer Weg zur Förderung indianischer Selbstbestimmung gesehen und soll noch in der laufenden Legislaturperiode als permanente Einrichtung verabschiedet werden, die jährlich 20 zusätzlichen Indianerstämmen den Abschluß sog. "Self-Governance compacts" ermöglicht.

29. Abgesehen von diesem jüngsten Ansatz der Indianerpolitik ist auch die allgemeine Rechtsstellung der Indianerstämme innerhalb der Vereinigten Staaten ein geeignetes Modell zur Gestaltung der wechselseitigen Beziehungen zwischen den indigenous peoples und ihren jeweiligen Beherbergungsstaaten.

30. Die dem "Federal Indian law" zugrundeliegenden Grundprinzipien sind zum einen die ursprüngliche Souveränität der Indianerstämme, zum anderen die Annahme einer exklusiven trust relationship zwischen Indianerstämmen und den Vereinigten Staaten.

31. Ausfluß der ursprünglichen Souveränität der Indianerstämme ist die Vermutung der Allzuständigkeit der Indianerstämme zur Wahrnehmung von Regierungsfunktionen innerhalb ihrer eigenen Gebiete. Sofern geltend gemacht wird, daß die Indianerstämme zu einer bestimmten hoheitlichen Maßnahme nicht berechtigt sind, muß im Einzelfall konkret nachgewiesen werden, daß der Kongreß in Ausübung seiner sog. "plenary power" über die Angelegenheiten der Indianerstämme ihre Kompetenzen entsprechend beschränkt hat. Weitere Folge der ursprünglichen Souveränität der Indianerstämme ist, daß diese bei der Wahrnehmung ihrer hoheitlichen Befugnisse nicht den konstitutionellen Schranken der U.S.-Verfassung unterliegen, weil sie unter staatsorganisatorischen Gesichtspunkt keine Untergliederung des amerikanischen Bundesstaates, sondern Träger unabhängiger Hoheitsgewalt sind.

32. Die trust relationship begründet zwischen den Vereinigten Staaten und den Indianerstämmen eine gegenüber sämtlichen Dritten (einschließlich der einzelnen Bundesstaaten der USA) ausschließliche Sonderbeziehung. Innerhalb dieser Sonderbeziehung sind die Vereinigten Staaten zur treuhänderischen Fürsorge für das Wohl und Wehe der Indianerstämme und für den Erhalt und die Nutzung der Gebiete der Indianerstämme samt der darauf befindlichen Ressourcen verpflichtet, haben aber zur Erfüllung ihrer Schutzpflicht umfassende Befugnisse zur Regelung der Angelegenheiten der Indianerstämme (sog. plenary power). Eine Verletzung der Obhuts- und Fürsorgepflicht durch die Vereinigten Staaten macht diese unter Umständen gegenüber den Indianerstämmen schadenersatzpflichtig. Neben den Indianerstämmen können aber auch die Indianer als Einzelpersonen gegenüber den Vereinigten Staaten aus der trust relationship gewisse Leistungs- und Fürsorgeansprüche geltend machen.

33. Konkreter Ausfluß indianischer Souveränitätsrechte ist ihre Rechtsprechungsgewalt innerhalb ihrer eigenen Gebiete. Für den Bereich der Strafrechtspflege hat aber der Erlaß verschiedener Bundesgesetze im Ergebnis heute dazu geführt, daß den Stammesgerichten lediglich die Rechtsprechung über indianerintern begangene Vergehen geblieben ist. Sämtliche von Nicht-Indianern begangenen Straftaten und von Indianern begangene Verbrechen unterfallen der Bundesgerichtsbarkeit, sofern nicht der betreffende Einzelstaat die Rechtsprechung darüber nach P.L. 280 an sich gezogen hat. Stärkere Beachtung wird dem souveränen Status der Indianerstämme für den Bereich der Zivilrechtspflege gezollt: Dort sind die Indianerstämme solange zur Wahrnehmung ihrer eigenen Gerichtsbarkeit befugt, als eine anderweitige Ausübung ihr Selbstregierungsrecht nicht beeinträchtigen würde. Daher sind diese für sämtliche gegen eines ihrer Mitglieder gerichtete Klagen zuständig, sofern der Anlaß für die Klage innerhalb des Stammesgebietes begründet ist. Für Klagen eines Indianers gegen einen Nichtindianer wegen eines innerhalb des Stammesgebietes entstandenen Anspruchs obliegt den Stammesgerichten ebenfalls eine (zu den Bundesstaaten konkurrierende) Rechtsprechungsgewalt.

34. Die Prämisse indianischer Souveränität wirkt sich auch auf Fragen des Steuerrechts aus: Die Vereinigten Staaten haben bisher sämtliche Einkünfte der Indianer, welche diese unter Nutzung ihres eigenen Grund und Bodens erzielt haben steuerfrei gestellt. Gleichzeitig steht den Indianerstämmen auch gegenüber Nicht-Indianern ein eigenes originäres Besteuerungsrecht für sämtliche innerhalb ihres Gebietes erzielte Einkünfte zu. Dagegen unterliegen die Indianerstämme und ihre Mitglieder grundsätzlich nicht der Steuerhoheit der einzelnen Bundesstaaten. Selbst die von Nicht-Indianern innerhalb der Reservationen erzielten Einkünfte können die Bundesstaaten nur dann besteuern, wenn dem nicht vitale Interessen des Indianerstammes an der Geldschöpfung zur Aufgabenwahrnehmung im Rahmen seines Selbstregierungsrechtes entgegenstehen.

35. Unabhängig von ihrem ursprünglichen souveränen Status sind den Indianerstämmen auch im Recht der Vereinigten Staaten speziell begründete Rechte eingeräumt.

36. Besonderer Bedeutung kommt dem eigentumsrechtlichen Schutz der indianischen Gebiete zu. Die Berechtigung der Indianerstämme an ihren eigenen Gebieten kann sowohl in Form des "original Indian title" als auch des "recognized title" bestehen. Ersterer gründet in der ursprünglichen, langwährenden Ansässigkeit in einem bestimmten Gebiet und gewährt den Indianerstämmen ein ausschließliches Besitzrecht. Allerdings kann er durch einen einseitigen Beendigungsakt von Seiten der Vereinigten Staaten jederzeit ohne Rechtsfolge einer Entschädigungspflicht nach dem 5th Amendment aufgehoben werden. Die Klärung der auf dem "original Indian title" beruhenden Bodenrechte oblag der Indian Claims Commission, welche regelmäßig sämtliche Rechte der Indianer durch Gewährung einer Abfindung in Geld zum Erlöschen brachte. Der "recognized title" gründet in einer ausdrücklichen vertraglichen oder gesetzlichen Anerkennung des Besitzrechtes der Indianerstämme durch die Vereinigten Staaten. Eine Wegnahme entsprechender Gebiete war nach dem 5th Amendment nur gegen Gewährung einer angemessenen und billigen Entschädigung möglich. Dies impliziert eine verfassungsrechtliche Anerkennung des Eigentumsrechtes der Indianerstämme an ihren von den Vereinigten Staaten per Vertrag oder Gesetz errichteten Reservationen.

37. Die sog. "Winters-Rechte" stellen sicher, daß die Reservationen stets mit für ihre Bewirtschaftung ausreichenden Wassermengen versorgt bleiben, was insbesondere in den semi-ariden Gebieten des Westens von zentraler Bedeutung ist. Insoweit geht die

Berechtigung der Indianerstämme an den vorhandenen Wasserressourcen regelmäßig der anderer Benutzer vor.

38. Hinsichtlich der Ausübung ihrer Jagd- und Fischereirechte innerhalb ihrer Reservationen genießen die Indianer eine bevorrechtigte Stellung und sind diesbezüglich grundsätzlich zur umfassenden Regelung auch gegenüber Nicht-Indianern befugt. Außerhalb ihrer eigenen Gebiete sind sie zur Jagd und zum Fischfang berechtigt, sofern sie sich ein derartiges Recht bei der Abtretung der betroffenen Gebiete vertraglich vorbehalten haben. Innerhalb ihrer Reservationen unterliegen die Indianer im allgemeinen nicht den jagd- und fischrechtlichen Regelungen der einzelnen Bundesstaaten, es sei denn dies ist aus Gründen des Artenschutzes unumgänglich. Jedoch können die Bundesstaaten ihr Jagdrecht auf nichtindianische Personen erstrecken, solange dies keine Beeinträchtigung der indianischen Selbstregierungsrechte bedeutet.

39. Der verfassungsrechtliche Schutz indianischer Religionsausübung nach dem 1st Amendment ist nur unzulänglich gewährleistet, weil er in seinem Schutzbereich vom Modell westlich geprägter Religionen ausgeht und daher nicht in der Lage ist, den Naturreligionen eigenen spirituellen Bezug zu bestimmten sakralen Stätten effektiv zu schützen, geschweige denn, den Indianern ein Recht auf freien Zugang zu diesen Stätten zu garantieren. Bis zum Erlaß des Religious Freedom Restoration Act im Jahr 1993 wurden bestimmte kultisch bedingte Handlungen der Indianer oftmals durch allgemeine Gesetze der Vereinigten Staaten untersagt, ohne daß eine Verletzung des 1st Amendments gegeben war. Diese Inzidentbeschränkungen bedürfen nun aufgrund gesetzlicher Anordnung der ausdrücklichen Rechtfertigung durch übergeordnete Interessen des Allgemeinwohls und sind nur im Rahmen des Erforderlichen zulässig.

40. Hinsichtlich des Schutzes der Umwelt innerhalb der Reservationen haben die Vereinigten Staaten keine besonderen Maßnahmen getroffen. Vielmehr ist vorgesehen, die Ausführung der allgemeinen Umweltgesetze der Vereinigten Staaten schrittweise in die Verantwortung der Stammesregierungen selber zu legen. Damit können diese die erforderlichen Maßnahmen zum Schutz ihres Lebensraumes selber ergreifen ohne auf ein entsprechendes Tätigwerden der Bundesregierung angewiesen zu sein.

41. Der nationale Schutz der Indianerstämme entspricht hinsichtlich der Anerkennung ihres Existenzrechtes, ihrer Bodenrechte und kulturellen Rechte weitgehend den internationalen Standards zum Schutz der indigenous peoples. Lediglich im Bereich der politischen Mitwirkungsrechte sind die Indianerstämme auf Bundesebene nicht über die Möglichkeit allgemeinen Lobbyismus hinaus institutionell eingebunden.

42. Dem Prinzip der Selbstbestimmung der Indianerstämme wurden in den Vereinigten Staaten seit den 70er Jahren verstärkte Bemühungen gewidmet. Dadurch sind heute auf vielen Reservationen funktionierende Stammesregierungen vorhanden, die auf umfassende und originäre eigene Kompetenzen zurückgreifen können. Überragendes Ordnungsprinzip ist dabei das der Territorialautonomie, welches in der Regel eine Modifizierung durch das Prinzip der Personalautonomie erfährt. Folglich besitzen die Indianerstämme innerhalb ihrer eigenen Gebiete über ihre eigenen Mitglieder umfassende und gegenüber Dritten exklusive Regelungsbefugnisse.

43. Dieses interne Selbstbestimmungsrecht wurde durch das Modell der Self-Governance weiter ausgebaut. Unabhängig von der Zuweisung durch den Kongreß können die Indianerstämme über die konkrete Verwendung der bereitgestellten Mittel entsprechend

ihren eigenen Bedürf- nissen frei entscheiden. Damit haben sie in ihrer Entscheidungsbildung ein wichtiges Stück Unabhängigkeit von den Vereinigten Staaten zurückgewonnen.

44. Trotz der weitgehenden Kongruenz mit internationalen Standards sehen die Vereinigten Staaten die Indianerstämme auf ihrem Gebiet grundsätzlich als eine Angelegenheit ihrer internen Angelegenheiten an. Eine internationale Sorge um die indigenous peoples auf ihrem Gebiet lehnen sie generell ab, unterstützen jedoch die Bemühungen der Working Group bei der Ausarbeitung der U.N.-Deklaration zum Schutz der indigenous peoples durch ihre regelmäßige Präsenz auf deren jährlichen Sitzungen.

45. Den Indianerstämmen kommt innerhalb der Vereinigten Staaten heute kein eigener völkerrechtlicher Status im Sinne einer Völkerrechtsunmittelbarkeit zu. Sofern den Indianerstämme ursprünglich als völkerrechtsunmittelbaren Gemeinwesen eine eigene Staatlichkeit im Sinne des Völkerrechts zugekommen war, ist diese infolge ihrer Mediatisierung im 19. Jahrhundert durch die Vereinigten Staaten untergegangen.

46. Wie sich aus einem Vergleich mit anderen assoziierten Gebieten der Vereinigten Staaten zeigt, kommt eine Völkerrechtssubjektivität der Indianerstämme auch nicht unter dem Gesichtspunkt eines besonderen völkerrechtlichen Schutzes ihrer Territorien in Betracht. Diese sind weder als Hoheitsgebiete ohne Selbstregierung i.S.v. Art. 73 U.N. Charta, noch als Treuhandgebiete i.S.v. Art. 75 U.N. Charta anerkannt.

47. Die mangelnde Kompetenz der Indianerstämme zur Beteiligung an internationalen Gremien oder zu deren direkten Anrufung in ihren Angelegenheiten verhindert deren Anerkennung als Akteure auf völkerrechtlicher Ebene. Damit kommt den Indianerstämmen keinerlei Völkerrechtssubjektivität zu.

48. Aufgrund ihrer weitgehenden Verfassungsautonomie weisen die Indianerstämme als innerstaatliche Rechtsgemeinschaften eine eigene Staatlichkeit im Sinne des Staatsrechtes auf. Der Umfang ihrer Befugnisse richtet sich diesbezüglich primär nach dem Verfassungsrecht der Vereinigten Staaten, denen in Indianerangelegenheiten mit der *plenary power* allumgreifende Befugnisse zukommen.

49. Die Form des Zusammenschlusses der Indianerstämme mit den Vereinigten Staaten entspricht grundsätzlich dem Bild der sog. Binnenassoziation, nachdem diese völlig außerhalb des bundesstaatlichen Gefüges der Union stehen. Die erforderlichen Assoziationsabkommen zwischen Vereinigten Staaten und den jeweiligen Indianerstämmen können zum großen Teil in den anfangs zwischen beiden geschlossenen Verträgen gesehen werden, in welchen die Indianerstämme Teile ihres Landes gegen die Zusicherung von Schutz und Frieden durch die Vereinigten Staaten abgetreten haben.

50. Unter Umständen erlangen die Indianerstämme in Zukunft mit dem fortschreitenden Ausbau des internationalen Schutzes der indigenous peoples als eigenständiger Gruppe erneut eine Völkerrechtssubjektivität sui generis, wenn ihnen vom Völkerrecht gerade aufgrund ihrer Identität als indigenous peoples bestimmte Rechte (und Pflichten) zukommen, deren Gewährung der Disposition ihrer jeweiligen Beherbergungsstaaten entzogen ist.

In Anbetracht dieser Erkenntnisse erscheint das amerikanische Modell der innerstaatlichen Assoziation - nachdem die Vereinigten Staaten in ihrer über 200jährigen Entwicklung nahezu sämtliche Lösungsansätze für die Harmonisierung ihrer Interessen mit denen der verschiedenen Indianerstämmen durchlaufen hat - als unvermutet progressives Schutzsystem, welchem unter Umständen Modellcharakter für den nationalen Schutz nicht nur der indigenous peoples, sondern der Volksgruppe im allgemeinen zukommen kann. Immer wenn es darum geht, eine bestimmte Volksgruppe, welche auf dem Gebiet des jetzigen Staates bereits vor dessen Formierung oder entsprechender Expansion ansässig war, ohne Gefährdung des territorialen Bestandes des Beherbergungsstaates in ihrer Eigenständigkeit und ihrem Recht auf Selbstregierung anzuerkennen, bietet die Konstruktion des abhängigen Staates einen vielversprechenden Ansatz zur Harmonisierung der wechselseitigen Souveränitätsansprüche, sofern die mittlerweile etablierte Rechtslage nicht reversibel ist. Das amerikanische Modell bietet der einzelnen Volksgruppe maximale Eigenständigkeit in Bezug auf ihre interne Selbstbestimmung bei gleichzeitiger Bewahrung der territorialen Integrität des jeweiligen Beherbergungsstaates.

Gleichzeitig zeigt die Situation der Indianerstämme in den Vereinigten Staaten die Grenzen der Übertragbarkeit dieses Modells auf: Die Zugeständnisse an das Selbstregierungsrecht der Indianerstämme waren erst in einer Situation möglich, in welcher die Vereinigten Staaten als staatliches Gemeinwesen bereits vollständig etabliert waren. Nur vor diesem Hintergrund kann die Existenz selbstregierter Gemeinschaften von indigenous peoples nicht mehr als Bedrohung für die nationale Einheit aufgefaßt werden. Die Finanzierung staatlicher Förderungsmaßnahmen, wie dies in den Vereinigten Staaten durch den ISDA oder im Rahmen des Self-Governance Programs vorgesehen ist, setzt daneben einen großen Wohlstand des Beherbergungsstaates voraus. Folglich kommt eine Übertragung des amerikanischen Modells wohl nur auf die indigenous peoples in Ländern der ersten Welt in Betracht, wie zum Beispiel die *First Nations* in Kanada, die *Ainu* in Japan, die *Samen* in Skandinavien, die *Maori* in Neuseeland oder die *Aborigines* in Australien.

In vielen Teilen der Erde ringen dagegen die indigenous peoples noch um die generelle Anerkennung ihrer Existenz als eigenständige Kulturen. Dies trifft vor allem auf die verschiedenen ethnischen Gruppierungen Asiens zu, wo der weltweit größte Anteil der indigenous peoples beheimatet ist. Insbesondere seitdem sich die europäischen

Kolonialmächte dort zurückgezogen hatten, wurden die Gebiete der dort beheimateten indigenous peoples weitgehend von den sich neu formierenden unabhängigen Staaten inkorporiert und deren Bewohner zur Assimilation an die neu definierte nationale Einheit angehalten. Soweit dieser Prozeß des "nation building" bis heute nicht zu einer freiwilligen Integration der indigenous peoples in das moderne Staatsvolk geführt hat, gilt es primär, die kollektive Existenzberechtigung dieser eingeborenen Völker als autonome Gemeinwesen anzuerkennen. Vor diesem Hintergrund erklären sich auch die Freiheitsbewegungen von indigenous peoples in West Papua, Ost Timor, im Süden der Philippinen, in Burma und in Bangladesh, welche allesamt Ende der 60er und Anfang der 70er Jahre ihren Anfang genommen haben und zum Teil bis zum heutigen Tag andauern.

Eine ähnliche Situation ist in Afrika im Anschluß an das Ende der Kolonialzeit nach dem Zweiten Weltkrieg festzustellen. Im Zuge der Bildung neuer Staaten gelang es auch dort nicht allen ethnischen Gruppen, ihre einstige Unabhängigkeit und Eigenständigkeit wiederzugewinnen. So sind heute noch Gruppen wie die *Tuareg* in der Sahelzone, die *Masai* in Ostafrika, die *San* im südlichen Afrika und die *Pygmäen* in West- und Zentralafrika existentiell bedroht.

Da die modernen Staaten Afrikas entlang der ehemaligen kolonialen Grenzen entstanden sind, stellen die meisten von ihnen heute polyethnische Konglomerate dar: In Nigeria existieren mehr als 200 verschiedene Stämme, in Ghana neun unterschiedliche ethnische Gruppen und in Tansania mehr als 120. Häufig vollzog sich der Prozeß des "nation building" in der Form, daß eine der Gruppen die Vorherrschaft über die anderen an sich riß. Nur vereinzelt gelang die Integration der verschiedenen ethnischen Gruppen in ein einziges Gemeinwesen, wie zum Beispiel in Sambia, wo *Bemba* und *Lozi* in friedlicher Koexistenz zusammenleben. Die blutigen Kämpfe zwischen *Hutu* und *Tutsi* in Somalia sind ein trauriges Beispiel für das Gegenteil. In vielen Fällen, wo die Formung eines homogenen Staatsvolkes nicht gelang, konnten ähnliche "Bürgerkriege" nur durch die Entstehung autoritärer und diktatorischer Regime einstweilen verhindert werden.

In Ländern mit derartiger ethnischer Zersplitterung erscheint der Gedanke des "nation building" innerhalb der kolonialen Grenzen eher als Hypokrisie denn als gangbarer Weg zur Befriedung ethnischer Konflikte. Auch die Geschichte Europas hat gelehrt, daß am Anfang der Staatswerdung die Nation als natürliche Einheit stand. Der umgekehrte Weg, über die willkürliche Bildung eines Staatsvolkes durch eine sämtliche ethnischen Grenzen mißachtende Demarkation eines bestimmten Gebietes zur Entstehung homogener Staaten zu gelangen, führt nur das Aufbrechen alter und neuer ethnischer Konflikte herbei. Wenn schon im Zuge der Vereinigung Europas den Staatsgrenzen immer weniger Bedeutung beigemessen wird, und gleichzeitig der Gedanke vom "Europa der Regionen" an Bedeutung gewinnt, so stellt sich die Frage, warum nicht auch in einem polyethnisch geprägten Kontinent wie Afrika an Stelle des Nationalstaates als kolonialer Hinterlassenschaft Europas die Idee ethnischer Regionen treten kann.

LITERATURVERZEICHNIS

AGA KHAN, SADRUDDIN (Hrsg.), Indigenous Peoples: A Global Quest for Justice, A Report for the Independent Commission on International Humanitarian Issues (1987)

ALFREDSSON, GUDMUNDUR, Fourth Session of the Working Group on Indigenous Populations, in: 55 Nordic Journal of International Law 22 (1986)

ALFREDSSON, GUDMUNDUR, Indigenous Populations, Protection, in: Bernhardt, Rudolf (Hrsg.), Encyclopedia of Public International Law, vol. 8, S. 311ff. (Amsterdam, New York, Oxford 1985)

ALLARD, ERIK, Implications of the Ethnic Revival in Modern Industialized Society. A Comparative Study of the Linguistic Minorities in Western Europe, in: Commentations Scientiarum Socialum 12 (1979), S. 30ff..

AMERICAN INDIAN POLICY REVIEW COMMISSION, Final Report, vol. I (Washington, D.C., 1977)

AMNESTY INTERNATIONAL (Hrsg.), The Americas: Human Rights Violations Against the Indigenous Peoples of Americas (New York 1992)

AMNESTY INTERNATIONAL (Hrsg.),Guatemala: The Human Rights Record (New York 1987)

ANAYA, S. JAMES, Indigenous Rights Norms in Contemporary International Law, in: 8 Arizona Journal of International and Contemporary Law, S. 1ff. (1991)

ANAYA, S. JAMES , The Rights of Indigenous Peoples and International Law in Historical and Contemporary Perspective, in: 1989 Harvard Indian Law Symposium, S. 191ff. (1989)

ANDERSON, STEVEN B., Native American Indian Law and the Burger Court: A Shift in Judicial Methods, in: 8 Hamline Law Review, S. 671ff. (1985)

BARSH, RUSSEL L., An Advocates Guide to the Convention on Indigenous and Tribal Peoples, in: 15 Oklahoma City University Law Review, S. 209ff. (1990)

BARSH, RUSSEL L., Indigenous North America and Contemporary International Law, in: 62 Oregon Law Review, S. 73ff. (1983)

BARSH, RUSSEL L., Indigenous Peoples: An Emerging Object of International Law, in: 80 American Journal of International Law, S. 369 ff. (1986)

BARSH, RUSSEL L., Indigenous Peoples and the Right of Self-Determination, in: Barbara Hocking (Hrsg.), International Law and Aboriginal Rights (1988)

BARSH, RUSSEL L., Indigenous Peoples: An Emerging Object of International Law, in: 80 American Journal of International Law, S. 369ff. (1986)

BARSH, RUSSEL L., Revision of ILO Convention No. 107, in: 81 American Journal of International Law, S. 756ff. (1987)

BENNETT, GORDON, Aboriginal Rights in International Law (1978)

BERBER, FRIEDRICH, Lehrbuch des Völkerrechts, I. Band: Allgemeines Friedensrecht (2. Aufl., München 1975)

BERMAN, HOWARD R., Are Indigenous Peoples Entitled to International Juridiacal Personality?, in: 79 American Society of International Law. Proceedings (1985), S. 189ff.

BLACK, HENRY C., Black's Law Dictionary (6. Aufl., St. Paul, Minn./USA 1990)

BLUMENWITZ, DIETER, Minderheiten und Volksgruppenrecht - Aktuelle Entwicklung (Bonn 1992)

BLUMENWITZ, DIETER, Das Sezessionsrecht innerstaatlicher Rechtsgemeinschaften, in: Verfassung und Recht in Übersee (Hamburg 1970), S. 429ff.

BRÖLMANN, C.M. / ZIECK, M., Indigenous Peoples, in: Brölmann et al. (Hrsg.), Peoples and Minorities in International Law (Dodrecht, Boston, London 1993), S. 187ff.

BROWNLIE, IAN, The Framework: Group Rights and Self-Determination, in: Ian Brownlie, Treaties and Indigenous Peoples - The Robb Lectures 1991, S. 29ff. (Oxford 1992)

BROWNLIE, IAN, Indigenous Peoples: A Relevant Concept?, in: Ian Brownlie, Treaties and Indigenous Peoples - The Robb Lectures 1991, S. 55ff. (Oxford 1992)

BROWNLIE, IAN, Principles of Public International Law (4. Aufl., Oxford 1990)

BROWNLIE, IAN, The Rights of Peoples in Modern International Law, in: J. Crawford (Hrsg.), The Rights of Peoples (Oxford, New York, Toronto, 1988), S. 1ff.

BURGER, JULIAN, Report from the Frontier: The State of the World's Indigenous Peoples (London, New Jersey 1987)

CANBY, WILLIAM C., American Indian Law (St. Paul, Minn./USA 1988)

CAPOTORTI, FRANCESCO, Study on the Rights of Persons Belonging to Ethnic, Religious and Linguistic Minorities (U.N.P. Sales No. E 91.XIV.2, 1977)

CAPOTORTI, FRANCESCO, The Protection of Minorities under Multilateral Agreements on Human Rights, in: 2 Italian Yearbook of International Law, S. 3ff. (1976)

CARTER, BARRY E. / TRIMBLE, PHILLIP R., International Law (Boston, Toronto, London 1991)

CASE, DAVID S., Alaska Natives and American Laws (1984)

CENTER OF THE STUDY OF AMERICAN INDIAN LAW AND POLICY (UNIV. OKLAHOMA) / CENTER FOR TRIBAL STUDIES (NORTHEASTERN UNIV.), Trying a New Way - Independent Assessment Report on Self-Governance Demonstration Project. title III P.L. 100-472, FY91. Final Report 1992

CHAMBERS, REID P., Indian Water Rights after the Wyoming Decision, in: Harvard 1989 Indian Law Symposium, S. 153ff. (1989)

CHAMBERS, REID P., Judicial Enforcement of the Federal Trust Responsibility to Indians, in: 27 Stanford Law Rev., S. 1213ff. (1975)

CLINEBELL, JOHN H. / THOMSON, JIM, Sovereignty and Self-Determination: The Rights of Native Americans under International Law, in: 27 Buffalo Law Review, S. 669ff. (1978)

CLINTON, ROBERT, Criminal Jurisdiction over Indian Lands: A Journey through a Jurisdictional Maze, in: 18 Arizona Law Review, S. 503ff. (1976)

CLINTON, ROBERT, The Proclamation of 1763: Colonial Prelude to Two Centuries of Federal-State Conflict over the Management of Indian Affairs, in: 69 Boston University Law Review, S. 329ff. (1989)

CLINTON, ROBERT, The Rights of Indigenous Peoples as Collective Group Rights, in: 32 Arizona Law Review, S. 739ff. (1990)

CLINTON, ROBERT, Redressing the Legacy of Conquest: A Vision for a Decolonized Federal Indian Law, in: 46 Arkansas Law Review, S. 77ff. (1993)

CLINTON, ROBERT, Tribal Courts and the Federal Union, in: Harvard 1989 Indian Law Symposium, S. 15ff. (1989)

COBO, JOSE R.M., Study of the Problem of Discriminatioin Against Indigenous Populations, U.N.Doc. E/CN.4/Sub.2/1986/7 &. Adds. 1-4 (1986)

COHEN, FELIX S., Handbook of Federal Indian Law (Albuquerque/USA 1942)

COHEN, FELIX S., Handbook of Federal Indian Law (2. Auflage, 1982)

COHEN, FELIX S., Original Indian Title, in: 32 Minnesota Law Review, S. 28ff. (1947)

COLLINS, RICHARD B., Indian Consent To American Government, in: 31 Arizona Law Rev. 365 (1989)

CONFERENCE OF WESTERN ATTORNEYS (Hrsg.), American Indian Law Deskbook (Niwot, Co./USA 1993)

CORNELL, STEPHEN, Tourism and Economic Development: Considerations for Tribal Policy and Planning - Project Report, The Harvard Project on American Indian Economic Development (Harvard Univ. 1989)

CRAWFORD, JAMES (Hrsg.), The Rights of Peoples (Oxford, Toronto, New York 1988)

CRISTESCU, AURELIU, The Right to Self-Determination, UN-Doc. E/CN.4/Sub.2/404/Rev.1

CYCON, DEAN E., When Worlds Collide: Law, Development and Indigenous Peoples, in: 25 New England Law Review, S. 761ff. (1991)

DANILENKO, GENADII M., Law-Making in the International Community (London, Dodrecht, Boston 1993)

DAVIDSON, ART, Endangered Peoples (San Francisco/USA 1993)

DELORIA, VINE JR./ LYTLE, CLIFFORD M., American Indians, American Justice (Austin/USA 1983)

DELORIA, VINE JR./ LYTLE, CLIFFORD M., The Nations Within: The Past and Future of American Indian Sovereignty (New York 1984)

DENEVAN, W. (Hrsg.), The Native Population of the Americas in 1492 (Madison, Univ. of Wisconsin 1976)

DINSTEIN, YORAM, Collective Human Rights of Peoples and Minorities, in: 25 International Comparative Law Quarterly, S. 102ff. (1976)

DURHAM, W. COLE, Indian Law in the Continental United States: An Overview, in: 2 Law and Anthropo- logy, S. 93ff. (1987)

DURNING, ALAN T., Guardians of the Land: Indigenous Peoples and the Health of the Earth (World Watch Paper 112, 1992)

DYKE, VAN, Human Rights and the Rights of Groups, in: 18 American Journal of Political Science, S. 725ff. (1974)

ELLIS, F. HENRY , Indian Tribal Sovereignty and the Tribal Courts: The Myth and the Reality, in: 13 Suffolk Transnational Law Journal, S. 714ff. (1990)

ERICKSON, RALPH, Aboriginal Land Rights in the United States and Canada, in: 60 North Dakota Law Review, S. 107ff. (1984)

FAHRNI, PETER, Die Assoziation von Staaten mit anderen Staaten (Zürich 1967)

FALK, RICHARD, The Rights of Peoples (In Particular Indigenous Peoples), in: J. Crawford, The Rights of Peoples (1988)

FERGUSON, CHRISTIAN D., Martinez v. Santa Clara Pueblo: A Modern Day Lesson on Tribal Sovereignty, in: 46 Arkansas Law Review, S. 275ff. (1993)

FORBES, JACK, Native Americans and Nixon (1981)

GARLOCK, A. ROBERT, P.L. 93-638 Revised For Tribal Contracting in the 1990s, in: 22 American Indian Law Newsletter, S. 14ff, 23ff. (1989); 23 American Indian Law Newsletter, S. 11ff. (1990)

GETCHES, DAVID H./ WILKINSON, CHARLES F./ WILLIAMS, ROBERT A., Federal Indian Law - Cases and Materials (3. Aufl., St. Paul, Minn./USA, 1993)

GOLDBERG, CAROLE E., Public Law 280: The Limits of State Jurisdiction over Reservation Indians, in: 22 U.C.L.A. Law Review, S. 535ff. (1975)

GROTIUS, HUGO, On the Law of War and Peace (Classics of International Law, Carnegie Institution of Washington (Hrsg.), 1925)

HANNUM, HURST, Autonomy, Sovereignty, and Self-Determination: The Accomodation of Conflicting Rights (Philadelphia 1990)

HANNUM, HURST / FISHER, DANA D. (Hrsg.), U.S.-Ratification of the International Covenants on Human Rights: Procedural Aspects of International Law (The American Society of International Law, 1993)

HARRING, SIDNEY L., Crow Dog's Case: A Chapter in the Legal History of Tribal Sovereignty, in: 14 American Indian Law Review, S. 191ff. (1989)

HEINTZE, HANS. J., Völkerrecht und Indigenous Peoples, in: 50 Zeitschrift für ausländisches und öffentliches Recht, S. 39ff. (1990)

HEINZ, WOFGANG S., Indigenous Populations, Ethnic Minorities and Human Rights (Saarbrücken, Fort Lauderdale 1991)

HERZ, RICHARD, Legal Protection for Indigenous Cultures: Sacred Sites and Communal Rights, in: 79 Virginia Law Review, S. 691ff. (1993)

HOUGHTON, RICHARD H., An Argument for Indian Status of Native Hawaiians - The Discovery of a Lost Tribe, in: 14 American Indian Law Review, S. 1ff. (1989)

INDIAN LAW RESOURCE CENTER (Hrsg.), Handbook for Indians on International Human Rights Procedures (Washington, D.C. 1984)

INTERNATIONAL COMMISSION OF JURISTS (Hrsg.), The Events in East Pakistan (Genf 1972)

IPSEN, KNUT, Völkerrecht (3. Auflage, München 1990)

JELLINEK, G., Allgemeine Staatslehre (3. Auflage, 1914)

JENNINGS, R., The Acquisition of Territory in International Law (Manchester 1963)

KIMMINICH, OTTO, Rechtsprobleme der polyethnischen Staatsorganisation (Mainz, München 1985)

KLOSS, HEINZ, Die Assoziation - Eine von der UNO begünstigte neue Institution des Völkerrechts, in: Vereinte Nationen 1963, S. 168ff.

KLÜPFEL, KARIN, Selbstbestimmung durch Assoziation. Die Assoziation als Verwirklichung des Selbstbestimmungsrechtes der Völker - dargestellt am Beispiel von Puerto Rico (Frankfurt, Bern, New York, Paris 1987)

KRONOWITZ, RACHEL ET AL., Toward Consent and Cooperation: Reconsidering the Political Status of Indian Nations, in: 22 Harvard Civil Rights - Civil Liberties Law Rev., S. 507ff. (1987)

KUNZ, JOSEF, Die Staatenverbindungen, in: Stier-Somlo, Fritz (Hrsg.), Handbuch des Völkerrechts, Band II/2 (Stuttgart, 1929)

KUPER, LEO, International Action against Genocide (Minority Rights Group Report No. 53, London 1982)

LAURENCE, ROBERT, Learning to Live with the Plenary Power of Congress over the Indian Nations: An Essay in Reaction to Professor Williams Algebra, in: 30 Arizona Law Review, S. 413ff. (1988)

LERNER, NATHAN, Group Rights and Discrimination in International Law (Dodrecht, Boston, London 1991)

LINDIG, WOLFGANG/ MÜNZEL, MARK, Die Indianer, Band 1: Nordamerika (5. Auflage, München 1992)

LUMMI NATION ET AL. (Hrsg.), Self-Governance: A Tribally Driven Initiantive (Bellingham, Wa./USA 1992)

MACKLEM, PATRICK, Distributing Sovereignty: Indian Nations and Equality of Peoples, in: 45 Stanford Law Review, S. 1311ff. (1993)

MCHUGH, P.G., The Lawyer's Concept of Sovereignty, the Treaty of Waitangi, and a Legal History for New Zealand, in: William Renwick (Hrsg.), Sovereignty & Indigenous Rights: The Treaty of Waitangi in International Contexts (1991)

MERIAM, LEWIS, The Problem of Indian Administration (Baltimore/USA 1928)

NABOKOV, PETER, Native American Testimony - A Chronicle of Indian-White Realtions from Prophecy to the Present, 1492 - 1992 (New York, NY/USA 1992)

NELSON, JOHN STEWART, Native American Religious Freedom and the Peyote Sacrament: The Precarious Balance Between State Interests and the Free Exercise Clause, in: 31 Arizona Law Review, S. 423ff. (1989)

NETTHEIM, GART, "Peoples" and "Populations" - Indigenous Peoples and the Rights of Peoples, in: J. Crawford (Hrsg.), The Rights of Peoples (Oxford, New York, Toronto 1988)

NEWMAN, FRANK / WEISSBRODT, DAVID, International Human Rights (Cincinnati/USA, 1990)

NOTE (Ohne Autor), Rethinking the Trust Doctrine in Federal Indian Law, in: 98 Harvard Law Review, S. 422ff. (1984)

NUSSBAUM, ARTHUR, A Concise History of the Law of Nations (New York 1954)

O'BRIEN, SHARON, Tribes and Indians: With Whom Does the United States Maintain a Relationship?, in: 66 Notre Dame Law Review, S. 1461ff. (1991)

OPPENHEIM, LEO, International Law, vol. I (3. Auflage, London 1920)

OXENKNECHT, RENATE, Der Schutz ethnischer, religiöser und sprachlicher Minderheiten in Art. 27 des Internationalen Paktes über die bürgerlichen und politischen Rechte vom 16. Dezember 1966 (Frankfurt, Bern, New York, Paris 1988)

PALMER, KENNETH A., Land and Maori Issues, in: 3 Canterbury Law Review, S. 322ff. (1988)

PERNTHALER, PETER, Volksgruppe und Minderheit als Rechtsbegriffe, in: Wittmann / Graf Bethlen (Hrsg.), Volksgruppenrecht (Wien 1980), S. 9ff.

PEVAR, STEPHEN L., The Rights of Indians and Tribes (1992)

PHILP, KENNETH R. (Hrsg.), Indian Self-Rule (1986)

PRUCHA, FRANCIS P., The Great Father, Band I u. II. (Lincoln, London 1984)

PRUCHA, FRANCIS P., American Indian Policy in the Formative Years: Indian Trade and Intercourse Acts, 1790-1834 (Cambridge, Ma./USA 1962)

QUINN, WILLIAM W., Federal Acknowledgment of American Indian Tribes: Authority, Judicial Interposition, and 25C.F.R.§ 83, in: 17 American Indian Law Rev. 37 (1992)

RAINES, JUNE CAMILLE BUSH, One is Missing: Native American Graves Protection and Repatriation Act: An Overview and Analysis, in: 17 American Indian Law Rev. 639 (1992)

ROBINSON, NEHEMIA, The Genocide Convention: A Commentary (New York1960)

ROY, MICHAEL, Indians May Sue for Breach of Federal Trust Relationship: United States v. Mitchell, in: 26 Boston College Law Rev. 809 (1985)

SANDERS, DOUGLAS, The Re-Emergence of Indigenous Questions in International Law, in: 1 Canadian Human Rights Year Book 3 (1983)

SANDERS, DOUGLAS, The Sami Parliament in Norway, in: 1 Canadian Native Law Reporter, S. 7ff. (1990)

SORNARAJAH, M., Internal Colonialism and Humanitarian Intervention, in: 11 Georgia Journal of International Law 45 (1981)

SPICER, EDWARD H., The American Indians, Dimensions of Ethnicity (1980)

STAVENHAGEN, RODOLFO, The Ethnic Question: Conflicts, Development and Human Rights (1990)

STEWART, DAVID , U.S. Ratification of the Covenant on Civil and Political Rights: The Significance of the Reservations, Understandings and Declarations, in: 14 Human Rights Law Journal, S. 77ff. (1993).

STOMSKI, LAURA, The Development of Minimum Standards for the Protection and Promotion of Rights for Indigenous Peoples, in: 16 Am. Indian LawReview, S. 575ff. (1991)

SUAGEE, DEAN B., The Application of the National Environmental Policy Act to "Development" in Indian Country, in: 16 American Indian Law Review, S. 377ff. (1991)

SWEPSTON, LEEJ, The Indian in Latin America: Approaches to Administration, Integration, and Protection, in: 27 Buffalo Law Review, S. 715ff. (1978)

SWEPSTON, LEE, A New Step in International Law on Indigenous and Tribal Peoples: ILO Convention No. 169 of 1989, in: 15 Oklahoma City University Law Review, S. 677 (1990)

TAYLOR, THEODORE, The Bureau of Indian Affairs (Boulder, Co. 1984)

THORNBERRY, PETER, International Law and the Rights of Minorities (Oxford, New York, Toronto 1991)

TOMUSCHAT, CHRISTIAN, Protection of Minorities under Art. 27 of the International Covenant on Civil and Political Rights, in: Bernhardt, Rudolf et al. (Hrsg.), Völkerrecht als Rechtsordnung, internationale Gerichtsbarkeit, Menschenrechte - Festschrift für Hermann Mosler (Berlin, Heidelberg, New York 1983)

TORRES, RAIZDA, The Rights of Indigenous Populations: The Emergent International Norm, in: 16 Yale Journal of International Law, S. 127ff. (1991)

TURPEL, MARY E., Indigenous Peoples' Rights of Political Participation and Self-Determination: Recent International Developments and the Continuing Struggle for Recognition, in: 25 Cornell International Law Journal, S. 579ff. (1992)

UMOZURIKE, UMOZURIKE O., Selfdetermination in International Law (Hamden, Conn./USA 1971)

VATTEL, EMMERICH DE, The Law of Nations or the Principles of Natural Law, v. III, (Classics of International Law, Carnegie Institution of Washington, 1916)

VICTORIA, FRANCISCUS DE, De Indis recenter inventis et de Iure Belli Hispanorum in Barbaros (1539), in: Schätzel, Walter (Hrsg.), Klassiker des Völkerrechts, Band II (Tübingen 1952)

WASHBURN, WILCOMB E., The Indian in America (Washington, D.C. 1975)

WEISSBRODT, DAVID, The Third Session of the UN Working Group on Indigenous Populations, 29 July - 3 August, 1984, in: 13 Aboriginal Law Bulletin, S. 12ff. (1985)

WESTLAKE, JOHN, Chapters on the Principles of International Law (Cambridge 1894)

WILLIAMS, ROBERT, The Medieval and Renaissance Origin of the Status of the American Indians in Western Legal Thought, in: 57 S. Ct. Law Review, S. 1ff. (1983)

WILLIAMS, ROBERT, The American Indian in Western Legal Thought - The Discourses of Conquest (Oxford, New York, Toronto 1990)

WILLIAMS, ROBERT, The Algebra of Federal Indian Law: The Hard Trail of Decolonizing and Americanizing the White Man's Indian Jurisprudence, in: 1986 Wisconsin Law Review, S. 219ff. (1986)

WILLIAMS, SUSAN / GOVER, KEVIN, State and Indian Tribal Taxation on Indian Reservations -- Is it too taxing?, in: Harvard 1989 Indian Law Symposium, S. 165ff. (1989)

WILSON, JAMES, The Original American: US Indians, Minority Rights Group Report (1976)

ZAYAS, A.M. DE, The International Judicial Protection of Peoples and Minorities, in: C. Broelmann et al. (Hrsg.), Peoples and Minorities in International Law (Oxford, New York, Toronto 1993)

AUGSBURGER SCHRIFTEN ZUM STAATS- UND VÖLKERRECHT

Herausgegeben von Professor Dr. Dieter Blumenwitz

Band 1 Fritz-Harald Wenig: Rechtsprobleme des innerdeutschen Handels.

Band 2 Wilfried Niedermeier: Der Beitritt der Bundesrepublik Deutschland zum Statut des Internationalen Gerichtshofes unter besonderer Berücksichtigung der obligatorischen Gerichtsbarkeit.

Band 3 Johann G. Gleich: Die Anerkennung der DDR durch die Bundesrepublik.

Band 4 Matthias Weigand: Der Vertrag über die gegenseitigen Beziehungen zwischen der Bundesrepublik Deutschland und der Tschechoslowakischen Sozialistischen Republik vom 11. Dezember 1973 - Eine völkerrechtliche Analyse.

Band 5 Werner Trützschler von Falkenstein: Die sich ändernde Bedeutung der Feindstaatenartikel (Artikel 53 und 107 der Satzung der Vereinten Nationen) für Deutschland.

Band 6 Reiner Schenk: Die Viermächteverantwortung für Deutschland als Ganzes, insbesondere deren Entwicklung seit 1969.

Band 7 Wolfgang Wagner: Die Verwirklichung der Menschenrechte im Pakt der Vereinten Nationen über bürgerliche und politische Rechte vom 16. Dezember 1966, im Grundvertrag und den ihn begleitenden Nebeninstrumenten.

Band 8 Ulrich Wacker: Der Konflikt verschiedener Rechtssysteme vor, während und nach der Kolonialzeit in Kenia.

Band 9 Wolfgang Enders: Der mexikanische Bundesstaat. Die politische und sozioökonomische Problematik eines föderalen Verfassungssystems in einem Land der "Dritten Welt".

Band 10 Heiner Hasford: Die Jurisdiktion der Europäischen Gemeinschaften. Zur extraterritorialen Wirkung des Gemeinschaftsrechts.

SCHRIFTEN ZUM STAATS- UND VÖLKERRECHT

Band 11 Wolf Dieter Remmele: Die Selbstdarstellung der Bundesrepublik Deutschland im Ausland durch den Rundfunk als Problem des Staats- und Völkerrechts.

Band 12 Elisabeth Lichtenstern: Die Gesetzgebung im Spannungsverhältnis zwischen Bund und Ländern.

Band 13 Peter Gassner: Kollektivmacht und Individualschutz im amerikanischen Arbeitsrecht.

Band 14 Helga Walter: Das Selbstverständnis des modernen Algeriens. Die historisch-nationalen und islamischen Elemente.

Band 15 Dieter Schütz: Der internationale ordre public. Der Ausschluß völkerrechtswidrigen fremden Rechts im Internationalen Privatrecht der Bundesrepublik Deutschland.

Band 16 Klaus-Peter Kißler: Die Zulässigkeit von Wirtschaftssanktionen der Europäischen Gemeinschaft gegenüber Drittstaaten.

Band 17 Rainhardt Freiherr von Leoprechting: Die neue Rohrwaffen-Artillerie-Munition im Lichte des I. Genfer Zusatzprotokolles vom 12. Dezember 1977. Zur Frage der Völkerrechtskonformität der Verteidigung der Bundesrepublik Deutschland mit modernen konventionellen Artilleriesystemen.

Band 18 Roland Steinmeyer: Die Schiffsgläubigerrechte im südafrikanischen nationalen und internationalen Privatrecht. Eine rechtsvergleichende Darstellung unter Einbeziehung des englischen und deutschen internationalen Privatrechts und unter besonderer Berücksichtigung des ordre public.

Band 19 Martin C. Ney: Der Einsatz von Atomwaffen im Lichte des Völkerrechts. Summary: The Use of Nuclear Weapons and International Law.

Band 20 Teodoro Ribera Neumann: Das chilenische Verfassungsgericht und das deutsche Bundesverfassungsgericht - Ein Rechtsvergleich -. 1985.

Band 21 Theodora Antoniou: Europäische Integration und griechische Verfassung. 1985.

Band 22 Georg Teyssen: Deutschlandtheorien auf der Grundlage der Ostvertragspolitik. 1987.

Band 23 Karin Klüpfel: Selbstbestimmung durch Assoziation. Die Assoziation als Verwirklichung des Selbstbestimmungsrechts der Völker - dargestellt am Beispiel von Puerto Rico. 1987.

Band 24 Friedrich Dehner: Die Stellung Berlins im Bundesrat. 1987.

Band 25 Thilo Morhard: Die Rechtsnatur der Übereinkommen der Internationalen Arbeitsorganisation. Zugleich ein Beitrag zur Lehre vom "soft law". 1988.

Band 26 Ralf Jahn: Ansiedlung von Einzelhandelsgroßprojekten (§ 11 Abs. 3 BauNVO 1977). Zur Frage der Bestimmtheit grundrechtsbeschränkender Eingriffsnormen. 1988.

Band 27 Wolfgang Götzer: Der völkerrechtliche Status der Donau zwischen Regensburg und Kelheim. Eine völkerrechtliche Untersuchung des Donauabschnittes Regensburg - Kelheim unter Einbeziehung der gesamten deutschen Donau. 1988.

Band 28 Michael Hakenberg: Die Iran-Sanktionen der USA während der Teheraner Geiselaffäre aus völkerrechtlicher Sicht. 1988.

Band 29 Renate Oxenknecht: Der Schutz ethnischer, religiöser und sprachlicher Minderheiten in Art. 27 des Internationalen Paktes über bürgerliche und politische Rechte vom 16. Dezember 1966. 1988.

Band 30 Raphael Quarshie Avornyo: Deutschland und Togo. (1847-1987). 1988.

Band 31 Friedrich Frhr. Waitz von Eschen: Die völkerrechtliche Kompetenz der Vier Mächte zur Gestaltung der Rechtslage Deutschlands nach dem Abschluß der Ostvertragspolitik. 1988.

Band 32 Gisela Süß: Die Zulassung von Zahnärzten aus dem EG-Bereich zur deutschen Kassenarztpraxis. Ein Beitrag zu Standort und Bedeutung der Grundrechte im Europäischen Gemeinschaftsrecht. 1988.

Band 33 Meggy Steffens: Die deutsche Ostpolitik im Spiegel publizistischer Stellungnahmen in den USA 1969-1973. 1988.

Band 34 Norbert Karl Riedel: Der Einsatz deutscher Streitkräfte im Ausland - verfassungs- und völkerrechtliche Schranken -. 1989.

Band 35 Heidi Dünisch: Der Mundatwald - Zur Bereinigung letzter Kriegsfolgenprobleme zwischen Deutschland und Frankreich.1989.

Band 36 Sabine Niedermeyer-Krauß: Kommunalwahlrecht für Ausländer und Erleichterung der Einbürgerung. Integrationsmöglichkeiten für Ausländer aus verfassungs- und europarechtlicher Sicht. 1989.

Band 37 Dirk-Hermann Voß: Regionen und Regionalismus im Recht der Mitgliedstaaten der Europäischen Gemeinschaft: Strukturelemente einer Europäischen Verfassungsordnung. 1989.

Band 38 Tilo Klinner: Satellitenfernerkundung im Völkerrecht. Inwieweit existiert ein völkerrechtlicher Datenschutz? 1989.

Band 39 Barbara Schmidt: Die Erweiterung der seewärtigen Hoheitsrechte der Bundesrepublik Deutschland und der DDR unter besonderer Berücksichtigung deutschlandrechtlicher Probleme. 1989.

Band 40 Hans-Joachim Brauns: Wiedervereinigung und europäische Integration. 1990.

Band 41 Gilbert-Hanno Gornig: Der Hitler-Stalin-Pakt. Eine völkerrechtliche Studie. 1990.

Band 42 Gudrun Lehnberger: Kommunale Entwicklungshilfe. Eine Aufgabe der Gemeinden? - Bestandsaufnahme und rechtliche Würdigung unter besonderer Berücksichtigung der bayerischen Verwaltungspraxis. 1990.

Band 43 Heike Kaup: Der Schwangerschaftsabbruch aus verfassungsrechtlicher Sicht. Eine rechtsvergleichende Untersuchung anhand des deutschen und des amerikanischen Rechts. 1991.

Band 44 Bernadette Steinmeyer: Verfassungsrechtliche Ansätze zur Neuordnung der multirassischen Gesellschaft Südafrikas unter Berücksichtigung des Vorschlages des Verhandlungsforums der "KwaZulu/Natal Indaba". 1991.

Band 45 Burkhard Schöbener: Die amerikanische Besatzungspolitik und das Völkerrecht. 1991.

Band 46 Christian Raap: Die Souveränität der Bundesrepublik Deutschland unter besonderer Berücksichtigung des militärischen Bereichs und der deutschen Einheit. 1992.

Band 47 Andrea Wagner: Der argentinisch-chilenische Konflikt um den Beagle-Kanal. Ein Beitrag zu den Methoden friedlicher Streiterledigung. 1992.

Band 48 Ralf Wittkowski: Die Staatensukzession in völkerrechtliche Verträge unter besonderer Berücksichtigung der Herstellung der staatlichen Einheit Deutschlands. 1992.

Band 49 Michael Piazolo: Das Recht auf Abtreibung als Teilaspekt des Right of Privacy. 1992.

Band 50 Silke Wenk: Das konfiszierte deutsche Privatvermögen in Polen und der Tschechoslowakei. Die Rechtslage nach Abschluß des deutsch-polnischen und deutsch-tschechoslowakischen Nachbarschaftsvertrages. 1993.

Band 51 Antje Kießwetter: Die Verfassungsentwicklung in Namibia. 1993.

Band 52 Angelika Kleffner-Riedel: Regionalausschuß und Subsidiaritätsprinzip. Die Stellung der deutschen Bundesländer nach dem Vertrag über die Europäische Union. 1993.

Band 53 Jerzy Kranz: Entre l'influence et l'intervention. Certains aspects juridiques de l'assistance financière multilatérale. 1994.

Band 54 Knut Kettwig: Rechtsgrundlagen dezentraler grenzüberschreitender Zusammenarbeit im deutsch-polnischen und deutsch-tschechischen Grenzraum. 1994.

Band 55 Ulrich Seidenberger: Die diplomatischen und konsularischen Immunitäten und Privilegien. Ein Beitrag zur Diskussion über die Reformbedürftigkeit des Diplomaten- und Konsularrechts aus staats- und völkerrechtlicher Sicht. 1994.

Band 56 Christian Schede: Bundesrat und Europäische Union. Die Beteiligung des Bundesrates nach dem neuen Artikel 23 des Grundgesetzes. 1994.

Band 57 Florian Prugger: Die Nachfolge in das Vermögen der ehemaligen DDR. Ein Beitrag zu Art. 21 ff Einigungsvertrag unter besonderer Berücksichtigung der Firma F.C. Gerlach des Bereichs Kommerzielle Koordinierung. 1994.

Band 58 Mark Zimmer: Einsätze der Bundeswehr im Rahmen kollektiver Sicherheit. Staats- und völkerrechtliche Grundlagen unter Berücksichtigung des BVerfG-Urteils vom 12.07.1994. 1995.

Printed by
CPI books GmbH, Leck

Kolibri 360 GmbH
Ferdinand-Jühlke-Straße 7
99095 Erfurt, Deutschland
produktsicherheit@kolibri360.de